근현대사신문

문사철 기획 · 강응천 고지훈 김형규 강양구 외 지음

현대편
1945~2003

사□□계절

이 책을 만든 사람들

기획·구성	문사철 文史哲
집필	강양구, 강응천, 고지훈, 김덕련, 김진경, 김형규, 정병준, 최광열
주간	강응천
책임 편집	김덕련
연구 편집	김종엽, 정연경
자문	김용필
아트디렉터	박상일, 김용한
디자인	수류산방 樹流山房(이숙기, 정혜선), 자운영 紫雲影(허영원, 최선정)
만화·컷	이은홍
정보 그래픽	이숙기, 은효정
사진	박우진

　　『근현대사신문』의 모든 내용은 출판기획 문사철의 책임 아래 집필진과 편집진의 공동 논의를 거쳐 완성되었습니다. 그 가운데 특히 사설은 강응천(『세계사신문』 저자), 한국사의 주요 기사는 고지훈(『현대사 인물들의 재구성』 저자), 세계사의 주요 기사는 김형규(『한솔 테마 세계 문화』 공저자), 과학사의 주요 기사는 강양구(『세 바퀴로 가는 과학자전거』 저자)가 책임 집필했습니다. 정병준(『한국전쟁—38선 충돌과 전쟁의 형성』 저자)은 '한국전쟁, 어떻게 봐야 하나(3호 6면)'를 썼습니다.

머리말

『근현대사신문』은 우리 근현대사에 대한 자부심의 근거를 마련하기 위해 기획되었다.

그동안 한국 근현대사는 감추고 싶고 떠올리기 싫은, 부끄러운 역사로 여겨져 왔다. 근대화에 뒤처져 식민지로 전락했고, 자기 힘으로 해방을 이룩하지 못해 분단을 막지 못한 데다 동족상잔의 비극까지 겪었으며, 오랜 세월 가난에서 벗어나지 못하고 독재에 시달려 왔다. 이처럼 줄곧 세계사의 흐름에 뒤진 열등 민족으로 살아왔던 역사에 대해 자부심을 가지라고 한다면, 무슨 궤변이냐고 할 수도 있다.

그러나 한국 근현대사를 세계사의 도도한 흐름 속에 놓고 다시 살펴보자. 그것은 결코 부끄러운 역사가 아니다. 모진 고생 끝에 이제 민주화의 기반을 마련하고 경제도 성장시켜 세계와 어깨를 나란히 하게 됐으니, 과거에 대한 자격지심을 털어버려도 된다는 이야기가 아니다. 분단 한국의 민주주의는 아직도 불안정하다. 남과 경쟁해서 조금 앞서게 됐다는 것이 그렇게 자랑스러운 일인지도 잘 모르겠다. 우리가 정말 자랑스러워 할 것은 한국인이 온갖 불행을 겪으면서도 역설적으로 제국주의, 분단, 빈곤, 독재 등 근현대 세계가 배설한 가장 고약한 범죄와 맞서 싸워 왔다는 사실이다. 독자들은 『근현대사신문』을 읽으면서 한국이 처한 문제들을 풀지 않고는 근현대 세계가 자신의 원죄로부터 자유로울 수 없었으며, 앞으로도 자유롭지 않으리라는 사실을 확인할 것이다. 또한 한국인이 세계사의 초라한 단역이 아니라 늘 당당한 주역이었으며, 앞으로도 주역이어야 한다는 점도 깨달을 것이다.

『근현대사신문』은 이 같은 관점에서 한국 근현대사를 시종일관 세계사의 흐름과 함께 조명했다. 한국과 세계에서 동시에 펼쳐지는 역사적 사건들을 당시의 신문에 담아내듯 편집했기 때문에 독자는 마치 그 시대로 돌아간 듯한 박진감을 맛볼 수 있을 것이다. 그리고 세계사의 소용돌이 속에서 어느 누구 못지않게 역동적으로 꿈틀거리며 그 소용돌이에 맞서 온 한국인의 발자취를 재발견할 것이다.

'근대편'과 '현대편' 두 권으로 구성된 『근현대사신문』의 둘째 권은 1945년 해방부터 2003년 현대 한국까지 이어지는 '질풍과 노도의 시대'를 다룬다. 이 시대의 전반기에 한국은 나라가 두 동강 났다. 곧이어 동족 간의 끔찍한 전쟁을 겪고 세계에서 가장 가난한 나라로 굴러 떨어지는 참상을 경험했다. 그 나락에서 피어난 것은 반공 군부 독재라는 독버섯이었다. 하지만 한국인은 이 같은 참담한 운명에 굴복하지 않고 독재와 빈곤에 맞서 싸워 이겼다. 제국주의 지배의 후유증을 겪고 있던 아시아·아프리카의 많은 나라들 사이에서 한국은 존경받는 나라가 되었다.

그러나 한국인이 갈 길은 아직도 멀다. 분단의 굴레는 여전히 한국의 정치와 사회를 근본적으로 제약하고 있으며, 나날이 촘촘해지는 국제 금융자본의 그물망은 한국 경제를 물샐틈없이 포위해 들어오고 있다. 현대 세계가 저지른 최악의 범죄 가운데 하나인 한반도의 분단을 해소하고 세계인의 진정한 공존공영에 기여할 때까지 한국인은 당대의 가장 양심적이고 진보적인 세력과 더불어 진군을 멈추어서는 안 된다. 전 세계가 비무장지대에 모여 그곳에 도사린 지뢰처럼 한국과 세계의 평화를 위협했던 강대국들의 위선을 고발하는 날, 현대 세계의 희생양이자 희망의 등대이던 한국인은 비로소 제대로 된 빛을 발할 것이다.

『근현대사신문』은 과거의 역사를 그 시대의 신문처럼 재현하기 위해 사진, 광고, 신문기사 등 생생한 당시 자료를 수집하고 수록하고자 최선을 다했다. 또한 험난한 시대를 굳세게 살아낸 사람들의 행적을 왜곡이나 과장 없이 담아내고자 숱한 사료와 전문가의 도움을 받았다. 그러나 곳곳에 도사리고 있을 착오와 편향의 가능성은 늘 우리를 옥죄어 왔다. 독자들의 거침없는 질정과 따뜻한 격려를 기다린다.

2010년 1월 『근현대사신문』을 만든 사람들

『근현대사신문』 읽는 법

『근현대사신문』은 두 권으로 이뤄져 있습니다. 1권 근대편은 1876년 개항부터 1945년 일제가 패망할 때까지, 2권 현대편은 1945년 해방부터 촛불 집회가 한국과 세계를 뒤덮은 2003년까지 다룹니다.

『근현대사신문』은 무조건 많은 사건을 싣기보다는 시대상을 잘 드러내는 핵심 사안들을 깊이 있게 다루는 데 초점을 맞췄습니다. 또한 당대의 목소리를 생생하게 전할 수 있도록 보도기사 형식으로 역사적 사건들을 다루고, 각 사안의 중요도에 따라 크기를 달리해 배치했습니다. 아울러 당대에는 드러나지 않았던 진실이 훗날 밝혀지거나, 학계에서 연구 성과가 쌓이면서 당대에는 덜 조명됐던 부분이 새롭게 부각된 사례 등을 충실히 전하기 위해 각 권의 마지막 호 뒤편에 '따라잡기'란을 마련했습니다.

각 권은 20호로 구성돼 있으며, 해방과 5·18민주화운동처럼 결정적인 역사적 국면에서는 호외를 통해 상황을 전합니다. 『근현대사신문』 각 호는 8면을 기본으로 합니다.

1면에선 그 호에서 다룰 핵심 사안을 전하는 짤막한 도입글과 함께 시원한 이미지를 통해 해당 시기의 특징을 상징적으로 보여줍니다.

2~3면에선 해당 시기에 한국과 세계에서 발생한 핵심적인 역사적 사건들을 다룹니다. 정치 문제를 주로 다뤘습니다만, 스푸트니크호 발사처럼 좁은 의미의 정치 사안은 아니더라도 세계를 뒤흔든 사건이 있으면 이를 과감하게 전진 배치했습니다. 특히 '한국 따로, 세계 따로'가 아니라 한국사의 맥락을 전 지구적인 역사의 흐름 속에서 파악할 수 있게 하는 데 주안점을 뒀습니다. 2~3면을 동떨어진 두 개의 면이 아니라, 하나의 펼침면으로 보면 이러한 특징을 더 실감나게 느낄 수 있을 것입니다.

4면에는 얽히고설킨 사안의 핵심을 제대로 짚어내는 데 필요한 시각을 제시하는 사설, 2~3면에서 다룬 핵심 사안을 더 깊이 있게 조명하는 해설이 자리하고 있습니다. 다소 딱딱하게 느껴질 수 있는 해설 부분은 인터뷰, 특별기고, 진단, 쟁점 등 다양한 형식을 통해 독자에게 친근하게 다가갈 수 있도록 구성돼 있습니다. 이와 함께 신문에서 빠지면 서운한 만평을 통해 시대상을 압축하는 동시에, 해당 시기의 자료 등을 담은 기록실을 통해 상황을 더 생생하게 전합니다.

7면은 문화면입니다. 문학, 철학, 음악, 미술, 영화 등 다양한 부문에서 이뤄진 흥미진진한 변화들을 짚어보며 한 시대의 문화 흐름을 짚습니다.

5면은 사회·경제면입니다. 사회와 경제는 한 시기를 정치 위주로만 바라볼 때 소홀해지기 쉬운 부문으로서, 일상을 살아가는 사람들의 피부에 직접 와 닿는 중요한 영역입니다. 이를 감안해 해당 시기의 사회적 변화와 경제의 흐름을 종합적으로 짚어봅니다.

8면은 생활·단신면입니다. 제3세계 통신의 취지는 서구 강대국 중심으로 역사를 바라보는 데서 벗어나자는 것입니다. 지구상에는 서구 열강보다 훨씬 더 많은 나라가 있고, 그동안 한국 사회에서 소홀히 다뤄진 이러한 나라들에서 벌어진 사건들을 살펴본다면 세계의 역사를 폭넓게 이해하는 데 큰 도움이 될 것입니다. 이와 함께 생활 속 작은 역사들을 다룬 단신 기사들, 주요 인물들의 마지막 순간을 기록한 부고, 해당 시기에 사람들을 사로잡은 광고 등을 통해 역사의 또 다른 측면을 살펴봅니다.

6면은 과학면입니다. 과학을 사회 변화와는 관련 없는 영역이라고 느끼는 사람이 많지만, 역사를 돌이켜보면 과학 영역에서 일어난 많은 일들이 사회 변화와 깊은 관련을 맺고 있습니다. 6면에서는 이처럼 과학이 사회와 어떤 관계를 맺으며 오늘날까지 이르렀는지를 살펴봅니다.

『근현대사신문』의 각 호는 이처럼 8면을 기본으로 하고 있지만, 한국전쟁이나 6월항쟁처럼 사건이 지속되며 세상을 뒤흔든 경우엔 이를 집중 조명할 수 있도록 각 2면을 증면해 10면으로 구성한 호도 있습니다. 아울러 기사가 실린 호는 다르지만 연관된 사안을 다룰 경우에는 '관련 기사' 표시를 통해 역사적 맥락을 유기적으로 파악할 수 있게 했습니다.

『근현대사신문』 현대편 목차

호외　일본 항복! 한국 해방!　　　9

이제는 건국이다 | 해방 후 국내외 정국 동향 | 해방 한국에 영향을 끼칠 한국인과 세계인 10

1호　냉전으로 가는 전후 세계　　　13

모스크바 3상회의 결정 논란 | 미·소 냉전 본격화 | 사설-살아보지도 않고 이혼부터 하나 | 인터뷰-여운형 | 9월총파업과 10월항쟁 | 원자폭탄 히로시마 투하 | 『조선말큰사전』 1권 간행 | 새 통행 규칙 적용

2호　분단의 시대　　　21

남북한에 각각 단독 정부 수립 | 중국, 중화인민공화국 선포 | 사설-선택은 국민의 몫이다 | 해설-국가보안법 | 특파원 보도-팔레스타인 학살 현장 | 조지 가모프, 대폭발 가설 주창 | 이탈리아 네오레알리스모 영화 〈자전거 도둑〉 개봉 | LP 레코드 발매

3호　한국전쟁　　　29

한국전쟁 발발 | 미국, 매카시즘 광풍 | 사설-전쟁으로 무엇을 얻으려 하는가 | 해설-한국전쟁의 특징 | 부역자 색출 논란 | 미·소 수소폭탄 개발 경쟁 | 한국, 예술인들 월북·납북 | 피난민들의 생활 모습

4호　다시 일어서는 아시아·아프리카　　　39

제1차 아시아·아프리카 회의 개최 | 점점 멀어지는 남북한 | 사설-전 세계가 휴전선에 모여 평화협정을 맺어라 | 해설-반둥회의로 본 아시아·아프리카의 미래 | 한국전쟁과 사회 변화 | DNA 이중 나선 구조 규명 | 비트 세대 활개 | 『자유부인』 논란

5호　미·소의 우주 경쟁과 남북한의 복구 경쟁　　　47

소련, 세계 최초 인공위성 '스푸트니크 1호' 발사 | 한국, 3대 대선 조봉암 바람 | 사설-우주가 대량살상의 실험장일 수는 없다 | 인터뷰-조봉암 | 미국 경제원조의 두 얼굴 | 운석 연대 측정 지구 나이 발표 | 한국, 첫 텔레비전 방송국 개국 | 원조 경제 백태

6호　4·19혁명과 아시아·아프리카 민주화　　　55

4·19혁명 성공 | 쿠바혁명 성공 | 사설-호랑이 등에 올라탄 한국 민주주의 | 인터뷰-은크루마 | 각 계층의 민주화 바람 | 미국 FDA, 경구 피임약 승인 | 4월혁명 후 문학계 동향 | 태풍 사라, 한반도 강타

7호　5·16군사쿠데타　　　63

5·16쿠데타 발발 | 쿠바, 미사일 위기 | 사설-5·16은 4·19의 부정이다 | 심층 취재-5·16쿠데타와 미국 | 남북 경제개발 경쟁 본격화 | 인터뷰-인류 최초 우주 비행사 유리 가가린 | 비디오 예술가 백남준, 첫 개인전 | 군사정권 맞아 간소복 바람

8호　베트남전쟁　　　71

베트남전쟁 | 한·일협정 조인 | 사설-베트남 문제는 베트남인에게 | 해설-한·일협정, 버림받은 사람들 | 대중소비시대 활짝 | 과학 분야에서 성차별 문제 제기 | 비틀즈 열풍 | 서울 개발

9호　68혁명　　　79

68혁명 전 세계 강타 | 한반도 전쟁 위기 | 사설-68세대여 상상력을 더 키워라 | 진단-닉슨독트린 왜 나왔나 | 서울, 중학교 무시험 전형 시행 | 인류, 달을 밟다 | 김수영·신동엽 타계 | 군사 정권, 생활도 교육도 규격화

10호　전쟁 같은 경제개발, 무너지는 노동자　　　87

전태일 분신 | 남한 유신헌법 선포, 북한 주석제 신설 헌법 제정 | 해설-10월유신을 어떻게 볼 것인가 | 브레턴우즈 체제 사실상 파탄 | 아르파넷, 이메일 도입 | 새로운 청년문화 꿈틀 | 새마을운동

11호　자본주의 황금시대의 종말　　　95

석유 위기와 스태그플레이션 | 한국, 중화학공업화 선언 | 사설-유신 독재와 중화학공업의 기묘한 조합 | 진단-황금기 저문 자본주의는 어디로 | 『동아일보』 백지 광고 사태 | DNA 재조합 성공 | 빅토르 하라, 쿠데타군에 피살 | 놀 때도 반공, 공부할 때도 반공

12호　박정희와 마오쩌둥의 죽음　103

10·26사건과 12·12쿠데타 | 중국, 개혁개방노선 천명 | 사설-신은 죽었다 | 인터뷰-덩샤오핑 | 남아프리카공화국, 인종차별 반대 대규모 봉기 | 인류 위한 과학, 루카스 계획 | 여성 노동 운동 | 극장용 장편 만화영화 개봉

호외　광주민주화운동　111

광주민주화운동 폭발 | '화려한 휴가'가 끝났을 때 광주는 너무도 평화로웠다 | 광주민주화운동, 장렬히 전사 | 자위적 무장 항쟁은 정당한 국민저항권 | 잡힌 자, 다친 자, 죽은 자, 그리고 다시 살아날 사람들

13호　신군부와 신자유주의　115

신군부 철권통치 | 레이건-대처, 신자유주의 드라이브 | 사설-미국의 재발견 | 특별 기고-에드워드 톰슨 | 국보위 교육개혁안 논란 | 그린햄코먼 '인간 사슬' | 북한, 『이조실록』 한글 완역 | 생활 자율화 실시

14호　필리핀 민중혁명과 아시아의 민주화　123

필리핀 민중혁명, 마르코스 축출 | 반독재 민주화운동 열기 고조 | 사설-소련의 재발견 | 인터뷰-페트라 켈리 | 플라자 협정 | 체르노빌 원자력 발전소 폭발 사고 | '불온' 인문사회과학 서적 바람 | 학생복에 패션 바람

15호　6월항쟁과 민주화의 길　131

6월항쟁 | 노동자 대투쟁 | 베를린장벽 붕괴 | 전두환, 5공 청문회 출석 | 사설-이 아름다운 국민에게 경배를 | 미국, 주식 폭락 | '몬트리올의정서' 체결 | 문화계, 앞에선 풀고 뒤에선 재갈 물리고 | '마이카' 시대

16호　냉전 종식, 그 후　141

걸프전쟁 종결 | 김영삼, 14대 대선 승리 | 사설-역사의 끝? 아직 시작도 하지 않았다 | 동향-보스니아, 인종 청소 | 여성 인권 문제, 수면 위로 | 한국 최초 과학 위성 우리별 1호 발사 | 서태지와 아이들 1집 발매 | 탁구 코리아팀 세계선수권대회 우승

17호　아프리카의 승리　149

만델라, 남아프리카공화국 첫 흑인 대통령 취임 | 한반도 전쟁 위기 | 사설-북한 문제는 우리 문제다 | 해설-아프리카 대륙의 오늘 | 세계무역기구 출범 | '기후변화보고서' 발표 | 옛 조선총독부 건물 철거 시작 | 대형 할인 매장 등장

18호　IMF 경제 위기　157

IMF 구제금융 위기 | 금융 위기, 전 세계 강타 | 사설-국민 여러분, 안심하고 주무십시오 | 쟁점-워싱턴 컨센서스 | '중산층의 꿈' 무너지다 | 세계 최초 복제 동물 탄생 | 스크린쿼터제 논쟁 | 탈북, 고난의 기록

19호　6·15남북정상회담　165

남북정상회담 개최 | 신자유주의 반대 시위 | 사설-우리도 제대로 된 나라에서 살아 보려나 | 쟁점-인간의 권리인가 자본의 권리인가 | 유로 탄생 | GMO 규제 시작 | '제1회 안티미스코리아대회' 개최 | 올림픽 최초 남북 공동 입장

20호　2002한·일월드컵과 촛불 집회　173

여중생 추모 촛불 집회 | 9·11테러 | 해설-9·11테러의 의미 | 사설-역시 문제는 오프라인이다 | 세계 600여 도시에서 반전 시위 | 인간 유전체 지도 완성 | 중국-일본 역사 왜곡 | 한·일월드컵, 성공리 개최

부록　181

『근현대사신문』 현대편 따라잡기　183
『근현대사신문』 현대편 연표　192
『근현대사신문』 현대편 참고 문헌　198
『근현대사신문』 현대편 찾아보기　200
『근현대사신문』 현대편 도움받은 곳　206

『근현대사신문』 근대편 목차

『근현대사신문』을 시작하며—근대로 가는 길   9

1호   조선의 개항과 서세동점   15

2호   근대화와 임오군란의 반격   23

3호   제국주의 시대와 갑신정변   31

4호   파리만국박람회와 근대 과학 문명   39

5호   동학농민운동   47

6호   청·일전쟁과 아관파천   55

7호   만민공동회와 자주적 근대화의 길   63

8호   러·일전쟁과 일본제국주의의 대두   71

9호   국권회복운동   79

호외   한·일병합   87

10호   중국혁명과 식민지 한국의 운명   91

11호   제국주의 세계대전   99

12호   러시아혁명과 한국의 사회주의   107

13호   3·1운동과 5·4운동   115

14호   전 조선노농총동맹과 민중운동의 서막   125

15호   민족협동전선 신간회   133

16호   세계대공황   141

17호   나치스의 등장과 파시즘의 확산   149

18호   에스파냐인민전선과 민족통일전선   157

19호   2차 세계대전   165

20호   종전과 해방   173

부록   181

    『근현대사신문』 근대편 따라잡기   183

    『근현대사신문』 근대편 연표   194

    『근현대사신문』 근대편 참고 문헌   202

    『근현대사신문』 근대편 찾아보기   204

    『근현대사신문』 근대편 도움받은 곳   208

일본 항복!
한국 해방!

사진 | 일본의 항복 소식을 호외로 긴급히 전한 중국과 미국의 신문

이제는 건국이다

조선건국동맹은 1944년 8월 10일 일본의 패망과 조국 광복에 대비하기 위해 여운형을 중심으로 건설된 비밀결사였다. 옌안의 독립동맹과도 연계하여 조선의용군과 협동작전을 모색했다. 1945년 8월 초 여운형 등 몇몇 간부가 일본 경찰에 체포되었으나 곧 석방되었다. 조선건국동맹은 해방 직후 출범한 조선건국준비위원회의 모태가 되었다. 1945년 8월 하순 성낙인 촬영.

새 나라 그리는 왼손, 오른손, 남의 손

해방 전후 서울을 중심으로 한 국내 정국 동향

【1945년, 서울】 일본이 무조건 항복을 선언한 8월 15일, 한반도는 진공 상태와도 같은 힘의 공백기로 빠져들었다. 소련이 맹렬히 남하하고 있는 상황에서 조선 총독 아베 노부유키(70)는 유력한 좌익 정치인 여운형(59)과 만나 한국에 있는 일본인의 생명과 재산을 보호해 줄 것을 요청했다.

8월 15일 당일, 여운형을 중심으로 한 조선건국준비위원회(건준)가 서울에서 문을 열었다. 또한 박헌영(45)을 중심으로 한 사회주의자들은 조선공산당을 재건했다. 8월의 서울은 붉은 도시였다.

그러나 8월 하순 들어 미군이 38선 이남에 진주할 것이라는 사실이 알려지면서 상황은 달라졌다. 건준은 9월 6일 조선인민공화국(인공)의 수립을 선언했으나, 바로 다음날 미 극동군사령부가 군정 실시 방침을 발표해 김을 뺐다. 미군은 8일 인천에 상륙하고 9일 서울에 들어가 조선총독부의 공식 항복을 받고 힘의 공백 상태를 끝냈다. 일주일 뒤 소련 정치국은 38선 이북에서 독자적 정책을 펼 뜻을 밝혔다. 이에 앞서 11일에는 남북을 잇는 경의선 철도의 운행이 중단되었다.

정국은 요동쳤다. 건준을 견제하며 임시정부(임정)가 들어오기를 기다리던 김성수(54), 송진우(56) 등 우익 정치인들은 9월 16일 보수 세력을 모아 한국민주당을 세웠다. 인공은 지명도 높은 이승만(70)을 주석으로 하는 조각을 다급하게 발표했으나, 미국에 머물며 사태를 예의주시하던 이승만은 이를 거부했다. 10월 10일 미군정은 인공을 승인하지 않는다고 발표했고, 바로 그날 항일유격대 출신 김일성(33)은 북쪽에 조선공산당 분국을 창설하기로 결정하고 독자적인 활동에 들어갔다.

노정객 이승만은 미군정에 의해 정국의 추가 오른쪽으로 기울던 10월 16일 귀국, 200여 정치 단체가 망라된 독립촉성중앙협의회(독촉)의 총재를 맡아 화려하게 국내 정계에 복귀했다. 11월 16일 친일파 청산을 주장하는 조선공산당이 독촉을 탈퇴하면서 좌우 갈등은 조금씩 불거지기 시작했다. 11월말 김구(69) 등 임정 요인들이 개인 자격으로 쓸쓸히 귀국했다.

독립국가의 모습을 가늠하기가 점점 어려워져 가는 상황에서 각 정치 세력의 눈과 귀는 12월에 한반도의 미래를 다루게 될 미·영·소의 모스크바 3상회의로 쏠리고 있었다.

해방 직후 소련군이 들어온다는 소문을 듣고 서울역 앞에 모인 군중.

소련 참전부터 미군 진주까지… 해방 전후 관련국 동향

해방 정국의 최대 현안은 38선이다. 미국은 8월 10일경 정책 실무자들이 다급하게 획정한 것을 소련이 받아들였다고 설명한다. 한 민족의 운명을 좌우할 중대 결정이 일개 실무진의 임의적 판단에 의해 내려졌다는 설명은 무책임해 보인다. 한반도에 욕심이 없었는데 전쟁을 빨리 끝내려고 하다 보니 개입할 수밖에 없었다는 변명은 한국인을 쉽게 납득시키지 못하고 있다.

이와 관련해 운명의 8월 10일경 관련 당사국들의 움직임이 주목되고 있다. 연합국은 포츠담선언에서 일본의 무조건 항복을 요구하고, 일본은 한국과 타이완만은 놓치지 않으려 했다. 그러나 8월 9일 나가사키에 두 번째 원폭이 떨어지고 소련이 참전하자, 이튿날 일본은 포츠담선언을 받아들일 뜻을 밝혔다. 그리고 미국을 상대로 한 일본의 화평 공작이 본격화됐다. 공산 소련보다는 미국 쪽과 협상하는 것이 그나마 일본이 덜 죽는 길이었다. 소련군이 한반도로 밀고 내려오자 조선총독부는 더욱 다급했다. 아베 총독은 소련의 서울 점령을 기정 사실로 보고 여운형에게 목숨을 구걸했다. 그러나 미국을 상대로 한 일본의 화평 공작은 헛되지 않았다. 8월 22일 서울이 포함된 38선 이남을 미군이 점령한다는 방침이 아베 총독에게 전해지자, 조선총독부는 다시 한국인을 상대로 치안 유지에 나섰다. 서울에 들어간 미군은 식민 통치 기구를 그대로 활용하고 친일파를 등용했다. 중도파 정치인 안재홍은 "해방은 8월 16일 하루뿐이었다."라고 잘라 말했다.

해방 한국에 영향을 끼칠 한국인과 세계인 10

패전국도 아닌 한국이 미국과 소련에 의해 분할 점령되면서 뜻하지 않게 전후 세계정세의 한복판으로 들어가 버린 느낌이다. 해방 후 당연한 수순으로 여겨졌던 한 민족의 자주 독립 국가 수립도 미국, 중국, 소련 등이 끼어든 복잡한 세계 정치 구도에 따라 영향을 받을 전망이다. 한국의 가까운 장래에 직접 영향을 끼칠 국내외 주 요 인사 10명을 선정해 소개한다.

이승만(70) 독립촉성중앙협의회 총재. 개화 파 활동가로 정치 이력을 시작해 한성 임시 정부 집정관 총재, 상하이 임정 국무총리를 역임했다. 미국에 거주하며 대미 외교 중심 의 독립운동을 펼쳤다. 10월 16일 귀국 전에 도 도쿄에서 맥아더를 만나 남한만의 단독 정부를 논의한 것으로 알려졌다.

김구(69) 대한민국임시정부 주석. 한국독립 당 위원장. 동학농민운동에 참여했고, 임정 에서는 한인애국단을 결성해 이봉창, 윤봉 길의 의거를 지원했다. 일본에 선전포고를 하고 임정 산하 광복군을 국내에 들여보낼 준비를 하던 중 일본의 항복 선언을 듣고 땅 을 쳤다는 철저한 민족주의자이다.

여운형(59) 건준 위원장. 1920년 고려공산 당에 가입하고, 1922년 모스크바 극동인민 대표대회에 공동 대표로 참가하여 레닌과 만났다. 국내에서 『조선중앙일보』 사장을 지내고 1944년 조선건국동맹을 조직했다. 좌우를 가로지르는 폭넓은 운신으로 최근 여론 조사에서 인기 순위 1위를 기록했다.

박헌영(45) 조선공산당 핵심 이론가. 1921 년 고려공산당 상하이 지부에 가입하고 극 동인민대표대회에 참가한 뒤, 국내로 들어 와 1925년 조선공산당의 창립에 참여했다. 당이 와해된 뒤에도 1939년 경성콤그룹을 만들어 지하 활동을 계속하며 해방 후 조선 공산당 부활의 토대를 만들었다.

김일성(33) 조선공산당 북조선 분국 책임 비서. 어려서 만주로 이주했고, 1935년 항 일 통일전선인 동북항일연군에 참여해 백 두산 유격대를 조직했다. 이 부대는 1937 년 압록강을 건너 보천보를 습격한 일로 유 명해졌다. 소련 점령이라는 조건을 활용해 북한 지역의 사회 개혁을 추진하고 있다.

트루먼(61) 미국 대통령. 지난 4월 뇌출혈로 사망한 루스벨트 전 대통령을 계승했다. 6 월 샌프란시스코에서 국제연합선언에 서명 하고, 7월 포츠담선언을 발표했다. 전후 세 계 질서를 놓고 소련과 협력하는 동시에 경 쟁하면서 자본주의 체제를 유지, 발전시킬 그의 구상에 세계의 이목이 집중되고 있다.

맥아더(65) 일본점령군 최고사령관. 미국 극 동군 사령관으로 태평양전쟁에서 미국이 승리하는 데 큰 역할을 했다. 9월 2일 한국 주둔 일본군이 38선 남과 북에서 미군과 소 련군에게 항복하도록 하는 연합국 일반 명 령 1호를 공포했다. 강경한 반공주의자로 알려져 있다.

장제스(58) 중국 국민정부 주석. 1927년 대 대적인 공산당 토벌에 나섰지만, 1937년 2 차 국·공합작을 맺고 공산군과 함께 일본에 맞서 싸웠다. 그 결과 승전국 수뇌로서 카이 로 회담, 포츠담 회담 등에 참가해 강대국의 지위를 인정받았다. 소련을 견제하기 위해 일본의 분할을 반대한 것으로 알려졌다.

마오쩌둥(52) 중국 공산당 중앙위원회 주 석. 1934년 위기에 빠진 공산당을 대장정으 로 구했다. 8월 충칭에서 장제스와 만나 내 전을 피하고 함께 신중국을 건설하자는 협 정을 맺었다. 미국의 지원을 받는 국민당이 이 협정을 깨면 국공내전이 불가피하며, 한 반도 정세도 요동칠 것으로 예상된다.

스탈린(66) 소련 대원수. 공산당 서기장으 로 소련의 공업화를 강력하게 추진했다. 나 치 독일과 불가침조약을 맺고 전쟁을 피하 려 했으나, 독일의 침략으로 2천만 명이 희 생당하는 시련 끝에 승리했다. 소련이 전후 세계 질서의 주도권을 놓고 미국과 벌이는 경쟁은 이미 한반도로도 비화되어 있다.

근현대사신문

현대 1호

주요 기사 **2면** | 모스크바 3상회의 결정 논란 (1946) **3면** | 미·소 냉전 본격화 (1947) **4면** | 사설 - 살아보지도 않고 이혼부터 하나 **4면** | 인터뷰 - 여운형 **5면** | 9월총파업과 10월항쟁 (1946) **6면** | 원자폭탄 히로시마 투하 (1945) **7면** | 『조선말큰사전』 1권 간행 (1947) **8면** | 새 통행 규칙 적용 (1946)

냉전으로 가는 전후 세계

1945년 4월 독일 엘베강 연안. 미군과 소련군이 승리의 기쁨을 함께 나눴다. 사회주의 종주국 소련과 자본주의를 대표하는 미국, 영국 등은 2차 세계대전 기간 동안 파시즘에 맞서기 위해 힘을 합쳤다. 그러나 공동의 적이던 나치 독일이 패망하는 순간, 사회주의 국가와 자본주의 국가의 협력도 사실상 끝났다. 파시즘에 맞서는 동안엔 서로 다른 모습에 눈감으며 어깨동무를 했던 두 체제는 세계대전이 막을 내리자 본격적인 힘겨루기에 돌입했다. 소련이 점령한 동유럽 각국엔 빠른 속도로 사회주의 체제가 들어섰고, 미국은 이에 맞서 서유럽 각국의 자본주의 경제 재건과 방위를 지원했다. 사사건건 으르렁대는 두 진영의 대립은 전 세계로 확산됐다. 세계 패권을 놓고 미국과 소련이 벌인 이 '차가운 전쟁'(냉전)의 바람은 해방의 기쁨을 만끽하던 한반도에도 휘몰아쳤다.

사진 | 엘베강에서 만난 미군과 소련군 (왼쪽부터 소련군과 미군이 한 명씩 섞여 있다.)

자주독립호, '신탁통치' 암초를 넘어라

오도된 좌우 대립에 위기 맞은 통일국가 건설… 친일파 다시 활개

모스크바 3상회의 결정을 둘러싼 좌우익 시위. 좌익은 '3상 결정 절대 지지'를(왼쪽), 우익은 '신탁통치 절대 반대'를(오른쪽) 구호로 내걸고 있다.

【 1946년 1월 】 당연한 일로 여겨졌던 자주독립국가 건설에 빨간 불이 켜지고, 즉각 독립을 바라는 국민의 열망이 왜곡되어 심각한 국론 분열 양상으로 번지고 있다.

문제의 시발점은 지난달 미국·소련·영국 외상이 모인 모스크바 3상회의. 그 회의에서 한국을 즉각 독립시키지 말고 우선 임시정부를 수립하도록 하자는 결정이 내려지고, 강대국들이 한반도를 신탁통치하자는 안이 제출된 사실이 알려지자 해방 후 첫 겨울 정국이 뜨겁게 달아오르기 시작했다.

김구(70) 등 임정 출신을 비롯한 우익은 '한국인의 자주적 능력을 부인하는 신탁통치 결사 반대'(반탁)를 외치고 있다. 반면 조선공산당 등 좌익은 즉각 독립이 어렵다면 임시정부 수립안을 받아들여 단계적으로 통일 정부를 수립하는 것이 현실적인 방안이라며 '3상회의 결정 수용'을 주장하고 있다. 좌우익이 각기 집회를 열면서 전국은 둘로 쪼개진 상황이다.

전문가들은 독립의 방안을 놓고 좌우 대립이 벌어지는 것은 있을 수 있는 일이나, 대립의 양상이 잘못된 정보에 의해 심각하게 왜곡되고 있는 것은 큰 문제라는 견해를 내놓고 있다. 당초 신탁통치안을 내놓은 것은 미국이었는데, 정작 미국은 안팎의 언론에 그 제안자가 소련이라고 흘렸다. 일부 국내 언론은 이를 받아 검증 없이 보도하는 한편, 임시정부를 수립한다는 결정은 제대로 전하지 않았다. 이처럼 모스크바 3상회의 내용 중에서 신탁통치가 제안된 사실만이 부각되면서, 신탁통치가 아니라 임시정부 수립에 찬성한 좌익 독립운동 세력은 느닷없이 '매국적인 신탁통치 찬성'(찬탁)론자로 몰리고 있다.

특히 독립국가 건설에서 배제되어야 할 친일파들이 이 정국을 빌미로 반탁 대열에 가세하여 좌익을 매국노로 몰아붙이고 자신들을 애국자로 포장하는 사태마저 벌어지고 있어 향후 사태를 우려하는 목소리가 높다.

분단은 안 돼요… 돼요, 돼요? 이승만 '단독정부' 추진 시사… 북쪽은 독자 행보 가속화

【 1946년 6월 3일 】 해방 후 1년이 다 되도록 통일 정부 수립이 어려움을 겪고 있는 가운데 저명한 정치지도자 이승만(71)이 남쪽만의 단독정부 수립을 추진할 뜻을 밝혀 논란이 예상된다. 이승만은 이날 전북 정읍에서 "통일정부를 고대하나 여의치 않으니 남방만이라도 임시정부 혹은 위원회 같은 것을 조직하여 38선 이북에서 소련이 철퇴하도록 세계 공론에 호소하여야 할 것"이라고 말했다. 이번 발언은 모스크바 3상회의 결정에 따라 임시정부 수립 등을 논의하던 미·소공동위원회가 분명한 성과를 내지 못하고 지난달 6일 무기 휴회에 돌입한 상황에서 나온 것. 북쪽에서 김일성(34)을 중심으로 북쪽만의 급속한 개혁 조치가 진행되는 가운데 남북이 딴살림을 차리는 것 아닌가 하는 의구심이 증폭되고 있다.

▶ 북조선로동당 결성(1946) ▶ 남조선과도입법의원 개원(1946) ▶ 두 차례에 걸친 미·소공동위원회, 성과 없이 끝남(1947) ▶ 북조선인민위원회 출범(1947)

평화 간절한 전후 세계에 냉전 쓰나미

미·영 잇단 공산주의 팽창 억제 정책에 소련도 맞대응

1942년, 나치 독일에 맞서 손을 잡은 미국과 소련의 우호를 상징하듯 뉴욕에 두 나라의 국기가 나란히 걸렸다. 그러나 불과 5년 만에 두 나라는 냉전에 돌입했다.

【1947년】 평화로운 전후 질서를 마련하기 위해 협력하던 미국과 소련 사이에 냉기류가 감돌기 시작했다. 지난 3월 미 대통령 트루먼(63)이 공산주의 확산을 막기 위해 반공 정권에 군사적·경제적 원조를 하겠다(트루먼독트린)고 밝힌 데 이어, 6월에는 미 국무장관 마셜이 서유럽의 공산화를 막기 위해 경제 재건을 지원한다는 정책(마셜플랜)을 발표했다. 미국은 우선 서유럽에 레지스탕스 세력 등 좌파 정권이 들어서는 것을 막고, 적국이던 일본도 지원할 방침이다. 또한 미국은 트루먼독트린에 따라 좌우 내란이 극심

한 그리스의 반공 정부에 막대한 지원을 제공하고 있다. 이러한 미국의 소련 적대 정책은 지난해 3월 미국을 방문한 영국 수상 처칠(73)이 "발트해부터 아드리아해까지 유럽을 둘러싼 철의 장막이 드리워 있다"는 대소 강경 발언을 했을 때부터 예견되어 왔다. 이처럼 서방세계가 공산주의의 팽창에 맞서 소련을 봉쇄하는 전략으로 돌아서자 동구권도 대응에 나섰다. 이들은 지난 7월부터 물자교환협정·통

상차관협정을 체결하고, 10월에는 소련공산당을 중심으로 하는 코민포름(국제공산당정보기관)을 결성했다. 서방 언론은 이 같은 대립을 미국 평론가 리프먼의 책 제목에 따라 '냉전(Cold War)'이라 부르고 있다. 냉전은 기본적으로 각국 내부의 정치 사회 관계에 따라 결정되어야 할 체제 문제에 대해 지원, 봉쇄 등 외부 세력의 개입을 유발한다는 점에서 많은 사람의 우려를 자아내고 있다.

【1947년 8월 15일】 영국의 식민 지배 아래 하나의 지역으로 통합돼 있던 인도가 두 개의 나라로 나뉘어 독립했다. 이슬람교도의 이익을 대변하는 무슬림연맹과 힌두교 세력이 주류인 국민회의는 어제와 오늘 각각 파키스탄과 인도연방을 건국한다고 선언했다. 두 세력은 영국에 맞서 함께 독립운동을 벌여 왔으나 종교적 차이로 갈등을 빚어 왔고, 최근에는 무력을 동원하여 서로 싸우기도 했다.

파키스탄은 우르두어로 '청정한 나라'라는 뜻이다. 무슬림연맹은 1906년 조직된 이래 인도에서 무슬림(이슬람교도)의 나라를 건설하려는 '파키스탄 운동'을 벌여 오늘의 건국에 이르렀다.

인도 국기(위쪽)와
파키스탄 국기(아래쪽).

동아시아는 아직도 불타고 있다 중국, 국공내전… 베트남, 독립전쟁

【1946년, 베이징-하노이】 세계대전이 막을 내렸지만, 동아시아는 다시 포연에 휩싸였다.

중국에선 국민당과 공산당이 내전에 돌입했다. 미국의 지원으로 장비 등에서 유리한 국민당이 주요 도시를 점령했지만, 장제스(59)의 바람대로 공산당을 초토화할지는 의문이

다. 부패가 워낙 심한 데다 사기가 말이 아니기 때문. 펑텐 주재 미국 총영사는 국민당 병사들 사이에 무관심, 불안, 패배주의가 확산되고 탈영이 계속되고 있다고 전했다.

이에 반해 마오쩌둥(53)의 공산당군은 장비가 취약함에도 사기는 매우 높다. 토지개혁으로 농민의 마음을 얻

은 공산당군은 농촌을 장악, 도시를 포위하며 역전을 노리고 있다. 지식층의 상당수가 공산당 지지로 돌아서고, 국민당에 대한 민중의 반발이 커진 것도 이들에겐 고무적이다.

베트남에선 독립전쟁이 한창이다. 베트남을 지배하다가 2차 대전 때 일본에 밀려났던 프랑스가 돌아와 주인

노릇을 하려 하자 민중이 들고일어난 것. 미국의 지원을 받는 프랑스가 압도적인 화력을 앞세워 우세하지만, 호치민(56)이 이끄는 베트남독립동맹(베트민)의 반격도 만만치 않다. 1월 총선에서 90퍼센트 이상의 의석을 확보한 데서도 드러나듯, 베트민은 민중의 절대적인 지지를 얻고 있다.

▶ 중국·프랑스·벨기에 등, 2차 세계대전 당시 적국을 위해 일한 부역자 처벌 ▶ 네덜란드, 독립선언한 옛 식민지 인도네시아 공격(1947)

사　설

살아보지도 않고 이혼부터 하나

2차 세계대전이 한창일 때 한반도의 미래가 단일한 독립국가라는 것은 일제를 빼면 나라 안팎의 일치된 생각이었다. 미국, 영국, 소련 등 연합국은 이러한 한반도의 미래에 대해 몇 차례 합의했다. 일시적으로 연합군이 군정을 실시한다 해도 한국인 스스로 임시정부를 거쳐 민중의 지지를 받는 단일 정부를 세워야 한다는 데는 이견이 없었다. 국내의 정치 세력도 노선의 차이는 있을망정 일제 침략으로 단절됐던 자주적 근대국가 건설에 함께한다는 데는 토를 달지 않았다. 그런데 최근 들어 정세가 요동치자 일단 반쪽만이라도 국가를 수립하자는 현실론이 남북 양쪽에서 고개를 들고 있다. 미국과 소련도 한반도에 자칫 적대적인 단일 국가가 들어서느니 반쪽이라도 자기편을 챙기는 것이 낫다는 속내를 비치고 있다.

이처럼 남북 분단을 부추기는 안팎의 정치 세력은 문제를 해결하지 않고 '일단' 미뤄두고자 한다. 그렇게 하면 당장은 반쪽의 권력이라도 잡고 반쪽의 우방이라도 건질 수 있을 것이다. 그러나 좌우 갈등을 지역적으로 나눈 채 해결을 미룬다면, 문제만 눈덩이처럼 불어날 뿐이다. 남북이 각각 반쪽 외통수 사회가 되어 의사소통이 단절되면 현재의 갈등은 증오로 증폭될 것이고 그 결과는 누구도 장담할 수 없다. 게다가 반쪽 사회에 사는 답답함과 긴장으로부터 피해를 볼 사람들은 분단 주도 세력이 아니라 평범한 국민이라는 생각에 이르면 우리는 분노하지 않을 수 없다. 남북의 정치 세력은 주판알 그만 튕기고 초심을 지키기 바란다.

좌우는 있어도 남북은 없다

인터뷰 좌우 합작·남북 연합으로 통일 정부 추진한 여운형

1947년 7월, 여운형이 암살당하면서 미·소공동위원회와 좌우 합작위원회가 와해됐다. 여운형 생전의 인터뷰를 공개한다.

몽양 여운형

▲ 어떻게 지내고 있나.

"평양에 다녀왔다. 미·소공동위원회(미·소공위) 재개 촉진 및 좌우합작운동을 준비해 왔다. 계동 집에 폭탄 테러가 있었고, 혜화동 로터리에서 권총 습격을 받기도 했지만, 두렵지 않다."

▲ 미군정과도 친하고 북한 왕래도 활발한 당신의 노선이 좌우 양측으로부터 오해를 불러일으킨 것 아닌가?

그림마당 | 이은홍

"남로당은 나를 '미제의 주구'라 비난하고, 군정 당국자들은 나와 북한의 관계를 의심한다. 하지만 내가 군정과 협력하고 방북을 주저하지 않는 이유는 단 한 가지, 통일 정부 수립이다. 이를 위해 반드시 거쳐야 할 과정이 좌우 합작과 남북 연합이다."

▲ 남북한이 독자 노선을 걷는데 좌우 합작과 통일 정부를 주장하는 이유는?

"일부 우익 세력은 미·소공동위원회를 결렬시키고 남한 단독 정부를 세우기 위해 대대적인 공세를 준비 중이다. 나 개인에 대한 암살 위협도 끊이지 않아서 며칠 전에는 미군정 브라운 소장에게 '내 생명이 위험하다'라고 신변 보호를 요청하기도 했다. 이것은 내 개인뿐 아니라 좌우 합작 세력 전체에 대한 위협이다. 이 위기를 잘 넘겨야만 우리가 원하는 통일 정부 수립의 목표를 달성할 수 있다."

▲ 어떻게 해야 가능할까?

"민주주의에 대한 미·소의 의견이 다르다고 공위를 결렬시켜서는 안 된다. 미·소공위를 통해 하루바삐 임시 정부를 구성해야 한다. 공위는 임정 수립에 참여할 좌우 단체를 선정하는 문제 때문에 난관에 봉착한 듯하다. 그러나 카이로선언과 모스크바 3상회의 결정 등 한국에 관한 국제 공약이 분명히 존재하기 때문에 그러한 문제는 곧 극복되리라 생각한다."

기/ 록/ 실/

모스크바 3상회의 결의문 (요약)

1945년 12월 미국·영국·소련의 외상회의 결의문. 미국의 신탁통치안과 소련의 임시정부안이 절충되었다.

1. 조선을 독립국가로 재건설하기 위해 (……) 임시 조선민주주의정부를 수립할 것이다.

2. 조선임시정부 구성을 원조할 목적으로 (……) 남조선 미국 점령군과 북조선 소련 점령군의 대표자들로 공동위원회가 설치될 것이다. 그 제안 작성에 있어 공동위원회는 조선의 민주주의 정당 및 사회단체와 협의해야 한다.

3. 조선 인민의 진보와 민주주의적 자치 발전과 독립국가 수립을 원조 협력할 방안의 작성은 조선 임시정부와 민주주의 단체의 참여하에서 공동위원회가 수행하되, 〈공동위원회의 제안은 최고 5년 기한으로 4국 신탁통치의 협약을 작성하기 위해 소·미·영·중 정부와 협의한 후 제출돼야 한다.〉

(*북한 측의 〈 〉 부분 번역문 : 공동위원회의 제안은 조선임시정부와 협의 후 5년 이내를 기한으로 하는 조선에 대한 4개국 후견의 협정을 작성하기 위하여 소·미·영·중 정부의 공동심의를 받아야 한다.)

4. 긴급한 제 문제를 고려하기 위하여 (……) 2주일 이내에 조선에 주둔하는 미·소 양군 사령부 대표로 회의를 소집할 것이다.

▶ 미군정, 6-6-4제로 학제 개편(1946)　▶ 1947년 말 남한, 물자 부족 심각(양말과 고무신 8인당 1켤레, 운동화 25인당 1켤레, 비누 3인당 1개꼴로 공급됨)

"화약통" 남한 폭발…9월총파업-10월항쟁

진단 독립국가 수립 지연, 친일 경찰 전횡에 경제 혼란 더해져

【1946년】 뜨거운 가을이었다. "불만 댕기면 즉각 폭발할 화약통"으로 불리던 38선 이남에서 대중의 분노가 결국 폭발했다.

먼저 9월 23일 부산을 시작으로 4만여 철도 노동자들이 파업에 돌입했다. 전차, 출판 등 다른 부문도 동참하면서 25만여 노동자가 참가한 전국적인 총파업으로 확산됐다. 정치 구호도 나왔지만 생활 및 노동 조건 관련 요구가 대부분이었다. 그러나 9월 30일 김두한이 이끄는 우익단체와 경찰이 합동으로 용산철도기관구를 습격, 무력으로 진압하면서 총파업 기세는 한풀 꺾였고 10월 중순 대부분 마무리됐다. 파업에 이어 10월항쟁이 폭발했다. 10월 1일 대구에서 경찰 발포로 1명이 사망하자 시민들은 경찰서, 군청 등을 습격했다. 해방 후에도 미군정을 등에 업고 미곡 강제 수집 등 횡포를 부린 친일 경찰들이 주요 표적이었다. 항쟁은 전국으로 확산되며 3·1운동 이래 최대 규모가 됐으나, 미군정은 배후에 북에서 내려온 공산주의자들이 있다며 경찰과 우익을 동원해 힘

좌우 대립이 격렬해지면서 38선 이남의 학생들이 우익단체에 편입되는 일이 늘고 있다. 사진은 우익단체인 대동청년단 광양지부 결단식에서 죽창을 들고 사열 받는 소녀들.

으로 눌렀다. 그러나 현지 관찰자들은 참가자들의 핵심 요구가 식량 문제 해결이며, 계획된 봉기가 아니라 자연발생적 항쟁이라고 전했다.

두 사건은 독립국가 수립 지체 문제와 함께 경제 혼란에서 비롯됐다는 분석이 지배적이다. 미군정 정책이 실패하고 매점매석하는 모리배가 판을 치

면서 인플레이션, 생필품 부족 등 경제 문제는 심각한 상황이다. 올해 1월 1두(斗)에 180원이던 쌀값이 9월에 1,200원이 되는 등 물가는 2년 사이에 약 92배 뛰었지만, 임금 상승률은 그것의 13분의 1 수준이다.

이 때문에 '뜨거운 가을' 이전에도 삼척에서 여성 300여 명이 쌀을 달라

며 군청을 포위하고, 부산에선 굶주린 시민 500여 명이 부청에 몰려들었다. 좌익이 전평에서 주도한 총파업에 우익인 대한노총 산하 철도 노동자들이 동참한 것도 이 때문이다. 이번 총파업 원인을 조선공산당의 전술 변경에서만 찾아서는 안 되는 이유가 바로 이것이다.

토지는 농민의 것… 북측, 발빠른 토지 개혁

'무상몰수 무상분배' 원칙 아래 한 달 만에 뚝딱… 남측 행보도 주목

【1946년】 38선 이북에서 지주소작제가 해체됐다. 토지개혁 때문이다. 3월 5일 '토지개혁 법령'을 발표한 북조선임시인민위원회는 '무상몰수 무상분배' 원칙에 따라 5정보(약 500아르) 이상의 토지를 보유한 지주의 땅 중 직접 농사를 짓지 않는 땅을 몰수, 빈농과 소작인들에게 나눠줬다. 식민지배를 받던 때 일본인이 소유했던 땅과 친일 부역 행위를 한 '민족 반역자'의 땅도 몰수됐다. 토지개혁을 통해 기존 소작지(1945년 기준) 중 95퍼센트

토지개혁을 홍보하는 포스터. 평생 땅을 일궜을 늙은 농부가 '토지는 농민의 것!' 이라는 문구를 바라보는 모양새다.

가 농민에게 돌아갔으며, 그 결과 농민들은 가구당 평균 130여 아르를 보유하게 됐다.

이번 조치는 "토지는 농민에게"라는 구호 아래 한 달여 만에 급속하게 진행됐다. 북쪽의 토지개혁 소식이 전해지면서 남쪽 농민들 사이에서도 조만간 토지개혁이 이뤄지기를 기대하는 움직임이 확산되고 있다. 반면 지주들은 이번 조치에 반발하며, 38선 이남으로 내려가고 있다. 이들은 서북청년단 등을 결성하고 북쪽의 토지개혁 바람이 남쪽으로 부는 것을 힘으로 막아낼 태세여서, 땅을 둘러싼 남쪽의 갈등은 더 격렬해질 전망이다.

GATT 체결

【1947년】 미국 등 23개국이 스위스 제네바에 모여 공산품에 한해 관세·무역 분야의 장벽을 없애기로 하고 '관세 및 무역에 관한 일반 협정(GATT)'을 체결했다.

1929년 대공황 이후 강화된 보호무역주의가 국가 간 갈등을 고조시키고 2차 세계대전의 한 원인이 됐다는 반성의 산물이다. 그러나 시장은 만능이 아니며, 시장에 무제한에 가까운 자율성을 부여했다가 대공황을 불러온 역사를 기억해야 한다는 지적도 나오고 있다.

▶ 인민위원회의 소작료 3·7제가 농민으로부터 환영받자, 미군정도 3·1제 공포(1945) ▶ 북조선임시인민위원회, 중요 산업시설 국유화 및 농업현물세제 실시(1946)

'리틀 보이', 인류 절멸의 문을 열다

역사상 최악의 살상무기 원자폭탄 히로시마 투하… 가공할 살상력 '경악'

【1945년, 일본】 일본에 역사상 처음으로 원자폭탄이 투하됐다. 미국 정부는 제2차 세계대전의 조기 종결을 위해서 지난 8월 6일 오전 8시 15분 히로시마에 원자폭탄을 투하했다. 미국 정부는 이어서 9일 나가사키에 두 번째 원자폭탄을 투하했다. 결국 일본 정부는 15일 무조건 항복을 선언했다. 제2차 세계대전이 끝나는 순간이었다.

히로시마에 투하된 폭탄의 이름은 '리틀 보이'였다. 길이 3미터, 지름 71센티미터, 무게 4톤의 이 폭탄은 결코 열어서는 안 될 문을 열었다. 이 폭탄 투하로 약 7만 명이 현장에서 죽었고, 고열·방사능 등으로 숨진 이들의 숫자도 약 24만 명에 이르렀다. 이렇게 숨진 이들의 대다수는 민간인이었으며, 그중 10퍼센트는 바로 강제로 일본으로 끌려간 조선인이었다.

이 원자폭탄의 위력을 보고 인류는 자신을 몰살할 수 있는 '괴물'을 만들어냈음을 깨달았다. 이제 머지않아 이 괴물은 미국은 물론이고 소련, 영국 등 강대국의 소유가 될 것이다. 그러나 역설적으로 미국을 비롯한 어느 나라든지 세 번째 세계대전을 치를 엄두를 감히 내지 못할 것이다. 원자폭탄이 있는 한 세계대전은 바로 인류의 절멸을 의미하기 때문이다. 따라서 원자폭탄을 가진 나라들이 이 괴물의 사용을 억제하기 위한 각종 장치 마련에 나설 것으로 예상된다.

그러나 이런 식의 억제는 단 한 번의 실수로도 깨질 수 있기 때문에 위태롭기 짝이 없다. 인류는 곧 원자폭탄을 어떻게 처리할지를 놓고 그간 인류가 부딪쳤던 어떤 문제보다도 더 많은 지혜를 모아야 할 것이다.

'리틀 보이' 투하 5분 후, 히로시마는 초토가 되었고 1,700미터 상공에는 죽음의 버섯구름이 피어올랐다.

최초의 컴퓨터, 첫 과제는 "수소폭탄 가능한가"

전쟁용 계산기 '에니악', 공학 계산 속도 앞당겨 컴퓨터 시대 활짝

【1945년, 미국】 11월 세계 최초의 디지털 컴퓨터 '에니악'이 탄생해, 그간 아주 느렸던 공학 계산 속도를 획기적으로 높일 전망이다.

그러나 정작 에니악 제작에 50만 달러나 지원한 미국 국방부는 불편한 심기를 감추지 못했다. 늦게 완성된 탓에 전쟁에 이 기계를 쓸 수 없었기 때문이다. 애초 국방부는 100명이 달라붙어도 한 달이나 걸렸던 탄도 계산을 쉽게 하고자 이 기계의 제작을 의뢰했었다. 결국 에니악은 첫 번째 임무로 수소폭탄이 이론적으로 가능하다는 것을 계산해냄으로써 심기가 불편한 국방부를 달랬다.

한편, 이에 앞서 6월 에니악 제조에 뒤늦게 합류한 수학자 폰 노이만은 에니악의 단점을 지적하면서 입력, 출력, 제어, 연산, 기억 장치의 5개 프로그램이 내장된 새로운 컴퓨터를 제안했다. 컴퓨터 전문가들은 "노이만이 새로운 디지털 컴퓨터의 표준을 제시했다"라고 열광했다.

최초의 디지털 컴퓨터 에니악.

트랜지스터 첫선

【1947년, 미국】 통신 시장의 강자인 미국 벨 사가 주목할 만한 제품을 만들어냈다. 전류나 전압을 증폭하고, 전자 신호를 위한 스위치나 게이트 역할을 하는 장치인 트랜지스터가 그것.

그동안 이러한 역할을 맡아 왔던 것이 진공관. 그러나 진공관은 너무 크고 전력 소모량이 많으며 수명도 짧았다. 이에 비해 트랜지스터는 소형이고 소비 전력도 훨씬 적은 것으로 알려졌다. 트랜지스터는 아직 전기적 '잡음'이 많고 증폭도도 불충분해 개량이 필요하다는 말을 듣고 있지만, 앞으로 전자회로에서 진공관을 대체하기에 충분한 장점을 가지고 있다는 평이다.

▶ 카를 폰 프리슈, 꿀벌이 추는 복잡한 춤의 의미 해석(1945) ▶ 멜빈 캘빈, 식물의 광합성에서 이산화탄소가 당으로 변하는 과정 규명(1946)

일제 탄압도 '말의 해방' 못 막았다

『조선말큰사전』 1권, 18년 만에 간행… 일제에 뺏긴 원고, 해방 후 극적으로 찾아

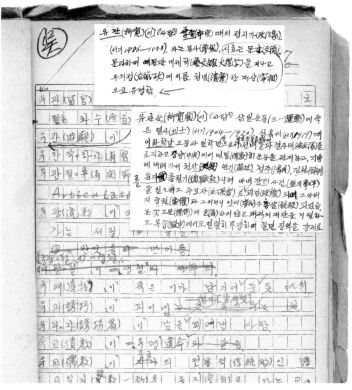

일제에게 빼앗겨 영원히 묻힐 뻔했으나, 해방과 함께 빛을 본 『조선말큰사전』 원고.

【 1947년 10월 9일, 서울 】 "20여 년의 적공(積功)이 헛되이 돌아가지 않음은 신명의 도움이라 하지 않을 수 없으매 이 원고 상자의 뚜껑을 여는 이의 손은 떨리었다. 원고를 손에 드는 이의 눈에는 눈물이 어리었다." (김병제, 『자유신문』 1946.10.9)

해방 직후인 1945년 9월 8일 경성역(서울역의 옛 이름) 조선통운 창고 한쪽에서 발견된 2만 6,500여 장의 원고를 두고 한 말이다. 그렇게 기적처럼 발견된 낡은 원고가 이날 우리말을 집대성한 『조선말큰사전』 1권으로 열매를 맺었다.

다시 발견된 원고가 사전으로 나오는 데 2년이 걸렸지만 『조선말큰사전』이 감내해야 했던 고난의 시간은 그보다 훨씬 길다. '조선인의, 조선인에 의한, 조선인을 위한' 조선말사전 편찬 작업은 18년 전인 1929년 조선

어사전편찬회가 결성되면서 본격적으로 시작됐다. 일제의 따가운 시선과 자금난 속에서도 편찬 작업은 계속됐다. 1936년 조선어학회가 업무를 이어받아 1942년 초고를 완성했지만, 편찬 작업은 중단됐다. 그해 10월 일제가 조선어학회 사건을 일으켜 편찬위원들을 옥에 가두고 원고를 빼앗아갔기 때문. 이때 수감된 한글학자 중 이윤재와 한징은 끝내 감옥에서 숨을 거뒀다.

해방 후 함흥감옥에서 풀려난 이극로, 최현배 등은 한걸음에 서울로 올라와 3년 전 뺏긴 원고를 애타게 찾았다. 결국 창고 한쪽에 아무렇게나 방치됐던 원고를 찾을 수 있었고, 그 결과 훌륭한 선물을 해방된 겨레에 전하게 된 것이다. 천신만고 끝에 1권이 나온 『조선말큰사전』은 향후 계속 발간될 예정이다.

📖 뚜벅이 독립투사의 외길 인생

임시정부 이끈 김구 자서전 『백범일지』

【 1947년 12월, 서울 】 황해도 소년 김창암. 집안을 일으키고자 마지막 과거에 응시하지만 낙방했다. 동학에 입도하고 이름도 창수로 바꾼 청년은 동학군 청년 접주로 싸웠다. 그렇지만 농민군은 일본군에 패했고, 청년은 분루를 삼켜야 했다. 일본인들에게 살해된 명성황후의 원수를 갚겠다며 일본인을 죽인 청년은 사형수가 됐다. 탈옥 후 이름을 구로 바꾸고 학생 교육에 힘쓰던 청년에게 나라가 망했다는 청천벽력 같은 소식이 들려왔다.

그로부터 9년, 3·1운동 직후 문지기라도 하겠다는 각오로 중국 상하이로 떠난 그는 26년 동안 임시정부를 지켰다. 이봉창, 윤봉길의 의거를 이끌고 광복군의 국내 진공을 꿈꾸던 그

에게 일본이 예상보다 빨리 항복했다는 소식이 들려왔다. 한국인의 손으로 일본을 몰아내야 한다고 믿었던 노투사에게는 아쉬운 소식이었다. 1945년 11월의 귀국길도 편치 않았다. 미군정에서 임시정부 수반이 아닌 개인 자격으로 귀국하도록 했기 때문이다.

그렇게 돌아온 김구(71)의 자서전 『백범일지』가 지난 15일 출간됐다. 자기 길을 뚜벅뚜벅 걸어온 우직한 독립투사의 솔직한 기록이라는 평이다. 귀국 후 이승만과 손잡고 반탁운동에 앞장선 데 대한 세간의 평은 엇갈리지만, 『백범일지』의 가치는 빛난다. 자주독립국가 수립이라는 그의 꿈은 여전히 진행형이며, 많은 한국인의 꿈도 그와 같기에.

세상을 있는 그대로 기록한다

최초 사진 전문 통신사 '매그넘' 결성

【 1947년 4월, 뉴욕 】 '시대의 눈'을 꿈꾸는 사진작가들이 최초로 사진 전문 통신사를 설립했다. 라틴어로 '샴페인을 담는 큰 병'이라는 뜻의 '매그넘(Magnum)'이 바로 그것. 발기인은 "진실이야말로 최고의 사진이며 최대의 프로파간다"라며 에스파냐 내전과 2차 세계대전 전장에 섰던 로버트 카파(사진), 라이카로 순간을 포착하는 데 능한 앙리 카르티에 브레송 등 저명 작가 7명. 언론사에 종속돼 편집자가 요구하는 사진을 수동적으로 촬영하는 대신, 원하는 사진을 촬영한 후 자신들의 의도대로 게재해줄 언론사에 그 사진을 판매하겠다는 전략이다.

▶ 좌익은 '조선문화단체총연맹'(1946), 우익은 '전국문화단체총연합회'(1947)를 결성하며 문화계에서도 좌우 대립 ▶ 국대안(국립서울종합대학안) 파동(1946~1947)

〈〈〈〈〈 제3세계 통신 〉〉〉〉〉

중국 국민당군, 타이완 시민 대량 학살

【1947년】 중국 국민당 군대가 타이완 사람들을 학살하는 참극이 발생했다. 2월 27일 국민당 관리가 타이완의 여자 상인을 때려 다치게 하자, 그 다음날 타이완인들은 관리의 처벌을 요구하는 시위를 벌였다. 국민당이 이를 힘으로 억누르자 시위는 '국민당 정부 퇴진'을 요구하는 항쟁으로 번졌다. 그러나 장제스 정부는 군대를 보내 시위를 강제로 진압하고, 이 과정에서 무고한 사람들을 공산주의자로 몰아 마구잡이로 체포, 고문하고 죽인 것. 그 결과 사망·실종자가 2만~3만 명에 이르는 것으로 추산되고 있다. 이번 사건은 50년 동안 타이완을 통치하던 일본이 물러간 후 타이완을 다시 장악한 국민당 정부가 강압 통치를 계속한 데 근본 원인이 있다는 분석이 지배적이다.

브라질, 또 군부 쿠데타

【1945년 10월】 15년 전 군부 쿠데타로 집권했던 바르가스(62) 브라질 대통령이 또 다른 군부 쿠데타로 사임했다. 세계 대공황이 한창이던 1930년 청년 장교들의 지지를 바탕으로 집권한 바르가스 대통령은 공업화의 기반을 닦는 데 주력했지만, 전체주의적인 '신국가' 헌법에 따라 브라질을 통치해 반발을 불렀다. 쿠데타의 주역인 두트라(60)는 입헌민주주의를 회복시킬 계획인 것으로 알려지고 있다. 넓은 국토와 풍부한 자원 등 엄청난 잠재력을 지녔지만 불안한 정치 상황과 불평등한 사회관계 때문에 그 잠재력을 꽃피우지 못해 "영원한 미래의 나라"라는 자조 섞인 말이 떠도는 브라질이 도약의 발판을 마련할지 주목된다.

필리핀, 독립은 했으나…

【1946년 7월 4일】 필리핀인들이 공화국을 수립하며 반세기에 걸친 미국의 식민지배에서 벗어났다. 16세기부터 에스파냐의 지배를 받은 필리핀은 20세기엔 미국의 식민지로 바뀌었다. 1934년 미국으로부터 독립을 약속받은 필리핀은 2차 세계대전 때 일본군에게 점령됐지만, 1945년 필리핀을 탈환한 미국은 약속대로 독립을 승인했다. 그러나 필리핀은 여전히 미국의 영향력 아래에 놓여 있다. 정부 수립 과정에서도 미국은 2차 세계대전 당시 일본이 세운 괴뢰정권에 맞서 게릴라 투쟁을 벌인 좌파를 배제하고, 친일 지주 등을 후원해 공화국을 세우게 했다. 또한 미국은 전략적 요충지인 수빅만에 아시아 최대의 미군기지를 유지하며, 필리핀을 반공의 보루이자 태평양 지배를 위한 거점으로 활용하고 있다.

우왕좌왕 통행 규칙, 헷갈리네

【1946년, 서울】 미군정이 4월 1일부터 새 통행규칙을 적용함에 따라 사람들이 말 그대로 우왕좌왕하고 있다. '전차와 자동차는 오른쪽, 사람은 왼쪽으로'(우왕좌왕) 통행하라는 것이 새 규칙의 핵심. 차와 사람 모두 좌측 통행하던 방식에서 차량 통행 방향만 오른쪽으로 바꾼 것이다.

1906년 12월 1일 이후 차와 사람은 모두 우측통행하도록 돼 있었다. 그러나 일제는 1921년 12월 1일부터 차, 사람 모두 좌측통행하도록 규정을 바꿨다. 좌측통행을 하는 일본에서 온 이들이 불편을 호소했기 때문. 미군정이 이를 다시 '우왕좌왕'으로 바꿨지만, 수십 년 동안 몸에 밴 습관이 하루아침에 바뀌기는 어려운 노릇이다. 게다가 40년 사이에 '우왕우왕'에서 '좌왕좌왕'으로, 다시 '우왕좌왕'으로 바뀌어 사람들은 더 헷갈리고 있다.

장하다, 서윤복! 보스턴마라톤 우승

【1947년】 24세의 청년이 해방된 조국에 큰 선물을 안겼다. 4월 19일 미국에서 열린 51회 보스턴마라톤 대회에서 서윤복 선수가 2시간 25분 39초의 세계 기록으로 우승했다. 결승점을 통과한 서 선수는 1936년 베를린올림픽 금메달리스트인 손기정 감독과 얼싸안고 눈물을 흘렸다.

비키니 수영복에 전 세계 '핵폭탄급' 충격

【1946년】 상·하 두 조각으로 된 파격적인 수영복이 나왔다. 디자이너 루이 레아르가 7월 5일 파리에서 선보인 이 수영복의 이름은 6월 30일 핵실험이 벌어진 비키니섬에서 따 왔다. 여성의 신체를 과감하게 노출한 비키니에 전 세계는 핵폭탄급 충격을 받은 모습이다. 교황청은 "부도덕한 의상"이라고 비난했고, 몇몇 가톨릭 국가들은 비키니 착용을 금지할 태세다. 첫 발표회 때 비키니를 입고 무대에 설 모델을 구하지 못해 스트립 댄서 출신 여성을 모델로 세워야 했을 정도.

1946년 9월 20일 프랑스 남부 휴양도시 칸에서 제1회 칸영화제가 열렸다.

뉴룩 패션 활짝

【1947년, 프랑스】 "지긋지긋한 전쟁은 끝났다. 군복은 벗어던져라."

2월 12일 파리에서 열린 크리스티앙 디오르(42)의 데뷔 컬렉션은 패션에서도 전쟁이 끝났음을 실감케 한 무대였다. 자연스럽게 허리를 감싸면서 종아리 바로 아래까지 내려오는 스커트, 허리가 잘록하고 가슴이 풍만한 디자인은 사람들을 놀라게 했다. 여성의 우아함을 가장 잘 드러내는 실루엣이란 평이다. 패션 잡지 『하퍼스 바자』편집장 캐멀 스노(60)는 "뉴룩(New Look)!"이라며 감탄했다.

충격적인 것은 '밀리터리룩'으로 불린 기존 스타일과 전혀 다르기 때문이다. 2차 세계대전 중 여성은 각진 어깨와 어중간한 스커트 길이로 만족해야 했다. 디자인은 밋밋했으며 실용성이 먼저 고려됐다. 물자 부족으로 멋부릴 여유가 없었다. 비판의 목소리도 들린다. 옷 한 벌에 그렇게 많은 옷감을 들여야 하느냐는 비판이다. 그러나 여성은 멋에 굶주려 왔고, 새 유행은 이미 시작됐다. 디오르의 성공으로 파리가 패션 중심 도시로 재부상할 것이란 전망도 나오고 있다.

부 고

▶ 케인스 (1883~1946) 영국의 경제학자. 자유방임주의를 비판하고 공황 극복을 위한 수정자본주의 이론을 제시했다. 주요 저서는 『고용·이자 및 화폐의 일반이론』.
▶ 포드 (1863~1947) 미국의 기업가. 일명 '자동차 왕'. 포드주의라는 대량생산 시스템을 통해 대중차 시대를 열었으나, 컨베이어벨트에 의한 노동 통제 부분은 비판받고 있다.
▶ 아웅산 (1915~1947) 버마의 독립운동가. 독립을 위한 협상을 주도했으나, 1947년 7월 암살당했다.

▶ 남한 인구, 해외동포 귀환 등으로 2년 만에 300만 명 증가(1947) ▶ 노래, 춤, 코미디가 어우러진 악극 인기 ▶ 미국에서 최초의 상업적 전자레인지 출시(1947)

근현대사신문

현대 2호

주요 기사 **2면** | 남북한에 각각 단독 정부 수립 (1948) **3면** | 중국, 중화인민공화국 선포 (1949) **4면** | 사설—선택은 국민의 몫이다 **4면** | 해설—국가보안법 **5면** | 특파원 보도—팔레스타인 학살 현장 (1948) **6면** | 조지 가모프, 대폭발 가설 주장 (1948) **7면** | 이탈리아 네오레알리스모 영화 〈자전거 도둑〉 개봉 (1948) **8면** | LP 레코드 발매 (1949)

분단의 시대

1949년 6월 평생토록 독립을 위해 일본 제국주의와 싸워 온 노정치가가 독립된 나라에서 동족의 손에 죽었다. 대한민국 임시정부의 주석을 지낸 김구. 그의 정치 이력에는 해방된 나라에서, 그것도 미군 점령 아래 우익이 주도권을 잡아 나간 38선 이남에서 암살당할 만한 요소 따위는 전혀 없었다. 그는 독립운동을 하면서도 시종일관 공산주의 노선과 대립각을 세웠으며, 1945년 말 모스크바 3상회의 이래 이 땅을 강타한 '신탁통치 논란' 때에도 철저한 반탁 노선에 따라 소련과 좌익 정치 세력을 공격했다.

그런 김구를 죽인 것은 '분단'이었다. 모스크바 3상회의에 따라 임시정부 구성을 논의하기 위해 열린 미·소 공동위원회는 결렬되었고, 좌우 합작과 남북 협상을 위해 노력한 정치인들은 하나둘씩 저세상으로 떠났다. 김구는 자신의 의도와는 달리 반탁운동이 남쪽만의 단독정부 수립으로 귀결되어 가자 "38선을 베고 죽는 한이 있더라도" 통일정부를 수립하겠다는 의지를 보였으나, 역사는 그의 편이 아니었다. '분단'은 점점 기정사실이 되어 갔다.

사진 | 김구를 쏜 총탄의 흔적 (경교장)

북은 조선, 남은 대한으로 끝내 분열

남북한에 각각 단독 정부 들어서… 동서 냉전에 통일 정부 수립 좌초

(왼쪽 사진) 대한민국 정부 수립식. (오른쪽 사진) 조선민주주의인민공화국 수립 선포 전날인 1948년 9월 8일 최고인민회의 제1차 회의에서 북조선인민위원회 위원장 김일성(맨 앞줄 오른쪽)이 초대 수상으로 선출됐다(김일성 바로 왼쪽의 안경을 쓴 사람이 박헌영).

【 1948년 9월 9일, 서울-평양 】 올 것이 왔는가. 해방 3년 만에 한반도는 분단되고 말았다. 올해 8월 15일 남쪽에서 먼저 이승만을 대통령으로 하는 대한민국이 출범하더니, 9월 9일엔 북쪽에서 김일성을 수반으로 한 조선민주주의인민공화국이 수립됐다.

이는 한민족 대다수가 원치 않았으나, 예견된 사태였다. 1945년 미국과 소련은 38선을 경계로 한반도를 나누고 각기 군대를 진주시켜 일본의 항복을 받았다. 38선은 미국과 소련의 역할 분담을 위한 임시 경계선이었고, 한민족을 대표하는 하나의 정부가 관할권을 넘겨받는 것은 시간문제로 여겨졌다.

그러나 통일 독립 정부 구성은 쉽지 않았다. 미국과 소련은 점령 지역에서 자국의 이익에 어긋나는 정치 세력이 힘을 얻도록 내버려두지 않았고, 독립운동 세력은 서로 다른 노선을 내세우며 갈등했다.

남은 과제는 좌우 갈등을 극복하고 단일 정부를 수립하는 일이었다. 그러나 미국과 소련은 끝까지 자국의 이익을 앞세웠다. 이에 맞춰 남쪽에서

는 이승만이 1946년 정읍 발언을 통해 남쪽만의 단독정부를 수립할 뜻을 밝혔고, 북쪽에서는 김일성이 같은 해 북조선임시인민위원회를 만들고 토지개혁을 실시하며 분단을 향해 나아갔다. 그 결과 우익은 남쪽, 좌익은 북쪽으로 결집해 각기 국가를 선포했다.

이로써 해방 후 제기된 사회 발전의 두 가지 길은 두 개의 국가에서 따로 진행될 것으로 보인다. 그러나 대다수 민중이 통일을 강렬하게 원해, 이런

부자연스런 상태가 언제까지 계속될지는 알 수 없다. 관측통에 따르면 남북이 전쟁으로 충돌할 가능성도 높다. 한반도는 여전히 안개에 휩싸여 있다.

잠들지 않는 남도… 제주 4·3항쟁 진압

【 1948년 11월 】 단독정부 출범에 반대해 4월 3일에 일어난 제주도민의 항쟁에 대해 정부가 이달 들어 계엄령을 선포하고 초토화 작전을 펴면서 희생자가 급격히 늘고 있다. 희생자 대부분은 무장대가 아니라 여성, 노약자를 포함한 민간인이다. 8만 도민 중 희생자가 3만 명에 이를 수 있다는 전망마저 나오고 있다. 재판 없는 즉결처분이 난무하는 가운데, 계엄령이 불법이라는 지적도 나오고 있다. 항쟁은 지난해 3·1절 기념집회 참석 군중에게 경찰이 발포하고, 이에 파업으로 맞선 제주도민에게 미군정과 서북청년단을 비롯한 우익단체가 강경 대응하면서 촉발됐다.

백범 김구 피살, 반민특위 피습… 정국 먹구름

【 1949년 6월 26일, 서울 】 "탕! 탕! 탕! 탕!" 낮 12시 30분 무렵 서대문 경교장에서 네 발의 총성이 울리고, 백범 김구가 쓰러졌다. 중국에서 임시정부를 이끌었던 노독립운동가의 최후였다. 2년 전 여운형에 이어 김구까지 암살되자 시민들은 더없이 슬퍼하는 분위기다. 현장에서 잡힌 암살범은 육군 소위 안두희. 지주의 아들로 월

남해 우익 테러 단체에서 활동한 안두희는 단독 범행이라고 진술했지만 친일파가 요직을 차지하고 있는 경찰이 배후에 있다는 주장이 설득력을 얻고 있다. 일각에서는 이승만 대통령 관련설까지 제기되고 있다.

이 같은 배후설은 최근 정국과 맞닿아 있다. 경찰은 이달 6일 반민족행위특별조사위원회를 습격, 무력화했고

이승만 대통령은 오히려 친일 경찰을 비호했다. 또한 집권 세력은 4월 말 '국회 프락치 사건'을 일으켜 소장파 의원들을 북쪽의 간첩(프락치)으로 몰아붙이고 있다. 그러나 일각에서는 소장파 의원들이 친일 세력 청산, 농지개혁 등을 주장하며 정부와 대립하자 이들을 겨냥해 이번 사건이 조작되었다는 분석도 나오고 있다.

▶ 평양에서 열린 '전조선 제정당 사회단체 연석회의'(남북협상)가 성과 없이 끝남(1948.4) ▶ 남측, 제헌의회 선거(1948.5.10) ▶ 여순사건(1948.10)

대륙과 섬으로 나뉜 중국, 국공내전 끝

공산군 본토 장악, 국민당 정부는 타이완섬으로… 냉전에 새 국면 도래

【1949년 10월 1일, 베이징】 톈안먼 광장을 꽉 메운 30만 군중이 숨을 죽였다. 연단에 선 마오쩌둥(56)이 카랑카랑한 목소리로 침묵을 갈랐다. "오늘 중화인민공화국 중앙인민정부가 탄생했음을 선언합니다!" 그 순간 30만 명은 우레 같은 박수를 보내며 환호했고 국가가 연주되는 가운데 국기인 오성홍기가 드높이 게양되었다. 1946년부터 3년 넘게 벌어진 국공내전에서 공산당이 승리하여 중국 대륙에 그들의 나라를 일으켜 세운 것이다.

장제스(62)가 이끄는 국민당 세력은 회복하기 어려운 타격을 입고 타이완섬으로 옮겨 갈 준비를 하고 있는 것으로 알려졌다. 1945년 8월 중국 국민의 여망을 등에 업고 충칭에서 만난 마오쩌둥과 장제스는 그해 10월 10일 "어떤 일이 있어도 내전을 피하고,

독립·자유·부강의 신중국을 건설한다."라는 쌍십협정을 발표했다.

그러나 미국의 원조와 공산당의 4배에 이르는 군사력을 믿은 장제스는 1946년 6월 26일 이 협정을 깨고 160만 정규군을 동원하여 공산당 점령구를 공격했다. 압도적인 무력으로 밀어붙이는 국부군(국민당 정부군)에 대해 중공군(중국공산당군)은 일부 해방구를 포기하고 게릴라전과 지구전으로 맞섰다. 초기에는 국부군이 우세했으나 점령구에서 지주의 땅을 빼앗아 농민에게 나눠주면서 민심과 세력을 얻은 중공군은 1947년 중반부터 동북 지역을 중심으로 전세를 뒤집었다. 중화인민공화국의 탄생에 따라 세계 인구의 2/3가 사회주의권에 편입되면서 동서 냉전은 전혀 새로운 국면을 맞고 있다.

톈안먼광장에서 중화인민공화국 수립을 선포하는 마오쩌둥.

동서 냉전 역풍에 일본 전후 개혁 흔들

【1949년, 도쿄】 일본의 전후 개혁이 위태롭다. 2차 세계대전 종료 후 일본을 점령한 연합국은 일본이 다시 군국주의로 가지 못하도록 개혁을 실시해왔다. 전쟁 포기 및 주권이 '천황'이 아니라 국민에게 있음을 명시한 새 헌법('평화헌법', 1946년 11월 공포)을 제정하고, 재벌과 군대 해체를 추진한 것이 대표적이다. 그러나 세계가 냉전 구도로 접어들고 중국이 공산화되자, 미국은 일본을 냉전의 방벽으로 보고 정책을 바꾸고 있다. 침략전쟁 주역들의 공직 복귀 등 일본이 동아시아 화해와는 반대 방향으로 나아가는 모습을 우려하는 목소리가 높다.

동은 사회주의, 서는 자본주의로 유럽 두 동강

【1948년 7월 1일, 베를린】 세계가 둘로 나뉘었다. 소련은 독일의 수도 베를린을 봉쇄하고 이 도시에 대한 미국, 영국, 프랑스 등 서방국가의 접근을 막기 시작했다.

2차 대전 이후 소련과 이들 연합국은 패전국 독일을 넷으로 나누어 점령하고, 소련 점령 지역 한가운데 있는 베를린도 수도라는 특수성을 감안하여 4분할했다. 그런데 지난달 서방 세 나라가 자신들이 점령한 독일 지역을 하나의 경제 단위로 통합해 소련과 대립각을 세우자, 소련이 베를린 봉쇄라는 초강수로 맞선 것. 지금 베를린에는 소련군 병력이 40사단으로 증강되고 미국, 영국 등의 수송기가 자신들의 점령 지역에 생필품을 비행기로 실어 나르는 등 일촉즉발의 긴장감이 감돌고 있다.

소련의 베를린 봉쇄에 맞서, 영국 다코타(Dakota)기가 봉쇄된 서베를린에 식량을 실어 나른 후 사람들을 태우고 있다.

소련과 미국, 영국 등은 2차 대전 기간 동안 힘을 합쳐 싸웠지만, 사회주의와 자본주의라는 체제의 차이 때문에 사사건건 대립해왔다. 소련이 점령한 동유럽 각국에는 빠른 속도로 사회주의 체제가 들어서고 있고, 미국은 이에 맞서 서유럽 각국의 자본주의 경제 재건과 방위를 지원하고 있다. 이 같은 대립은 유럽을 벗어나 전 세계로 확산될 조짐을 보이고 있다.

▶ 국제연합, 세계인권선언 채택(1948) ▶ 버마연방공화국 독립(1948) ▶ 코스타리카, 군대 철폐(1949) ▶ 제1회 세계평화옹호자 대회(1949)

사 설

선택은 국민의 몫이다

분단으로 귀결된 한반도의 경험에서도 알 수 있듯이 식민지에서 해방된 민족들의 앞에는 두 가지 길이 놓여 있다. 하나는 제국주의가 심어준 자본주의 제도를 주체적으로 발전시키는 길이고, 다른 하나는 자본주의를 부정하고 소련의 예를 따라 사회주의의 길을 가는 것이다. 둘 다 쉽지 않은 길이다. 자본주의를 발전시키자니 옛 종주국에 종속된 상태를 벗어나기 힘들고, 사회주의의 길을 가자니 평등 속의 가난이 우려된다. 더욱이 둘 중의 어느 한 길을 택한다고 해도 전 세계적으로 벌어지기 시작한 동서 냉전 때문에 긴장 속에서 살아가는 것은 피할 수 없는 일이 되었다.

이 시점에서 각국의 지도자들이 명심해야 하는 것은 어떤 체제로 나아가든지 그것을 선택하는 것은 국민의 몫이라는 점이다. 강대국이 힘으로 약소국에 자기 체제를 강요한다거나 약소국 지도자가 이를 이용하여 국민의 뜻과 상관없이 특정 체제를 밀어붙인다면, 그 나라 국민들이 언제까지나 앉아서 당하지는 않을 것이다. 국민의 뜻을 헤아리지 못했다가 타이완섬으로 쫓겨 간 중국 국민당이 이를 잘 보여준다. 제국주의와 파시즘의 악몽에서 벗어난 현대의 세계는 냉전의 시대이기도 하지만 일반 대중의 힘이 결정적으로 커진 대중의 시대이기도 하다. 그런 점에서 볼 때 국민 대다수의 뜻을 외면하고 강대국과 일부 정치 세력의 검은 잇속 때문에 다른 체제의 두 나라로 갈린 한반도는 두고두고 현대 세계의 업보로 남을 것이 틀림없다.

쥐 대신 씨암탉 잡는 국가보안법

해 설 자의적 해석·집행, 마구잡이 '빨갱이' 사냥

1948년 12월, 형법보다 앞서 공포되어 시행된 국가보안법이 적잖은 부작용을 낳고 있다. 그 실태를 살펴본다.

11만 8,621명. 1949년 한 해 동안 국가보안법으로 검거, 투옥된 인원이다. 어마어마하다. 이 때문에 교도소가 꽉 차, 10월에 형무소 두 곳을 신설한다는 결정이 내려졌다. 수감자 중 8할이 이 법 위반으로 잡힌 '좌익수'라는 보고도 있지만, 대다수는 대한민국을 무너뜨리려는 이른바 '빨갱이'와는 거리가 멀다는 평가가 지배적이다.

국가보안법의 모체는 독립투사 탄압에 쓰인 일제의 치안유지법이다. 여순 사건(1948. 10) 등 '내란' 예방이 명분이지만, 내란 행위 자체보다 그런 행위를 할 것으로 예상되는 집단의 구성 혹은 가입을 처벌하는 데 초점을 맞춘 점도 닮았다.

인권 침해 우려는 1948년 국가보안법을 제정할 당시부터 제기됐다. 독소 조항이 워낙 많아 법무부 장관과 검찰총장조차 국회에 출석해 법안의 문제점을 지적할 정도였다. 또한 『조선일보』는 자의적 해석에 의한 오남용 가능성 등을 근거로 "광범하게 정치범 내지 사상범을 만들어 낼 성질의 법안인 점에서 단호히 반대한다."라고 천명했다 (1948. 11. 14 '국가보안법을 배격함').

"속담에 고양이가 쥐를 못 잡고 씨암탉을 잡는다는 격으로 이 법률을 발표하면안 걸릴 사람이 없을 것" (조헌영 의원)이라며 소장파 의원 48명은 폐기 동의안을 냈다(1948 .11. 16). 그렇지만 "보안법 폐기 주장은 공산당을 돕는 행위"라고 강변한 제정론자들, '국회 내에 선동분자가 있다'며 몰아붙인 이승만 대통령, 국가보안법 제정을 반대하는 사람들에 대한 암살 위협도 서슴지 않은 우익 단체들의 공세로 동의안은 부결됐다.

'괴물' 국가보안법이 그렇게 탄생하면서, 많은 사람들이 우려했던 대로 애꿎게 희생되는 '씨암탉'이 양산됐다. 국가보안법의 과도한 인권 침해 가능성을 지적한 소장파 의원들도 1949년 6월 조작 혐의가 짙은 '국회 프락치 사건'에 연루돼 끝내 '씨암탉'으로 전락하고 말았다.

그림마당 | 이 은 홍

초 점 도쿄 재판은 면죄부 재판 천황, 731부대, '종군위안부' 등 눈감아

【1948년 11월 12일, 도쿄】 극동국제군사재판(도쿄 재판)이 결국 미완성인 채로 막을 내렸다. 오스트레일리아 출신 웹 재판장을 비롯한 10명의 재판관이 투입된 이번 재판에서 일제의 육군 내무대신으로 태평양전쟁을 일으킨 도조 히데키(64)를 비롯한 일본의 A급 전범 25명 중 7명은 사형, 18명은 금고형을 선고받았다.

이런 판결에도 불구하고 이번 재판은 천황과 미국을 위한 재판이었다는 비판이 높다. 히로히토 일본 천황을 법정에 세우지도 않은 것부터 문제라는 지적이다. 웹 재판장이 "전쟁엔 천황의 허가가 필요했다."라며 천황의 책임을 물으려 했지만, 연합군 최고사령관 맥아더를 위시한 미 점령군 당국은 이를 막았다. 점령 정책을 수행하는 데 천황이 필요하다는 이유에서였다. 미국은 또한 만주에서 조선인 등을 대상으로 생체 실험을 한 731부대의 범죄도 눈감았다. 731부대의 이시이 대장으로부터 생체 실험 데이터를 받는 조건이었던 것으로 알려졌다. '종군위안부'를 비롯한 일본군의 조직적 성폭력 문제도 제대로 다뤄지지 못했다. 도쿄 재판이 '면죄부 재판'으로 끝났다는 비판을 받는 이유다.

▶ 국민보도연맹 조직(1949) ▶ 학도호국단 결성(1949) ▶ 빨치산을 활용한 북한의 공세로 남한 일부 지역은 "낮에는 대한민국, 밤에는 인민공화국" 상황(1949)

유대인이여, 나치의 대학살을 잊었는가

특파원 보도 시온주의 무장 세력, 팔레스타인에서 학살극

시온주의를 내세운 유대인의 무력에 밀려 팔레스타인 사람들은 수천 년 동안 살아온 땅에서 쫓겨났다. 이렇게 쫓겨난 이들이 모인 팔레스타인 난민캠프에서 한 소녀가 울고 있다.

데어 야신 학살을 비롯해 최근 벌어진 사건은 조상 대대로 터를 잡고 살아온 곳에서 떠나기를 거부한 팔레스타인인들을 시온주의자들이 무력으로 쫓아내는 과정에서 발생했다. 충돌을 줄이고자 지난해 11월 유엔 총회에서 팔레스타인을 유대 국가와 아랍 국가로 분할할 것을 권고했지만, 이는 거부됐다.

이 문제는 팔레스타인을 넘어 전체 아랍 국가와 시온주의자의 전면적인 갈등으로 확산되고 있다. 유대인이 다음 달 국가를 세울 예정이지만, 아랍 국가들은 이를 결코 용납할 수 없다는 태세여서 팔레스타인엔 전운이 감돌고 있다.

【1948년 4월】 피로 물든 대지는 싸늘한 시신으로 가득하다. 시온주의 무장 세력이 휩쓸고 간 팔레스타인 데어 야신엔 250구의 시신만 남아 있다. 무방비 상태였던 250명 중엔 100명이 넘는 여성과 아이도 포함돼 있다.

유대 국가 초대 총리로 유력한 벤 구리온과 메나헴 베긴, 아리엘 샤론 등 무장 세력 지도자들이 "어린이든,

여성이든 방해꾼은 모두 제거하라."라고 지시했다는 증언이 나오고 있다. 포로와 부상자까지 살해되는 것도 그 때문. 공포가 확산되면서 도망치거나 쫓겨나는 팔레스타인인이 70만 명에 이르는 것으로 전해진다.

유대인이 몰려온 건 1917년 영국 외상 발포어가 팔레스타인에서 유대인 국가 설립을 돕겠다고 선언한 이후

다. 유대인이 크게 환영한 이 선언은 그 땅에서 수천 년 동안 살아온 팔레스타인인에게는 '집 내놓고 나가라.'라는 말과 다름없었다. 겉으론 인정하지 않지만, 유대인들도 이를 잘 알고 있다. 벤 구리온조차 10년 전 "우리는 침략자, 저들은 자신을 방어하는 것"이라며 "진실을 무시하지 말자."라고 고백했다.

농지개혁법 제정 '유상매수 유상분배' 방식

【1949년 6월】 국회에서 우여곡절 끝에 농지개혁법이 제정됐다. '무상 몰수 무상분배' 방식을 택한 북측과 달리, 이번에 제정된 법은 '유상매수 유상분배' 방식이다. 땅을 받는 농민은 1년 수확량의 125퍼센트를 5년간 분할 상환하고, 땅을 내놓는 지주는 1년 수확량의 150퍼센트를 보상받도록 규정하고 있다.

법안을 기초한 조봉암 전 농림부 장관은 농민 상환액을 낮추려 하고 한민당 등 야당은 지주 보상액을 높이려 하는 과정에서 조 전 장관이 물러나는 사태도 빚어졌다. 그러나 국회 내 진보적인 의원들의 지지로 애초 농림부 안(농민 상환액 120퍼센트, 지주 보상액 150퍼센트)과 큰 차이가 나지 않는 법안이 제정되기에 이르렀다.

농지개혁법에 따라 지주에게 지급될 지가증권. 보상 기간, 지급액 등이 적혀 있다.

영, 무상 의료 시행

【1948년 7월】 자본주의 최초로 전 시민을 대상으로 한 무상 의료 서비스 NHS(National Health Service)가 영국에 도입됐다. 가난해서 병원에 못 가는 일을 없애자는 취지다. 무상 의료 서비스는 치료뿐 아니라 질병 예방까지 포괄한다. 노동당 정부는 "최상급 서비스를 평등주의 원칙 아래 제공할 것"이라며 병원을 국유화하고 상당한 재정을 투입하고 있다. 그 배경엔 국가 주도 의료망을 운용한 2차 대전 경험이 놓여 있다는 분석이다. 전쟁을 승리로 이끈 노동계급의 요구가 의료 개혁까지 이어진 셈이다.

▶ 미군정, 일본인이 소유했던 귀속농지 분배(1948) ▶ 반공 성향 노조들, 세계노동조합연맹(WFTU)에서 탈퇴해 국제자유노조연맹(ICFTU) 결성(1949)

태초에 '대폭발'이 있었다

조지 가모프, 대폭발 가설 주창… 입증되면 '정상 상태 이론'에 큰타격

외부의 힘에 의해서가 아니라 스스로 일으킨 대폭발을 통해 우주가 만들어졌다는 가모프의 가설이 '정상 상태 이론'을 뒤흔들고 있다.

【 1948년, 미국 】 "빛이 있어라!" 성경에 나온 대로, 태초에 하느님이 선언한 것처럼 우주가 탄생했을까? 소련에서 미국으로 망명한 과학자 조지 가모프가 『피지컬 리뷰』 최근호(4월 1일자)에 발표한 논문의 대답은 "아니오."이다. 그는 이 논문에서 우주가 외부의 힘에 의해 만들어진 것이 아니라 스스로 일으킨 '대폭발'을 통해 탄생했다고 주장했다. 가모프는 우주가 까마득한 옛날에 일어났던 거대한 폭발을 통해서 생겨났고, 우주 곳곳에는 지금도 그 흔적이 남아 있을 것이라고 주장했다.

이런 가모프의 '대폭발 가설'은 1929년 물리학자 에드윈 허블이 발견한 "우주가 계속 팽창하고 있다."라는 사실에서 자극받은 것이다. 우주가 계속 팽창하고 있다는 사실을 염두에 두면, 팽창하기 전의 최초의 우주는 더 이상 줄어들 수 없는 한 '점'과 같은 상태였으리라고 짐작할 수 있다. 바로 이 한 점이 대폭발을 통해 팽창하기 시작한 게 오늘의 우주라는 것.

이런 대폭발 가설이 입증되려면 대폭발의 흔적이 있어야 한다. 가모프는 대폭발 때 생성돼 현재까지 남아 있는 빛(우주 배경 복사)이 존재하리라고 예언했다. 이 빛은 우주가 팽창하면서 초기의 고온 상태에서 현재는 저온 상태로 남아 있으리라는 것이다. 가모프는 "이 빛의 흔적이 현재에는 5K(-268도) 정도의 차가운 상태로 남아 있을 것"이라고 주장했다.

이 주장대로 우주배경복사의 존재가 확인된다면, 우주는 탄생부터 지금까지 똑같은 모습을 유지하리라고 주장해온 이른바 '정상 상태 이론(steady-state theory)'은 큰 타격을 입을 전망이다.

광장에 나온 밀실의 성(性)

성생활 실태 담은 '킨제이보고서' 발표

【 1948년, 미국 】 미국인들이 충격에 빠졌다. 진원지는 인디애나대학 동물학 교수 킨제이가 1월 5일 출간한 『남성의 성적 행동』. 10년 동안 미국 남성(대부분 백인) 5,300명을 상대로 섹스 체위, 동성애, 자위 행위, 혼외정사 등에 대해 인터뷰해 성생활 실태를 적나라하게 드러낸 책이다.

미국 내 보수층은 성을 금욕의 대상으로 바라보는 프로테스탄트 윤리가 흔들릴 조짐으로 간주해 킨제이를 거세게 비난하고 있다. 동성애 등을 죄악으로 간주하는 통념과 달리, 킨제이가 다양한 성 행동들을 '비정상'으로 규정하지 않는 것도 비난 대상이 되고 있다. 이들이 놀랄 일은 여기서 그치지 않을 것 같다. 저자가 여성의 성 행동을 다룬 후속 연구를 계획하고 있는 것으로 알려졌기 때문이다. 만약 오랫동안 종족 번식 수단으로 간주돼온 여성이 사실은 성적 감정을 지닌 존재라는 연구 결과가 나온다면, 미국은 그야말로 핵폭탄에 버금가는 충격에 휩싸일 전망이다.

측정대에 오른 유골의 나이

'방사성 탄소 연대 측정법' 개발

【 1949년, 미국 】 미국의 화학자 윌러드 프랭크 리비가 각종 유골, 유물, 유적이 얼마나 오래됐는지 측정할 수 있는 방법을 고안했다. '방사성 탄소 연대 측정법'으로 불리는 이 방법을 활용하면 유골, 유물, 유적 등 잊힌 역사의 흔적들이 얼마나 오래되었는지 비교적 정확히 알 수 있게 돼 고고학 등 학계에 큰 충격을 줄 전망이다.

이 방법은 유물에 포함된 방사성 탄소(^{14}C)와 일반 탄소(^{12}C)의 비율을 이용해 연대를 측정한다. 생물이 살아 있을 때 이 비율은 자연 상태와 똑같으나, 생물이 죽으면 ^{14}C는 외부 유입 없이 더 안정한 원소인 ^{14}N으로 붕괴한다. ^{14}C가 ^{14}N로 붕괴하는 시간이 항상 일정하기 때문에, 이 시간과 남은 ^{14}C의 비율을 이용하면 유적 연대를 알 수 있다.

리비는 "^{14}C 외에도 여러 가지 방사성 물질이 붕괴하는 시간을 알면 지구 나이, 퇴적층 연대, 약물 분해 속도 등 그동안 정확히 몰랐던 많은 연대를 확인할 수 있다."라고 밝혔다.

▶ 클로드 엘우드 섀넌, 통신에 관한 수학적 이론(정보 이론) 발표(1948) ▶ 피터 브라이언 메더워, 피부 이식 거부 반응이 면역 반응임을 규명(1949)

영화, 거리에서 있는 그대로의 현실을 보여주다

〈자전거 도둑〉, 연출·연기 최소화로 오락성 탈피… 영화의 새로운 가능성 제시

【1948년, 이탈리아】 영화는 꿈인가, 현실의 재현인가? 영화는 고통스런 세계를 살아가는 사람들에게 무엇을 해줄 수 있는가? 이러한 질문에 대해 비토리오 데 시카, 로베르토 로셀리니, 루치노 비스콘티 등 이탈리아 감독들은 아직은 완성되지 않은 대답을 들고 나왔다. 네오레알리스모(신사실주의)이다.

비토리오 데 시카 감독의 영화 〈자전거 도둑〉의 무대는 바로 오늘의 이탈리아. 전쟁이 휩쓸고 간 폐허, 삶을 짓누르는 끈질긴 가난, 거리를 메운 실업자들. 3년째 마땅한 일자리를 얻지 못했던 안토니오에게 뜻밖의 행운이 찾아온다. 자전거를 타고 영화 포스터를 붙이는 일을 하게 된 것이다. 안토니오의 가족은 아끼던 침대보를 전당포에 맡기고 새 자전거를 산다. 아침마다 자전거를 반짝반짝 닦는 일은 아들 브루노의 몫. 그러나 안토니오는 가족의 생계가 걸린 자전거를 그만 도둑맞는다. 그는 아들과 함께 잃어버린 자전거를 찾으러 로마 시내 구석구석을 헤매지만, 끝내 자전거를 되찾지 못한다. 결국 망연자실한 안토니오는 망설이고 또 망설인 끝에 다른 사람의 자전거를 훔치다가 붙잡혀, 아들이 지켜보는 앞에서 혼쭐이 나고 망신당한다. 그때 안토니오의 얼굴에는 하염없이 눈물이 흘러내린다.

영화는 현실을 그럴듯하게 이상화하거나, 주인공에게 값싼 동정을 하지 않는다. 카메라는 마치 다큐멘터리 필름처럼 장면 하나하나를 무심히 따라가기만 한다. 사실적인 묘사를 위해 영화의 등장인물도 모두 비전문 배우들로만 채워졌다. 주인공 안토니오 역은 평범한 금속 노동자가 맡았고, 아들 브루노 역을 맡은 소년은 거리의 부랑아였다.

〈자전거 도둑〉이 보여주는 현실은 희망이 없고, 출구가 보이지 않는다. 영화는 참담한 현실 속에서 가장 평범한 사람이 도둑이 될 수밖에 없는 '있는 그대로의 현실'을 냉정하게 그려낼 뿐이다. 출구를 찾는 일은 감독의 몫이 아니라 영화 바깥에서, 영화 속의 현실을 살아가는 관객들의 몫이라는 듯이.

영화 〈자전거 도둑〉 포스터(오른쪽).

한국 최초 오페라 〈춘희〉 연일 매진

【1948년】 1월 16일 명동 시공관에서 한국 최초 오페라 〈춘희〉가 초연됐다. 김자경이 여주인공 비올레타 역을 맡아 한국 최초의 프리마돈나가 됐다. 5일 동안 전 회(10회) 매진을 기록했다. 뒤마의 원작 소설을 소재로 베르디가 작곡한 '라 트라비아타'(1853년 이탈리아 초연)는 이탈리아어로 '엇나간 여자'라는 뜻. '춘희'란 이름은 일본인이 의역한 것이다.

📖 "여자는 태어나는 것이 아니라 만들어진다"

보부아르 『제2의 성』… '인간으로서 여성' 정체성 옹호

【1949년, 파리】 프랑스 작가 시몬 드 보부아르(41)의 신간 제목인 '제2의 성'은 남성에 종속된 존재로 간주되는 여성을 말한다. 남성이 주체가 되고 여성은 타자로 전락해온 역사를 탐구한 이 책에서 보부아르는 남녀 차이가 태어날 때 결정된 것이 아니라고 말한다. 여성은 어릴 때부터 여성다움을 강요받는데, 이 자체가 남성이 씌운 굴레라는 것. 남성 중심 사회에서 "여자는 태어나는 것이 아니라 만들어진다."라고 선언한 보부아르는 출산은 여성의 사명이 아니라며 낙태의 권리를 옹호하는 한편, 남성의 여성 지배에 기여했다며 가톨릭도 질타했다.

여성 참정권이 인정된 지 5년밖에 되지 않은 프랑스의 남성들은 여성의 주체성 회복을 주창한 보부아르를 거세게 비난하고 있다. 보부아르와 같은 실존주의 작가인 카뮈는 "수컷을 조롱했다."라며, 가톨릭계 작가 모리악은 '포르노'라며 『제2의 성』을 비난했다. 또한 교황청은 이 책을 금서로 규정했다. 좌파도 여성해방이 계급해방을 통해서만 가능하다는 점을 보지 못했다며 보부아르를 비판하고 있다. 그렇지만 '혼란과 어둠'의 존재로 낙인찍혀온 여성들은 보부아르에 열광하고 있다. 『제2의 성』은 출간 한 주 만에 2만 부 넘게 판매됐다. 더 이상 그림자로는 살지 않겠다는 여성들의 의지가 프랑스를 넘어 전 세계로 퍼져나갈지 주목된다.

▶ 조지 오웰, 소설 『1984년』 발표하며 전체주의의 위험성 경고(1949) ▶ 일본 호류지[法隆寺] 금당(金堂) 화재로 고구려 승려 담징의 벽화 소실(1949)

마하트마 간디 피살

【1948년 1월 30일】 인도 독립운동의 정신적 지주로 불리던 마하트마 간디가 살해됐다. 향년 79세. 힌두교도인 간디는 이날 인도 뉴델리에서 극우 힌두 조직 청년들이 쏜 총탄에 맞아 세상을 떠났다. 지난해 각기 독립한 인도와 파키스탄의 분리를 막기 위해 노력하고 힌두교와 이슬람교의 화해를 도모한 간디의 행동이 힌두교에 해를 끼치기 때문에 죽였다는 것이 암살자들의 주장이다. 그러나 이번 사건은 종교적 광신이 부른 극단적 행동이라는 해석이 지배적이다.

이스라엘, 아랍 연합군 격퇴

【1949년 2월】 신생 독립국 이스라엘이 아랍연합군과 벌인 '중동전쟁'에서 승리했다. 전쟁은 유대인들이 팔레스타인인들을 내몰고 그 땅에 이스라엘 건국을 선언한 지난해 5월 발발했다. 아랍 5개국(이집트, 요르단, 시리아, 레바논, 이라크)은 이스라엘을 인정할 수 없다며 연합군을 조직, 이스라엘을 공격했다. 초기에는 아랍연합군이 우세했으나, 전세는 점차 이스라엘군에 유리해졌다. 결국 개전 9개월 만인 이번 달, 국제연합의 중재로 양쪽은 휴전했으나 신생 유대 국가 이스라엘이 건재하다는 점에서 사실상 아랍연합군의 패배라는 분석이다. 유대인에게 쫓겨난 팔레스타인 사람들은 전쟁이 발발한 지난해 5월 16일을 '나쿠바'(대파국)라고 부르고 있다. 일단 포성은 멎었지만, 이스라엘과 아랍 측의 분쟁이 앞으로도 계속돼 제2, 제3의 '중동전쟁'이 발발할 것이라는 비관적인 전망이 우세하다. 팔레스타인 사람들이 감당해야 할 고난은 아직 그 끝이 보이지 않는다.

음반 시장에 엘피(LP) 시대 열린다

【1949년】 음반 시장의 지형이 바뀌고 있다. LP(long playing record)가 SP(standard playing record, 유성기) 음반을 밀어내고 음반 시장의 주역으로 떠오르고 있다.

지난해 6월 21일 미국 콜럼비아레코드사가 LP를 처음 발매한 데 이어, 올해에는 영국의 데카사도 런던 레이블을 통해 LP를 발매했다. 다른 유수의 음반사들도 조만간 LP 음반을 발매할 계획으로 전해지고 있다. LP는 보통 1분에 33과 1/3 회전하는 레코드다. 1931년 미국 RCA가 마이크로그루브 방식의 LP를 개발했으나 잡음이 많아 제조를 중단했다. 콜럼비아레코

콜럼비아레코드사에서 발매한 최초의 LP.

드사에서 마이크로그루브 방식을 개량해 지난해 발매하면서 본격적인 LP 대중화의 길이 열린 것.

LP의 장점 중 하나는 SP보다 더 긴 분량의 곡을 수록할 수 있다는 것이다. 이 때문에 LP의 대중화가 오페라 전곡 녹음 붐으로 이어질 것이라는 분석도 나오고 있다. 디스크 재킷을 집어 레코드판을 꺼내 훑어보고, 턴테이블에 올려 먼지를 닦고, 바늘을 걸기까지 30초 정도 걸리는 LP 음반 재생 과정을 즐기는 마니아들이 늘어나는 추세여서 향후 수십 년은 LP 시대가 지속될 것이라는 성급한 전망까지 나오고 있다.

이제부터 매춘 불법 32년 만에 공창 폐지

【1948년】 일제가 들여온 공창제가 2월 14일 폐지됐다. 32년 만이다. 미군정은 이날 공창폐지법을 발효, 매춘을 불법화했다.

한반도에서 전업형 성매매가 처음 들어온 곳은 1876년 개항 후 생긴 일본인 집단 거류지. 전업형 성매매 장소가 급증하자 일제는 1916년 '유곽업 창기 취체규칙'을 발표, 공창제를 합법화하고 '창기'들에게 세금을 거뒀다. 한편 좌우익 구분 없이 줄기차게 공창제 폐지를 주장해온 여성계는 '여권 신장' 방안이라며 환영하는 분위기다.

그러나 일각에서는 이번 조치가 음성적인 성매매 활성화로 이어지는 부작용을 낳을 수도 있다고 우려하는 목소리도 나오고 있다.

대한민국은 기부 공화국?

【1949년】 신생 대한민국은 기부 공화국인가? 각양각색의 기부금을 내는 이들이 부지기수다. '대한부인회비, 대한청년단비, 민보단비, 지서수리비, 소방협회비, 국방협회비, 후생협회비, 순사가 사망할 경우 경비' 등 그 종류도 수십 가지. 그러나 문제는 이 돈을 내야 하는 이들에게 경제적 여유가 없을 뿐만 아니라, 자발적으로 낸다는 기부의 본뜻에도 맞지 않다는 것. 말만 기부금이지, 하나라도 내지 않으면 협박·감금·폭행 등에 시달리는 게 현실이다. 걷어간 기부금을 횡령해 사리사욕을 채우고 나서 다시 걷어가는 일도 비일비재하다. 각종 우익 단체와 군대에서 걷는 것도 적지 않지만, 가장 많이 걷어가는 곳은 역시 경찰이다. 대한민국의 '기부' 시민들이 경찰을 보면 오금이 저리는 까닭이다.

60초의 전율, 짜릿해요! 폴라로이드

【1948년】 셔터를 누르면 60초 만에 사진이 나온다! 찍는 즉시 인화할 수 있는 사진기가 나왔다.

기적과 같은 이 즉석 카메라를 개발한 사람은 광학자이자 폴라로이드사 사장인 에드윈 랜드. 랜드는 직접 개발한 편광판을 응용해 즉석 사진기를 만들어냈다. 랜드는 "왜 지금 사진을 볼 수 없어요?"라는 세 살배기 딸의 물음에서 아이디어를 얻었다고 한다.

암실에서 조작할 필요가 없고 카메라 안에서 현상과 정착이 이루어져 사진을 기다리는 동안 불과 '60초의 전율'을 선사하는 이 사진기는 사진 기술에 일대 혁명을 일으키며 불티나게 팔려 나가고 있다.

1932년 랜드-휠라이트연구소를 설립한 랜드는 얇고 가벼운 플라스틱 편광자를 발명해, 이를 저렴한 가격으로 생산하여 1936년부터 선글라스와 각종 광학기기를 만드는 데 썼다. 1937년부터는 폴라로이드라는 이름으로 회사를 경영해 왔다.

폴라로이드 랜드 카메라 모델 95.

▶ 맥도널드 형제, 세계 최초의 패스트푸드 식당 개설(1948)　▶ 한국, 뇌염모기 극성(1949년에만 사망자 2,700명)　▶ 1회용 기저귀, 뉴욕에서 첫 판매(1948)

근현대사신문

현대 3호

주요 기사 **2면** | 한국전쟁 발발 (1950) **4면** | 미국, 매카시즘 광풍 **6면** | 사설-전쟁으로 무엇을 얻으려 하는가 **6면** | 해설-한국전쟁의 특징 **7면** | 부역자 색출 논란(1950) **8면** | 미·소 수소폭탄 개발 경쟁 (1952) **9면** | 예술인들 월북·납북 (1951) **10면** | 피난민들의 생활 모습 (1952)

한국전쟁

1950년 세계의 눈과 귀는 동아시아로 쏠리고 있었다. 바로 전해에 중국이 공산화되었기 때문이다. 소련과 중국이라는 거대한 사회주의 블럭의 영향력이 얼마나 확대될 것인지, 미국은 그에 대해 어떻게 맞설 것인지가 초미의 관심사였다. 1950년 1월 12일 미국 국무장관 애치슨은 전미국신문기자협회에서 '아시아의 위기'라는 제목의 연설을 하면서 알류샨열도-일본-오키나와-필리핀을 연결하는 선이 미국의 방위선이라고 말했다. 한국은 그 선 밖에 놓여 있었다.

이미 중국의 공산화를 기정사실로 받아들인 미국이 한국을 포기할 수도 있다는 뜻일까? 38선 양쪽의 움직임은 기민해졌다. 국제 정세가 아니더라도 남북한 간에는 1949년 1월부터 1950년 6월까지 900회에 육박하는 전투가 벌어지고 있었다. 황해도 옹진부터 강원도 양양까지 넓게 걸쳐 벌어진 충돌들은 사실상 '작은 전쟁'이었다. 나라 안팎으로 결전을 부추기는 듯한 분위기 속에 1950년 6월 25일은 다가오고 있었다.

사진 | 한국전쟁 중 서울과 한강의 모습

동서 냉전의 뇌관, 남북한에서 터졌다

북한 전격 침공에 유엔군 맞대응… 100여만 동포 희생

【 1950년 6월 】 김구, 이승만 등 많은 지도자들이 '동족상잔'의 내전을 경고했지만, 인계철선처럼 위태롭던 동서 냉전의 뇌관은 결국 남북한 간의 전면전으로 터지고 말았다. 지난 25일 새벽 4시, 북한군은 10개 사단으로 구성된 18만여 병력을 앞세워 남한을 전격적으로 공격했다.

1948~1950년에 걸쳐 38선 부근에서는 국지적인 전투가 끊이지 않았으나, 이날의 공격은 옹진-개성-춘천-동해안에 걸친 전면 공세였다. 주한 미국 대사 무초는 전쟁 발발 6시간 만인 25일 오전 10시 "북한의 이번 공세는 전면 공격"이라고 본국에 보고했다.

규모뿐 아니라 속도도 전례없는 것이었다. 대한민국의 수도 서울은 전쟁 발발 70시간 만에 함락되었다. 이에 대한 미국과 유엔의 대응도 놀라울 만큼 신속했다. 트루먼(66) 대통령 이하 워싱턴의 주요 관리들은 두 차례(6월 25일, 26일)에 걸쳐 신속한 무력 개입을 결정하고 이 문제를 유엔에 상정했다. 거부권을 가진 소련이 표결에 불참함에 따라 유엔은 한국전 참전을 결정하고 미국을 중심으로 한 16개국 연합군을 한국으로 급파했다. 이에 따라 전쟁은 국제전으로 비화되었다.

1950년 말 유엔군이 중국군에게 밀려 패주할 때, 많은 민간인도 남쪽으로 피난을 떠났다. 38선 이북에 원자폭탄이 투하될지 모른다는 소문도 피난을 부추겼다. 사진은 폭격으로 부서진 평양 대동강 철교를 넘어 남하하는 피난민들.

【 1951년 7월 】 100여만 명의 인명 피해를 불러온 전쟁이 수습의 길로 접어들었다. 영국, 인도 등 주변국의 중재와 미·소 간의 막후 협상(케넌·말리크 회담) 결과 이달 10일 휴전 협상이 시작되었다.

전쟁은 초반 남한 영토의 90퍼센트를 점령한 북한의 일방적인 우세 속에 전개되었으나, 지난해 9월 15일 유엔군 사령관 맥아더(70)가 주도한 '인천 상륙 작전'으로 역전되었다. 맥아더는 '38선 돌파-북한군 궤멸-한반도의 군사적 통일'이라는 시나리오를 공격적으로 밀어붙였다. 그러나 압록강 부근까지 진출했던 유엔군은 중국군이 참전하여 인해전술을 구사하자 지난 1월 4일 대대적인 후퇴를 하지 않을 수 없었다.

서울이 다시 한 번 북한군과 남한군의 손을 오간 뒤 양측은 전쟁이 시작된 38선 부근에서 대치하며 지리한 소모전을 벌이기 시작했다. 이에 따라 휴전에 대한 압력도 커져 왔다. 유엔에는 이미 지난 1월 24일 아시아 13개국의 휴전 제안이 제출되기도 했다. 그러나 남한의 반대와 포로 교환·분계선 설정 등 난제들이 많아 휴전까지는 많은 어려움이 있을 것으로 보인다.

전쟁만 나면 작전권 내주는 이상한 나라

기자의 눈 미군에 작전권 넘긴 이승만 정부, 광복군 선례 참조해야

【 1950년 7월 】 전쟁이 한창인데 한국군이 작전권을 포기했다. 도대체 어떻게 전쟁을 하라고? 정부는 전쟁에서 이기기 위해 택한 방법이라고 주장한다. 이승만 대통령은 이달 14일 맥아더 유엔군 사령관에게 "일체의 작전지휘권을 이양한다." 라는 편지를 보냈다. 이로써 한국군은 미군 지휘 체계에 통합되어 전쟁을 수행하게 되었다. 이 대통령의 판단은 이렇게 미국을 전선에 확실히 묶어 놓아야 전쟁에서도 지지않고 정권을 유지할 수 있다는 것이라고들 한다.

멀리는 임진왜란 때 조선이 중국 명나라 지원군에게 지휘권을 넘겼고, 가까이는 1941년 상하이 임시정부 산하 광복군이 중국에 지휘권을 넘겼다. 주권국가의 요소 중 하나인 작전지휘권은 특히 전쟁 때 절대적으로 필요한데, 이 나라는 왜 전쟁만 나면 그것을 포기할까? 이유가 무엇이든 개운치 않다. 끈질긴 노력 끝에 1945년 4월 중국으로부터 작전권을 회복한 광복군의 선례로부터 배웠으면 한다.

맥아더는 왜 해임됐나

【 1951년 4월 11일 】 맥아더 유엔군사령관이 물러났다. 중국에 30~50기의 원자폭탄을 투하하고 주변 해역에 60~120년 효력의 방사성 코발트를 뿌리자는 주장이 받아들여지지 않자 반발하다 해임된 것. 전쟁 영웅에게는 안된 일이지만 세계는 3차 세계대전을 피하게 됐다는 것이 중평이다.

▶ 미 10군단, 장진호 전투에서 대패하며 병력 80퍼센트 손실(1950.11) ▶ 소련, 북한 측에 은밀히 조종사 지원 ▶ 미국의 세균전 시행 여부, 국제적으로 논란(1952)

긴급 추적 대참극의 첫 방아쇠, 누가 왜 당겼나
미국이 개입하지 않을 것으로 확신한 스탈린과 김일성의 '오판'

남한을 전격 침공하면서 북한은 남한군이 먼저 북한을 공격했기 때문에 자위권을 발동한 것이라고 주장했다. 그러나 여러 정황을 종합해 보면 이번 전쟁은 북한의 전면적인 선제 공격에 의한 것임이 분명해 보인다. 이를 뒷받침하는 증거도 속속 확인되고 있다.

먼저 김일성과 박헌영 등 북한의 대표단은 1949년 3월과 1950년 4월 두 차례에 걸쳐 스탈린을 방문하여 남한 공격을 상의한 것으로 확인되었다. 첫 번째 방문 기간이었던 1949년 3월 7일, 스탈린은 남침 허가를 요구한 김일성에게 남한의 선제 공격에 대한 전면적인 반격을 내용으로 하는 "도발 받은 정의의 반격전"을 기다려야 한다고 설득했다. 그러나 1년 후 스탈린은 그와 같은 태도를 바꾸었다.

스탈린이 태도를 바꾼 주요인은 한반도 주변의 정세 변화였다. 무엇보다 중국의 공산화가 큰 영향을 주었다. 중화인민공화국이 수립됨에 따라 두 가지 사실이 명백해졌다. 한국전쟁에 직접 개입하는 것을 꺼렸던 스탈린으로서는 소련을 대신해서 북한을 지원할 수 있는 국가(중국)를 확보하게 된 셈이었다. 또한 중국이 공산화되면 미국이 개입할 것이라던 당초의 우려와 달리 미국이 침묵하는 것을 확인했다. 중국 대륙에 비할 것도 없이 작은 지역인

1950년 6월 27일, 유엔 안전보장이사회 상임회의에서 대한민국에 대한 미국의 군사지원안에 대해 거수 표결을 하고 있다. 예상과 달리, 미국은 한국전쟁 발발 당일에 '즉시 군 투입'을 결정하는 등 초기부터 단호하게 대응했다.

한반도의 공산화에 미국이 개입할 가능성은 낮아 보였다. 소련은 중국과 불가침조약을 체결했고, 원자폭탄 개발에도 성공했다. 1950년 4월경에는 스탈린이 김일성의 남침 계획을 승인하는 데 큰 걸림돌이 없어 보였다.

그러나 방아쇠를 먼저 당긴 측을 확인하는 것은 전쟁 원인 규명 작업의 일부에 불과하다. 1948년부터 38선 부근에서는 이미 수백 건의 무력 충돌이 벌어져 왔다. 예고된 전쟁이라고 해도 과언이 아니다. 그런데도 육군본부 정보과, 주한미군사고문단, 도쿄의 맥아더사령부, CIA 등 쟁쟁한 정보기관들은 왜 북한의 남침에 대한 사전 정보를 발동하지 못했을까? 그밖에도 풀리지 않는 의문점들은 전쟁의 명백한 참화에 비하면 너무도 많다.

중국은 왜 참전했나

1950년 중국은 타이완을 공격하기 위해 남쪽에 병력을 집중시키고 있었다. 그때 한국전쟁이 일어나 유엔군이 압록강 근처 중국 국경까지 밀고 올라갔다. 코앞까지 미국이 다가오자, 마오쩌둥은 심각한 고민 끝에 중국과 북한의 관계를 '순망치한(입술이 없으면 이가 시림)'으로 비유하며 '항미원조(미국에 대항하여 조선을 도움)'를 결심했다. 중국은 유엔군과 공식적으로 적대한다는 인상을 피하기 위해 공식 군대인 인민해방군 대신 펑더화이를 총사령관으로 하는 인민지원군을 편성, 26만 명을 1950년 10월 19일부터 투입했다. 중국군은 약 15만 명의 인명 손실을 입은 것으로 알려졌으며, 그 가운데는 마오쩌둥의 아들 마오안잉도 포함되어 있다.

민간인이라고 봐줄 수 있는 전쟁이 아니다?

【1950년】 곳곳에서 민간인이 학살되고 있다. 정부와 국군의 조직적 학살 사례도 다수여서 더 충격적이다. 우선 전쟁 발발 직후 수십만에 달하는 국민보도연맹원 중 상당수와 각 형무소의 사상범이 적에게 협력할 가능성이 있다는 이유로 살육됐다. 최고위층 지시에 따른 조치로 전해진다. 국군에

의한 학살은 '공비 토벌' 명목으로 무고한 민간인 719명을 죽인 경남 거창을 비롯해 문경, 산청·함양, 나주·함평 등에서 벌어졌다. 북한군도 남쪽과 유사하게 '예비검속'을 통해 수많은 주민을 학살한 것으로 전해지고 있다. 충북 영동 등지에서는 미군의 주민 학살 소문도 돌고 있다.

1950년 7월 대전형무소 정치범 1,800여 명이 3일간 군과 경찰에 의해 학살됐다.

▶ 미국과 중국·북한, 포로송환 방식 둘러싸고 대립(1952) ▶ 미국, 북한에 융단 폭격(1952년 8월 29일 하루에만 평양에 1,403회 폭격과 700톤의 폭탄 세례)

공산국가 치기 전에 미국 집안 단속부터 해 볼까

'빨갱이 사냥' 매카시즘 광기… 자유의 나라 미국은 어디 갔나

【1950년】 "지금 내 손에는 국무부에서 근무하고 있는 공산당원 205명의 명단이 있다."

지난 2월 9일 미국 공화당의 조셉 매카시 상원의원이 한 장의 종이를 흔들며 행한 충격적인 발언이다. 매카시 의원은 사실상 아무런 근거도 제시하지 않았지만, 반공단체 회원들, 기독교 근본주의자들, 그리고 일부 보수언론들이 적극적으로 동조하고 나섬으로써, 미국 사회 전반에 이른바 '빨갱이 사냥'의 광기가 휘몰아치고 있다.

광기의 희생자들은 공무원과 학자, 노동조합 활동가, 할리우드의 감독과 배우에 이르기까지 무려 수천 명. 이들은 비미(非美)활동위원회 등의 청문회에 불려나와 자신의 이적행위를 자백하고 동료들을 고발할 것을 강요당했다. 이를 거부하는 사람들은 직장을 잃거나, 투옥되거나, 국외로 추방됐다. 영화계의 찰리 채플린과 오손 웰즈, 작가 아서 밀러, 과학자 로버트 오펜하이머 같은 명사들도 예외가 될 수는 없었다. 심지어 평범한 시민이던 로젠버그 부부는 소련에 원자폭탄 제조 기밀을 넘겼다는 혐의로 뚜렷한 물증도 없이 사형을 선고받았다.

뚜렷한 증거도 없이 소련의 스파이로 몰린 로젠버그 부부의 무죄를 확신하며 공판정 바깥에서 시위를 벌이는 시민들.

일부에서는 미국을 휩쓸고 있는 이러한 광기의 원인을 1949년 소련의 원자폭탄 실험 성공, 중국 대륙의 공산화, 1950년 한국전쟁 발발 등 이른바 '증대하는 공산주의의 위협' 속에서 평범한 미국인들이 갖게 된 공포와 불안의 산물이라고 진단하고 있다. 이런 불안 심리에 편승해 자신들의 정치적인 목적을 달성하려는 보수주의자들의 의도도 빼놓을 수 없다.

'자유의 나라' 미국에서 시민의 자유가 철저히 유린되고 있는 이런 상황에 대해 국내외 양심 세력들의 우려와 비판의 목소리도 날로 높아지고 있다. 그러나 상황이 조만간 진정되더라도, 이 시대의 끔찍한 기억은 미국 사회에 결코 쉽게 지워지지 않을 커다란 상흔으로 남을 전망이다.

한국전쟁은 일본에 꽃놀이패

【1952년, 도쿄】 일본이 한국전쟁 덕을 톡톡히 보고 있다. 패전 후 불황에 허덕이던 일본 경제가 미군에 군수 물자와 서비스를 공급하며 되살아나고 있기 때문. 이에 따라 각종 병기, 자동차, 섬유, 기계와 금속 산업 등이 급속히 발전하고 있다. 이 같은 '조선 특수' 덕분에 일본의 공업 생산 능력은 2차 세계대전 이전 수준을 이미 넘어섰다. 일본 정부는 전력·철강·해운 등 기간산업에 엄청난 자금을 투여하며 중화학공업 중심의 고도성장을 준비하고 있다. 또 패전 후 해체된 군대를 대체할 7만 5,000명의 경찰예비대까지 1950년에 창설, 전쟁 포기를 선언한 '평화헌법'을 위반하고 재무장을 지향하는 첫걸음이라는 비판을 받고 있다.

일본, 남북한·중국 쏙 빼고 강화조약 맺었다

【1952년 4월 28일】 태평양전쟁의 공식 종결을 의미하는 샌프란시스코 강화조약이 발효되어 일본이 패전 후 7년 만에 주권을 회복했다. 일본은 지난해 9월 8일, 48개국과 이 조약에 조인했다.

그러나 이는 반쪽짜리 조약이라는 비판이 높다. 최대 피해국인 남북한과 중국을 배제했기 때문. 한국은 "패전국 식민지는 연합국의 일원이 아니다."라는 이유로 참가가 거부됐

다. 중국은 본토와 타이완을 놓고 의견이 엇갈려 결국 양쪽 다 부르지않은 것. 저우언라이(54) 중국 외교부장은 "미국 멋대로 강화회의를 진행했다."라고 비판했다. 인도, 유고슬라비아, 버마는 강화회의에 참석하지 않았고 소련, 폴란드, 체코슬로바키아는 참석했지만 조약에 조인하지 않았다. 일본에서도 "헌법의 평화 정신을 지켜 모든 나라와 강화해야 한다."라는 '전면 강화' 운동이 진행됐지만 묵살됐다.

이에 대해 미국이 일본을 냉전의 보루로 굳히기 위해 조약을 밀어붙였다는 분석이 지배적이다. 미·일안전보장 조약이 함께 발효되고 오키나와가 미국의 군사기지가 된 것도 그 증거라는 것. 일본의 배상 문제가 소홀히 다뤄졌다는 비판도 높다. 배상이 결정된 나라는 동남아시아 3국뿐이며 피해자 개개인에 대한 배상은 배제됐다. 일본은 오늘 타이완과 따로 강화조약을 맺었으며, 타이완은 배상 요구를 포기했다.

▶ 연합군 최고사령부, 일본에서 공산당원을 공직에서 추방(1950) ▶ 유고슬라비아, 소련 비난하며 자주 노선(1951) ▶ 이란, 석유국유화법 공포(1951)

북한과 싸우랴 야당과 싸우랴, 바쁜 피난 정부

이승만 정부, 재집권 위한 개헌안 밀어붙이며 야당 의원 납치에 감금까지

【 1952년 7월 4일 】 국회의사당을 군과 경찰이 포위한 가운데 이승만 정부가 추진해온 대통령 직선제 개헌안이 국회를 통과했다. 통과된 개헌안은 야당이 요구하던 내각제 요소(국무총리의 장관 임명 제청권 등)를 일부 반영하고 있어 '발췌개헌안'으로 불린다. 정부 개헌안에 반대하다 구속된 야당 의원들이 곧 석방될 것으로 알려진 가운데 장장 6개월에 걸친 개헌안 파동은 일단락되었다.

정부는 지난 1950년 5·30 총선에서 야당에 패해 재집권이 어려워지자 대통령 직선제 개헌안을 추진했으나, 이 개헌안은 지난 1월 18일 국회에서 부결되었다. 그러자 정부는 공비 소탕을 이유로 5월 25일 자정을 기해 부산과 경남 일원에 계엄령을 선포했다. 이튿날 오전 의사당으로 출근하던 국회의원 통근버스가 납치당해 국회의원 47명이 헌병대로 연행되고, 연이어 국제공산당 관련 혐의로 국회의원 11

1952년 5월 26일, 이승만 대통령은 국회의원들을 태운 통근버스를 임시 국회의사당이던 경남도청 앞에서 헌병대로 연행해 27시간 동안 감금했다.

명이 구속됐다. 구속된 의원들은 모두 내각제 개헌을 주장하던 야당 의원들로, 표면적인 체포 이유는 '국제공산당' 자금을 받았다는 것이었다.

야당의 요구를 일부 받아들인 발췌 개헌안이 통과되자, 최종 재판까지 회부된 국회의원 7명 등 관련자 14명은 곧 검찰의 공소 취하로 모두 풀려날 것

으로 알려졌다.

한편 미국은 한국에서 벌어진 '자유민주주의 유린 사태'에 대해 심각한 우려를 표명했다.

'죽음의 행진' 겪은 국민방위군

60여만 명 강제 동원, 사망자만 수만 명

【 1951년 】 국민방위군 문제에 시민들이 분노하고 있다. 국민방위군은 중국군의 대공세에 직면한 정부가 지난해 12월부터 올해 1월까지 남성(만 17~40세)을 모아 경상도로 보낸 제2국민병. 공산군에 징집되는 일을 막자는 취지였다. 그러나 자원자를 모집한다던 정부는 거리에서 남성들을 붙잡아 국민방위군으로 강제 동원했다. 혹한기인데도 사람들을 제대로 입히지도, 먹이지도 않고 끌고 간 탓에 얼어 죽는 사람, 굶어 죽는 사람이 속출했다. 60여만 명이 동원된 것으로 알려진 국민방위군 중에서 도중에 죽은 사

람이 수만 명에 이르는 것으로 추산된다. 한 국회의원은 사망자가 5만 명이 넘는다고 전했다. 이 때문에 세간에서는 국민방위군을 '죽음의 행진', '해골의 대열'로 부르고 있다. 이에 더해, 뒤늦게 편성된 예산마저 횡령된 사실이 드러나면서 원성은 더 높아졌다. 동원 장정들의 식비, 연료비 등으로 책정된 예산 대부분을 간부들이 빼돌려 유흥비로 탕진하고 일부는 정치권에 상납한 것. 문제가 커지자 3월 중순부터 국민방위군을 고향으로 돌려보냈지만, 국가에 대한 공포와 불신은 쉬이 사그라지지 않을 전망이다.

거제도 포로 수용소의 포크댄스

1952년, 13만 명이 넘는 북한군을 수용한 거제도 포로 수용소. 공산포로의 폭동으로 미군 수용소장이 일시 감금되고, 공산포로와 반공포로 간에 살육전이 벌어진 이곳에서 포로들이 자유의 여신상 모형을 배경으로 미국 포크댄스를 추고 있다. 이들은 춤추며 무슨 생각을 하고 있을까.

▶ 중국 인민해방군, 티베트 점령(1950) ▶ 문교부, 6-3-3-4 신학제 발표(1951) ▶ 북한, 행정구역을 개편해 읍과 면을 폐지하고 '로동자구' 신설(1952)

사 설

전쟁으로 무엇을 얻으려 하는가

우리는 앞서 한국 사회 내부의 이념적 대립을 지역적 대립으로 환원해서는 안 된다고 강조했다. 이념이 다른 사람들이 지리적으로 분단되어 오가지도 못하게 되면 거기서 오는 소통의 단절은 끔찍한 사태를 초래할지도 모른다고 경고했다.

그 끔찍한 사태는 기어코 오고 말았다. 지금 우리가 분명히 알아야 할 것은 이 끔찍한 전쟁으로부터 이익을 보고 있는 사람이 누구냐 하는 것이다. 남북의 반체제·비주류 세력은 이번 전쟁을 통해 크게 위축되었다. 남에서는 보도연맹원 등이 집단 학살 당했고, 북에서는 박헌영 등 남로당 세력이 미국의 스파이로 몰려 숙청될 조짐이다. 살아남은 양쪽의 반정부 인사들은 월북하거나 월남했다. 남북의 단독정부를 견제할 수 있는 세력이 양쪽에서 모두 사라진 것이다. 게다가 전쟁 과정에서 동족 간의 증오가 극대화되어 분단은 물리적으로나 심리적으로나 더욱 굳어질 것이 분명하다. 결국 남북의 분단 세력은 이번 전쟁으로 입지를 확고하게 다졌다.

반면 우리 민족 대다수는 이번 전쟁으로 큰 피해를 보았다. 해방의 기쁨은 먼 옛날의 일이 되고 자주 통일은 먼 미래의 일이 되어 버렸다. 이러한 비극은 전쟁을 일으킨 자들과 전쟁을 확대하려는 자들에게도 부메랑이 되어 돌아갈 것이다. 그들이 역사의 죄과를 조금이라도 덜고자 한다면 즉각 전선에서 물러나야 한다. 차이와 대립을 정치적으로 풀어나갈 장치를 마련하고, 싸우더라도 그 틀에서 싸워야 한다. 이 같은 최소한의 요구마저 외면하는 자는 이번 전쟁뿐 아니라 미래에도 민족이 짊어질 고통에 대해 수백 배의 책임을 면치 못할 것이다.

한국전쟁, 어떻게 봐야 하나
해설 내전이냐 국제전이냐

한국전쟁의 성격은 무엇인가? 남북한 간의 내전이라고도 하고, 미국과 소련 및 중국 간의 국제전이라고도 하며, 남북 간의 내전이 국제전으로 발전했다고도 한다.

발발 단계에서 전쟁은 북한의 침략으로 시작됐다. 외형적으로는 내전이었다. 김일성, 박헌영 등 북한 지도부가 오랫동안 전쟁의 준비, 발발, 전개를 주도했다. 그렇지만 북한의 자력에 의한 공격은 아니었다. 전쟁의 3대 요소인 무기, 군인, 작전 가운데 북한이 스스로 제공한 것은 군인뿐이었다. 북한의 주요 공격사단들은 토착 병력이 아닌 중국 인민해방군 출신 조선인들로 채워졌다. 북한군이 운용한 무기, 장비의 절대 다수는 소련이 제공했다. 공격 작전 계획은 스탈린의 군사 참모들이 수립했다. 스탈린이 공격 무기와 장비의 제공, 공격 계획 수립, 군사고문단 파견 등을 최종 승인하지 않았다면 개전은 불가능했다. 개전 주도자는 김일성, 박헌영 등 북한 지도부였으나 결정권자는 스탈린이었다. 때문에 전쟁은 발발 단계에서 남북 간 내전의 외형을 띠었지만 본질에서는 소련의 역할이 결정적인 국제전적 성격이 강했다.

전개 과정에서 한국전쟁은 국제전의 성격이 명확해졌다. 미국, 중국의 개입 이후 발발 단계와는 질적으로 다른 전쟁이 됐다. 미군 참전 직후 한국군의 군사 작전지휘권은 유엔군 사령관에게 이관됐다. 중국 참전 이후 북한군은 펑더화이가 지휘하는 조·중연합사령부에 예속됐다(1950.12). 전장은 한반도였지만, 전쟁의 주도권과 결정권은 미국과 중국에 있다.

휴전회담에서 북한은 주도자가 아닌 소련·중국으로 이어지는 서열의 하부에 놓여 있고, 한국은 옵저버로 참관하고 있다.

이렇듯 한국전쟁은 전쟁 발발 과정에 초점을 맞추면 내전으로 보이고, 전개 과정에 중점을 두면 국제전이나 국제전적 내전으로 보인다. 그런데 한국전쟁의 기원에 대해서는 남북 단독정부 수립이라는 미·소의 국제적 책임이 크고, 발발 단계에서는 내전적 외형에도 불구하고 소련이 결정적 역할을 한 국제전적 측면이 강했다. 또한 전개 과정과 휴전 회담에서는 미국과 중국이 주도하는 국제전으로 진행됐다. 즉 한국전쟁은 발발, 전개, 휴전의 주요 국면마다 주도적인 개입 국가가 달랐지만, 전반적으로는 국제전적 성격이 중심적이었다.

그림마당 | 이은홍

기/록/실/ 전쟁 초기 엇갈린 풍경

한국전쟁 초기, 북한군의 급속한 진격에 대한민국 수도 서울은 혼란에 빠졌다. 그러나 그 와중에 고위 공무원들과 국회의원, 하위직 군인 등이 보인 모습은 매우 대조적이었다. 이를 보며 고위층과 공무원의 책임이란 문제를 다시 생각해봤다는 이들이 많다.

▲ 이승만 : 대통령. 거짓 방송("서울시민 여러분, 안심하고 서울을 지키시오. 적은 패주하고 있습니다.")을 남기고 홀로 남하.

▲ 조헌영 : 소장파 국회의원. "국회를 열어 서울을 사수한다고 결의를 해놓고 어떻게 떠나느냐."라며 남았다가 행방불명. (*참고 : 전쟁 기간 중 행방불명된 국회의원은 62명.)

▲ 한강다리 폭파(6월 28일) 관계자들: "점화를 명령해 놓고 울었다."(폭파 실무자 엄홍섭 중령), "군복이 부끄러웠다."(목격자 이창록 소위) (*참고 : 갑작스런 한강다리 폭파로 수많은 시민의 피난 및 국군의 조직적 후퇴가 불가능해졌다.)

▲ 남 소위 : 북한군의 서울 진입 당시 1,000명의 부상군인이 있던 서울대병원 사수. 남 소위 부대는 소대의 마지막 분대원까지 전사.

▲ 김성칠 : 중도파 지식인. "5년 동안 민족의 넋이 가위눌리던 동족상잔이 마침내 오고 마는구나." 피난해도 갈 곳이 없다고 판단, 서울에 잔류.

▶ 미국, 푸에르토리코를 자치령으로 편입(1952) ▶ 마이어협정(1952)에 따라 설치된 한·미합동경제위원회가 사실상 한국 경제 운영의 최고의사결정기구로서 기능

다리 폭파돼 못 갔는데 빨갱이라니

정부, 북한 점령지 거주민에게 '부역' 딱지… 사실상 '빨갱이 사냥'

【1950년】 9월 28일 북한군으로부터 서울을 되찾은 정부가 부역자 색출에 나섰다. 전쟁 발발 직후 정부를 따라 피난을 가지 않은 이들은 북한군에 협력했을 가능성이 높은 잠재적인 적이라는 논리다.

이에 따라 정부가 10월 초 만든 부역자 처리 기구에서는 한강을 건너 남하한 '도강파'가 피난을 못 간 이들을 대상으로 부역 여부를 심사하고 있다. 이에 더해 경찰, 특무대, 헌병대와 우익단체들까지 나서 피난을 가지 못한 이들을 색출해, 11월 13일 현재 서울에서만 부역 혐의로 검거된 이들이 1만 5,948명, 전국적으로는 5만 5,909명에 이른다.

정부가 피난을 못 간 이들을 부역자로 몰아감에 따라, 전국적으로 '빨갱이 사냥'이 벌어지고 있다. 국회에서도 피난을 가지 못한 국회의원들의 부역 여부를 조사하기 위한 특별위원회가 구성될 정도다. 경찰이 피난을 못 간 이들을 빨갱이로 낙인찍고 총살하

1951년 12월 전남 담양에서 부역 혐의자들이 면사무소 창고에 수용돼 있다.

는 사례도 빈번하다. 도강파들이 피난 가지 못했던 이들을 사적으로 괴롭히고 협박하는 일도 비일비재해, 빨갱이로 규정된 이들은 숨도 못 쉬는 형국이다. 가족이 빨갱이로 규정된 박완서(19, 여)씨는 "그들(도강파)은 나를 빨갱이년이라고 부르며 짐승이나 벌

레처럼 바라본다."라며 "나는 그들의 밥이고, 사람이 아니기 때문에 영장이고 나발이고 인권을 주장할 수도 없다."라고 고통을 호소했다.

이에 대해 "정부가 정복자처럼 돌아와서 국민들을 심사할 자격이 있는가?"라는 비판이 제기되고 있다. 전쟁

발발 직후 이승만 대통령이 국민에게 전황을 제대로 알리지 않은 것은 물론 "정부는 여러분과 함께 서울에 머물 것."이라는 거짓 방송을 내보내고는 홀로 피난을 갔다는 점에서다. 피난 문제를 미국 대사와만 의논한 이 대통령은 국회에서 서울 사수 논의가 한창이던 6월 27일 새벽 국회에도 알리지 않은 채 몰래 서울을 떠났고, 그 직후인 6월 28일 새벽엔 한강다리를 폭파했다. 그 때문에 많은 시민은 물론 국회의원 상당수도 피난을 가지 못하고 어쩔 수 없이 서울에 남아야 했다.

이처럼 국민을 버린 행위에 대해 대통령이 사과해야 한다는 지적도 나오고 있지만, 이 대통령은 요지부동이다. 7월 16일 "제갈공명이 국무총리가 되고 관우와 장비가 총사령관이 되었다면 공산군을 막아내었을 것인가?"라며 책임을 미루는 성명을 발표한 이 대통령은 최근엔 "내가 잘못한 게 뭐 있습네까?"라며 사과 요구를 한마디로 거부했다.

시작 직후 중단됐던 농지개혁, 다시 발동

【1952년】 전쟁으로 중단됐던 농지개혁에 다시 속도가 붙었다. 이승만 대통령이 서울 수복 직후인 1950년 10월 23일 "농지개혁 법안을 우선 실시해야 될 것"이라며 재추진을 지시하면서부터다. 1950년 3월 정부가 제출한 개정법이 통과된 후 시작된 농지개혁은 첫 단계인 분배예정통지서 발급 작업 중 한국전쟁이 터지면서 전면 중단됐다.

그런데 미국 쪽 소식통에 따르면, 이 대통령은 1950년 10월 초엔 농지개혁을 1년 연기하기로 결정했다가, 한 달도 안 돼 이를 뒤집었다고 한다.

이 소식통은 1년 연기됐다면 농지개혁 자체가 폐기될 위험성도 있었다고 전했다.

이와 같이 정책이 바뀐 데에는 전쟁 발발 후 북한이 남쪽 점령지에서 실시한 토지개혁 및 미국의 영향력이 작용했다는 분석이다. 북한이 실시한 토지개혁이 졸속이긴 했지만, 정부로선 그것이 농민들에게 끼칠 영향을 우려할 수밖에 없었고 미국도 이를 감안해 농지개혁 재추진을 주문한 것으로 전해지고 있다.

그러나 농지개혁은 정부가 표방한 것과는 다른 결과를 낳고 있다. 지주층

을 산업자본가로, 소작농을 건전한 자작농으로 전환시킨다던 목표와 달리 지주와 농민이 동반 몰락하고 있다. 전시 인플레이션이 심각해 화폐가치가 매우 낮아졌음에도, 정부에서 지주에겐 화폐가치로 보상하고 농민에게선 토지대가를 현물로 상환받는 동시에 현물세를 걷고 있기 때문이다. 이로 인해 "빛 좋은 개살구 격인 지가증권 지주"라는 말이 나돌 정도로 지주의 실질보상액은 줄고, 그와 반대로 상환 부담이 커진 농민들 사이에선 법으로 금지된 '분배농지 재매각' 현상이 나타나고 있는 실정이다.

▶ 한국은행 설립(1950)　▶ '귀속재산처리법 시행령'(1950)으로 국유재산이 헐값으로 민간으로 넘어감　▶ 조선방직 파업 사건(1952)　▶ 제1차 중석불 사건(1952)

미국·소련 앞다퉈 '죽음의 신(死神)' 영접 경쟁

원폭 이어 수폭 개발 놓고도 각축… 지구 종말 시계는 자정 코앞

【 1952년, 미국 】 11월 1일 오전 7시 15분, 미국은 남태평양의 에니위탁섬에서 최초로 수소폭탄을 터뜨렸다. 이 폭탄의 폭발력은 히로시마보다 1,000배나 넓은 도시를 단숨에 파괴할 수 있을 정도로 1945년 히로시마와 나가사키에 떨어뜨린 원자폭탄과 비교할 수 없는 수준이다. 폭발이 있은 지 몇 초 만에 높이 8킬로미터, 직경 6.5 킬로미터의 불기둥이 섬 위로 치솟았다.

이 에니위탁섬의 수소폭탄은 엄밀한 의미에서는 폭탄이 아니다. 이 수소폭탄을 에니위탁섬에 설치하고자 1만 1,000명이 동원돼야 했고, 따라서 전쟁에서 쓰일 가능성은 제로이기 때문이다. 미국 정부는 한창 전쟁 중인 한반도의 전선 근처에 이 수소폭탄을 설치할 계획을 세우기도 했으나 실현될 가능성은 거의 없다.

비키니섬이 수소폭탄 실험장이 되면서 그곳 주민들의 삶은 피폐해지고 있다. 사진은 수소폭탄 실험을 위해 비키니섬 주민들을 롱거릭섬으로 이주시키는 모습.

미국이 수소폭탄 개발에 나선 것은 소련도 원자폭탄을 만들었기 때문이다. 소련은 1949년 8월 시베리아에서 첫 원자폭탄을 터뜨리며 미국의 핵 독점을 깨뜨렸다. 다른 나라가 원자폭탄을 개발하려면 적어도 20년은 걸릴 것이라며 느긋해 하던 미국의 군부와 정치인들은 이에 큰 충격을 받고, 원자폭탄보다 훨씬 더 강력한 수소폭탄 개발을 추진했다.

1949년 중국에 공산정권이 들어서고 그 이듬해 한국전쟁이 일어나는 등 사회주의 진영과 자본주의 진영의 대결이 고조된 점도 수소폭탄 개발에 힘을 실어줬다. 미국의 이러한 행보는 다시 소련을 자극했다. 소련 역시 수소폭탄 개발에 힘을 쏟아, 조만간 실험 단계에 들어설 것으로 관측되고 있다.

이에 미국을 비롯한 서방 국가의 정치인과 지식인 사이에서는 "소련에 먼저 핵 공격을 해야 한다."는 이른바 '예방 전쟁' 논의가 나오기 시작했다. 한편 핵전쟁의 위험을 경고하기 위해 1947년부터 운영되고 있는 '지구 종말 시계'의 분침은 수소폭탄 개발로 거의 자정에 가까워지고 있다.

핵 개발이 가장 '합리적' 결정이라고?

게임 '죄수의 딜레마', 핵 경쟁 시나리오 반영… 인류 절망적 상황 빗대

【 1950년, 미국 】 미국과 소련의 핵 개발 경쟁이 격화하는 상황에서 군의 지원을 받는 랜드 코퍼레이션 연구원이 '죄수의 딜레마'라는 새로운 게임을 고안해 학계의 비상한 주목을 받고 있다. 랜드 코퍼레이션은 1948년 3월에 설립된 법인으로, 미국 공군의 의뢰를 받아 대륙 간 핵전쟁에서 승리하기 위한 전략을 연구하고 있다.

죄수의 딜레마의 내용은 이렇다. 함께 법을 어긴 죄로 두 사람이 경찰에 체포되었다. 이 두 사람은 각각 두 가지 선택을 할 수 있다. 만약 둘 다 자백하지 않는다면 둘 다 석방된다. 둘 다 자백한다면 모두 벌금형을 받는다. 한 사람만 자백한다면 그 사람은 상을 받고, 다른 한 사람은 벌금형을 받는다. 이 두 사람이 취할 수 있는 가장 합리적인 선택은 무엇일까?

랜드 코퍼레이션의 연구원은 둘 다 자백해서 벌금을 받는 것이 "가장 합리적"이라고 결론을 내렸다. 많은 전문가는 "미국과 소련의 핵 개발 경쟁을 염두에 두면 이런 연구 결과는 절망적"이라고 입을 모았다. 이 죄수의 딜레마대로라면 양국이 경쟁적으로 핵폭탄을 만드는 것이야말로 가장 합리적인 결정이기 때문이다.

▶ 공병우, 세벌식 한글타자기 개발(1950)　▶ 알베르 클로드, 세포의 구성 요소를 분리해 분석하는 데 성공(1950)　▶ 바버라 매클린톡, '도약 유전자' 연구 발표(1951)

북으로 가는 문학과 춤과 노래와 꿈
사상 선택, 정권 탄압 등 여러 이유… 우익 일방 득세 우려

전쟁과 함께 사라진 예술가들. 왼쪽부터 시계방향으로 최승희, 이쾌대, 문예봉, 홍명희, 정지용.

【1951년말】 "넓은 벌 동쪽 끝으로 옛이야기 지즐대는…"

「향수」의 시인 정지용이 최근 사라졌다. 납북됐다고 주장하는 사람들도 있지만, 그가 좌익 문학가동맹에서 활동한 경력으로 보아 월북했다는 추측이 더 설득력 있어 보인다. 이렇듯 월북한 문인은 정지용 말고도 소설가 박태원·한설야·홍명희, 시인 이용악·임화·조운, 평론가 김동석·안막 등 그 수를 헤아릴 길 없다. 문인 외에 작곡가 김순남·안성현, 화가 이쾌대·정현웅, 무용가 최승희도 월북했다. 배우 문예봉, 극작가 송영·함세덕 같은 연극인은 3분의 2가 월북했다고 한다. 시인 김억과 소설가 이광수처럼 납북됐거나 실종된 사람을 포함하면 수는 더욱 늘어난다. 물론 소설가 안수길·구상처럼 월남한 사람 또한 적지는 않다.

이들은 왜 월북을 하는가? 그저 고향 찾아 월북했거나 "이북에선 식량과 집을 얻을 수 있고 작품 활동도 자유롭다."라는 소문에 월북한 사람도 있지만, 대부분은 좌익 인사로서 이념에 따라, 혹은 이승만 정권의 탄압·체포를 피해 월북했던 것. 요즘엔 전쟁 직후 인민군 치하에 남았던 잔류파가 정부의 부역자 색출·처단 압력에 월북하는 일도 적지 않다.

이들의 대거 월북으로 남한 문화계의 앞날을 우려하는 목소리가 높다. '순수'를 주장하는 우익 문화에 대해 "현실을 은폐·회피"하며 "조선을 노예화."(정진석)한다는 좌익의 비판은 잦아들 전망이나, 좌익 문화를 "정치편당"(조지훈)이라 비판하거나 "분쇄, 타도"(곽종원) 대상으로 삼는 우익이 정권의 좌익 탄압에 힘입어 문화계 헤게모니를 장악할 것이 불 보듯 뻔하기 때문이다. 이로 인해 문화계 불균형이 심해질 것이라는 우려가 높다.

프란츠 파농
『검은 피부, 흰 가면』

【1952년】 일제 강점기에 적지 않은 한국인 명사들이 일제에 협력했다. 그중엔 이광수처럼 일제에 협력하는 것이 '문명화' 수준이 낮은 한민족을 진정으로 위하는 길이라고 믿은 이들도 있었다.

최근 출간된 『검은 피부, 흰 가면』은 자기 정체성('검은 피부')을 버리고 제국주의 지배자를 추종하는('흰 가면') 현상이 식민지의 공통 경험임을 잘 보여준다. 저자는 카리브 해의 프랑스 식민지에서 태어나 프랑스에서 의학을 배운 프란츠 파농. 27살의 이 정신과 의사는 식민지인이 흰 가면에 집착하며 자신을 스스로 소외시키는 집단 정신병에 걸려 있다고 비판한다. 프랑스어를 문명으로 간주하며 자신들의 언어는 경멸하는 지식인들, 흑인을 만날 '위험'이 없는 댄스홀만 찾아다니며 백인과 결혼을 꿈꾸는 여인들 등의 고향 풍경과 함께, 아프리카에서 끌려온 흑인 노예의 후손이면서도 흑인 정체성을 부정하도록 배워온 저자 자신의 경험이 녹아 있다. 흰 가면을 벗어야 식민지에서 진정으로 벗어날 수 있다며 저자는 말한다. "노예가 없어지면 주인도 없어진다."라고.

진실은 상대적인 것 일본 영화 〈라쇼몽〉, 세계 영화제에서 잇단 쾌거

【1951년】 한 사건의 진실은 오직 하나뿐일까. 이 철학적 문제를 흥미롭게 다룬 영화가 있다. 일본 감독 구로사와 아키라(41)의 〈라쇼몽〉이 그것. 이 영화는 요절한 작가 아쿠타가와 류노스케의 소설 『덤불숲』과 『라쇼몽』을 혼합해 지난해 만들어졌다. 아내와 함께 길을 가던 중 산적을 만난 어느 사무라이의 죽음에 관한 이야기다. 여기서 문제는 자살인지 타살인지, 타살이라면 누가 죽인 것인지에 대해 세 당사자뿐 아니라 목격자들의 증언이 엇갈린다는 점이다. 영화에서 의문은 끝내 풀리지 않는다. 똑같은 사건을 보고 겪었음에도 이들이 모두 자신에게 유리한 쪽으로 기억을 재구성해 진술하는 모습만 비춰준다. 해답은 관객의 몫으로 돌린 것. 세상에 절대 진리가 있을까 하는 의문을 독특한 기법으로 다룬 이 영화는 올해 이탈리아 베네치아영화제에서 최고상인 황금사자상을, 미국 아카데미영화제에서 외국어 영화상을 받으며 일본 영화를 세계에 알리고 있다.

▶ 국립극장 개관(1950)   ▶ 부산·대구·대전·광주·전주에 전시연합대학 설립(1951)   ▶ 북한, 과학원 창립(1952)   ▶ 사르트르와 카뮈, 혁명관 논쟁(1952)

제3세계 통신

케냐, '마우마우단' 운동 발발

【1952년】 아프리카 동부의 영국 식민지인 케냐에서 독립투쟁이 시작됐다. 올해 키쿠유족을 중심으로 결성된 비밀 단체인 마우마우(Mau Mau)단의 운동이 바로 그것이다. 반(反)백인 성향의 이 단체는 테러와 무장봉기를 통한 독립을 꿈꾸는 것으로 전해지고 있다. 그동안 케냐인들을 '별 말 없이 일 잘하는 이들'로 간주해온 영국 식민당국은 긴장하는 분위기다.

이집트, 청년장교 쿠데타

【1952년】 이집트에서 군부 쿠데타가 성공해, 알리 왕조 붕괴가 임박했다는 전망이 나오고 있다. 7월 23일 쿠데타를 주도한 세력은 청년장교들로 이뤄진 자유장교단이다. 나기브가 단장이지만, 실세는 나세르(34)인 것으로 전해지고 있다. 이들은 아랍민족주의 성향으로 국왕 추방 및 공화정 전환, 기성 정당 해산, 봉건제 타파, 주요 기업 국유화를 추진할 것으로 알려지고 있다.

전쟁의 폐허 속에서도 아이들은 희망입니다

【1952년】 부모를 잃은 전쟁 고아, 팔이나 다리를 잃은 상이 군인, '사람 찾습니다'라는 팻말을 들고 선 이산가족……. 요즘 전국 어느 곳을 가든 흔히 볼 수 있는 모습이다. 끔찍한 전쟁 때문에 생긴 슬픈 풍경이다. 이뿐만이 아니다. 전쟁으로 대부분의 시설이 파괴돼 먹을 것을 비롯한 각종 물자도 부족하다. 피난민들이 한꺼번에 몰렸던 부산에서는 물마저 부족해져 한동안 사람들은 물동이를 들고 줄을 서서 급수차를 기다려야 하기도 했다.

그러나 이러한 폐허 속에서도 희망은 피어나고 있다. 피난촌을 비롯한 각지의 임시학교에서는 학동들의 목소리가 낭랑하게 울려 퍼지고 있다. 번듯한 건물도, 제대로 된 교재도 없지만 배움에 대한 갈망은 포성이 울리

1950년 7월 29일 남부여대(男負女戴)라는 말뜻 그대로 남자는 짐을 지게에 지고, 여자는 머리에 인 채 피난을 떠나고 있다.

는 동안에도 끊어지지 않았다. 천막만 둘러친 가건물에서도 수업은 계속됐고, 마룻바닥에 모포를 깐 채 앉은뱅이책상 하나를 서너 명이 같이 써야 하는 상황에서도 학생들은 공부를 계속했다. 가정 형편 때문에 학교 공부 대신 생업에 나서야 하는 청소년들이 적지 않지만, 배움에 대한 열망이 강렬한 사회 분위기로 볼 때 그 수는 점차 줄어들 것으로 보인다.

쇼 "어영부영하다 이렇게 될 줄 알았다"

【1950년】 아일랜드 출신의 저명한 극작가 조지 버나드 쇼의 묘비명이 화제다. 11월 2일 세상을 떠난 쇼가 생전에 "어영부영 세월만 죽이다 언젠간 내 이렇게 될 줄 알았다."라는 독특한 묘비명을 남겼기 때문.

묘비명에서도 드러나듯, 쇼는 촌철살인의 독설로 유명했다. 어느 미모의 여인이 "내 육체와 당신의 두뇌를 닮은 아이를 상상해 보라."며 쇼에게 아이를 갖자고 제안하자, "그런데 내 육체와 당신의 두뇌를 닮으면 어쩌지?"라고 답변했다는 일화도 유명하다. 시대를 풍미한 이 작가는 이렇게 묘비명에마저 세상 사람들을 뜨끔하게 하는 문구를 남기고 떠났다.

한국, 보스턴마라톤 싹쓸이

【1950년 4월 19일】 3년 전 서윤복에 이어 또다시 한국 젊은이가 보스턴의 '심장이 터지는 언덕'을 넘어 월계관을 썼다. 오늘 미국에서 열린 제54회 보스턴마라톤 대회에서 함기용(19) 선수가 우승한 것. 이번에는 2위(송길윤), 3위(최윤칠)도 한국 선수여서 더 화제다.

이번 보스턴마라톤 대회의 한국 선수단 감독은 1936년 베를린올림픽 마라톤 경기에서 우승한 손기정(38). 바야흐로 한국이 마라톤 왕국으로 우뚝 선 것이다.

부 고

▶ 조지 오웰 (1903~1950) 영국의 소설가이자 언론인. 반제국주의 및 좌파 성향으로 빈곤 문제를 설득력 있게 다루는 동시에 전체주의를 날카롭게 비판했다. 주요 작품은 소설 『동물농장』과 『1984』, 르포 『카탈루냐 찬가』.

▶ 슘페터 (1883~1950) 오스트리아 출신 경제학자. 혁신의 동력으로 기업가 정신에 의한 '창조적 파괴'를 강조했다. 주요 저서는 『자본주의, 사회주의, 민주주의』.

▶ 서재필 (1864~1951) 독립운동가. 1884년 갑신정변 실패 후 미국으로 망명했고, 1896년 일시 귀국해 『독립신문』을 창간했다. 미국으로 갔다가 1947년 다시 귀국했지만, 이승만과 불화를 겪은 후 미국으로 돌아가 생을 마쳤다.

▶ 앙드레 지드 (1869~1951) 프랑스의 소설가. 1947년 노벨문학상 수상. 대표작은 『좁은 문』.

207555

리승만 역도들은 환락에 취하고 있다

빽성들은 빽 져있는데

공산군이 뿌린 삐라(왼쪽), 유엔군이 뿌린 삐라(오른쪽).

유엔쪽으로 넘어오라! 유엔군은 제군을 잘 대우할 것이다!

▶ 영국의 알렉스 몰튼, 최초의 접이식 자전거 개발(1950)　▶ 한국, 병역 기피 풍조 확산　▶ 미군 담요를 물들여 만든 코트와 밀수입한 '비로드'로 지은 한복치마 유행

근현대사신문

현대 4호

주요 기사 **2면** | 제1차 아시아·아프리카 회의 개최 (1955) **3면** | 점점 멀어지는 남북한(1954) **4면** | 사설-전 세계가 휴전선에 모여 평화협정을 맺어라 **4면** | 해설-반둥회의로 본 아시아·아프리카의 미래 **5면** | 한국전쟁과 사회 변화 **6면** | DNA 이중 나선 구조 규명 (1953) **7면** | 비트 세대 활개 (1955) **8면** | 『자유부인』 논란 (1954)

다시 일어서는 아시아·아프리카

한국전쟁은 모든 것을 파괴했다. 식민지에서 벗어나 겨우 나라를 꾸려가기 시작하던 남북한은 수백만 명의 인명과 주요 산업 시설을 잃고 재기하기 어려운 상태에 빠졌다. 미국을 포함한 유엔 참전국과 중국, 소련 등 2차 대전 후의 주요 국가들이 대부분 관련된 이 전쟁이 충격을 안겨 준 것은 당사국만이 아니었다. 남북한과 마찬가지로 막 식민지 노예 상태를 벗어나 새 출발을 하려던 아시아와 아프리카의 신생국들은 한국전쟁을 바라보며 공포에 사로잡혔다.

그들은 생각했다. '제국주의 열강의 손아귀에서 벗어난다고 해서 바로 자유롭고 평화로운 세상이 보장되는 것은 아니다. 미국과 소련을 중심으로 재편된 세계 질서 속에서 어느 한쪽에 편입됐다가는 언제 남북한처럼 끔찍한 이데올로기 전쟁의 구렁 속으로 빠져들지 모른다. 그런 운명을 피하려면 모든 형태의 종속을 거부하고 신생국들끼리 단결해야 한다.' 아시아와 아프리카 나라들이 한데 모여 목소리를 내는 날이 다가오고 있었다.

사진 | 아시아 아프리카 사람들

점점 더 가까워지는 아시아·아프리카

29개국, 인도네시아 반둥에 모여… 비동맹 등 10원칙 밝혀

【1955년, 반둥】수백 년간 서구 열강의 지배에 시달려온 아시아·아프리카 국가들이 한자리에 모여 세계사의 새로운 전환을 선언했다. 2차 대전 후 독립한 아시아·아프리카의 신생국들을 중심으로 한 29개국 대표들이 4월 18일 인도네시아 반둥에 모여 24일까지 1차 아시아·아프리카 회의를 연 것. 인도네시아의 수카르노 대통령은 개막 연설에서 "인류 역사상 최초로 유색인들이 대륙을 넘어 회합을 열게 되었으며 침묵하던 사람들이 목소리를 되찾았다."라고 의의를 밝혔다.

이 회의에서 참가국들은 아시아·아프리카 국가들이 긴밀한 관계를 수립하고, 날로 첨예해지는 냉전 체제에서 중립을 유지하며, 식민주의 종식을 촉구하는 데 흔쾌히 합의했다. 더불어 아시아·아프리카 내부 문제에 부당하게 간섭하는 서구 열강과 소련에 대해서도 비판의 목소리를 높였다. 한편 남·북한, 이스라엘, 중화민국(타이

반둥회의 장면(위쪽) 및 반둥회의 개최를 알리는 포스터(왼쪽).

완) 등 미국과 소련의 어느 한 편에 치우쳐 있던 국가들은 이 회의에 초대받지 못했는데, 이와 달리 제국주의 침략을 일으켰던 일본은 참석이 허락돼 눈길을 끌었다.

폐막식에서는 비동맹, 중립주의, 상호 협력을 핵심으로 하는 '세계 평화와 국제 협력 증진에 관한 선언'이 발표됐다. 이 선언을 통해 참가국들은 기본적 인권과 국제연합 헌장 존중, 주권과 영토 보전 존중, 인종과 국가 간 평등, 내정 불간섭, 개별 및 집단적 자위권 존중, 강대국의 이익을 위한 집단적 군사 동맹 불참 등 이른바 '반둥 10원칙'을 천명했다.

이 회의는 미국와 소련이 주도하는 세계 속에서 독자 노선을 추구하는 비동맹 세력이 국제 정치 무대에 처음으로 등장했다는 점에서 의의가 크다고 평가되고 있다. 세계인들은 약소국들의 연대가 미·소 양강 구도로 형성돼 있는 현 국제 질서에 어떠한 균열을 일으킬 수 있을지, 아시아와 아프리카가 서구 열강의 지배로부터 온전한 독립을 획득할 수 있을지 주목하고 있다. 나아가 여전히 식민지 상태에 놓여있는 많은 아시아, 아프리카의 민족들이 이번 회의 성공을 계기로 독립에 대한 뜨거운 열망을 다시 한 번 불러일으킬지도 관심사다.

제 발로 안 나가는 제국주의, 두들겨서 쫓아낸다

프랑스, 인도차이나에서 참패… 알제리에서도 독립전쟁

【1955년】아시아·아프리카 곳곳에서 식민 지배에 대한 저항이 불붙고 있다. 인도차이나 반도의 베트남에서는 지난해 5월 7일 베트남독립동맹(베트민)군이 프랑스 군의 디엔비엔푸 요새를 함락했다. 디엔비엔푸는 프랑스군이 건설한 천혜의 요새였지만 '대포를 몸에 묶어 절벽을 기어오르는' 베트민군의 끈질긴 공세에 결국 항복을 선언하고 말았다. 이 전투에서 희생된 프랑스 병사의 수는 5,000명에 달했고, 포로로 잡힌 수는 1만 명이었다. 이로써 베트남인들은 1945년 베트남민주공화국을 선포하고 독립 전쟁을 시

작한 지 9년 만에 자신들의 땅에서 프랑스군을 몰아내는 데 성공했다.

한편 디엔비엔푸의 승전보는 아프리카의 알제리에까지 전해졌다. 역시 프랑스의 식민지였던 알제리 민중은 이 소식에 자신감을 얻어 지난해 10월 30일 알제리 민족해방전선의 주도 아래 무장봉기를 개시했다. 이 봉기에는 고작 3,000명이 참여했을 뿐이지만 치고 빠지는 전술로 프랑스 식민 당국 시설 수십 곳을 공격했다. 올해 들어 봉기는 전국으로 확산되고 있다. 프랑스 당국은 베트남에서 맛본 실패를 반복하지 않기 위해 혼신의 힘을 다하고

알제리 독립을 반대하는 프랑스계 우익의 테러로 민간인들이 희생됐다.

있지만 전황은 몹시 불투명하다.

이처럼 근래 제국주의에 대한 투쟁이 연이어 터져 나오면서, 2차 대전이 끝난 뒤에도 계속되던 서구 열강의 세계 지배가 종식될 날이 멀지 않았다고 내다보는 사람들이 점차 늘고 있다.

▶ 제1회 원폭·수폭 금지 세계대회(1955, 히로시마) ▶ 서독, 소련과 국교 수립 및 할슈타인 원칙 발표(1955) ▶ 오스트리아, 영세중립국으로 주권 회복(1955)

점점 더 멀어져 가는 남북한

이승만, 영구 집권 위해 '소수점 이하 반내림' 개헌… 김일성, 권력투쟁에서 승승장구

사사오입으로 개헌안이 가결됐다고 선포했다가 야당의원에게 멱살 잡힌 최순주 국회부의장.

1949년 모스크바 방문 당시 김일성(맨 오른쪽)과 박헌영(오른쪽에서 두 번째).

【1954년】 이승만 대통령과 김일성 수상의 권력이 더 굳건해지고 있다. 상대방을 최악의 적으로 인식하는 두 맞수가 건재함에 따라 전쟁으로 극대화된 남북한의 적대 관계는 악화 일로로 치달을 전망이다.

남한에서는 이미 두 번 집권한 이 대통령이 또다시 집권을 연장할 수 있는 기반이 마련됐다. 올해 3대 총선에서 압승한 자유당은 초대 대통령에 한해 중임 제한을 철폐하는 헌법개정안을 국회에 제출했으나, 11월 27일 재적 203명 가운데 찬성 135표, 반대 60표, 기권 7표로 부결됐다(1명은 불참). 찬성표가 재적의원의 2/3에 못 미쳤기 때문이다. 하지만 이 결정은 불과 하루 만에 국무회의에서 번복됐다. 갈홍기 공보처장은 "202의 2/3는 135.3333…인데, 사람 수에서 소수점 이하는 의미가 없으므로 202명의 2/3는 135명이 되어 개헌안이 통과됐다."라고 밝혔다. 정부는 한 수학 교수의 도움을 받아 이 같은 해괴한 묘책을 마련한 것으로 알려졌다. 이러한 '사사오입 개헌'에 대해 야당은 영구 집권을 위한 편법이며 원천 무효라고 거세게 비난하고 있다.

또한 국회는 11월에 한·미상호방위조약을 비준, 미국의 군사적 보호막을 바라며 오랫동안 한·미 군사 동맹을 추진한 이승만 대통령에게 또 하나의 정치적 승리를 안겨줬다. 미국은 의회의 반대 등을 내세우며 한국과 군사 조약을 체결하는 것을 꺼려왔으나, 이 대통령은 지난해 있었던 반공 포로 석방(1953년 6월 8일) 및 휴전 반대 시위 등을 후원하면서 미국 정부를 압박해 왔다.

북한 내부의 권력 투쟁도 심상치 않다. 공식석상에서 사라져 '일본 탈출설'까지 나돌던 북한의 부수상 겸 외무상 박헌영이 결국 김일성 세력에 의해 축출된 것으로 전해졌다. 일제 때 조선공산당 창립 멤버로서 국내에서 공산주의 운동을 이끌었던 박헌영은 1946년 월북, 남로당계를 이끌고 북한 정부 수립에 참가했다. 소식통에 따르면, 남로당계에 대한 숙청 작업은 정전협정 체결 직전인 지난해 3월 개시됐으며 이들의 죄명은 '정권전복 음모 및 간첩 테러 행위'였다. 이 사건으로 박헌영의 측근인 이강국, 이승엽, 임화 등 모두 12명이 체포·숙청됐다. 이뿐 아니라 소련파인 허가이가 비판을 못 견뎌 자살하고, 연안독립동맹 계열의 거물 박일우가 좌천되고 김무정도 숙청되는 등 김일성이 주도하는 만주 빨치산 계열을 제외한 다른 파벌들은 당·정·군에서 차츰 축출되고 있다. 이러한 움직임은 한국전쟁의 휴전과 함께 북한 내부에서 제기될 전쟁 패배 책임론을 사전에 봉쇄하고 김일성을 중심으로 권력을 재편하려는 의도에서 비롯된 것으로 분석된다.

한편 휴전 직후인 지난해 9~10월, 김일성 수상은 대규모 대표단을 이끌고 소련과 중국을 방문해 전쟁으로 피폐해진 북한에 대한 지원을 호소했다. 그 결과 중국군은 철수를 미루면서 노동력이 부족한 북한의 재건 사업을 돕고 있고, 소련은 지난해 10억 루블을 무상 원조하는 등 지원을 아끼지 않고 있다. 중국과 소련의 지원은 북한의 경제 복구를 위한 것이지만, 정치적으로는 김일성 수상의 권력 강화를 뒷받침하는 역할도 하고 있다.

기자의 눈 # 대낮의 테러는 테러가 아니다? 경찰이 언론 테러 비호하다니…

【1955년】 대한민국에선 테러를 해도 된다. 단 조건이 있다. 훤한 대낮에 해야 한다. 대한민국 경찰의 말이다.

9월 14일 『대구매일신문』 편집국은 수십 명의 관변 단체 회원들에게 테러를 당했다. 인쇄, 통신 시설은 파괴됐고 윤전기엔 모래가 뿌려졌으며 사원들은 집단 폭행을 당했다. 그 전날 게재된 '학도를 정치도구화하지 말라'는 최석채 주필의 사설이 맘에 들지 않는다는 게 테러 이유였다. 그러나 고위층이 '행차'할 때 아침밥도 못 먹은 학생들을 불러내 뙤약볕 아래에 몇 시간 동안 환영 인파로 세워두는 풍조를 질타한 이 사설은 정당했다. 또한 사설 내용에 문제가 있다 해도 테러가 정당화될 수는 없다. 그러나 경찰은 "대낮의 테러는 테러가 아니다."라는 궤변으로 테러를 옹호했다. 한술 더 떠, 같은 달 17일엔 사설이 북한 방송에 인용됐다며 최 주필을 국가보안법 위반 혐의로 구속했다. 친일파 출신이 주축을 이루어 자유당 정권을 지탱해주는 경찰의 현주소다.

▶ 이승만, 반공포로 2만 7,000여 명 기습 석방(1953) ▶ 한·미상호방위조약 체결(1953) ▶ 김일성, "우리식 사회주의 건설" 주창(1955)

사 설

전 세계가 휴전선에 모여 평화협정을 맺어라

한반도를 피로 물들인 한국전쟁이 무승부인 채 중단됐다. 북한, 중국, 미국이 판문점에서 전쟁을 잠깐 중단한다는 '정전협정'을 맺었기 때문이다. 정전협정도 끔찍하지만, 더 무서운 것은 대한민국이 이 협정의 당사자가 아니라는 사실이다. 이승만 대통령이 정전협정에 조인하지 않은 결과 대한민국은 전후 처리 과정에서 국외자로 전락할 가능성이 높아졌고, 국민은 미국이 견제하지 않는 한 언제라도 전쟁을 벌일 것 같은 지도자 밑에서 불안한 삶을 살아야 하는 처지에 놓였다.

우리는 북진 통일을 주장하는 이 대통령과는 정반대 지점에서 정전협정에 반대한다. 국민은 전쟁으로 엄청난 피해를 봤다. 더 이상의 전쟁은 물론, 전쟁이 일어날 수 있는 긴장 상태에서 살아가는 것도 거부한다. 대통령은 더 북진 통일을 구실로 국민을 일촉즉발의 긴장 상태로 몰아넣지 말라. 전쟁 협박으로 정권을 유지하려 한다면 국민의 거센 저항에 직면할 것이다. 그리고 즉각 북한과 중국, 미국과 유엔참전국을 망라하는 평화회담에 나서라.

남북한은 독일처럼 세계대전을 일으키지도 않았는데 연합국에 의해 분단됐다. 그리고 국제전으로 비화된 한국전쟁으로 냉전의 최대 피해자가 됐다. 155마일(약 249킬로미터)에 걸친 휴전선은 현대 세계의 모순을 집결한 곳이 됐다. 세계는 이곳에 모여 한국전쟁의 완전한 종결을 선언하고 즉각 평화협정을 맺어라. 그리고 '휴전선'을 냉전의 야외 박물관으로 삼아 그 교훈을 영원히 후세에 전하라.

평화롭게 시끄러워진 세계

해 설 반둥회의로 본 아시아·아프리카의 미래

반둥회의에 모인 나라들은 식민지 경험과 가난 말고는 별다른 공통점이 없다. 쓰라린 과거와 험난한 현실을 딛고 앞으로 나아가려는 아시아·아프리카의 신생국들, 그리고 아직도 식민 지배와 맞서 싸우고 있는 여러 민족의 현재 모습과 과제를 짚어본다.

반둥회의 참가국 대부분은 영국, 프랑스, 네덜란드 등 백인들의 식민 지배를 받았다. 아프리카에서는 이탈리아의 지배를 받았던 리비아가 1951년 UN의 노력으로 독립했을 뿐, 대다수 지역이 아직도 식민 지배에서 벗어나지 못하고 있다.

'반둥회의'에 결정적 계기를 제공한 사건은 1954년에 프랑스의 패배로 끝난 인도차이나전쟁이다. 이 전쟁은 끝까지 자신들의 식민지를 유지하려고 했던 프랑스의 시대착오적 욕심 때문에 일어났다. 문제는 프랑스의 패색이 짙어지자 미국이 이 지역 문제에 끼어든 데 있었다. 미국은 동남아시아가 소련과 중국의 영향 아래 공산화되는 것을 막기 위해 북대서양조약기구를 본뜬 동남아시아방위조약을 맺고 이 지역 신생국들을 동서 냉전에 끌어들였다. 그러자 인도, 버마 등이 스리랑카 콜롬보에 모여 미국의 시도를 '새로운 식민주의'로 규정하고 이번 회의를 주창했던 것이다.

콜롬보 구상의 주역 가운데 하나인 인도네시아도 끝까지 식민 지배를 포기하지 않으려는 네덜란드와 질긴 줄다리기 끝에 최근 독립을 쟁취했다. 2차 대전 때 네덜란드를 밀어낸 일본이 패전하자 독립을 선언했던 인도네시아는 다시 돌아와 주인 노릇을 하려 한 네덜란드와 무력 충돌까지 벌여야 했던 것. 이처럼 '낡은 식민주의'를 놓지 못하고 있는 것으로 악명 높은 프랑스 등은 아프리카 대부분의 지역을 아직도 쥐고 있다. 이번 회의의 결과로 세계를 뒤흔들 만한 일이 일어난다면, 그것은 아프리카에서 더욱 광범위하게 일어날 해방 투쟁일 것이다. 침묵을 강요당했던 '난쟁이'들의 아우성은 시작됐다. 반둥회의의 소망이 성취되고 더 많은 신생국이 세계 지도 위에 등장할 때, 세계는 좀 더 시끄러워지겠지만 그 소음의 원천은 포탄이 아니라 평화와 공동 번영을 바라는 사람들의 입일 것이다.

반둥회의 참가국들

기/ 록/ 실/

정전협정(요약)

1953년 미국, 중국, 북한이 정전협정을 체결했다(정전에 반대한 한국은 서명하지 않았다). 이 협정은 적대행위를 일시적으로 '멈추는' 것일 뿐, 전쟁을 영구적으로 '끝내는' 평화협정이 아니다. 다음은 주요 내용.

▲ 1항 : 군사분계선을 확정하고 쌍방이 이 선으로부터 각기 2킬로미터씩 후퇴함으로써 적대 군대 간에 한 개의 비무장지대를 설정한다.

▲ 13항 : 연해도서로부터 군사역량을 철거한다. 이 연해도서는 일방이 점령하고 있더라도 1950년 6월 24일 상대방이 통제하고 있던 도서를 말한다. 단 황해도와 경기도의 도계선 북쪽과 서쪽에 있는 도서 중 백령도·대청도·소청도·연평도 및 우도의 도서군들을 국제연합군 총사령관의 통제 하에 남겨두는 것을 제외한 기타 모든 도서는 조선인민군 최고사령관과 중국인민지원군사령관의 통제 하에

둔다. 한국 경외로부터 증원하는 군사인원을 들여오는 것을 중지한다. 단 정전기간에 파괴·파손·소모된 것은 같은 성능과 같은 유형의 물건을 1대1로 교환하는 기초 위에서 교체할 수 있다.

▲ 60항 : 3개월 내에 각기 대표를 파견해 정치회의를 소집하고 모든 외국군의 철수 및 한국문제의 평화적 해결 문제를 협의할 것을 (쌍방 정부에) 건의한다.

▶ 한국, 화폐개혁 실시했으나 물가 폭등으로 실패(1953) ▶ 한국, 노동조합법과 근로기준법 제정됐으나 제대로 시행되지 않음(1953) ▶ 산업은행 설립(1954)

전쟁이 모든 것을 바꿨다

분석 공포의 신이 된 반쪽 국가, 몰락한 지주층

【1953년】 정전협정이 체결됐지만 전쟁의 후유증은 쉬이 치유되지 않을 조짐이다. 아울러 이번 전쟁 경험은 사회에 깊이 각인될 전망이다.

그중 핵심은 학살이다. 전쟁 기간 중 남북 국가권력과 미군에게 학살된 민간인은 10만 명이 넘는 것으로 추산된다(해방 후 희생된 민간인이 100만 명에 이른다는 추정도 있다). 특히 아군에게 목숨을 잃은 비극(관련 기사 3호 3면)은 두고두고 영향을 끼칠 전망이다. 정부 방송을 믿고 피난을 가지 않았다가 '부역자'로 몰리고(관련 기사 3호 7면), 배급을 준다는 말에 나갔다가 국군에게 학살된(경남 산청) 남한 주민들에게 국가는 자신을 보호해주는 대상이 아니라 두려운 존재일 뿐이었다. 말을 듣지 않는다며 "보이는 대로 실컷 구타한" 군인과 경찰을 접하며 두려움은 커졌다. 물론 무서운 건 남쪽 국가만이 아니었다. "남북 국가에게 똑같이 보호받지 못했기 때문에 둘 다 무서웠다."라며 국군이 오면 '반

해방 직후 폭발한 교육열은 전쟁을 통해 평준화 경향이 확산되면서 더 강해졌다. 사진은 1954년 운동장에서 시험을 보는 한 대학교의 입시 풍경.

공'을, 북한군이 오면 '조국해방' 구호를 따라한 이들도 많았다.

어쨌건 국가는 "빨갱이 씨를 말려야 한다."라며 몰아세우고, 반공주의를 비판하면 적으로 몰리는 살벌한 분위기에서 국민들은 납작 엎드려야 했다. 전쟁 전부터 형성된 이런 분위기는

전쟁을 거치며 돌이킬 수 없는 정도까지 나아갔다. 이를 두고 "학살의 무덤 위에 세워진 반쪽 국가가 공포의 신이 됐다."라는 평가가 나오고 있다.

이와 함께 지주층 몰락(관련 기사 3호 7면)도 표면적으론 농지개혁의 결과이지만, 실질적으론 전쟁의 부산물

이다. 전쟁이 지주층 기반을 무너뜨리고, 전시 인플레이션 때문에 토지보상금 가치가 대폭 낮아져 상당수 지주가 몰락했다는 점에서다. 전시에 상하관계가 뒤집힌 경험이 평준화 경향을, 피난 경험이 사회적 이동을 촉진할 것이라는 전망도 나오고 있다.

정치는 의회민주주의, 경제는 사회주의
비자본주의적 발전 지향하는 인도의 후진국 탈출 전략 통할까?

【1955년】 인도의 네루 수상(사진)이 식민지의 멍에를 벗어던지기 위한 독특한 경제 발전 전략을 제시했다. 인도가 목표로 하는 미래상은 한마디로 국가가 주도하는 '사회주의형 사회(socialist form of society)'이다. 네루의 경제 참모인 마할라노비스 박사에 따르면, 인도의 경제 구조는 오랫동안 영국의 식민 통치를 겪으면서 대외

의존적으로 왜곡되어 있다. 이러한 인도 경제를 하루 빨리 자립적으로 바꿔 놓으려면 경제를 민간 기업에만 맡겨두지 말고 국가가 적극적으로 개입하여 공업화를 이끌어야 한다는 것이 마할라노비스의 생각이다.

이에 따라 인도는 1956년에 시작될 2차 경제개발 기간 중에 철강, 기계, 전력, 중화학, 비료, 석탄, 시멘트 등 기간산업을 적극적으로 육성할 계획이다. 그와 더불어 무역적자 폭을 줄이고 수입 품목을 엄격히 제한하며, 인도 산업이 외국 기업을 상대로 한 경쟁

에서 살아남을 수 있도록 단단한 보호막을 제공할 예정이다.

인도의 이러한 경제 전략은 사회주의적 계획경제 모델을 통해 뒤늦은 자본주의 발전을 이루려 하는 것으로 해석된다. 그러면서 정치적으로는 독재 체제가 아닌 서구식 의회민주주의를 택한 것도 독특하다.

미국식 자본주의도, 소련식 사회주의도 아닌 인도의 발전 전략이 어떤 성과를 낳을 것인지, 인도와 비슷한 처지에 놓인 구 식민지 국가들의 관심이 집중되고 있다.

일본, 독도에 눈독 들이지 마!

【1954년】 한국전쟁의 혼란을 틈타 독도를 빼앗으려던 일본의 도발이 울릉도 거주 민간인으로 구성된 독도의용수비대에 의해 제동이 걸렸다. 수비대는 낡고 부족한 무기로 몇 차례나 일본 순시선을 격퇴했다. 일본으로 건너가 독도가 조선 땅임을 분명히 했던 조선 숙종 때의 안용복과 닮은꼴이다. 2년 전 해양주권선언을 발표, 일본의 침탈 야욕을 경계한 정부도 독도를 넘겨줄 생각이 전혀 없음을 분명히 하고 있다.

▶ 한국, 간통쌍벌죄 공포(1953) ▶ 미국, 흑인 여성 로자 파크스가 버스에서 백인에게 자리를 양보하지 않았다가 체포된 일을 계기로 버스 승차 거부 운동(1955)

인류, 생명의 비밀을 파헤칠 열쇠를 얻다

왓슨·크릭, DNA 이중 나선 구조 규명… 유전 관련 논쟁에 종지부 찍을 듯

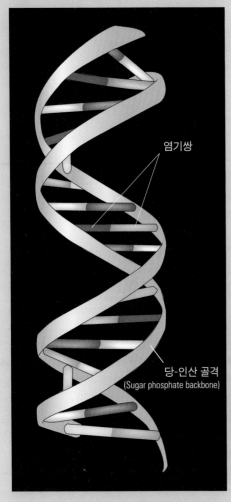

염기쌍

당-인산 골격
(Sugar phosphate backbone)

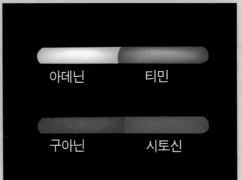

아데닌	티민
구아닌	시토신

【1953년, 영국】 겨우 900단어의 짧은 논문이 앞으로 세상을 어떻게 바꿀 것인가. 제임스 왓슨과 프랜시스 크릭은 공동으로 과학 잡지 『네이처』 4월 25일자에 「디옥시리보핵산(DNA)의 구조」라는 제목의 짧은 논문을 발표했다. 이날 『뉴스크로니클』을 제외한 대다수 영국 현지 언론은 이 논문 발표 사실에 주목하지 않았다.

이 논문이 그간 베일에 싸였던 생명의 비밀을 파헤치는 중요한 열쇠가 되는 내용을 담고 있다는 걸 염두에 두면, 이런 언론의 무시는 부당하다. 이 논문 DNA의 세 구성 성분(디옥시리보오스, 인산, 뉴클레오티드)은 두 가닥의 사슬이 정교하

DNA는 디옥시리보오스, 인산, 뉴클레오티드가 이중 나선 구조로 이루어져 있으며, 네 종류의 뉴클레오티드는 아데닌—티민, 구아닌-시토신이라는 법칙에 따라 짝을 짓는다.

게 나선 모양으로 꼬인 이른바 '이중 나선(double helix)' 구조로 이뤄져 있다.

이런 DNA의 구조는 유전의 비밀을 둘러싼 과학자 사이의 논쟁에 종지부를 찍을 것으로 전망된다. 그간 일부 과학자들은 유전의 복잡성을 염두에 둘 때, 단 4종류(아데닌, 구아닌, 티민, 시토신)의 뉴클레오티드를 갖고 있는 DNA는 부차적인 역할을 할 뿐이며 진짜 중요한 역할은 단백질이 담당할 것이라고 생각했다.

그러나 이번에 확인된 DNA의 구조를 보면, 4종류의 뉴클레오티드는 이중 나선 구조를 따라 각각 짝(아데닌-티민, 구아닌-시토신)을 지음으로써 복잡한 유전 현상을 효과적으로 전달한다. 몸속의 세포 하나에 들어있는 1.8미터에 이르는 DNA 안에는 무려 23억 개에 이르는 유전 암호가 존재할 수 있다.

한편 이번 논문 발표로 세계 최고 화학자로 꼽히는 미국의 라이너스 폴링은 망신살이 뻗쳤다. 그는 줄곧 DNA의 구조가 '이중 나선'이 아닌 '삼중 나선'일 것이라고 확신해 온 탓에, 생명의 비밀을 파헤치는 열쇠를 찾는 공을 DNA 연구의 초보자 두 사람에게 빼앗겼다. 왓슨은 박사 학위를 취득한 지 불과 3년밖에 안 되었고, 크릭은 아예 박사 학위가 없다.

영국산 '최초의 인류'는 없었다

'필트다운인', 41년 만에 과학 사기로 판명

【1953년, 영국】 영국의 자존심은 결국 어처구니없는 '과학 사기'로 밝혀졌다. 케네스 오클리는 1912년 영국 필트다운에서 발견된 초기 인류 화석, 이른바 '필트다운인(Piltdown man)'의 유골이 '가짜'라고 밝혔다. 필트다운인으로 널리 알려진 문제의 이 유골에 포함된 두개골은 오래된 것처럼 보이게 하려고 흠집이 나 있었으며, 턱뼈 역시 두개골과는 연대가 다른 것이었다.

필트다운인은 아마추어 지질학자 찰스 도슨이 처음 발견한 것으로, 1912년 영국 지질학회는 이 유골을 영국에서 발견된 초기 인류의 유골로 공식 인정했다. 이 발견은 당시 쇠락해 가던 영국에 불안을 느꼈던 영국인에게 큰 자랑거리가 되었다. 대다수 영국인은 이 발견을 최초의 인간이 독일인도, 프랑스인도 아닌 영국인이라는 사실을 입증한 사건으로 받아들이며 자랑스러워 했다.

이 모든 사기를 주도했으리라 짐작되는 도슨은 1916년에 이미 세상을 떠나, 사기의 실체는 미궁에 빠질 전망이다. 그러나 진짜 불가사의한 것은 이런 어처구니없는 사기에 대부분의 과학자가 속았다는 사실이다. 실제로 이미 1913년 마틴 힌턴과 같은 과학자는 필트다운 발굴 현장을 방문한 뒤, 이 유골이 '날조'라는 결론을 내렸으나 과학계에선 아무도 이런 목소리에 귀를 기울이지 않았다.

전 세계 어린이 소아마비에서 해방

【1955년, 미국】 피츠버그 대학의 조나스 소크가 1952년 개발한 소아마비 백신이 본격적으로 접종되고 있다. 소아마비는 미국에서만 매년 5만 8,000명의 어린이를 공격해 온 무서운 병. 소크가 특허를 포기해 전 세계 모든 어린이에게 그 혜택이 돌아갈 수 있게 된 것도 화제. 소크는 "내 발명의 소유권은 인류에게 있다. 태양을 독점할 수 있는 사람이 있나?"라고 담담히 이유를 밝혔다.

▶ 스탠리 로이드 밀러, 생명의 기원 실험(1953) ▶ 제럴드 피어슨, 태양전지 최초 제작(1954) ▶ 나린더 싱 카파니, 유리로 만든 광섬유 발명(1955)

심장 뛰는 대로 살고 싶다… 비트 세대 활개

자본주의의 획일적 삶·기성 가치관에 염증 느끼는 '방황하는 청춘들'

【1955년, 미국】24세의 나이에 요절한 한 영화배우가 미국 젊은이들 사이에서 청춘과 반항의 우상으로 떠오르고 있다. 그의 이름은 제임스 딘. 고작 세 편의 영화를 촬영했을 뿐이고, 그중 생전에 개봉한 영화는 〈에덴의 동쪽〉 한 편에 불과했다. 하지만 이 영화에서 제임스 딘이 보여준 반항아적 이미지와 우수에 가득 찬 눈빛은 스포츠카로 도로를 질주하다 맞이한 그의 죽음과 맞물려 이른바 '비트 세대'의 상징으로 자리 잡았다.

비트 세대는 개인을 거대 사회의 부속품으로 전락시키는 문화와 기성세대의 권위주의에 대항해 자유와 탈출을 꿈꾸는 근래 미국의 젊은 세대를 일컫는 표현. 2차 세계대전이 끝난 뒤 미국 사회는 엄청난 물질적인 풍요를 누리고 있지만, 정작 그 사회의 젊은이들은 경쟁과 순응만을 강요하고 개인의 개성을 억압하는 사회 분위기 속에서 숨 막힐 듯한 고통을 느끼고 있다.

출구가 없는 세계 속에서 탈출을 갈망하는 젊은이들이 선택한 길은 기존 윤리와 질서에 대한 무조건적인 거부

1955년 영화 〈이유 없는 반항〉을 촬영할 무렵의 제임스 딘.

와 반항이었다. 이들은 재즈와 술, 마약에 빠져들었고, 불교의 선(禪)에 탐닉했으며, 자동차나 모터사이클을 타고 거리를 질주했다. 물론 그러한 탐닉과 질주의 끝에 진정한 해방이 기다리고 있을 리는 없겠지만, 이들은 그러한 일탈 이외에 자신들의 잃어버린 정

체성과 자아를 회복하기 위한 어떤 방법도 알지 못했다. 하지만 미국 사회와 그 기성세대는 이러한 젊은이들의 행동을 '이유 없는 반항'이라고 일축하며, 오히려 이들을 퇴폐적이고 방종한 세대라고 비난한다. 기성세대는 젊은 세대의 일탈을 낳은 것이 바로 자신들

의 권위주의와 무력함이라는 사실을 깨닫지 못하는 듯하다. 이른바 '문제아'들이 반항하는 진짜 이유를 알고 싶은 기성세대는 최근 개봉한 제임스 딘의 두 번째 출연작 〈이유 없는 반항〉을 볼 필요가 있다는 말이 나오는 것도 그 때문이다.

『사상계』 창간… 미국식 자유민주주의 지향

평안도 지역 문화 민족주의 전통 계승… 지식인·학생, 폭발적 반응

【1955년, 서울】분단과 전쟁의 폐허에서 창간된 월간지 『사상계』가 지식인과 학생들에게 큰 호응을 얻고 있다. 정부 기관지이던 『사상』을 장준하가 1953년 4월 인수, 창간한 이 잡지는 창간호 3,000부가 발행 직후 매진됐다. 전 문교부장관 백낙준도 창간 및 운영에 적극 참여하고 있다.

친미·반공 논조와 미국식 자유민주주의를 지향하는 이 잡지는 평안도의 지적 전통과 인맥, 학맥을 계승했다는

평이다. 조선 말기 이래 토착 자본가 및 기독교 세력의 중심지였던 평안도는 교육을 통한 정신 개조 및 자강을 추구하는 문화 민족주의 전통이 강한 곳. 『사상계』의 핵심은 대부분 이러한 평안도 출신 지식인들로, 사상적으로도 문화 민족주의 전통과 가깝다. 일제 때 학병으로 끌려갔다가 탈출, 광복군으로 활약한 장씨와, 해방 후 친미주의로 돌아섰지만 일제 말기엔 일제의 전쟁을 찬미한 백씨가 의기투합할 수

있던 것도 '친미·반공·평안도·기독교'라는 공통점 때문이라는 것. 그것이 『사상계』의 태생적 한계라는 시선도 있지만, 미국식 자유민주주의 기준에도 턱없이 못 미치는 이승만 정부에 실망한 지식인과 학생의 참여가 그 한계를 넘어서게 만들 것이라는 전망도 나오고 있다. 한편 『사상계』는 올해 동인문학상을 제정하고 문예 부문에 상당한 지면을 할애해 문인들의 호응도 얻고 있다.

영화 〈춘향전〉 인기 충무로 시대 개막

【1955년】충무로가 영화의 메카로 떠오르고 있다. 충무로 국도극장에서 개봉한 〈춘향전〉(감독 이규환)이 흥행에 성공하면서부터다. 명동 국립극장을 중심으로 모여 있던 영화인들은 이를 계기로 하나둘씩 충무로로 근거지를 옮기고 있다.

▶ 한글 간소화 파동(1953~1955) ▶ 맘보 리듬, 한국 강타(1955) ▶ 영화 〈피아골〉(감독 이강천), 빨치산을 인간적으로 그렸다는 이유로 상영 금지됨(1955)

이란, 석유 국유화 좌절

【1953년】 '이란인을 위한 석유'의 꿈이 좌절됐다. 앵글로이란석유회사를 통해 영국이 장악하고 있던 석유 산업을 국유화했던 민족주의자 모사데크(73) 이란 총리가 8월에 군부 쿠데타로 실각했기 때문이다. 이번 쿠데타 배후는 석유 이권을 이란인에게 돌려줄 생각이 없는 영국과 미국의 정보부라는 시각이 지배적이다.

아르헨티나, 페론 정부 붕괴

【1955년 9월】 후안 페론 대통령이 이끄는 아르헨티나 정부가 군부 쿠데타로 무너졌다. 1946년 노동자의 전폭적 지지로 대통령에 당선한 지 9년 만이다. 페론의 실각은 무엇보다 경제 위기에서 비롯됐다는 분석이다. 풍부한 자원을 바탕으로 2차 세계대전 직후까지도 이탈리아, 에스파냐 등보다도 앞섰던 아르헨티나 경제는 페론 집권기 들어 심각한 위기에 직면했다. 페론 정부는 초기에 노동자들에게 혜택을 주긴 했지만, 집권 기간 동안 일관성 있는 경제 정책을 펴지 못하며 상황을 더욱 심각하게 만들었다. 부정부패, 높은 물가상승률 등도 아르헨티나인들을 고통스럽게 만들었고 페론 대통령이 사적인 문제로 가톨릭과도 갈등을 겪으면서 위기는 더 고조됐다. 한편 페론이 실각하고 군부가 집권하긴 했지만, 페론 반대 세력과 지지 세력으로 뚜렷이 갈려 있다는 점에서 아르헨티나 정치 상황은 여전히 불안하다.

부 고

▶ 로젠버그 부부 (줄리어스 로젠버그 1918~1953, 에설 로젠버그 1915~1953) 미국의 원자폭탄 제조 기밀을 훔쳐내 소련에 넘긴 혐의로 1950년에 체포돼 1953년에 처형됐다. 물증이 없는 상태에서 사형 선고와 집행이 이뤄져 세계적으로 논란이 됐다. 매카시즘의 광풍에 휩쓸린 정치적 희생양이라는 시각이 유력하다.
▶ 마티스 (1869~1954) 프랑스의 화가. 원색을 대담하게 사용해 개성을 강렬하게 표현하는 야수파 운동을 주도했다. 대표작은 〈목련꽃을 든 오달리스크〉.
▶ 로버트 카파 (1913~1954) 헝가리 출신 사진작가. 사진 전문 통신사 '매그넘' 창립 멤버. 에스파냐 내전, 중일전쟁, 제2차 세계대전, 1차 중동전쟁 등을 현장 취재했다. 1954년 인도차이나전쟁 촬영 중 지뢰를 밟아 폭사했다.
▶ 토마스 만 (1875~1955) 독일 출신 소설가. 노벨문학상 수상. 대표작은 『마의 산』.

『자유부인』이 중공군 50만 명에 해당하는 적?

영화 〈자유부인〉(1956년 개봉 예정) 포스터.

【1954년】 정비석의 『서울신문』 연재 소설 『자유부인』엔 대학교수 부인이 남편의 제자와 댄스홀에 다니고 그 남편인 대학교수가 젊은 여성에게 접근하는 장면이 나온다. 이 소설은 폭발적인 인기를 끌었지만, "비윤리적 소설의 연재를 중단하라."는 항의도 빗발쳤다. 서울대 법대 황산덕 교수는 "대학교수를 모욕하고 있다", "중공군 50만 명에 해당하는 적"이라고 공개 비판했다. 작가가 이를 반박하고, 또 다른 법조인과 문학평론가가 논쟁에 참여하면서 논란은 더 커졌다. 여성 단체에서는 『자유부인』이 여성을 모독하고 있다며 작가를 고발했다. 또한 정·재계 비리를 폭로하는 소설 내용에 대해 관련 인사들이 "북괴의 사주를 받은 이적소설"이라며 당국에 투서해 작가가 특무부대 등에 불려가 조사를 받아야 했다. 이를 두고 "변화된 성 윤리를 다룬 소설일 뿐이며 소설 이전에 존재하는 현실, 즉 한국 사회의 성 윤리 급변 현상에 먼저 주목해야 한다."는 의견도 나오고 있다.

나일론, 서울을 휩쓸다

【1954년】 해방과 한국전쟁을 거치며 일상복이 한복에서 양장으로 바뀌고 있는 이때, 서울에서는 나일론이 인기다. 여성의 치마저고리로도 쓰이지만, 그중에서도 특히 나일론 양말이 선풍적 인기를 끌고 있다. 가볍고 질겨 주부들이 밤마다 양말을 깁지 않아도 된다는 것. 이와 함께 '비로드'(벨벳) 치마도 패션에 민감한 여성들의 관심을 모으고 있으며, 남성들 사이에선 마카오에서 들여온 옷감으로 지은 이른바 '마카오 신사복'이 인기다.

브레히트 "정부가 인민을 뽑든지"

【1953년】 독일의 시인이자 극작가인 브레히트(55)의 시가 화제다. 6월 17일 동베를린에서 일어난 노동자 시위를, '노동자의 대표'라고 자임하는 동독 정부가 소련군의 힘을 빌려 무력으로 진압하고 '인민이 자본주의 잔재를 일소하지 못했다.'고 비난하자 브레히트는 '해결방법'이라는 시에서 이렇게 질타했다. "차라리 정부가 인민을 해체하고 / 다른 인민을 선출하는 것이 / 더 간단하지 않을까?" '인민'의 뜻에 따라 통치한다는 공식 이념과는 정반대의 모습을 보인 권력에 대한 촌철살인의 비판이라는 평이다.

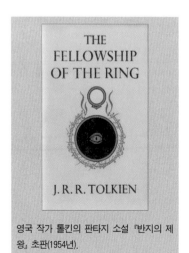

THE FELLOWSHIP OF THE RING

J. R. R. TOLKIEN

영국 작가 톨킨의 판타지 소설 『반지의 제왕』 초판(1954년).

혼인신고하라! 혼인신고 않으면 아내가 아니다

대한YWCA연합회 사회문제부

최근 혼인신고를 하지 않아 피해를 보는 여성이 늘면서, 정부와 사회단체에서 혼인신고를 권장하는 캠페인을 벌이고 있다.

한국 영화, 키스신 등장

【1954년】 한국 영화에 최초로 키스 장면이 등장했다. 올해 개봉한 〈운명의 손〉(감독 한형모)에서 남녀주인공인 여간첩과 국군 방첩대 대위가 키스를 나눈 것. 여주인공이 입술에 담뱃갑의 셀룰로이드를 붙이고 키스신을 찍었음에도, 그 남편이 감독을 고소하는 한편 남자 배우를 죽이겠다고 협박해 화제다.

힐러리·텐징, 에베레스트 최초 등정

【1953년 5월 29일】 히말라야 산맥에 있는 세계 최고봉 에베레스트(해발 8,848미터) 정상에 인간이 발을 디뎠다. 뉴질랜드 등반가 힐러리(사진)와 네팔의 세르파 텐징 노르가이는 오전 11시 30분(현지 시각), 그동안 수많은 산악인들이 해내지 못했던 에베레스트 등정에 성공했다.

▶ 한국전쟁 종전 무렵 구공탄 보급 시작 ▶ 나일론 수입 허가 논쟁(1954) ▶ 1년 동안 여성 70여 명을 농락한 박인수 사건에 조야 충격(1955)

근현대사신문

현대 5호

주요 기사 **2면** | 소련, 세계 최초 인공위성 '스푸트니크 1호' 발사 (1957) **3면** | 한국, 3대 대선 조봉암 바람 (1956) **4면** | 사설—우주가 대량 살상의 실험장일 수는 없다 **4면** | 인터뷰—조봉암 **5면** | 미국 경제원조의 두 얼굴 (1958) **6면** | 운석 연대 측정 지구 나이 발표 (1956) **7면** | 한국, 첫 텔레비전 방송국 개국 (1956) **8면** | 원조 경제 백태

미·소의 우주 경쟁과 남북한의 복구 경쟁

2차 세계대전 이후 미국은 소련을 상대로 공세적인 냉전 전략을 펼쳤다. 공산주의의 위협을 내세우며 소련과 동유럽을 겹겹이 에워쌌다. 한국전쟁이 일어나자 미국은 즉시 유엔군을 이끌고 참전했으나, 소련은 거부권을 가지고 있으면서도 유엔의 참전 결의를 막지 않았다. 전쟁 중에도 북한과 중국에 무기를 지원할망정 직접적인 충돌은 피했다. 경제력, 군사력 등에서 소련이 위협적이기는 하지만 아직 미국과 서유럽의 상대가 되지 않는다는 것이 일반적인 견해였다.

소련이 원자폭탄과 수소폭탄 실험을 잇따라 성공시키며 미국을 상대로 한 핵 경쟁에서 바짝 따라붙었지만, 여전히 장거리 미사일을 포함한 무기 체계에서 앞서 있는 것은 미국이라고 여겨졌다. 그래서 소련의 흐루쇼프 서기장이 "수소폭탄을 실은 대륙 간 탄도미사일을 보유하고 있다."라고 공언했을 때, 서방 세계는 이것을 허풍이라고 생각했다. 그러던 1957년 미국의 뒤통수를 때리는 소식이 우주로부터 날아왔다.

사진 | 1950년 미국에서 발사한 실험 우주선 범퍼 8호

47

우주로 떠오른 스푸트니크에 미국 '뜨끔'

소련, 두 차례 인공위성 발사 성공… 추월 다짐하는 미국과 우주 개발 경쟁

【 1957년, 소련 】 10월 4일 소련이 세계 최초로 인공위성 스푸트니크 1호를 우주로 발사하는 데 성공했다. 앞서 8월 소련이 미국으로 핵폭탄을 싣고 갈 수 있는 대륙 간 탄도미사일 실험에 최초로 성공한 지 석 달도 안 돼 일어난 일이다. 이 대륙 간 탄도미사일 로켓은 바로 인공위성을 우주로 보내는 데 이용됐다.

100킬로그램도 안 되는 농구공 크기의 이 금속 구체(사진 오른쪽 위)가 지구 궤도에 진입하는 순간 소련과 미국은 희비가 엇갈렸다. 미국의 아이젠하워 대통령은 충격에 휩싸인 국민을 달래고자 "공중에 떠다니는 작은 공"이라고 스푸트니크를 애써 평가절하했으나, 충격은 가라앉지 않았다.

이뿐만이 아니었다. 스푸트니크 1호가 발사된 지 한 달도 채 안 된 11월 3일 소련은 스푸트니크 2호를 발사해 미국의 자존심을 한 번 더 짓밟았다. 더구나 이 두 번째 인공위성은 앞선 인공위성보다 훨씬 더 컸을 뿐만 아니라, 라이카라는 개도 싣고 있었다. 소련 정부는 이 개가 인공위성 안에서 생활하다 고통 없이 죽었다고 발표했으나, 실제 라이카는 인공위성을 발사한 지 몇 시간 만에 죽은 것으로 확인됐다. 그러나 라이카는 우주로 나간 최초의 생물로, 또 우주 개발을 상징하는 동물로 역사에 남게 됐다.

대기권 밖으로 나아간 최초의 생물인 '라이카'라는 이름의 개.

【 1958년, 미국 】 우주는 소련의 것으로 남을 것인가? 지난해 12월 6일 전 세계가 지켜보는 가운데 미국에서 발사된 인공위성 뱅가드가 폭발했다. 이 인공위성을 탑재한 로켓은 발사되자마자 60센티미터쯤 올라가다 거꾸러지면서 불길에 휩싸였다. 미국 대통령 아이젠하워의 지지도는 한 주 만에 22퍼센트나 떨어졌다.

미국은 지난 1월 31일에야 비로소 첫 인공위성을 우주로 쏘아 올렸다. 그러나 겨우 14킬로그램에 불과한 이 인공위성이 미국의 자존심을 세워주기에는 역부족이었다. 더구나 미국은 올해 네 번의 인공위성을 더 발사했지만 모두 다 폭발하거나 추락했다. 소련을 앞서려면 근본적인 대책이 필요한 상황.

이에 미국 의회는 지난 7월 29일 미국항공우주국(NASA) 설립을 명시한 '국가항공우주법'을 통과시켰다. NASA 설립으로 미국과 소련의 우주 개발 경쟁이 본격적으로 시작된 셈이다. 이 경쟁은 사실상 동서 냉전의 한 단면이지만, 그 결과 인류는 지상 최대의 '우주 쇼'를 볼 수 있게 됐다.

한편, 스푸트니크 충격으로 미국 교육도 크게 변화할 전망이다. 정부 안팎에서 소련보다 우주 개발 경쟁에 뒤진 중요한 이유로 흥미 유발에 치중하는 현재의 미국 교육을 원인으로 꼽고 있기 때문이다. 이런 사정을 염두에 두면, 미국 교육은 그간 소홀했던 지식 전달에 중점을 두는 교육으로 급격히 바뀔 전망이다.

LE SOLEIL CONSTITUE LA SOURCE D'ÉNERGIE POUR L'APPAREILLAGE DU SPOUTNIK

소련의 과학기술 성과를 관람하는 학생들(1958년 브뤼셀 만국박람회장 소련관).

흐루쇼프 소련 서기장, 스탈린 비판… 사회주의권 술렁

【 1956년 】 하나의 연설이 사회주의권을 격동케 했다. 흐루쇼프(62) 소련 공산당 서기장이 지난 2월 제20차 당대회에서 대외 비공개를 전제로 행한 '스탈린 비판' 연설이다. 흐루쇼프는 스탈린의 범죄 행위를 폭로하고, 개인 숭배를 없애야 한다고 주장했다. 사회주의 운동의 최고 지도자로 간주되던 스탈린을 그 후계자가 비판한 이 연설 내용이 새어나가면서 파장은 커졌고, 사회주의권에선 더 많은 민주주의를 요구하는 목소리가 높아졌다. 중국 베이징대학엔 공산당을 비판하는 대자보로 가득한 '민주의 벽'이 세워졌고, 헝가리에선 민중 봉기가 터져 나왔다. 서유럽에선 자본주의뿐 아니라 스탈린주의도 극복해야 한다고 주장하는 '신좌파'가 태동했다.

그러나 흐루쇼프가 헝가리 시민들의 봉기를 무력 진압하고, 중국 등에서도 민주주의 요소를 확대하라는 요구를 힘으로 억누를 조짐을 보이면서 사회주의권 전반에 불던 열풍은 가라앉는 추세다.

▶ 일본, 소련과 국교 회복(1956) ▶ 중국, 인민공사 출범(1958) ▶ 이집트와 시리아가 합병해 아랍연합공화국 수립(1958) ▶ 드골, 프랑스 대통령 당선(1958)

국민 위로 떠오른 평화통일론에 자유당 '뜨끔'

조봉암, 평화통일·피해 대중 구제 내걸고 3대 대선에서 인기 몰이

【1956년】 지난 5월 15일 치러진 3대 정·부통령 선거에서 이승만 대통령이 '상처뿐인 승리'를 거뒀다. 진보당 추진위원회 조봉암(58) 후보 돌풍 때문이다. 조 후보는 유효 투표 906만 표 중 216만 표를 얻어, 504만 표의 이 대통령에 이어 2위를 기록했다.

조직도 제대로 갖추지 못한 조 후보가 경찰 등의 노골적인 부정선거 속에서도 이 정도 표를 얻은 것은 놀라운 일이라는 평이다. 선거 기간 내내 야당 선거운동원들은 유인물을 뺏기고 테러를 당했다. 조 후보조차 신변의 위협을 느껴 선거 직전 잠적했을 정도다. "강원도에서 유권자의 대부분인 군인의 70퍼센트 이상이 조봉암에게 투표했지만 이 대통령 표가 90퍼센트 이상 나온 것으로 발표됐으며, 전국적으로 대동소이했을 것"이라는 정부 고위관료 고백처럼 개표 부정도 심했다. 이 때문에 조 후보 진영에서는 "투표에 이기고 개표에 졌다."라는 평가를 내놓았다. "못 살겠다 갈아보자."라며 이 대통령을 비판하던 민주당도 신익희 후보가 유세 도중 급서하자 "조봉암을 지지할 수는 없으므로 이승만을 지지해야 한다."라는 태도를 보였지만 조봉암 돌풍은 가라앉지 않았다.

전문가들은 돌풍의 원인으로 조 후보의 '평화통일'과 '피해 대중을 위한 정치' 구호에 주목하고 있다. 북진통일을 내세우며 공포를 조장한 이승만 정부에 염증이 난 유권자들이 그동안 금기로 여겨지던 평화통일을 주장하고, 부정부패를 일삼은 공권력에게 온갖 것을 뺏겨온 피해 대중을 위해 '수탈 없는 경제' 정책을 펴겠다는 조 후보에게 끌렸다는 분석이다.

한편 부통령 선거에서는 민주당의 장면(57) 후보가 자유당의 이기붕 후보를 누르고 당선함으로써 "갈아봤자 별수 없다."라던 자유당은 다시 한 번 코가 납작해졌다. 이래저래 자유당은 잔뜩 긴장하는 분위기다.

정·부통령 선거 후 시민들이 신문사의 거리 개표 상황 발표를 유심히 지켜보고 있다.

핵무기 한국에 들어오다

【1958년】 주한 유엔군사령부가 '핵포'와 어네스트존 미사일을 반입한 것으로 알려졌다. 이들은 주로 국지전에 사용되는 전술핵무기로, 일본 히로시마에 투하된 핵폭탄보다는 폭발력이 작다. 이번 조치는 미 육군을 핵무기까지 갖춘 사단 체제로 재편성하는 작업의 일환. 미국은 그동안 핵무기의 한반도 반입 가능성을 여러 차례 검토해 왔다. 지난 1951년에는 핵폭탄 기술자가 비밀리에 방한하고, 모의 핵폭격 훈련도 실시한 것으로 전해지고 있다.

김일성에게 공개 도전한 연안계 숙청

'8월사건'… 북한 체제 급속히 경직될 듯

【1958년】 북한 권력의 한 축을 담당했던 연안독립동맹 계열(연안계) 인사들이 대거 숙청됐다. 1956년 8월 조선노동당 중앙위원회 전원회의에서 연안계로 분류되는 상업상 윤공흠이 당을 비민주적으로 운영한다며 최고지도자 김일성을 공개 비판한 직후부터다. 윤공흠을 단상에서 끌어내린 김일성 계열은 연안계를 '당을 분열시키는 반당종파'로 규정하고, 군사 폭동 음모에 가담했다는 혐의로 구속하는 등 대대적으로 숙청했다. 숙청을 피해 중국으로 망명한 연안계 인사만 1,000명이 넘을 정도.

사건 초기에 연안계를 지원하던 소련과 중국이 동유럽 민주화 운동과 상호 갈등으로 개입을 중단하면서, 8월사건은 김일성 계열의 완벽한 승리로 마무리되는 모양새다. 김일성 계열, 박헌영을 중심으로 한 남로당계, 연안계, 소련계 등이 권력을 분점했던 북한에서 한국전쟁을 거치며 남로당계, 소련계가 숙청된 데 이어 이번에 연안계까지 축출되면서 김일성을 중심으로 한 단일 지도 체제로 재편됐기 때문이다.

이번 사건으로 북한 사회가 급속히 경직될 것이라는 전망이 우세하다. 다양한 세력이 공존하던 때 진행됐던 사회주의 건설 논쟁의 중심에 연안계가 있었기 때문이다. 전쟁 직후 중공업 중심 노선을 강조하고 사회를 급속히 사회주의 체제로 개조하려 한 김일성 계열에 맞서, 연안계는 '인민' 생활수준 향상을 위한 경공업과 농업 발전을 우선하는 경제 노선을 제시했다. 8월사건의 바탕에는 그런 노선 갈등이 있다는 것이 관측통들의 중론이다. 그에 더해 당내 민주화까지 주장한 연안계가 권력에서 밀려나면서, 북한은 비판이 사라진 어두운 사회로 전락할지도 모른다는 전망이 나오고 있다.

▶ 이승만 정부, 간첩 혐의로 조봉암을 비롯한 진보당 관계자들 체포(1958, 진보당 사건) ▶ 국가보안법 파동(1958) ▶ 중국군, 북한 철수 완료(1958)

우주가 대량 살상의 실험장일 수는 없다

바야흐로 우주 시대다. 물체가 지구의 대기권을 벗어나는 '탈출 속도'는 초속 7.9킬로미터인데 그런 속도로 나는 로켓을 소련과 미국이 모두 개발했다. 그렇게 빨리 나는 로켓으로 움직이는 인공위성에는 각종 첨단 유도 장치와 통신 장치가 달려 있으며, 지구에서 자유롭게 조종하고 우주 탐사를 진행할 수 있다. 인공위성 대신 핵탄두가 장착된 미사일을 로켓에 끼우면 엄청난 속도로 대륙을 넘나드는 핵무기가 된다. 소련과 미국이 국운을 걸고 로켓을 개발해 인공위성을 쏘는 중요한 이유는 바로 핵무기 개발 경쟁에서 앞서기 위해서다.

2차 세계대전은 로켓 개발을 촉진했으나 동서 냉전이 끼친 영향에 비하면 아무것도 아니다. 세르게이 코롤로프가 이끄는 소련 로켓 개발팀과 베르너 폰 브라운이 이끈 미국 팀은 게릴라전을 방불케 하는 경쟁을 벌였다. 핵무기를 운반할 수 있는 추진체 개발을 위해 양국 정부는 천문학적 규모의 예산을 쏟아 부었다. 이 모든 연구와 노력이 첫 번째로 맺은 결실이 바로 인류 최초의 인공위성 스푸트니크 1호였다.

동기가 어디에 있든 우주개발은 계속될 가치가 있어 보인다. 그러나 여기서 반드시 생각해야 할 것은 핵무기 경쟁이 없었어도 우주개발이 그토록 시급한 과제였을까 하는 점이다. 날로 진보하는 인류의 과학 기술이 해결해야 하는 문제는 많다. 우주개발은 어쩌면 우선순위가 아닐 수도 있다. 성큼 다가온 우주에 열광하기에 앞서 더 많은 인류에게 이익이 되는 방향으로 과학 기술이 발전되도록 노력해야 한다.

피해 대중 위하자는데 웬 빨갱이?

인터뷰　1956 대선에서 평화통일 바람 일으킨 조봉암

조봉암. 일제 강점기에 조선공산당에 참여했으나, 해방 후 공산당과 결별하고 제헌의원, 초대 농림부 장관을 지냈다.

▲ 대선 돌풍 원인을 자평한다면?

"지방 조직이 없는 것이나 마찬가지인 우리 당이 이렇게 많은 지지를 받은 것을 보면 우리가 승리한 것이나 마찬가지다. 이것은 돌풍이 아니라 태풍이다. 태풍이 몰아친 것은 우리 당의 정강과 대통령 선거 공약으로 내세운 평화통일론, 피해 대중론 등이 많은 유권자의 지지를 받았기 때문이다."

▲ 자유당은 물론이고 민주당도 평화통일론에 곱지 않은 시선인데?

"민주당이 나를 경원시하는 것은 평화통일론 때문이라기보다 나 개인에 대한 원한 때문이다. 평화통일론은 전쟁을 겪은 한국인이라면 누구든 찬성할 수밖에 없는 주장이다."

▲ 전쟁을 일으킨 북한과 평화통일한다는 것이 국민 정서에 맞을까?

"이 대통령의 북진통일론은 무력을 통해 국토를 통일하자는 것이다. 이는 인류가 원치 않을 뿐만 아니라, 이미 수백만에 달하는 귀중한 희생을 치른 우리 민족이 또 동족상잔의 피를 흘리면 그것은 곧 민족의 자멸을 의미한다. 이미 엄청난 피해를 본 대중을 무시한 채 감정적으로 북진 통일을 주장하면 안 된다. 때문에 평화통일론은 진정한 혁신이란 피해를 본 피해 대중의 자각과 단결을 통해서만 가능하다는 피해 대중론과도 일맥상통한다."

▲ 민주당이 "조봉암 찍느니 이승만 찍으라"며 야당 후보 연합을 거부한 것은 당신의 이념 때문 아닌가?

"나는 공산주의를 청산한 지 이미 오래됐다. 그러나 정치는 언제나 가난하고 핍박받는 서민과 대중을 위해야 한다는 소신엔 변함이 없다. 소수가 다수를 수탈하는 경제 제도 대신 모두 부강해지는 경제 체제를 건설해야 한다는 것이 왜 빨갱이의 주장인가? 나는 이런 이념에 입각해 진보당을 강화하고 다음 총선과 대선에 재도전할 생각이다. 비록 이것이 내 운명을 재촉할지라도 말이다."

그림마당 | 이은홍

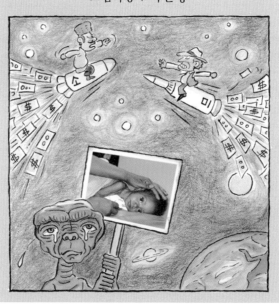

인간을 대신해 하늘에 오른 동물들

1957년 우주비행에 성공한 스푸트니크에 탄 생명체는 인간이 아니라 '라이카'라는 개였다. 라이카는 최초의 우주비행 생명체로 기록됐지만, 살아서 돌아오지 못했다. 라이카 사례에서도 드러나듯, 과학자들이 로켓과 인공위성에 태운 실험용 동물들은 대부분 생환하지 못했다. 이를 두고 '인간을 위한 불가피한 선택'이라는 옹호론과 '동물의 생명을 가볍게 여긴 인간의 이기심'이라는 비판이 엇

갈리고 있다. 인간을 대신해 하늘에 오른 동물들은 다음과 같다.

▲ 1947년, 미국 : 2차 세계대전 직후 독일에서 입수한 V-2 로켓에 파리를 실어 대기권으로 발사.

▲ 1948년, 미국 : 붉은털원숭이를 V-2 로켓에 태워 발사. 133킬로미터를 나는 데 성공했지만 낙하산이 펴지지 않아 귀환엔 실패.

▲ 1951년, 미국 : 원숭이 '요릭', 생쥐 11마리와 함

께 로켓 비행 성공.

▲ 1951년, 소련 : 새로 개발한 R-1 로켓에 두 마리의 개를 태움. 우주 궤도까지 오르진 못했지만 로켓 비행에 성공한 최초의 개로 기록됨.

▲ 1958년, 미국 : 다람쥐원숭이 '고르도', 대륙간 탄도미사일에 실려 성공적으로 우주 궤도에 오름. 바다로 귀환하다 부력 메커니즘 고장으로 사망.

▶ 북한, 초등학교 의무교육 실시(1956) ▶ 북한, 1차 5개년 계획 시작(1957) ▶ 북한, 농업과 상공업의 사회주의 개조 완료(1958)

공짜 원조 좋아하다 진짜 양잿물 마실 수도

미국 원조 고맙지만, 그 바람에 농민은 울상 짓고 삼백산업만 신바람

【1958년 말】 일제 강점기와 한국전쟁을 겪으며 철저히 파괴된 경제와 국민 생활의 회복이 시급한 요즘, 경제 각 부문이 정상 발전을 이루지 못한다는 분석이 제기되고 있다. 소비재 산업과 대기업은 비대 성장하지만, 서민의 삶과 농업은 유린되고 산업구조는 기형화되며 대미 의존도는 높아진다는 것. 대기업의 횡포와 독점, 정경 유착, 정권의 재벌 위주 정책, 미국의 원조 등이 원인으로 꼽힌다.

서민은 수입이 생계비 절반에도 못 미쳐 빚에 쪼들리고 있다. 대기업의 이익은 보전하고 서민에겐 저임금·저곡가를 강요하는 정책이 소비재 값은 올리고 곡물 값은 떨어뜨리기 때문이다. 미국 원조로 들어오는 값싼 잉여 농산물도 곡물 값을 떨어뜨려 농업을 붕괴시키고 식량 자급률을 낮춘다는 지적을 받고 있다.

여기에다 산업은 불균형 성장하고 있다. 2차 산업은 성장하나, 소비재 산업과 생산재 산업이 동반 성장하지 않는 구조다. 둘 사이의 비중은 4 대 1 정도. 미국 원조 물자의 70퍼센트가 쌀·밀·원당·원모 등 소비재 위주인데, 이를 원료로 하는 제분·제당·방직 등 '삼백산업'만 성장하고 있다. 삼백산

부산항에서 하역되는 미국 원조물자(위쪽). 미국은 누적되는 잉여농산물을 한국 등에 원조하는 방식으로 처리하고 있다. 오른쪽 위에 있는 사진은 미국의 이러한 식량 원조 사실을 전하는 포스터.

업은 국민의 미제 소비를 부추겨 물자를 계속 도입하게 하고 국가 경제의 대미 의존도를 높이기도 한다.

삼백산업은 공업협회라는 카르텔을 만들어 원조 물자를 독점, 이를 값싸게 공급 받고 면세 등의 특혜를 받아 막대한 이윤을 남기고 있다. 대기업으로 커 가는 제일제당·제일모직 등이 대표적인 예다. 이 과정에서 특혜와 뇌물·정치 자금이 오가는 정경 유착이 이루어진다. 카르텔은 또한 중소기업의 시장 진입을 가로막는 장벽이 된다.

한국 경제가 이렇게 꼬이게 된 배경에는 미국 원조가 있는 만큼 이를 달리 보자는 의견도 제기되고 있다. 미국 원조가 한국을 돕는 측면도 있으나, 여기에는 자국의 불황을 타개하고 잉여 생산물 시장을 확보하려는 의도도 있으며, 이는 결국 한국 경제를 미국에 예속시키는 자본의 운동 법칙일 뿐이라는 것이다.

"살길은 혁명 정신뿐" 북한, 전후 복구와 천리마운동 박차

【1958년】 북한의 전후 복구가 빠르게 마무리되고 있다. 미국이 "100년이 걸려도 다시 일어서지 못할 것"이라고 장담했던 북한은 1956년 말 농업에서 한국전쟁 이전 수준을 회복했다. 같은 해 공업 생산량은 1949년의 1.8배. '인민'의 적극적인 참여가 복구 속도를 높인 기본 요인이지만, 사회주의권 국가들의 지원도 상당한 힘이 됐다는 평이다. 1954년부터 3년 동

안 그러한 지원액이 북한 예산의 23퍼센트에 이르렀다는 것.

한편 복구 과정에서 협동조합 구조로 경제를 재편한 북한은 생산성 향상을 위해 혁명 정신으로 무장해 사회주의로 나아가자는 천리마운동을 확대하고 있다. 그렇지만 경제적 기반이 불충분한 상태에서 '혁명 정신'만으로 사회주의를 건설하는 것이 가능한가 하는 의문도 제기되고 있다.

천리마운동 포스터. 한국전쟁을 거치며 폐허가 된 북한은 대중의 혁명의식을 높여 사회주의를 건설한다는 방침 아래 천리마운동을 강력하게 추진하고 있다.

제2차 중동전쟁 "수에즈 내놔─못 줘"

【1956년】 지중해와 홍해를 연결하는 해양 운하로 전략적·경제적 가치가 높은 수에즈운하가 결국 전쟁을 불러일으켰다. 1952년 혁명을 통해 왕정 폐지와 공화국 수립을 주도한 이집트의 나세르 대통령은 자국 영토 안에 있는 수에즈운하의 국유화를 전격 선언하고 운하를 기습적으로 접수했다.

수에즈운하를 소유하고 있는 영국과 프랑스는 이집트가 영국으로부터 독립한 1922년 이후에도 운하 소유권을 돌려주지 않고 있었다. 나세르 대통령은 "수에즈운하는 이집트의 희생으로 건설되었음에도 외국의 부당한 지배로 착취당해왔다."라며 국유화의 정당성을 호소했고, 이집트를 비롯한 아랍 민중은 나세르에게 전적인 지지와 환호를 보내고 있다.

이에 프랑스와 영국은 이스라엘과 동맹을 맺고 10월 29일 이집트를 공격했다. 2차 중동전쟁이다. 세계 여론이 영국, 프랑스, 이스라엘을 일제히 비난하는 가운데, 미국과 소련도 비난 대열에 합세했다. 이로 인해 군사적으로 열세인 이집트가 정치적으로는 승리를 거둘 전망이다.

▶ 이병철(삼성물산), 구인회(락희화학) 등이 대자본가로 떠오름 ▶ 대한증권거래소, 명동에서 출범(1956) ▶ 최초의 신용카드인 뱅크아메리카드 출시(1958)

천지 창조는 45억여 년 전에 있었다

패터슨, 운석 연대 조사해 측정⋯ 열쇠는 암석 속 우라늄-납 비율

【 1956년, 미국 】 미국의 지질학자 클레어 패터슨은 지구의 나이를 45억 5,000만 년(±7,000만 년)이라고 논문을 통해 공식 발표했다. 패터슨은 이미 지난 1953년 지구의 나이가 약 45억 년이라고 밝혀 큰 화제가 됐었다.

패터슨은 1948년부터 무려 7년간 지구에 떨어진 운석의 연대를 측정해 이런 결과를 얻어냈다. 그는 지구 위에 존재하는 대부분의 운석이 태양계의 초기에 행성을 만들고 남은 것이기 때문에 그런 운석의 연대를 측정하면, 지구의 나이도 알 수 있을 것이라고 믿었다. 그간 지구의 나이를 계산하려는 많은 지질학자는 지구 위에서 오래된 암석을 찾을 수 없어서 번번이 제대로 된 답을 얻는 데 실패하곤 했다.

그러나 패터슨은 앞서 지구의 나이를 측정하고자 했던 영국의 아서 홈스에게 크게 빚을 졌다. 홈스는 암석 속에 포함된 우라늄과 납의 비율을 측정하는 방법을 통해 지구의 나이를 추정한 최초의 인물이다. 우라늄이 일정한 시간 동안 납으로 붕괴하는 성질을 이용해 암석 속에 남아 있는 우라늄과 납의 비율로 암석의 연대를 측정한 것이다. 패터슨 역시 이 방법을 이용했다. 홈스는 1946년에 지구의 나이가 약 30억 년이라고 발표했다.

한편 패터슨의 발견으로 지구 나이를 둘러싼 오랜 논쟁은 종지부를 찍게 되었다. 그간 많은 사람은 지구의 나이를 성경에 근거해 약 6,000년이라고 믿어왔다. 과학자들의 사정도 크게 다르지 않았다. 홈스가 암석의 나이를 측정하기 전까지만 하더라도, 과학자들은 지구의 표면이 식는 시간을 계산해 캘빈이 얻은 2,000만 년을 지구의 나이라고 여겼다.

미국의 자연사박물관에 보관되어 있는 세계에서 두 번째로 큰 운석. 어린아이가 신기한 듯 손을 뻗어 만져보고 있다.

전쟁 위한 원자력 사용은 안 돼!

【 1957년, 캐나다 】 7월 9일부터 12일까지 퍼그워시에서 미국, 영국, 프랑스, 소련 등 10개국 과학자 22명이 참가하는 국제회의가 열렸다. 이번 퍼그워시 회의에 참석한 과학자들은 방사능 위험 분석 결과를 발표하면서 전 세계를 상대로 핵 실험을 중지할 것을 간곡히 요청했다.

2년 전인 1955년 7월 9일, 이곳에서는 철학자 버트런드 러셀(85), 과학자 앨버트 아인슈타인(78) 등 저명한 지식인 9명이 핵무기 폐기 협정 체결을 요구하는 성명을 발표한 바 있다. 이들은 이 성명에서 "핵무기 폐기 협정을 체결하는 것이 최종적 해결은 되지 않을지라도 몇 가지 중요한 목적을 실현하는 데 이바지할 것"이라고 주장했다.

'러셀–아인슈타인 성명'으로 불리는 이 성명은 세계 각국으로 핵무기가 확산되는 것을 우려하는 전 세계의 양심 세력이 행동하는 데 큰 자극이 되었다는 평가를 받고 있다. 이번 퍼그워시 회의도 바로 이 흐름 속에 놓여 있다. 앞으로 핵무기 확산을 우려하는 여러 나라의 과학자는 매년 세계 여러 곳에서 군축·평화 문제를 토의하는 퍼그워시 회의를 열 예정이다.

평화 위한 원자력 사용은 괜찮을까

【 1956년, 영국 】 콜더홀 원자력발전소에서 최초로 상업 발전이 시작되었다. 1953년 미국이 '평화를 위한 원자력'을 제안한 뒤 3년 만에 영국에서 원자력 에너지를 이용해 전기를 생산하는 원자력발전이 시작된 것. 미국도 1954년부터 십핑포트 원자력발전소를 건설하고 있다.

십핑포트 원자력발전소 전경.

원자력 에너지를 평화적으로 사용한다는 명분에도 불구하고 콜더홀 발전소를 보는 세계의 눈길은 곱지 않다. 영국 정부가 원자폭탄의 원료로 쓰이는 플루토늄을 만들고자 이 원자력발전소를 서둘러 가동하기 시작했다고 보기 때문. 한 과학자는 "콜더홀 발전소의 원자로는 플루토늄을 더 많이 생산하는 데 적합한 모델"이라며 "영국 정부는 사실상 원자력발전소라는 허울을 뒤집어쓴 핵무기 생산 공장을 만든 셈"이라고 강하게 비판했다.

▶ 조지 월드, 시각의 화학적 원리 규명 (1956)　▶ 유진 파커, 태양풍 이론 제안 (1958)　▶ 숄로와 타운스, 광(光) 레이저 가능성 제시 (1958)

사람이 어떻게 저 작은 상자 속에 들어갔을까

국내 첫 텔레비전 방송국 개국… 서민 위한 대중화는 아직 꿈

【1956년, 서울】 요즘 서울역과 화신 백화점 앞에서는 저녁 시간마다 진풍경이 벌어지고 있다. 가던 길을 멈춘 수백 명의 행인들이 빙 둘러선 채 넋이 나간 표정으로 무언가를 마냥 구경하고 있다. 이 사람들이 구경하는 것이 무엇인가 하니, 텔레비전이라는 물건이다. 라디오와 비슷한 원리로 만들어졌다는 이것은 소리만이 아니라 가운데 큼지막한 창을 통해 활동사진까지도 볼 수 있는 무척 신기한 기계이다. 이 텔레비전이라는 요술 상자를 구경하러 일부러 먼 길 시내 행차까지 하는 사람들도 꽤 된다니 가히 서울의 새로운 명물이라 할 수 있겠다.

이 텔레비전 방송은 KORCAD TV라는 민영 기업이 송출하는 것으로, 5월 12일부터 격일로 저녁 7시 반부터 2시간씩 방송되고 있다. 채널은 9번, 시청할 수 있는 지역은 서울 중심으로부터 반경 약 20킬로미터 이내이다. 처음 시험 방송된 프로그램은 궁중 연례악 〈취타〉와 국악 합주곡 〈수제천〉이었으며, 이후 정규 프로그램으로 드라마,

1956년 5월 12일, 텔레비전 첫 방송을 보기 위해 KORCAD 빌딩 앞에 몰려든 사람들(오른쪽). KORCAD 빌딩은 서울 종로 화신백화점 건너편에 있다(왼쪽).

쇼, 어린이 극, 뉴스 등을 편성했다. 이로써 한국은 세계에서 15번째로 텔레비전을 시청할 수 있는 나라가 됐다.

그런데 방송국 관계자의 말에 따르면 이 새로운 사업이 아직까지는 그다지 이문이 남는 장사가 아니라고 한다. 방송국은 본래 광고 수익으로 돈을 버는 것인데, 현재 텔레비전 수상기 가격이 무려 34만 환으로 쌀 스무 가마니의 값과 비슷하기 때문에 고작 250대 정

도가 보급되었을 뿐이고, 그래서 광고를 내려는 기업이 많지 않다는 것이다.

하지만 이 새로운 문명의 이기가 가져올 변화에 대해서는 벌써부터 다양한 기대와 우려가 쏟아져 나오고 있다. 어떤 사람들은 이제 라디오의 시대가 저물고 영화관도 다 망할 것이 틀림없다고 단언하기도 한다. 그러나 적어도 한동안은 텔레비전 수상기의 엄청난 가격 때문에 그처럼 급격한 변화는

일어나지 않을 것 같다. 여전히 텔레비전은 서울에서도 부잣집에서나 과시할 목적으로 큰 맘 먹고 사는 사치품이기 때문이다.

감옥에 간 '생각하는 백성' 함석헌·장준하

【1958년】 『뜻으로 본 한국역사』 등을 펴내며 일제 강점기 이래 민중을 일깨운 함석헌(57)이 구속됐다. 『사상계』 8월호에 실린 「생각하는 백성이라야 산다」라는 글이 국가보안법을 위반했다는 혐의다. 당국은 함씨가 "6·25는 꼭두각시의 놀음이었다."라며 남한과 북한을 똑같이 꼭두각시로 표현, 국제를 부인했다며 함씨와 사상계 사장 장준하를 구속했다. 그러나 구속의 진짜 이유는 이 글에서 이승만 대통령의 북진통일론을 비판했기 때문이라는 것이 세간의 정설. 함씨 구속 사실이 보도된 후 『사상계』 8월호는 불타나게 팔리고 있다. 경찰이 서점마다 다니며 압수했지만, 반품이 없을 정도로 잘 팔린다고 한다.

아리스토텔레스 이후 연극계 최고의 전설이 지다

브레히트 타계… '낯설게 하기' 효과 등 연극 혁신 이뤄

브레히트가 1939년에 쓴 서사극 〈억척어멈과 그의 자식들〉 공연 모습.

【1956년】 지난 8월 타계한 독일의 대표적인 극작가 베르톨트 브레히트(향년 58세)의 작품 세계가 집중 조명을 받고 있다. 반전(反戰)과 사회 비판을 담은 작품들로 주목을 받아온 브레히트는 1920년대 이후 마르크스주의를 받아들여 연극을 혁명과 민중 계몽의 수단으로 활용하는 데 몰두했다.

그가 창작했던 교육극은 '낯설게 하기'라는 독창적인 방법을 통해 관객이 이제껏 당연하게 받아들여 왔던 세계 질서에 대해 의문을 품게끔 했다. 이는 관객이 연극에 감정이입을 하도록 해

카타르시스를 주어야 한다는 아리스토텔레스의 고전적 연극 이론과 대비되는 '연극에 관한 아주 새로운 견해'로 평가받고 있다.

브레히트는 1933년 나치를 피해 독일에서 덴마크로 망명했으며, 나치는 그의 국적을 박탈하는 한편 그의 작품들을 공개적으로 소각하기도 했다. 2차 세계대전이 끝난 뒤 미국에 머물던 그는 매카시즘이라는 광기 어린 '빨갱이 사냥'의 위협이 닥쳐오자 1947년 동독으로 귀국해 도이치 극장의 총감독직을 맡았다.

▶〈시집가는 날〉, 제4회 아시아영화제 희극상 수상(1957)　▶이범선, 『학마을 사람들』 발표(1957)　▶『닥터 지바고』 작가 파스테르나크, 노벨문학상 거부(1958)

가나, 식민지 탈출

【1957년】 아프리카 중서부의 가나가 독립했다. 노예무역으로 악명이 높고 카카오, 황금, 다이아몬드가 풍부한 '황금 해안(골드코스트)'에 자리 잡은 가나는 1874년 이래 영국의 지배를 받았다. 그러나 2차 세계대전 이후 파업과 태업을 조직하는 한편 '지금 당장 독립을'이라는 구호를 내걸고 운동을 펼친 콰메 은크루마(48)를 중심으로 가나 사람들이 뭉쳐 영국에 맞선 결과 드디어 독립을 쟁취한 것. 독립전쟁이 벌어지고 있는 케냐나 알제리와 달리, 가나는 유혈 사태 없이 영국으로부터 통치권을 되찾았다.

독립축하연에서 영국 대표와 춤추는 콰메 은크루마(오른쪽).

중국은 참새와 전쟁 중

【1958년】 중국이 참새와 전쟁을 벌이고 있다. 쥐, 파리, 모기와 더불어 참새를 4대 해충으로 규정하고 소탕 작전에 돌입, 양식을 훔쳐 먹은 '죄인' 참새를 잡아 불태우고 있다. 해충의 천적인 참새를 없애면 농사에 지장이 생길 것이라는 점은 고려되지 않는 모습이다.

이는 올해 마오쩌둥이 소련 모방에서 벗어나, 인력을 최대한 활용해 자력갱생하자며 선언한 대약진운동의 일환이다. 이에 따라 '10년 만에 영국을 따라잡고, 15년 만에 미국을 이기자'는 구호 아래 대약진운동이 한창이지만, 조급함에서 비롯된 무리수라는 분석이 지배적이다. 참새잡이 외에, 집집마다 소형 용광로를 갖춰 철강을 생산한다는 계획도 논란이다. 제대로 된 철강을 만들기도 어려울 뿐 아니라, 용광로 운용을 위해 나무를 엄청나게 베어내고 있기 때문이다. 이래저래 대약진운동이 재앙을 불러올 수 있다는 우려가 나오고 있다.

우리는 모두 '원조' 가족

기능공인 김아무개(40)씨 가족은 미국의 원조 물자로 살아간다. 아침엔 미군 부대에서 흘러나온 군용 C레이션 상자 속 음식물로 '부대찌개'라고 불리는 꿀꿀이죽을 끓여 먹는다. 골판지로 만든 C레이션 상자엔 옷가지와 물품들을 담아두기도 하고, 상자를 뜯어 판잣집의 벽체를 세우고 지붕을 잇는다. 벽은 원조 물자를 쌌던 포장지로 도배한다. 꿀꿀이죽을 먹은 다음엔 허쉬 초콜릿과 검을 디저트로 먹고 맥심 커피로 입가심한다. 일하러 나간 김씨는 원조 물자를 담았던 드럼통을 두드려 지프차 몸통을 만든다. 여기에다 미군 지프에서 얻어온 엔진, 변속기, 차축을 얹으면 최초의 지프형 승용차인 시발이 만들어진다. 아이들은 엄마가 원조 물자로 들어온 밀가루를 빚어 만든 수제비를 맛있게 먹는다. 어떤아이는 미제 깡통으로 거지 행세를 하고 다니기도 한다. 일을 마친 김씨는 동료들과 드럼통 주위에 둘러앉는다. 드럼통을 뒤집고 그 위에 쟁반 하나를 얹으면 영락없는 선술집 술상. 소주잔을 기울이며 하루의 고단함을 달랜다. 이러한 풍속도는 1956년 미국의 잉여농산물 원조가 시작되면서 낯설지 않게 됐다. 원조가 고맙긴 하지만 이러다가 온 국민이 원조 중독에 걸리지 않을까 우려하는 목소리가 나오는 것도 당연하다.

한국 역사상 첫 패션쇼

한국 최초 패션쇼가 1956년 10월 29일 서울 반도호텔에서 열렸다. 미국에서 귀국한 노명자 디자이너가 주관한 행사인데, 양장에 익숙하지 않은 일부 모델이 뒷단추 옷이나 스커트의 앞뒤를 바꿔 입는 해프닝도 벌어졌다.

"나, 이강석인데……" 대박 유행어 예감

【1957년 9월 18일】 이승만 대통령의 양아들 이강석을 사칭한 청년이 구속됐다. 강성병이라는 이 청년은 지난달 30일 경주경찰서장에게 전화를 걸었다. "나 이강석인데……" 이 한마디에 서장은 납작 엎드렸다. "아버지 밀명을 받고 수해 시찰을 나왔다."라는 말에 서장은 "귀하신 몸이 어찌 홀로 오셨나이까."라고 황송해하며 최고급 호텔로 안내했다. 영천경찰서장도 강씨를 영접했고, 안동에서는 거금 46만 환을 바쳤다. "용돈이 궁해 꾸민 연극인데 그렇게 굽실거릴 줄은 몰랐다."라는 강씨 말의 여운이 진하다.

독재 냄새, 참 지독도 하구나

【1956년 3월】 "아유~, 냄새." 지난 12일 거리에 나온 서울 시민들은 코를 싸쥐어야 했다. 도처에 널린 소똥과 말똥 때문이었다.

이는 우마차(牛·馬車) 조합에서 '동물인 소와 말까지 대통령 각하의 대선 재출마를 바란다.'며 우마차 800대를 동원해 시위를 벌인 탓이었다. 이 기상천외한 우의마의(牛意馬意) 시위는 이승만 대통령 재출마를 위한 '민의(民意) 시위'의 일환이다. "출마하지 않기로 작정했다."던 이 대통령이 1주일 만에 "그들(국민)이 원하는 것이라면 무엇이든지 할 생각"이라며 속내를 드러내자, 각종 단체에서 '국민이 염원한다.'는 뜻으로 연이어 시위를 벌이고 있는 것. 예컨대 대한노총은 재출마하지 않으면 대통령이 그토록 싫어하는 파업을 하겠다고 밝혔고, 경전(京電)노동조합은 전차 휴업을 결의했다. 그러나 시민들은 선거권이 없는 중고등학생들마저 수업 시간에 비를 맞으며 시위에 나서야 하는 데서도 드러나듯, 자발적 민의가 아니라 억지로 동원된 관제 시위라고 입을 모으고 있다.

부　고

▶ 잭슨 폴록 (1912~1956) 미국의 화가. 추상표현주의. 초대형 캔버스 위에 물감을 쏟아 붓는 액션페인팅 기법을 활용했다. 대표작은 〈넘버 5, 1948〉.

▶ 이중섭 (1916~1956) 한국의 화가. 생활고에도 꺾이지 않고 자유에 대한 갈망과 민족적 정서, 가족에 대한 그리움을 화폭에 담았다. 대표작은 〈황소〉 연작과 은박지에 그린 은지화.

▶ 김창룡 (1920~1956) 한국의 군인. 일본 관동군 헌병대 출신. 해방 후 '빨갱이 사냥'에 앞장섰다. 이승만 대통령의 신임을 얻었으나, 무고한 사람을 많이 희생시켰다. 군대 내 지휘 계통을 무시하다가 암살됐다.

▶ 매카시 (1908~1957) 미국의 정치가. 2차 세계대전 이후 미국에서 반공 열풍을 불러일으켰다. 그러나 많은 사람을 근거 없이 공산주의자로 몰아붙이다가 역풍을 맞아 영향력을 잃고 쓸쓸히 생을 마감했다.

▶ 댄스음악의 일종인 부기우기(Boogie Woogie)와 차차차 유행 ▶ 다방과 서양식 고급음식점이 늘면서, 손님 접대 장소도 가정에서 그러한 곳으로 변화

근현대사신문

현대 6호

주요 기사 **2면** | 4·19혁명 성공 (1960) **3면** | 쿠바혁명 성공 (1959) **4면** | 사설 - 호랑이 등에 올라탄 한국 민주주의 **4면** | 인터뷰 - 은크루마 **5면** | 각 계층의 민주화 바람(1960) **6면** | 미국 FDA, 경구 피임약 승인 (1960) **7면** | 4월혁명 후 문학계 동향 (1960) **8면** | 태풍 사라, 한반도 강타 (1959)

4·19혁명과 아시아·아프리카 민주화

2차 세계대전까지 아시아·아프리카의 화두는 "우리가 식민지를 벗어나 독립할 수 있을까?"였다. 1950년대 들어 그것은 "우리가 독재를 물리치고 민주화된 나라에서 살 수 있을까?"로 바뀌었다. 제국주의 수탈의 잔재 위에서 가난과 혼란에 시달리다 보니 이를 빌미로 독재가 판을 쳤다. 특히 분단 한국의 국민은 반공을 앞세운 이승만 독재와 힘겨운 싸움을 벌여야 했다. 부정선거를 밥 먹듯이 하는 데다 신익희, 조병옥 등 유력한 야당 후보가 선거를 앞두고 사망하는 행운까지 겹쳐 1960년대 들어서도 독재 정권은 유지되는 듯했다. 그러나 바로 그때 국민이 일어났다. 그것은 전후 세계사, 특히 아시아·아프리카의 역사를 앞장서 바꾼 놀라운 사건이었다.

사진 | 1960년 4월 26일 이승만 대통령의 하야 소식을 듣고 환호하는 시민들(오른쪽 아래는 4월 19일 경무대 앞에서 시위대를 향해 총을 겨눈 경찰의 모습을 형상화한 것이다)

4·19혁명 "자유의 비밀은 용기일 뿐이다"

이승만 대통령 하야… 이름 없는 민중의 힘이 역사 바꿨다

【1960년 4월 27일, 서울】 이승만 (85) 대통령이 하야했다. 북한도 아니고, 미국도 아니고, 야당도 아니었다. 이름 없는 국민의 힘이 독재자를 몰아냈다. 이 전 대통령이 국회에 사직서를 제출하고 이화장으로 이사하는 길에는 수천 명의 시민이 몰려나와 독재권력의 몰락을 지켜보았다.

이 전 대통령을 권좌에서 끌어내린 시위의 발단은 지난 2월 28일 대구. 일요일이었음에도 불구하고 당국은 제일모직, 대한방직 등 주요 공장 노동자의 출근과 대구 지역 학생들의 등교를 지시했다. 이는 장면 민주당 부통령 후보의 유세 참관을 막기 위한 조치였으나, 시민들의 거센 반발을 불러일으켜 부정 선거를 규탄하는 범국민적 시위의 도화선이 되었다.

시위는 4대 정·부통령 선거 당일인 3월 15일 마산에서 절정에 올랐다. 경찰의 발포로 8명의 사망자가 나오고, 실종자로 발표된 김주열 군은 한 달 뒤인 지난 11일 마산 앞바다에서 시체로 떠올랐다. 눈에는 최루탄이 박혀 있었다. 김군의 처참한 주검은 마산은 물론 전국을 들끓게 했다. 그런

이승만 대통령 하야 소식에 계엄군과 시민이 함께 환호하고 있다.

데도 이 전 대통령은 "마산 소요는 공산주의자들에 의해 고무되고 조종된 것"이라는 특별 성명을 내고, 경찰은 4월 19일 경무대 앞 시위대를 향해 발포해 104명의 사망자를 낳았다.

'피의 화요일'이라 불린 이 비극 직후 주한 미 대사 매카나기는 아이젠하워 대통령의 강력한 항의각서를 경무대에 전달했고, 주요 야당 지도자들과 군부, 고위 관리들이 미 대사관과 접촉하고 있다는 소문이 돌았다. 21일에는 국무위원과 자유당 당무위원이 전원 사퇴하고, 이기붕 부통령 당선자가 자신의 당선을 무효로 할 수 있다는

성명을 발표했으나 시위는 수그러들지 않았다. 4월 25일 서울 시내 대학의 교수들이 거리로 나섰고, 26일에는 이기붕, 최인규, 이정재 등 부정선거 관련자의 집이 습격당하면서 시위는 절정에 올라 어제 이 전 대통령의 하야 성명이 나오기에 이르렀다.

민주당 압승, 혁신계 참패

7·29총선… 내각책임제 초대 총리는 장면

【1960년 8월】 이승만 정권 붕괴 후 치러진 7·29총선에서 민주당이 압승했다. 민주당은 민의원(하원) 233석 중 175석, 참의원(상원) 58석 중 31석을 얻으며 과반 의석을 확보했다. 반면, 기대를 모았던 혁신계는 민의원과 참의원을 합쳐 8석을 얻는 초라한 성적을 거뒀다.

대통령중심제에서 내각책임제로 정부 형태를 바꾼 개정 헌법(6월 15

일 개헌)에 따라 치러진 이번 총선은 한국전쟁 이후 처음으로 노골적인 관권 개입 없이 자유롭게 치러진 선거였다. 이러한 점과 함께 대체로 이승만 정권에 가장 비판적인 모습을 보인 이들이 혁신계로 분류됐기에 기대를 모았으나 참패한 것. 자금과 조직의 열세, 유권자들의 여전한 레드콤플렉스와 함께 분열이 혁신계의 패인으로 거론되고 있다.

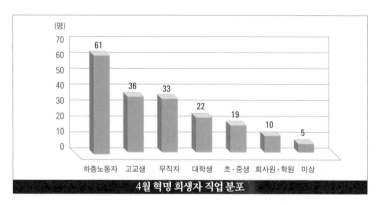

(명)

하층노동자	고교생	무직자	대학생	초·중생	회사원·학원	미상
61	36	33	22	19	10	5

4월 혁명 희생자 직업 분포

선거에서 압도적으로 승리한 민주당은 이달 3일 장면을 총리로 선출했다. 그러나 선거 승리 직후부터 민주당에서는 장면을 중심으로 한 신파와 윤보선을 중심으로 하는 구파의 갈등

이 심각한 수준이다. 새 정부가 내분을 넘어 4월혁명의 과제를 철저히 이행하고 침체된 경제를 살리라는 시민의 요구를 충실히 수행할지 귀추가 주목된다.

▶ 4월혁명 부상자들, 부정선거 주범들에게 솜방망이 처벌 내려지자 국회 점거(1960.10) ▶ 북한, '청산리 정신' 강조하며 혁명적 군중노선 제시(1960)

쿠바혁명 "조국이냐 죽음이냐, 승리할 것이다"

카스트로가 이끄는 혁명 세력, 미국 턱밑에서 친미 바티스타 독재 몰아내

【1959년 1월 1일】 피델 카스트로 (33), 체 게바라(31) 등이 이끄는 쿠바 혁명 세력이 수도 아바나를 장악하고 마침내 혁명 성공을 선포했다. 미국의 재정적·군사적 지원을 받아온 독재 정권의 수반 바티스타는 혁명 세력이 아바나에 진입하기 직전 쿠바를 탈출 했다. 이로써 쿠바 민중은 외세의 간섭과 독재 정권의 학정에서 벗어나 새로운 시대를 맞이하게 됐다.

지난 1956년 11월 일군의 게릴라들이 쿠바 해안에 상륙했을 때, 사태 진전이 이처럼 빠르리라고 예상한 사람은 없었다. 82명의 게릴라 중 12명만 살아남아 시에나 마에스트라 산악 지대에서 무장 투쟁을 시작했기 때문이다. 그러나 이들의 수는 곧 수백 명으로 늘어났고, 혁명의 불길은 순식간에 쿠바 전역으로 확산됐다.

극소수의 게릴라 집단이 2년여의

쿠바혁명을 이끈 피델 카스트로를 기다리는 쿠바 사람들. 독재자 바티스타를 몰아낸 이번 혁명에 대한 기대감으로 가득 찬 표정이다.

짧은 기간에 혁명을 성공시킬 수 있었던 것은 우선 군부 독재 정권에 대한 강한 불만과 반대가 민중 속에 광범위하게 퍼져 있었기 때문이다. 극소수의 대지주가 대부분의 토지를 소유하고 있는 상황에서 절대 빈곤에 처해 있던 대다수 농민도 혁명을 지지했다. 유연하고 복합적인 전술도 한몫했다. 혁명 세력은 뜻을 함께하는 사회운동 세력과 힘을 합하는 데 망설임이 없었고,

게릴라전만이 아니라 파업, 시민운동, 노동자·농민 대중운동, 선전 선동, 보이콧 등 모든 방식으로 싸웠다. 마지막으로 19세기 후반 독립전쟁 이래의 혁명 전통도 일조했다.

혁명 정부는 미국과 국교를 단절하고, 전화 요금과 주택 임대료의 인하 등 서민 생활 안정을 위한 조치들을 시행하며, 장기적으로 주택·학교·병원을 확충하고 전면적인 농지개혁을 추진하겠다고 밝혔다. 미국은 뒷마당으로 간주해온 라틴아메리카에서, 그것도 가장 인접한 쿠바에서 일어난 반미 성향의 혁명을 심각하게 받아들여 반혁명의 기회를 노리고 있다는 소식이다. 한편 쿠바혁명의 성공은 외세 간섭, 군부 정권의 독재, 극심한 빈부 격차 등 유사한 처지에 놓여 있는 라틴아메리카 국가들에서 연쇄 반응을 촉발할 조짐을 보이고 있다.

올해는 아프리카의 해, 검은 대륙 용틀임

17개국 잇단 독립 쟁취… 아시아도 꿈틀거린다

【1960년】 아프리카가 깨어나고 있다. 아프리카인들은 유럽 국가들의 식민지로 전락해 신음하던 과거를 딛고 속속 독립을 쟁취하고 있다. 특히 2차 세계대전 이전에 독립국이 네 나라에 불과했던 아프리카에서 사하라사막 남서부를 중심으로 17개국이 독립한 올해는 국제 사회에서 '아프리카의 해'로 불릴 정도. 유럽 국가들은 자치안을 제시하는 등 독립을 막기 위해 애썼지만 성공하지 못했다.

독립국들은 대체로 1955년의 반둥회의 정신에 따른 비동맹 노선과, 범아프리카주의라는 아프리카 통합 운동에 공감하는 분위기다. 그렇지만 아프리카인의 앞은 여전히 가시밭길일

것이라는 우려도 많다. 풍부한 천연자원 등을 노리는 강대국들이 아프리카를 그냥 놓아 둘 리가 없고, 식민지 시기를 거치며 더 커진 종족 간 갈등, 굶주림 문제 등 풀어야 할 과제가 만만치 않다는 점에서다.

한편 아프리카뿐 아니라 아시아도 격동하고 있다. 일본에서는 미·일 군사동맹 강화를 위한 신안보조약에 반대하는 운동이 발생했다. 국회 앞에 약 65만 명이 모이는 등 대중적으로 진행된 '안보투쟁'이라는 이 운동으로 내각이 총사퇴했다. 베트남에서도 미국이 후원하는 남베트남 정부에 맞서는 베트남민족해방전선이 결성돼 게릴라전이 거세질 전망이다.

튀니지(1956)
모로코(1956)
리비아(1951)   이집트(1922)
세네갈
모리타니아
말리
니제르   차드   수단(1956)
기니(1958)   부르키나파소
가나(1957)   나이지리아   에티오피아
라이베리아(1847)   코트디부아르   중앙 아프리카 공화국   소말리아
토고   카메룬
베냉   가봉   콩고 공화국(자이르)
적도 기니   콩고
마다가스카르

■ 1960년 이전 독립국
■ 1960년의 독립국
비독립 지역

남아프리카 공화국(1910)

제국주의 국가들의 지배에 신음하던 아프리카에서 올해(1960년)에만 17개 나라가 독립했다. 바야흐로 검은 대륙이 깨어나고 있다.

▶ '자본주의와 평화공존' 정책을 두고 중국과 소련 논쟁(1960) ▶ 소련, 자국 영공에서 미국의 U2기 격추(1960)

사 설

호랑이 등에 올라탄 한국 민주주의

1953년 7월 한국전쟁의 총성이 멎었을 때, 그로부터 7년도 안 되어 민주 대혁명이 일어날 것으로 생각한 사람은 거의 없었다. 동족상잔의 비극을 통해 분단은 굳어졌고, 북진 통일을 외치며 모든 반대파를 '빨갱이'로 몰아붙이는 이승만 정권 앞에 민주주의는 가당치 않은 바람처럼 보였다. 이처럼 통일 민주 공화국의 꿈을 빼앗기고 철저히 좌절했던 국민에게 다시금 민주주의의 열망을 불어넣어 준 사람은 바로 이승만 자신이었다. 그는 권력의 맛에 지나치게 빠져 독인 줄도 모르고 독재의 술잔을 거듭 마셨다. 이승만을 하야시키고 우리 역사상 최초의 민주 정부를 탄생시킨 것은 아무리 절망적인 상황에서도 정의를 포기하지 않는 우리 국민의 저력을 보여준 쾌거이다.

그러나 한국 민주주의는 여기가 끝이 아니라 시작이다. 우리 사회를 독재의 나라로 몰고 간 분단, 빈곤, 대외 종속의 문제는 언제라도 한국 민주주의의 숨통을 조일 수 있다. 일각에서는 4·19 이후 터져 나오는 각계의 목소리와 시위가 혼란을 일으키고 기강을 흐트러뜨린다는 평계로 집회를 단속하고 반공법을 만들자고 한다. 이것이야말로 한국 사회를 수렁으로 빠뜨렸던 분단과 독재의 역습이 아닐 수 없다. 우리는 이 정도면 됐다고 멈출 것이 아니라 정치, 경제, 사회 각 분야의 완전한 민주화와 통일, 자립 경제 달성을 위해 계속 나아가야 한다. 그렇게 하지 않으면 한국 민주주의를 태우고 달리는 엄혹한 현실이라는 호랑이는 언제 우리를 더욱 끔찍한 전체주의 속으로 내던질지 모른다.

아프리카합중국이 대안이다

인터뷰　범아프리카주의 이끄는 은크루마

은크루마(51). 영국 식민지 골드코스트의 독립 운동 지도자. 골드코스트가 가나로 독립하자 초대 대통령에 선출됐다.

【1960년】 '해방자' 시몬 볼리바르(1783~1830). 19세기 초 라틴아메리카에서 에스파냐를 몰아낸 그는 '하나로 통합된 라틴아메리카'를 지향했다. 100여 년이 지난 오늘날, 통합된 하나의 대륙이라는 꿈은 대서양을 건너 아프리카로 왔다. 범아프리카주의가 그것. 이 운동을 이끌고 있는 콰메 은크루마 가나 대통령을 만났다.

▲ 범아프리카주의란 무엇인가?

"하나의 아프리카를 지향하는 운동이다. 1900년 런던에서 범아프리카회의가 처음으로 열리면서 시작됐

다. 초기엔 미국 등의 아프리카계 아메리카인들이 주도했고 전 세계의 흑인 통합을 위한 운동의 성격이 강했다. 1945년에 열린 5차 범아프리카회의 때부터 아프리카 중심의 운동으로 바뀌었다."

▲ 아프리카가 하나로 뭉쳐야 한다고 보는 이유는?

"아프리카 전체가 자유를 얻어야 하기 때문이다. 그것도 우리가 살아 있는 동안에. 5차 범아프리카회의 때 참석자들은 '아프리카는 더 이상 굶주리면서 세계의 짐꾼 노릇을 하지는 않겠다'고 선언했다. 그러기 위해서는 서구 제국주의자들이 갈기갈기 찢어놓은 아프리카를 하나로 통합한 아프리카합중국(USA)이 필수적이다."

▲ 어떤 활동을 하고 있는가?

"가나는 다른 아프리카 국가들보다 일찍 독립한 편이다. 우리는 가나 독립이 모든 식민지의 해방을 위한 서곡이 돼야 한다는 믿음 아래, 다른 지역의 독립 투쟁을 지원했다. 또한 통합의 첫걸음으로 이웃나라 기니, 말리와 더불어 경제 공동체를 건설하고 있다."

▲ 당신의 아프리카 공동 의회 제안을 견제하는 나라도 있다고 들었다.

"여러 나라를 다니며 '하나의 의회를 지닌 통합된 아프리카' 비전을 전파하고 있다. 끊임없이 설득할 뿐이다."

그림마당 | 이은홍

건국의 아버지 떠나시던 날. 1960.5.29.

서울→강릉블루

흑~! 흑~!

아버지~!!!!!

자유당 ○의원
정치깡패 ×군
천열경찰 △씨

기 / 록 / 실 /

부정 선거 백태

4월혁명 이전에 치러진 대부분의 선거는 부정으로 얼룩졌다. 관권·부정선거의 풍경을 유형별로 살펴보자.

▲ 선거운동 방해 : 후보 등록 방해, 등록 후 테러·납치·고문, 유인물 뺏기 등 때문에 야당은 제대로 된 선거운동이 거의 불가능하다. 이와 달리 주로 여당 후보들은 막걸리·고무신

등을 뿌리며 표를 모았다.

▲ 개표 부정 : 야당표를 여당표로 바꾸기, 샌드위치 투표('여당-야당-여당' 식으로 표 묶기)를 넘어 투표함 자체를 바꿔치기하는 사례도 많다. 조작된 여당표가 담긴 투표함을 너무 많이 만들어 유권자보다 투표자가 더 많은 기현상이 생길 정도(사진은 그

런 투표함을 한곳에 모아 태운 모습). 이를 위해 야당 참관인이 개표장에 들어가지 못하도록 폭행하는 사례도 비일비재하다.

▲ 관권 선거 : 부정선거 과정에 경찰을 중심으로 한 공권력이 곳곳에서 개입했다. 부정선거를 잘해서 승진한 경우도 많다.

아이들이 불에 탄 부정투표함을 들여다보고 있다.

▶ 역사상 처음으로 면의원부터 도지사까지 뽑는 지방자치 선거 실시(1960)　▶ 학생들, 학도호국단 철폐와 학생회 부활 등 학원자주화운동 펼침(1960)

4·19가 아니었으면 어쩔 뻔했을까

통일·노동·학살 진상 규명 운동 등 억눌린 목소리 만개

【1960년】 그간 숨죽이고 있던 각계의 요구가 독재자가 물러난 후 터져나오고 있다. 한국전쟁 전후 민간인 학살 진상 규명 요구, 노동운동과 통일운동이 대표적이다.

학살 진상 규명 요구에 불을 붙인 곳은 1951년 국군 11사단이 719명을 '공비'로 몰아 학살한 경남 거창이다. 5월 11일, 유족들은 "주민들을 죽게 만들었다."라며 학살 당시 면장을 불태워 버렸다. 억울하게 가족을 잃고도 쉬쉬해야 했던 지난 세월 동안 억눌린 감정이 극단적 형태의 복수로 폭발한 것이다. 이를 계기로 각지의 피해 유족들은 10월 전국피학살자유족회를 결성하고 진상 규명을 요구하고 있으며, 국회에서도 '양민학살 진상 조사 결의안'을 통과시키고 특별위원회를 구성해 조사하고 있다.

1960년 5월 18일 거창학생회 소속 대학생들이 '거창대학살 사건 진상 규명'을 요구하며 시위를 벌이고 있다.

교사들도 해방 후 최초로 노동조합을 결성했다. 5월에 대구를 시발점으로 전국으로 확산된 교원 노조에 7월까지 2만여 명(교원의 약 25퍼센트)이 가입했다. 정부는 "교직을 노동자 수준으로 격하시키는 것은 그 신성성을 모독하는 일"이라며 으름장을 놓고 있지만, 교원 노조는 이에 굴하지 않을 태세다. 대구의 한 교사는 "야당의 유세를 듣지 못하도록 일요일에 등교시키자 '선생님, 비겁합니다.'라고 말하던 제자들을 잊을 수 없다."라며 교원 노조와 학원 민주화를 포기할 수 없다고 강조했다. 또한 올해 노동쟁의가 급증하고(1957~1958년 평균의 5배인 227건) '어용 대한노총 해산' 목소리가 커지는 등 노동운동 전반이 활기를 띠고 있다.

학생을 중심으로 통일 논의도 활발하게 진행되고 있다. 학생들은 11월 1일 서울대에서 민족통일연맹(민통련)을 결성하고 '통일에 대한 젊은이의 발언을 억압하지 말라.'고 선언했다. 한반도 주변의 4대 강대국과 협상해 분단을 해소하자는 중립화통일론이 학생들 사이에 널리 퍼진 상태이지만, 논의가 진척되면서 남북협상에 의한 통일에 동의하는 학생들이 점점 늘고 있다.

이처럼 분단 극복 움직임이 확산되자, 장면 총리가 직접 중립화통일안에 대해 경고하는 등 보수 기득권층은 기겁하는 분위기다.

재일교포들 "가자 고국산천으로"

2년 동안 5만여 명 북한행… 막는 한국, 웃는 일본

【1960년】 60여만 명의 재일교포 중 5만 1,978명이 지난해와 올해 북한으로 떠났다. 재일본조선인총연합회(총련)가 2년 전 의결한 '귀국 사업'(북송)은 북한이 지난해 9월 일본 정부에 이들의 귀국을 공식 요청하면서 급물살을 탔고, 지난해 12월 14일 일본 니가타항에서 귀국선이 첫 출항했다.

이 사업이 활기를 띠는 이유는 재일교포가 겪는 차별 때문. 강제 징용, 징병으로 한국인을 끌고 온 일본 정부는 해방 후 이를 배상하기는커녕 핍박만 가했다. 그 결과 재일교포는 생활보호 대상자 비율이 24퍼센트(일본 평균의 12배, 1956년 통계)에 이르는 등 최하위 계층으로 살아가고 있다. 조선인학교에 1957년부터 북한이 대규모 교육

한국 정부는 북송을 막기 위해 노력했다. 1959년 2월 1일 서울운동장에서 열린 재일교포 북송 반대 궐기 대회(왼쪽). 일본 니가타 항구에 정박해 있는 북송선(오른쪽).

원조금과 장학금(1959년까지 7억 엔)을 보내고 있는 점도 이들의 북한행을 촉진했다. 이 때문에 총련계 재일교포 사이에서는 "그 길(북한행)만이 살길"이라는 분위기가 지배적이다.

노동력이 부족한 북한은 이들을 환영하고, 한국 정부는 북송을 저지하기 위해 사력을 다하고 있다. 북송 반대 시위가 한국 곳곳에서 벌어지고, 일본에서는 재일본대한민국민단원이 철로에 드러눕기까지 했다. 반면 일본 정부는 '귀국 사업'에 매우 호의적이다. 표면적으로는 인도주의를 내세우고 있지만, 눈엣가시로 여겨온 재일교포가 사라지는 것을 마다할 이유가 없기 때문이라는 쓴소리가 나오고 있다.

경제개발 계획 착착

【1960년】 대한민국 정부 수립 이후 최초로 종합적인 경제개발 계획 수립 작업이 진행되고 있다. 소식통에 따르면, 장면 총리가 이끄는 민주당 정부는 경제개발 5개년 계획 수립에 한창이다. 8월 23일 취임사에서 경제 제일주의를 천명한 장 총리는 전임 자유당 정권의 부패와 무능 때문에 지체된 경제 발전을 정부의 최우선 과제로 설정하고 있다. 체계적인 경제개발 계획 수립 작업은 이러한 방침에 따른 것으로, 내년 초 완성될 전망이다. 또한 정부는 내년에 산업 발전의 기초인 전력(電力) 기반 구축을 위한 예산을 올해의 5배로 늘리고, 중소기업 지원 자금도 대폭 확대할 방침이다.

▶ 북한, 수업료 없애고(1959) 전반적 무상치료제 실시(1960) ▶ 석유수출국기구(OPEC) 결성(1960) ▶ 한국, 여성 지위 강화한 새 민법 시행(1960)

여성의 몸, 이제 여성이 조절한다

세계 최초 경구 피임약 에노비드 시판

【1960년, 미국】 여성이 임신 여부와 그 시기를 원하는 대로 조절하는 시대가 코앞에 다가왔다. 미국 식품의약국(FDA)은 5월 9일 세계 최초의 경구 피임약(먹는 피임약) '에노비드'의 판매를 승인했다. 에노비드는 산아제한 운동가인 마가렛 생어(77)의 지원을 받아 미국의 내분비학자 그레고리 핀커스(57)가 로크 박사와 함께 개발한 약으로, 매일 정해진 시간에 복용하는 간단한 방법으로 피임을 할 수 있다.

매스꺼움, 구토 등 부작용 가능성이 제기되고 있지만 여성계는 FDA의 이번 조치를 환영하고 있다. 여성에게 굴레로 작용해온, 원치 않는 임신을 피하고 스스로 임신을 조절할 수 있게 됐기 때문이다. 여성계는 이를 통해 성적 자기결정권을 포함한 여권을 신장하고 사회 활동을 더 자유롭게 할 수 있을 것으로 보고 있다. 아울러 에노비드 시판을 계기로 여성의 결혼 및 첫 임신 시기가 늦춰질 것이라는 전망도 나오고 있다.

그러나 종교계에서는 경구피임약이 산아제한을 더 손쉽게 만들 것이라며 시판을 강력히 반대하고 있다. 경구피임약을 통한 산아제한을 신의 섭리인 '자연적인 수정을 통한 생명 탄생'에 도전하는 행위라고 간주하기 때문이다. 이와는 다른 각도에서 우려를 제기하는 이들도 있다. 지금의 현실에서는 그러잖아도 부부가 피임을 원할 때 그 책임이 대부분 여성의 어깨에 얹어지는데, 먹는 피임약이 광범위하게 보급되면 남성은 피임 책임에서 거의 완전히 자유로워지고 여성만 그 책임을 져야 하는 부작용이 생길 것이라는 지적이다.

따라서 에노비드의 시판이 허용되긴 했으나, 이처럼 만만치 않은 반대 여론 때문에 미혼 여성을 비롯한 모든 여성이 손쉽게 피임약을 구할 수 있는 상황은 아직 아니다. 그렇지만 오랫동안 '임신의 의무'만을 짊어져온 여성에게 '임신하지 않을 권리'도 부여한 경구피임약의 확산 추세는 쉬이 꺾이지 않을 것으로 보인다. 그보다는 여성해방의 기폭제이자 20세기를 뒤흔든 발명품이 될 것이라는 전망이 더 유력하다.

한편 다산과 빈곤이 모자(母子)의 사망률을 높인다며 산아제한운동을 벌여온 생어의 활약으로 여성 피임의 자유는 꾸준히 신장돼 왔다. 1936년에는 피임 문서와 기구의 사용을 풍속교란죄로 다스리던 1873년의 풍속교란방지법이 개정돼, 환자의 생명을 구하고 건강을 지키는 데 크게 기여했다.

세계 최초 경구 피임약 에노비드(오른쪽). 1910년대부터 피임운동을 벌여온 여성 운동가 마가렛 생어(왼쪽).

26세 풋내기 동물학자 제인 구달, 인간의 정의를 바꾸다

'침팬지도 도구 사용' 밝혀… 리키 "인간이 도구를 사용하는 동물이라면 침팬지도 인간"

【1960년, 탄자니아】 영국의 동물학자 제인 구달(26)이 12월 "침팬지도 인간처럼 큰 포유동물을 사냥해서 나눠 먹고, 도구를 만들어 사용한다."라고 밝혔다. 지난 7월부터 곰베에서 침팬지 연구에 매달린 끝에 획기적인 성과를 내놓은 것이다.

1931년부터 아프리카 탄자니아의 올두바이 계곡에서 초기 인류의 뼈를 발굴해온 고생물학자 루이스 리키는 "인간은 도구를 사용하는 동물이라는 정의를 고집한다면, 이제 침팬지를 인간으로 봐야 할 것"이라며 이 발견을 높이 평가했다. 리키는 침팬지 같은 영장류를 장기 연구하는 것이 초기 인류를 이해하는 데 큰 도움이 되리

어린 침팬지를 안고 있는 제인 구달. 마치 어미 품에 있는 것처럼 편안하게 제인 구달에게 안긴 어린 침팬지가 남자를 만지고 있다.

고 판단하고 구달의 연구를 적극 후원해 왔다.

인류를 이해하기 위해 침팬지를 연구하려는 시도는 1920년대부터 있었

으나 큰 성과를 내지 못했다. 아프리카 우간다에서 아홉 달 동안 침팬지를 연구한 버논 레이놀즈는 "침팬지가 우리를 익숙하게 여기도록 만드는 것은 불가능하다."라며 어려움을 토로했다. 그러나 젊은 연구자 구달은 연구를 시작한 지 불과 5개월 만에 전 세계를 흥분에 빠뜨리는 중요한 발견을 했다.

구달은 이 발견을 하기까지 매일 침팬지 서식지를 내려다볼 수 있는 곳에 올라가 정물처럼 움직이지 않고 그들을 관찰했다. 그녀는 "난 여기 있을 거야. 너희를 해치지 않을게. 다만 기다릴 뿐이야."라는 말을 주문처럼 반복했다고 밝혔다.

▶ 막스 페루츠, 헤모글로빈 구조 규명 (1959)　▶ 시어도어 메이먼, 레이저 최초 제작 (1960)　▶ 세계 최초 핵 추진 항공모함 엔터프라이즈호 진수 (1960)

문학이여, 광장에서 봄을 노래하자

개인의 내면 풍경 벗어나 역사와 사회 정면으로 다뤄

『경향신문』 복간

【1960년, 서울】 이승만 대통령이 하야 성명을 발표한 다음날인 4월 27일, 『경향신문』이 복간됐다. 야당지로 불리며 정부 비판 논조를 펴다가 정부의 폐간 명령(1959. 4. 30)으로 발행이 끊긴 지 1년 만이다. 4월혁명의 흐름을 타고 복간됐다는 평이다. 『경향신문』의 복간일 1면 머리기사는 '반독재혁명은 개가를 올리다!' 이다.

【1960년, 서울】 혁명은 정치 체제만을 바꾸는 것이 아니다. 혁명은 사람들 하나하나의 생각을 바꾸고, 세계관을 바꾸고, 사회 전체의 문화를 바꾼다. 그 문화의 정수인 문학 또한 변하는 것이 마땅한 이치이다. 프랑스대혁명과 러시아의 10월혁명에서도 그러했으며, 우리의 4월혁명에서도 당연히 그러했다.

4월이 오기 전 한국 문학은 한국 사회의 암담한 처지를 그대로 반영했다. 수백만 명의 생명을 앗아가고 온 국토를 폐허로 만들어 버린 긴 전쟁이 끝난 뒤, 이 땅에 찾아온 것은 가난과 부패하고 폭압적인 정치, 그리고 잃어버린 희망이었다. 작가들은 자신들의 내면으로 침잠하여 절망만을 노래했다. 많은 독자들이 되뇌었던 시 「목마와 숙녀」에서 박인환은 "한 잔의 술을 마시고" "술병이 바람에 쓰러지는 소리를 들으며" "그저 간직한 페시미즘(비관주의)의 미래를" 이야기할 뿐이었다.

하지만 4월이 오고, 모든 이가 새로운 희망을 꿈꾸는 혁명의 시대를 맞아 문학 또한 개인들의 좁고 어두운 내면의 풍경에서 벗어나 우리 사회의 당면 과제들을 시와 소설로 그려내기 시작했다. 특히 지난 10월 발표된 최인훈(24)의 『광장』은 한때 입에 담는 것조차 금기시되던 분단과 통일 문제를 정면으로 다루고 있다.

남한에 살고 있는 주인공 이명준은 아버지가 북한에서 공직에 있다는 사실이 알려져 치안 당국 취조실에 끌려가 혹독한 고문을 받는다. 그 후 명준은 월북하여 그곳에서 한국전쟁을 맞는다. 입대한 명준은 낙동강 전선에서 간호사 은혜를 만나 사랑을 맹세하지만, 은혜는 전사하고 명준은 포로로 잡혀 포로수용소에 갇힌다. 휴전을 맞이하자 명준은 남북한 어느 쪽으로도 가기를 거부하고 중립국으로 갈 것을 선택한다. 그러나 끝내는 자신을 태운 송환선에서 자살하고 만다는 줄거리이다. 이 작품은 전쟁과 그 속에서 살아가는 인간의 모습을 개인 차원이 아니라 사회적·역사적 차원에서 그리는 데 성공했다는 점에서 한국 문학의 새로운 시대를 개척했다는 평가가 결코 과분하지 않다.

현실 비판 의식과 저항 정신을 바탕으로 일련의 참여시를 발표하고 있는 시인 김수영(39)이 노래했듯이, 문학도 "어서 어서 썩어빠진 어제와 결별" 해야 할 때이다. 『광장』의 작가 또한 그 서문에서 이러한 한국 문학의 새로운 출발이야말로 "빛나는 4월이 가져온 새 공화국에 사는 보람"이라고 힘주어 적고 있다.

텔레비전 토론, 최고의 킹메이커

【1960년, 미국】 현대는 이미지의 시대인가. 11월 8일 막을 내린 미국 대통령 선거에서 열세이던 민주당의 케네디(43) 후보가 사상 첫 텔레비전 토론에서 선전한 것에 힘입어 현직 부통령인 닉슨(47) 공화당 후보에게 역전승했다. 창백하고 자신감 없어 보이는 닉슨과 달리, 케네디는 활기찬 태도와 수려한 용모로 대중을 사로잡았다. 이와 관련, 유권자가 대선 후보를 더 잘 알 수 있는 계기라는 텔레비전 토론 찬성론과 함께, 이미지가 실체를 가릴 수 있다는 우려도 제기되고 있다. 어쨌든 정치인들은 텔레비전에 비친 이미지에 더 신경을 쓸 수밖에 없을 전망이다.

세계 영화계에 새 물결 프랑스 누벨바그, 영국 프리시네마

【1960년】 상업주의와 유명 배우 중심의 제작 환경, 안정적 화면 등으로 상징되는 기존 영화의 문법을 거부하는 움직임이 곳곳에서 일고 있다. 그러한 형식 파괴는 올해 개봉한 〈네 멋대로 해라〉에서 잘 드러난다. 젊은 감독 장 뤽 고다르(30, 사진 왼쪽)가 만든 이 작품은 즉흥적인 연출, 뚝뚝 끊기는 느낌이 들 정도로 비약적인 장면 전개 등에서 기존 영화와는 매우 다른 특징을 보인다. 영화의 기존 촬영공식을 거부하고 카메라를 현장에서 자유롭게 움직여, 거칠어 보이면서도 감각적인 영상을 만들어냈다는 평이다.

만든 이의 개성을 영화의 형식에서 뚜렷이 드러내고자 한 고다르를 비롯한 젊은 프랑스 감독들을 평단에서는 '누벨바그(새로운 물결)'라고 부르고 있다.

영국에선 1956년 2월 린제이 앤더슨(37)을 중심으로 한 젊은 감독들이 영국 국립영화극장에서 일련의 기록영화 프로그램을 발표하면서 '프리시네마'라는 새 영화 운동을 시작해 한창 활발한 활동을 벌이고 있다. 이들은 영화를 상업주의에서 건져내야 한다며 현대 사회의 문제점을 고발하고 사회적 소수자를 옹호하는 단편영화와 기록영화를 제작, 상영하고 있다. 미국에서도 올해 9

월 '뉴아메리칸 시네마 그룹'을 결성한 젊은 감독들이 "거칠지만 살아있는 영화"를 지향하겠다고 발표했고, 일본에서도 상업주의에 반발해 독립 프로덕션 운동이 진행되고 있다. 세계 영화계는 바야흐로 격동할 조짐을 보이고 있다.

▶ '여적' 필화사건으로 『경향신문』 발행인과 필자 입건(1959) ▶ 정기간행물 허가제에서 '등록제'로 변경(1960) ▶ 북한, 평양대극장 완공(1960)

티베트, 반중국 봉기 실패

【1959년】 티베트인들이 3월 반중국 봉기를 일으켰으나 실패했다. 이번 봉기는 9년 전 중국 인민해방군에게 장악됐지만 중국의 일원임을 내심 거부한 티베트인들이 적지 않았던 데서 비롯됐다. 봉기가 실패하자 티베트인들의 영적 지도자인 달라이 라마는 인도로 망명했다. '하나의 중국'을 강조하는 중국 정부는 불교 사원을 파괴하는 등 티베트에 대한 통제를 강화하고 있다.

콩고 독립, 그러나…

【1960년】 아프리카 중부의 콩고가 벨기에로부터 독립하자마자 내란 상황에 직면했다. 독립(6월 30일)한 지 한 달도 지나지 않아 카탕가 주가 분리 독립을 선언하면서 표면화된 갈등은 초대 총리 루뭄바(35)가 참모총장 모부투에 의해 실각하면서 더 심각한 상황으로 치닫고 있다. 사태의 배후엔 제국주의 국가의 지배를 받는 동안 더 심해진 종족 간 갈등이 놓여 있다. 종족의 이해를 우선시한 다른 정치 지도자들과 달리, 루뭄바가 종족을 넘어선 "하나의 강력한 국민"을 지향했다는 점도 이를 방증한다. 현지에선 피비린내 나는 내전이 장기간 지속될 것이라는 잿빛 전망이 힘을 얻고 있다.

맨발의 왕자, 로마 '점령'

【1960년 9월 11일】 "에티오피아를 점령하기 위해서는 모든 이탈리아군이 필요했지만, 로마 점령은 한 명의 에티오피아군으로 가능했다." 17회 로마올림픽에서 에티오피아 목동 출신 근위대 하사관 아베베 비킬라(28)가 마라톤 세계신기록(2시간 15분 16초)을 세우며 우승했다. 그는 맨발로 전 구간을 달려 세계인의 이목을 더 집중시켰다. 에티오피아는 온통 축제 분위기다. 특히 1935년 에티오피아를 침공했던 이탈리아의 수도에서 일어난 일이라 더욱 뜻깊다는 반응을 보이는 것으로 알려졌다.

1960년 로마올림픽 마라톤 경기에서 맨발로 역주하고 있는 에티오피아의 아베베.

태풍 사라, 한가위를 덮치다

태풍 '사라'에 집과 가재도구가 휩쓸려간 자리에 이재민이 넋을 잃은 채 앉아 있다.

【1959년 9월】 곱상한 이름과 달리, 손길은 참으로 매서웠다. 추석날(17일) 새벽 한반도 남부를 강타한 태풍 '사라(SARAH)'에 시민들은 망연자실한 모습이다.

이날 남해안을 통해 올라온 '사라'는 통영, 대구 등을 휩쓴 후, 그 다음날 동해안으로 빠져나갔다. 한반도가 '사라'의 본격적인 영향권에 들어간 기간은 불과 하루였지만, 피해는 막대하다(특히 경상도). 사망·실종자 849명에 부상자도 2,533명에 이른다. 평균 초속 45미터의 강풍에 폭우가 겹치면서 남부 지방의 집과 농경지 상당수가 물에 잠겼고 파손된 도로와 다리, 침몰한 선박도 그 수를 헤아리기 어려울 정도다. 태풍 '사라'에 휩쓸려 삶의 터전을 잃어버린 이재민도 37만 명이 넘는다.

피해가 커진 기본적인 이유는 '사라'가 1904년 한반도에서 근대적 기상관측이 시작된 이래 가장 규모가 큰 태풍이기 때문이다. 그러나 이와 함께 태풍에 대비한 재난 방지 체계를 제대로 갖추지 못해 피해가 더 커졌다는 지적도 나오고 있다.

수입품을 대체할 최초의 국산 제품들이 연이어 생산되고 있다. 위쪽은 최초의 국산 라디오인 금성라디오 광고(1959년), 아래쪽은 최초의 국산 치약인 럭키치약 광고(1955년).

달에는 외계인도 토끼도 없었다

【1959년 10월 4일, 소련】 인공위성 '루니크 3호'가 달의 뒷면을 촬영해 전 세계에 공개했다. 달은 공전 주기와 자전 주기가 같아서 지구에서는 항상 달의 앞면밖에 볼 수 없다. 이 때문에 달의 뒷면에 '외계인 기지'와 같은 것이 있을 것이라고 믿는 호사가들이 많았다. 그러나 상상력과는 관계가 먼 무인 인공위성이 정직하게 찍어 온 달의 뒷면 사진에는 외계인 기지 비슷한 것도 없었다. 물론 절구 찧는 토끼도 없었다.

실제 사람보다 예쁘고, 더 멋진 옷을 입은 바비인형. 1959년 마텔사에서 출시.

부 고

▶ 조봉암 (1898~1959) 한국의 정치가. 초대 농림부 장관으로서 농지개혁법의 기틀을 마련했다. 이승만 대통령과 맞서다가 간첩 혐의로 체포·처형됐다. 간첩 혐의는 누명이라는 시각이 유력하다.
▶ 우장춘 (1898~1959) 한국의 원예육종학자. 겹꽃 개량종을 개발해 종의 합성 이론을 제창했다.
▶ 빌리 홀리데이 (1915~1959) 미국의 여성 재즈 보컬리스트. 재즈 역사상 가장 위대한 목소리로 일컬어진다. 대표곡은 〈기묘한 과일〉.
▶ 카뮈 (1913~1960) 프랑스의 소설가이자 극작가. 인간의 부조리한 존재 조건에 천착한 부조리 문학 작품을 남겼다. 대표작은 『이방인』, 『시지프의 신화』.

▶ 대학가를 중심으로 '외제 사치품을 배격하며 양담배나 커피를 피우지도, 마시지도 말자.'는 신생활운동 벌어짐 (1960)

근현대사신문

현대 7호

주요 기사 2면 | 5·16쿠데타 발발 (1961) 3면 | 쿠바, 미사일 위기 (1962) 4면 | 사설-5·16은 4·19의 부정이다 4면 | 심층 취재-5·16쿠데타와 미국 5면 | 남북 경제개발 경쟁 본격화 6면 | 인터뷰-인류 최초 우주 비행사 유리 가가린 (1961) 7면 | 비디오 예술가 백남준, 첫 개인전 (1963) 8면 | 군사정권 맞아 간소복 바람

5·16 군사쿠데타

4·19혁명은 한국에게 크나큰 기회였다. 반둥회의에조차 초대받지 못했던 반공 분단 국가가 독재를 몰아내고 민주주의 혁명을 이룩해 세계를 놀라게 했다. 이 여세를 몰아 민족 자주와 경제적 번영을 이룩하고 통일로 나아간다면, 한국은 아시아·아프리카에서 존경 받는 나라가 될 것이 분명했다. 그러려면 혁명 과정과 이후에 나타난 민중의 힘과 염원을 모아 민족적 과제의 해결로 나아가는 안정된 권력이 필요했다. 그런데 집권 민주당은 그러한 힘을 보여주지 못했다.

신·구파 간의 갈등으로 분열되어 있던 민주당 정권은 다양한 사회 세력의 갖가지 정치적 요구를 감당하지 못하는 모습을 보였다. 이때 아무도 모르는 사이에 권력을 꿈꾸는 새로운 세력이 꿈틀거리고 있었다. 한국전쟁 이후 강력한 사회적 지위를 갖게 된 군부 내의 일부 세력이었다. 육사 8기생을 중심으로 한 젊은 장교들이 고위 장성에 대한 불만을 권력에 대한 욕망과 연결지어 쿠데타를 모의하고 있었던 것이다.

사진 | 군사쿠데타 직후 체포된 폭력배들

박정희 소장 "대한민국, 동작 그만!"

한국 첫 군사쿠데타… 미국은 사태 추이 관망

【1961년 5월 16일】 대한민국 역사상 최초로 군인들의 쿠데타가 발발했다. 쿠데타 책임자는 박정희(제2군부사령관, 육사 2기) 소장. 박 소장이 지휘하는 주축 부대는 해병대(여단장 김윤근 준장, 육사 5기), 공수단(단장 박치옥 대령, 육사 5기), 6군단 포병단(사령관 문재준 대령, 육사 5기) 등 서울 인근에 주둔한 최정예 부대들이다. 박 소장을 따라 쿠데타에 참여한 주요 지휘관들은 육사 5기와 8기생들로서, 이 중에는 항명 사건으로 이미 군복을 벗은 김종필(육사 8기) 등 예비역도 포함되어 있다. 1년 전부터 쿠데타를 준비해 왔던 이들에 대해 육군방첩대와 검찰 등이 한때 쿠데타 모의 혐의로 조사를 진행했던 것으로 알려져 있지만 결국 쿠데타 저지에는 실패했다.

쿠데타가 개시된 것은 5월 15일 밤 10시. 영등포의 제6관구 사령부에 집결한 수뇌부들은 쿠데타 주력부대였던 육군 30·33사단에서 병력 동원에 실패하자, 김포의 해병여단과 공수단의 병력만으로 쿠데타를 강행했다. 5월 16일 새벽 3시 30분, 한강 인도교 남단인 노량진에 박정희 소장이 직접 지휘하는 해병여단과 공수단 병력 약 2,000여 명이 집결했다. 경무장을 한 50명의 헌병 저지선을 뚫고 용산의 육군본부로 진입한 시각은 새벽 4시경. 육본에는 의정부의 6군단 포병단이 이미 진주해 있었다. 군의 심장부를 장악한 쿠데타 병력은 대열을 나누어 내각 주요 인사를 체포하고, 주요 기관을 장악하는 등 일사불란하게 대한민국을 접수했다. 쿠데타군은 기성정치의 부패와 무능, 혼란을 극복하기 위해 궐기했다며 다섯 가지 혁명 공약을 발표했다. 반공을 국시의 제1로 삼으며, 미국 등 우방과 유대 강화, 구악 일소, 경제 재건, 국토 통일 등을 추진한다는 것인데, 이들은 혁명 공약이 완수되는 대로 본연의 임무에 복귀할 것이라고 밝혔다.

한편 작년 말부터 한국에서 쿠데타 발발이 예상된다고 경고하던 미 대사관과 워싱턴의 향후 대책에 관심이 쏠리고 있다. 주한미군사령관과 주한 미 대리대사는 쿠데타 발발 직후 장면 정부를 지지한다는 성명을 발표했지만, 쿠데타 진압을 위한 행동에 돌입하진 않았다. 워싱턴은 한·미 간의 유대관계가 위협받지 않기를 바라면서 사태의 추이를 관망하고 있다.

1961년 5월 16일 새벽, 탱크를 앞세운 쿠데타군이 남대문을 지나 서울 시내로 밀고 들어오고 있다.

혁신 꿈꾼 정론, '강철 군화'에 짓밟히다 조용수 『민족일보』 사장 사형

【1961년 12월 21일】 『민족일보』 사장 조용수가 오늘 서대문형무소에서 형장의 이슬로 사라졌다. 향년 31세.

조 사장의 죽음은 4월혁명이 5·16 군사쿠데타에 의해 짓밟혔음을 상징한다. 『민족일보』가 반북주의로 일관한 이승만 정권을 무너뜨린 4월혁명의 산물이라는 점에서다.

혁신계 일간지 『민족일보』는 평화 통일과 노동 대중을 위한 진보 개혁의 목소리를 대변했고, 남북협상 등을 적극 지지한 『민족일보』에 시민들은 열광했다. 올해 2월 13일 창간됐을 때부터 가판 점유율 1위를 기록한 것이 그 증거다.

이는 반공을 국시로 내건 쿠데타 세력에게 커다란 위협이었다. 쿠데타 이틀 후 언론에 대한 사전 검열 조치를 발표하고 『민족일보』 간부들을 체포한 군부는 그 다음날(5월 19일) 『민족일보』를 폐간시켰다(지령 92호). 또한 조 사장 등에게 간첩으로부터 돈을 받아 『민족일보』를 창간하고 북한에 동조했다는 혐의를 씌워 사형을 선고했다. 『민족일보』 창간 자금의 출처는 재일본대한민국민단이었지만 쿠데타 세력에게 필요한 것은 진실이 아니라 사냥감이었다.

1956년 대선에서 평화 통일을 주장했던 조봉암이 이승만 정권에 의해 처형되는 것을 막기 위해 구명 운동을 벌였던 청년 조용수는 끝내 조봉암과 마찬가지로 평화통일을 전하다가 희생됐다. 남북 대결의 역사가 빚은 비극이라는 것이 세간의 중론이다.

▶ 김종필, 중앙정보부 창설(1961) ▶ 쿠데타 세력, 통일운동 등을 주도한 혁신계 탄압 ▶ 북한, 중국과 군사동맹을 의미하는 '우호협력 및 상호원조조약' 체결(1961)

3차 세계대전 문턱까지 갔다 온 인류

쿠바 미사일 위기… 미·소, 상호 핵공격 직전까지

【1962년, 워싱턴-모스크바】 핵전쟁 공포 속에 떨던 세계인들이 간신히 안도의 한숨을 내쉬었다. 소련의 쿠바 미사일 기지 설치 시도에 대해 미국이 쿠바에 대한 해상 봉쇄로 맞서며 촉발된 미·소 간 전면전 위기는, 미국이 쿠바를 침공하지 않는 조건으로 소련의 미사일 선단이 뱃머리를 돌림으로써 극단적인 충돌 상황은 피하게 됐다.

지난 6월 22일, 케네디 미국 대통령은 텔레비전을 통해 "소련이 서반구에 핵공격을 가할 수 있는 기지를 쿠바에 건설 중"이라고 폭로하고, 소련 미사일 시설의 추가 반입을 막기 위해 쿠바를 해상 봉쇄하겠다고 선언했다. 이 기지들은 단 6분 만에 미국 본토를 미사일로 바로 공격할 수 있는 거리에 만들어져 있었다.

하지만 소련은 지난해 미국이 터키에 소련을 목표로 한 미사일 기지를 설치한 것에 대한 대응 조치가 쿠바 기지 건설이라고 맞받으며 두 기지의 동시 철거를 역으로 제안했다. 쿠바 또한 지난해 미국 중앙정보부(CIA)가 배후조종했던 반혁명군 침공 사건(피그스만 사건)을 환기시키며, 미사일

쿠바의 수도 아바나 시내에서 소련 미사일 퍼레이드가 진행되고 있다.

기지는 미국의 위협에 대한 정당한 방어 수단이라고 주장했다.

한 치의 물러섬도 없는 미·소 양국의 극한적인 대치 속에서 세계는 3차 세계대전으로 비화될 수도 있었던 이번 사태를 숨죽여 지켜보았다. 지구를 수십 차례나 파괴할 수 있는 양의 핵무기를 각각 보유하고 있는 미국과 소련 사이에 전쟁이 벌어진다면, 인류는 사실상 파멸의 길에 들어설 것이 분명했기 때문이다. 인류가 절멸할 수도 있다는 우려는 과장된 것이 아니었다.

다행히 미·소 간의 물밑 협상으로 쿠바 위기는 발발 11일 만에 일단 진정됐다. 그러나 이번 사건은 냉전과 핵무기 개발 경쟁이 초래할 위험의 심각성을 세계에 환기시키는 결정적인 계기가 될 전망이다.

알제리 독립 "제2프랑스 거부"

【1962년 7월 5일】 132년 동안 프랑스의 지배를 받아온 알제리가 8년 전쟁 끝에 독립했다. 다른 아프리카 국가들과 달리 긴 독립전쟁을 치른 건 독특한 역사적 관계 때문. 프랑스는 1830년 해적 소탕을 구실로 장악한 알제리를 단순한 식민지가 아닌 본토의 일부로 간주했다. 이주를 통한 프랑스화 정책을 펴고 80만 명에 달하는 병력과 재정이 흔들릴 정도의 엄청난 비용을 쏟아 부은 것도 그 때문이

다. 끈질긴 투쟁에 부담을 느낀 드골 대통령이 독립을 인정할 조짐을 보이자, 알제리 주둔군이 쿠데타를 일으키고 알제리 거주 프랑스인들이 폭동을 일으키기도 했다.

독립전쟁 기간 희생된 알제리인은 약 150만 명. 군인과 공무원 등 프랑스에 협조했던 알제리인인 26만여 아르키(Harki)는 독립 주축 세력들로부터 배신자로 간주되고 있어, 조만간 또 다른 피바람이 불 전망이다.

1961년 여름, 동독 정부가 베를린 장벽을 쌓기 시작했다. 동독 사람들이 서베를린으로 넘어가는 것을 막기 위한 조치다. 베를린 장벽은 냉전의 상징이 되고 있다.

▶ 아이젠하워 미국 대통령, 군산복합체 위험성 경고(1961) ▶ 네루·나세르·티토, 제1회 비동맹회의 개최(1961) ▶ 케네디 미국 대통령 피살(1963)

사 설

5·16은 4·19의 부정이다

1961년 쿠데타로부터 1963년 대통령 선거에 이르는 2년여의 과정은 거대한 반전(反轉) 사기극이었다. 군사쿠데타 세력이 4·19혁명 정신을 계승하겠다면서 '민족주의'와 '경제개발'을 내걸고 제2공화국을 무너뜨렸을 때에는 적지 않은 국민이 이를 반겼다. 심지어는 4·19혁명의 주도 세력 중 하나였던 서울대 총학생회가 지지 성명을 내고, 혁신적인 논조의 『민족일보』 조용수 사장과 민족주의적인 『사상계』의 장준하 사장이 기대감을 표명하는 등 일부 진보 세력에서조차 5·16쿠데타 주체 세력에 대해 우호적 태도를 보였다. 그것은 지주 출신이 장악하고 있는 민주당의 제2공화국 정부가 얼마나 무능하고 부패했으며 4·19혁명으로 표출된 요구를 충족시키는 데 실패함으로써 국민의 신뢰를 잃어 버렸는가를 단적으로 보여준다.

그러나 쿠데타의 총수 박정희는 이렇듯 4·19혁명 정신을 계승하겠다는 그의 약속을 믿었던 진보 세력과 국민을 한껏 조롱하며 5대 대통령에 취임했다. 그는 민정 이양 약속을 손바닥 뒤집듯 저버리면서 쿠데타 초기에 취했던 혁신 조치를 물거품으로 만들었다. 박정희가 만든 민주공화당은 증권 시장에 개입해 주가를 조작하고, 외화 벌이를 위해 공금을 횡령하여 워커힐호텔을 짓고, 속칭 '빠찡꼬'라 불리는 회전당구기를 도입하여 도박 열풍을 일으키고, 불법·탈법으로 일본 자동차를 수입하여 예산을 낭비하는 등 정치자금을 마련하기 위해 온갖 비리를 저질렀다.

"신악(新惡)이 구악(舊惡)을 뺨친다."라든가 "늦게 배운 도둑이 날 새는 줄 모른다."라는 언론의 지적이 오히려 약해 보인다. 4·19를 계승하겠다는 군부의 약속을 믿었던 대가치고는 너무 가혹하다. 그보다 더 가혹한 것은 그 대가가 결코 끝이 아니라 이제 시작일 뿐이라는 사실이다. 안타깝지만 5·16이라는 거대한 사기극을 되돌리는 길은 국민이 다시 4·19 정신으로 무장하는 것뿐이다.

5·16쿠데타와 미국
심층 취재 '배후는 미국' 이라는 소문, 사실인가

1961년 5월 16일, 쿠데타군은 3,000여 명에 불과했다. 한국군 전체의 0.5퍼센트 수준이다. 동원하려 한 병력이 다 동원되지도 않았고, 계획도 사전에 누설돼 미국은 물론 장면 정부 수뇌부들에게도 쿠데타 정보가 들어간 상태였다. 그런데도 쿠데타는 성공했다. 이와 관련, 세간엔 흥미로운 소문이 돌았다. 한국군의 작전권을 쥐고 있는 미국이 배후 조종한 것 아니냐는 것이다.

그 근거 중 하나는 "(장면 정부를) 대체할 수 있는 정치 그룹을 인지하고, 정부 교체가 불가피하면 지난해 봄의 위기 상황(4·19혁명) 때와 같은 방법을 이용해야 한다."는 내용이 쿠데타 이전부터 미국 정부 내에서 논의됐다는 점이다. 미국 정부가 한국의 쿠데타 가능성에 대비하고 있었다는 주장이다. 또한 '후진국'에서는 가난한 농촌 출신 군인의 역할이 중요하다고 보는 이들이

1963년 제5대 대선: 박정희, 가까스로 당선

지역	박정희 득표	윤보선 득표
서울	37만 1천	80만 2천
부산	24만 2천	23만 9천
경기	38만 4천	66만 1천
강원	29만 6천	36만 8천
충북	20만 2천	24만 9천
충남	40만 5천	49만
전북	40만 8천	34만 3천
전남	76만 5천	48만
경북	83만 7천	54만 3천
경남	70만 6천	34만 1천
제주	8만 1천	2만 6천
합계	470만 2천	454만 6천

　윤보선 압도우세
　윤보선 우세
　박정희 압도우세
　박정희 우세

미국 정부의 요직을 맡은 점도 중시된다. 박정희 당시 소장과 일치하는 군인상이라는 추론이다.

그러나 미국이 5·16쿠데타를 배후 조종했을 가능성은 낮다. 한 소식통은 "장면 정부보다 강력한 반공의 보루가 필요하다는 견해가 미국 정부 내에 있긴 했지만, 이것이 장면 정부가 당장 교체돼야 한다는 뜻은 아니었다."고 전했다. 쿠데타 직전까지 미국 정부 내에서 장면 정부를 지원하는 문제가 논의된 점도 이를 방증한다.

사실 쿠데타에 대한 미국의 태도는 모호했다. 쿠데타 당일 주한미군사령부와 미국대사관에서는 장면 정부 지지 성명을 발표했고, 주한미군사령관은 쿠데타 진압 문제를 윤보선 대통령에게 제기했다.

그렇지만 그 후 미국 국무부에서는 "상황이 명확해질 때까지 관망하라."고 지시했다. 미국의 모호한 태도는 쿠데타 성공에 도움이 됐다. 아울러 "유혈충돌 가능성이 있다."라며 윤보선 대통령이 진압을 거부하고, 시민들이 쿠데타 저지를 위한 적극적인 행동을 취할 정도의 관심을 보이지 않았기에 쿠데타가 성공할 수 있었던 것으로 풀이된다.

기/ 록/ 실/　　**민정 이양 말 바꾸기**

군정 종료가 예정된 1963년은 박정희 최고회의 의장에겐 사활이 걸린 한 해였다. 박 의장은 민정 이양 문제를 두고 여러 차례 태도를 바꾸며 정국을 흔들었다.

▲ 2월 18일 : ('5·16혁명'의 정당성 인정 등) 9개 항이 실현되면 민정에 참여하지 않겠다고 선언.

▲ 2월 27일 : 민정 불참 의사를 다시 밝히며 눈물 흘림. 4대 의혹 등의 비리로 비난받던 박 의장에 대한 여론 호전. 그 전날, 민주공화당 창당.

▲ 3월 7일 : "정계가 혼란해지면 방관하지 않겠다."라며 불출마 선언 번복.

▲ 3월 15일 : 수도방위사령부 소속 장교 80여 명, 군정 연장 촉구.

▲ 3월 16일 : "국민투표에서 신임을 얻으면 4년간 군정을 연장하겠다."라고 발표. 그 후 군정 연장 반대 시위 일어남.

▲ 4월 8일 : 국민투표 보류 선언.

▲ 8월 30일 : 대선 출마를 위한 예편식에서 "나 같은 불행한 군인이 다시는 없기를 바란다."라며 다시 눈물 흘림.

▲ 8월 31일 : 공화당 총재직과 대선 후보 수락.

▶ 북한, '사회주의의 전면적 건설' 선언(1961) ▶ 북한과 중국, 백두산 인근 국경 획정(1962) ▶ 남한, 화폐개혁 단행했으나 성과를 못 거둠(1962)

남북한 경제개발 경쟁에 시동 걸렸다

전후 복구 서두른 북한이 약간 앞서… 남한 맹추격 태세

【1962년】 남북한이 본격적인 경제 개발 계획에 나란히 시동을 걸었다. 경제 근대화에 정권의 운명을 건 5·16 쿠데타 세력은 올해 제1차 경제개발 5개년 계획을 시작, 기간 산업과 사회 간접 자본을 늘려 경제개발의 토대를 닦는 작업에 들어갔다. 북한은 이보다 앞선 지난해 1차 7개년 계획에 착수, 중공업을 우선 발전시키는 사회주의 공업화에 박차를 가하고 있다.

양측이 내세운 목표에서 알 수 있는 것처럼 경제개발에서 앞서 있는 쪽은 북한. 남측이 토대를 닦겠다고 나선 반면, 북측은 이미 전후 복구를 완료하고 공업화의 토대를 닦은 뒤 중공업 중심의 본격 성장으로 방향을 잡았다. 실제로 확인할 수 있는 경세 지표를 통해 남북한의 경제력을 비교하면 북한이 다소 우세한 것으로 나타난다. 이는 남측이 전후 혼란과 미국 원조의 시기를 거쳐 이제야 경제 계획을 수립하고 실천하기 시작한 반면, 북측은 이미 1947년부터 여러 차례의 경제 계획을 실시해 왔기 때문인 것으로 분석되고 있다.

북한은 전후 복구 시기를 거쳐 1957년부터 시행한 5개년 계획에서 주요 산업을 국유화하고 농업의 협동화를 이룩해 사회주의 경제의 기반을 닦았다고 발표한 바 있다. 그러나 자본주의 세계와 교류가 차단된 채 진행하는 공업화에는 한계가 있고, 지난 10월 쿠바 미사일 위기 이후 4대 군사노선을 채택하면서 군사 부문 지출이 많아지게 된 데 북한 경제의 고민이 있다. 한편 남한은 기술·공업 노동자가 전체 인구의 8.8퍼센트밖에 안 되는 낙후한 농업국이라는 점과 각종 기계 설비와 공업원료, 식량 등을 대부분 해외에 의존해야 한다는 점이 한계로 지적되고 있다. 또한 경제개발 계획을 강력하게 추진하는 데 필요한 종잣돈을 마련하는 문제도 남한 정부의 고민거리 중 하나다.

이제 막 허리띠를 졸라매기 시작한 자본주의 남한과 앞서가고 있지만 방심할 수 없는 사회주의 북한. 분단과 전쟁의 비극을 함께 겪은 형제끼리 벌이는 경제개발 경쟁이 세계의 이목을 끌고 있다.

제1차 경제개발 5개년 계획을 홍보하기 위해 만든 모형도.

[현 장] 미국 흑인 워싱턴 대행진 인종차별 철폐 꿈꾸며 20만 명 운집

【1963년 8월 28일】 여기도 흑인, 저기도 흑인이다. 온통 검은 물결로 출렁인다. 아메리카 대륙에 노예로 끌려온 지난 수백 년 이래 이처럼 많은 흑인이 한자리에 모인 적이 있었을까. 링컨 기념일과 노예해방 백주년을 맞아 워싱턴에 집결한 인파는 무려 20만 명. 미국 전역에서 천 대가 넘는 버스와 수십 편의 기차로, 그리고 절반 이상의 인원이 도보로 행진하며 오늘 행사를 위해 이 자리에 모였다.

이들이 링컨 기념관 앞에 모인 이유는 100년 전의 노예 해방에도 불구하고 미국 사회에서 흑인들에 대한 차별과 박해가 사라지지 않았기 때문이다. 여전히 흑인들은 가난하고, 백인과 같은 참정권 및 취업과 학업의 기회를 얻지 못하며, 노골적인 조롱과 폭행의 대상이다. 여전히 많은 주(州)에서 흑인은 백인이 이용하는 버스, 상점, 학교, 심지어는 화장실에조차 들어갈 수 없다.

사람들은 "우리 승리하리라"를 함께 부르기 시작했다. 인종차별 철폐를 요구하는 구호도 외쳤다. 그리고 마틴 루터 킹 목사(사진)가 연단에 올라 연설을 시작했다. "나에겐 꿈이 있습니다. …… 조지아의 붉은 언덕 위에서 노예였던 자의 자녀와 주인이었던 자의 자녀가 우애의 식탁에 함께 둘러앉는 날이 오리라는 꿈입니다." 킹 목사는 흑백 통합과 비폭력주의를 내세운 대표적인 흑인민권운동가이다.

킹 목사의 노선에 동의하지 않는 사람들도 있다. 말콤 엑스는 "백인으로부터 분리, 독립하는 것만이 흑인이 해방될 수 있는 길이고, 필요하다면 폭력도 사용할 수 있다."라며 흑인들의 투쟁을 호소했다.

▶ 쿠데타 세력, 정기간행물 1,200여 종을 폐간시키는 등 언론기관을 대대적으로 축소시킴(1961) ▶ 경제기획원 발족(1961) ▶ 가족계획 사업 시작(1962)

지구는 선명한 푸른빛이었다

인터뷰　인류 최초 우주 비행사 유리 가가린

최초의 우주 비행사 가가린(왼쪽)과 최초의 유인 우주선 보스토크 1호.

【 1961년, 소련 】 "지구는 푸른 빛이었다." 올해 4월 12일 소련의 유리 가가린(27)이 최초로 우주를 비행했다. 그는 우주선 '보스토크 1호'를 타고 이날 오전 9시 7분에 출발해 우주를 여행한 후, 10시 55분 무사히 지상으로 도착했다. 그가 우주에 있었던 1시간 48분은 인류가 처음으로 지구를 바깥에서 바라본 역사적인 시간으로 남을 전망이다. 유리 가가린을 만나봤다.

▲ 밖에서 본 지구는 어땠나?

"지구는 선명한 푸른빛이었다. 우주 비행을 하는 동안 그 푸른빛은 서서히 어두워졌고 다시 파란색, 보라색으로 바뀌었다가 다시 석탄 같은 검정색이 됐다. 지상에서 보는 것과는 비교가 안 될 정도로 밝은 햇빛이 바로 그런 지구의 신비로운 색깔을 만들고 있었다. 나는 그런 지구를 보면서 내가 좋아하는 노래 중 하나인 〈아무르 강의 파도〉를 불렀다."

▲ 우주에서 보낸 시간은 어땠나?

"한 미국인은 '인간은 우주에서 지루함과 고독감을 느낄 것'이라고 말했다. 우주를 직접 여행해본 나는 확실히 말할 수 있다. 그렇지 않다. 나는 지루함, 고독감 따위는 느끼지 않았다. 나는 지구를 돌아보면서 온갖 것을 생각했다. 조국, 가족, 하늘에서 내려다본 다른 나라들, 특히 미국을 보면서는 내 뒤를 좇아 우주로 날아올 청년들을 생각했다."

▲ 미국의 경쟁자가 곧바로 당신의 길을 따라할 텐데…….

"나는 그들이 평화를 향해 일을 할까, 전쟁 준비를 위한 노예가 될까, 이런 생각을 했다. 지구상의 모든 사람이 이성에서 우러나오는 소리에 귀를 기울여, 힘을 다해 세계의 영원한 평화를 위해 애쓴다면 얼마나 멋있을까? 그들이 아름다운 지구를 내려다보면서 나와 같은 생각을 하기를 바랄 뿐이다."

▲ 당신은 최초로 우주 공간을 비행한 인간으로 영원히 기억될 것이다. 영광을 누구와 함께하고 싶은가?

"조국의 과학자, 기술자, 노동자에게 이 영광을 돌리고 싶다. 인류 최초의 우주 비행을 소련에서 실현했고, 조국의 과학이 비로소 일보 전진했다는 것을 생각하니 행복하다."

봄이 와도 새 소리가 들리지 않는 까닭을 아시나요

『침묵의 봄』, 살충제 피해 경고… 업계, 색깔론으로 반박

【 1962년, 미국 】 왜 봄이 와도 새 소리가 들리지 않는가?

미국의 생물학자 레이첼 카슨(55)이 지난 9월 펴낸 『침묵의 봄』이라는 책이 미국 사회에 큰 충격을 주고 있다. 카슨은 이 묵시록적인 제목의 책에서 '마술'이라고 칭송을 받으며 널리 쓰여 온 DDT와 같은 화학 살충제가 자연, 인간에게 얼마나 위험한지 경고했다. 카슨은 이 살충제가 미국인이 사랑하는 새들을 죽이는 것은 물론이고 결국 인간에게도 치명적인 해를 입힌다고 설명했다.

이런 카슨의 경고를 놓고 농무부, 화학 산업계 등은 즉각 '카슨 때리기'에 나섰다. 카슨은 자신의 책에서 살충제의 위험을 은폐해온 세력으로 바로 이들을 지목했었다. 전 농무부 장관 에즈라 벤슨은 "카슨은 공산주의자"라고 공격했고, 화학 산업계는 25만 달러를 들여 카슨의 주장을 반박하는 홍보를 시작할 계획이다.

그러나 이런 격렬한 반발에도 불구하고 대중의 관심은 줄어들지 않고 있다. 지난 6월 책의 일부 내용이 『뉴요커』에 공개될 때부터 카슨의 경고에 귀를 기울이기 시작한 대중은 『침묵의 봄』에 폭발적인 반응을 보이고 있다. 미국 정부와 의회도 이런 반응에 주목하고 있다.

박정희 정부, 과학자 우대 정책 발표

【 1962년, 한국 】 박정희 국가재건최고회의 의장은 11월 18일 대전의 원자력연구소를 방문해 과학자 우대 정책을 발표했다.

이번에 발표된 과학자 우대 정책은 박정희 정부가 앞서 발표한 1차 경제개발 5개년 계획을 뒷받침하려는 것이다. 외국에서 활동하는 한국 과학자들을 귀국시켜 경제개발계획에 활용하려는 의도가 담겨 있는 이 정책이 성공할 것인지 귀추가 주목된다.

▶ 토마스 쿤, 『과학혁명의 구조』 출간(1962) ▶ 로저 스페리, 좌뇌와 우뇌의 기능이 다름을 발견(1962) ▶ 스탠리 밀그램, 복종의 심리학 실험(1962)

무슨 이런 전시회가… 충격에 빠진 예술계

비디오 예술가 백남준 첫 개인전… 텔레비전을 예술 영역으로

【1963년 3월, 독일】백남준의 첫 개인전이 부퍼탈에서 열리고 있다. 제목은 '음악 전시회 - 전자 텔레비전.' 백남준은 일본에서 음악사를 공부하고 독일로 건너가 당대 최고의 전위 음악가 존 케이지 등과 함께 반(反)예술 운동 그룹 '플럭서스'를 창설한 젊은 전위 예술가다.

하지만 막상 전시회장을 찾은 관람객들은 "뭐 이런 전시회가 다 있나?"라며 고개를 갸웃거린다. 〈참여 TV〉라는 작품에서는 관람객이 마이크에 대고 낸 소리가 텔레비전 브라운관에 불규칙적인 이미지의 형태로 나타났다가 사라진다. 〈임의적 접근〉은 벽에 녹음 테이프를 붙여두고 관람객이 재

생기의 헤드를 가져다 댈 때마다 뒤죽박죽 소리가 나게 만든 것이고, 〈조정된 피아노〉는 박살난 피아노에다 계란, 철조망, 전선, 탁상시계 같은 잡동사니들을 여기저기 걸쳐놓은 것에 불과하다. 더 황당한 일은 전시회 도중에 한 남자가 도끼를 들고 들어와 피아노 한 대를 다짜고짜 마구 때려 부순 것이다(사진).

일부 현지 언론은 이러한 작품을 과연 '예술'로 볼 수 있는지 비판적 태도를 보이고 있다. 그러나 이번 전시회가 특별한 가능성을 보여준다는 견해도 있다. 예술이란 과연 무엇인가라는 도발적인 물음을 세상을 향해 던지고 있고, 현대인의 일상생활에서 중요한

비중을 차지하고 있는 텔레비전을 처음으로 예술 영역 속에 끌어들였다는 것이다. 백남준의 작품들은 획일화되고 권위주의적인 기존 예술을 전적으로 부정하며, 자신만의 새로운 형식을

통해 관객과 상호작용하는 예술의 참모습을 보여준다. 세계의 많은 예술가와 평론가들이 백남준을 '비디오 예술의 창시자'라 부르며 진지하게 주목하는 것도 그 때문이다.

🎥 로봇은 더 이상 두려운 존재가 아니랍니다

일본 애니메이션〈철완 아톰〉, 인간의 친구인 새로운 로봇 창조

【1963년, 일본】서구인들에게 로봇은 두려운 존재였다.

로봇을 최초로 등장시킨 체코슬로바키아 작가 카렐 차페크의 희곡『로섬의 만능 로봇』(1920)에서 로봇은 인간의 지배를 받았으나 노동을 통해 지능과 저항 정신이 발달하면서 인간을 멸망시키는 존재로 나온다. 노동할 수 있는 능력을 갖췄지만 인간적 정서가 없는 존재로 그려진 로봇에 대한 두려움의 표현이다.

아이작 아시모프가 SF소설『나는 로봇』(1942)에서 제시한 로봇 3원칙(▲사람을 위험에 처하게 해서는 안 된다 ▲사람의 명령에 복종해야 한다 ▲로봇은 자신을 스스로 지켜야 한다)에도 그러한 두려움이 짙게 깔려 있다.

최근 일본에서 등장한 한 로봇이 로봇에 대한 이런 통념을 근본적으로 바

꾸고 있다. 눈이 커다랗고 체구가 자그마한 귀여운 로봇 아톰이 바로 그것이다. 지난 1월 1일부터 후지TV에서 방영되고 있는 〈철완 아톰〉의 주인공이다. 〈철완 아톰〉은 1950년대 초 월간『소년』에 연재된 만화를 바탕으로 작가인 데즈카 오사무가 직접 제작한 일본 최초의 텔레비전 애니메이션이다.

여기서 아톰은 두려운 존재가 아니다. 인간처럼 감정을 느끼는 로봇, 인

간의 언어로 대화하고 인간과 소통하는 로봇, 인간보다 더 인간적인 모습을 보이는 로봇이다.

〈철완 아톰〉은 이렇게 '인간의 친구이자 인간을 지키는 수호천사'라는 새로운 로봇의 모습을 제시하면서, '인간다움이란 무엇인가'라는 질문을 우회적으로 던지고 있다.

〈철완 아톰〉은 평균 30퍼센트대의 높은 시청률을 기록하며 일본 어린이들을 안방극장으로 불러들이고 있다. 한마디로 일본 사회엔 아톰 열풍이 불고 있다. 몸집은 자그마하지만 엄청난 능력을 지닌 이 친근한 로봇은 2차 세계대전에서 패한 일본에 자신감을 불어넣는 동시에 어린이들에게 과학에 대한 새로운 꿈과 상상력을 심어주고 있다.

통조림 깡통과 코카콜라 병이 예술품?

【1962년】젊은 예술가 앤디 워홀의 팝아트가 화제다.

앤디 워홀은 흔하디 흔한 수프 캔(사진)과 코카콜라 병, 연예계 스타 마릴린 먼로를 소재로 '고고한 순수미술과 저급한 대중미술'이라는 통념을 대놓고 조롱하고 있다. 예술은 일상에서 접하는 사물의 보편성과 대중성을 다뤄야 한다고 보는 워홀은 대량생산된 상품을 소재로 삼는 것을 넘어 작품 자체를 대량생산할 태세다. 그것이 대량생산과 무한 복제를 특징으로 하는 미국적 정체성과 현대의 본질에 부합한다는 것이 워홀과 팝아티스트들의 굳건한 믿음이다.

▶ 전후의 부조리를 고발한 영화〈오발탄〉, "가자!"라는 대사가 월북을 암시하는 것으로 지목돼 5·16 후 상영 금지됨(1961)

중국-인도, 무력 충돌

【1962년】 아시아의 두 대국, 중국과 인도가 무력 충돌했다. 국경 문제 때문이다. 히말라야 산맥을 중심으로 약 3,000킬로미터에 걸쳐 국경을 맞대고 있는 두 나라는 그동안 국경 분쟁을 벌여왔다. 1914년 인도를 통치하던 영국이 무력을 바탕으로 정한 '맥마혼 라인'을 유지하려는 인도와, 이를 영국 침략 이전 상태로 돌려놓으려는 중국의 이해관계가 엇갈린 것. 3년 전에도 이 문제로 무력 충돌이 일시적으로 벌어지긴 했지만, 이번 충돌은 그보다 훨씬 규모가 크다. 결과는 인도군의 완패. 유리한 고지에 올랐음에도 중국이 갑자기 정전을 선언하고 철수하면서 충돌은 일단락됐지만, 국경 문제에 대한 합의가 이뤄지지 않아 불씨는 여전히 남아 있다.

남베트남 쿠데타…
응오 딘 지엠 총리 피살

【1963년 11월】 남베트남에서 군부쿠데타가 발생해 응오 딘 지엠(62) 총리가 살해됐다. 응오 딘 지엠은 1954년 미국의 후원으로 총리가 된 후 지주층, 군부, 경찰 등을 기반으로 강력한 친미 반공 독재를 펼쳤다. 이승만 대통령과 여러모로 닮은꼴이었다. 그러나 친족들을 요직에 앉히는 등 부정부패가 심한 데다 토지개혁 공약을 이행하지 않으면서 농민층의 반발을 샀고, 불교를 노골적으로 탄압하면서(응오 딘 지엠은 가톨릭교도) 불만 세력을 키웠다. 후원자이던 미국마저 등을 돌릴 정도였다. 이렇게 쌓인 문제들이 결국 쿠데타로 폭발한 셈이다.

군사정권 맞아 간소복 바람

【1961년】 패션의 흐름이 바뀌고 있다. 새로운 패션의 선도자는 쿠데타 주역들이 모인 국가재건최고회의. 국가재건최고회의의 군인들은 쿠데타 직후부터 재건체조 보급, 저축운동 등의 재건 국민운동을 벌이고 있다. 일제 말기 전시 동원 국민운동과 유사하다는 비판도 있지만, 군인들은 거침없이 밀어붙이고 있다. "근면 정신 고취"를 위해 작업복과 유사한 '재건복'(신생활 간소복) 보급을 강력히 추진하는 것도 그 일환이다. 특히 이 과정에서 군인들은 여배우들을 자주 동원하고 있다. 여배우들은 고무신을 신고, 빗

자루를 들고, 머리에 수건을 두른 채 (사진) 행진곡 반주에 맞춰 재건복 패션쇼 무대에 서야 하는 처지다.

서독에 광부 1진 파견

【1963년 12월 21일】 123명의 광부가 서독으로 떠났다. 정부는 광부를 파견하고 서독으로부터 경제개발을 위한 차관을 확보한다는 방침 아래, 오늘 파견한 1진에 이어 광부를 계속 파견할 계획이다. 광부들은 서독으로 가기 위해 치열한 경쟁을 거쳐야 했다. 서울 시내 교사 초임의 3배에 가까운 600마르크의 월급을 받고, 귀국 후

엔 국내 광업 개발지 기술자로 일하게 해준다는 조건으로 모집하자 지원자가 몰렸기 때문이다. 대졸자들도 상당수 지원했는데, 국내에는 대우가 좋은 일자리가 많지 않다는 점도 한 원인이다. 광부들은 서독에 도착하면 깊은 지하 갱도에서 뜨거운 지열을 견디며 중노동을 해야 하는 것으로 알려지고 있다.

악은 평범하다?

【1963년】 '악의 평범성'이란 명제가 화제다. 제2차 세계대전 때 유대인을 학살한 후 도피 생활을 하다가 체포(1960)·처형(1962)된 나치 전범 아돌프 아이히만의 재판을 쭉 지켜본 독일 출신 정치철학자 한나 아렌트(57)의 명제다. 재판 당시 사람들은 학살에 적극 가담한 아이히만이 성격 파탄자도, 정신이상자도 아닌 너무나도 평범해 보이는 사람이라는 데 의아해했다. 이에 대해 아렌트는 "악한 일은 대부분 (악마적 속성이 아니라) 자신이 하는 일의 의미를 깊이 생각하지 못한 데에서 비롯된다."라며 이 명제를 제시했다. 평범한 이들도 양심의 가책을 느끼지 않고 상부의 명령을 충실히 따르기만 할 경우 커다란 악을 저지를 수 있다는 경고다. 이 명제는 최근 널리 회자되며 논란이 되고 있다.

공중전화기에서
관리인이 사라진다

【1962년 7월 1일】 공중전화기 관리인이 사라질 전망이다. 오늘 한국 최초로 무인 공중전화기가 설치됐다. 장소는 산업박람회장. 그동안은 공중전화기 옆을 관리인이 지키고 있다가 요금을 낸 통화시간이 다 되면 다음 사람에게 통화 순서를 넘겼으나, 이제는 투입한 동전만큼만 자동으로 통화하게 된다. 통화당 요금은 5원. 자장면 한 그릇 가격의 3분의 1 수준이다.

1962년 영화 〈007 Dr. No〉 개봉. 영국 작가 이언 플레밍의 소설을 원작으로 한 첩보 영화다. 007은 살인면허를 가진 영국 정보부 요원 제임스 본드를 말한다.

┌─────── 부 고 ───────┐

▶ 헤밍웨이 (1899~1961) 미국의 소설가. 운명에 굴하지 않고 당당히 맞서는 인간의 비극적 모습을 묘사했다. 에스파냐내전에도 공화파로 참여했다. 대표작은 『노인과 바다』, 『누구를 위하여 종은 울리나』.

▶ 마릴린 먼로 (1926~1962) 미국의 영화배우. 대중문화와 팝아트의 상징적 아이콘이자 20세기 최고의 섹스 심벌로 평가 받고 있다. 대표작은 〈뜨거운 것이 좋아〉, 〈7년만의 외출〉.

▶ 염상섭 (1897~1963) 소설가. 한국 최초의 자연주의 소설 『표본실의 청개구리』 이후 사실주의 계열 작품들을 많이 남겼다. 대표작은 『삼대』, 『만세전』.

▶ 에디트 피아프 (1915~1963) 프랑스의 대표적 샹송 가수. 대표곡은 〈아니요, 전혀 후회하지 않아요〉.

▶ 5·16쿠데타 세력, 대학생 제복 착용 및 고교생 삭발 지시(1961) ▶ 북한, 비날론을 대량생산해 의생활 혁신 ▶ 한국, 단기에서 서기로 변경(1962)

근현대사신문

현대 8호

주요 기사 **2면** | 베트남전쟁 (1967) **3면** | 한·일협정 조인 (1965) **4면** | 사설-베트남 문제는 베트남인에게 **4면** | 해설-한·일협정, 버림받은 사람들 **5면** | 대중소비시대 활짝 (1965) **6면** | 과학 분야에서 성차별 문제 제기 (1965) **7면** | 비틀즈 열풍 (1967) **8면** | 서울 개발 (1967)

베트남전쟁

베트남 민중은 1954년 디엔비엔푸에서 프랑스에 승리하고 제네바 협정을 맺었다. 이에 따르면 북위 17도선 이북에는 베트남민주공화국 군대가, 이남에는 프랑스군이 주둔하되 2년 내에 통일을 위한 총선거를 실시하도록 돼 있었다. 그러나 프랑스군은 약속을 이행하지 않은 채 철수해 버렸고, 그 자리를 대신한 미국은 남베트남 지역에 응오 딘 지엠을 수반으로 하는 친미 베트남공화국을 수립함으로써 총선거를 통한 남북 통일을 무산시켰다.

미국은 1950년대 초반부터 프랑스군을 지원하며 베트남전쟁에 깊숙이 개입해 왔다. 베트남이 공산화되면 인도차이나를 비롯한 아시아의 다른 나라들까지 도미노처럼 공산 혁명에 휩쓸릴 것이라는 우려 때문이었다. 남베트남 저항 세력은 1960년 12월 베트남민족해방전선을 결성하고 본격적인 무장투쟁에 돌입했다. 새로운 베트남전쟁의 막은 이때 올랐다.

사진 | 베트남전쟁에 주도적으로 참여한 베트남 여성 전사들

미국, 베트남에서 정말 큰코다쳤다

물량 공세로도 승기 못 잡아… 도리어 반전 여론 고조

【1967년】 베트남 민중의 시련은 끝이 없다. 그러나 그들의 항전에도 끝은 없다. 프랑스를 대신한 미국과 베트남 민중 사이에 한 치의 양보도 없는 전쟁이 계속되고 있다.

미국이 베트남전쟁에 본격적으로 개입한 계기는 지난 1964년 8월의 통킹만 사건. 북베트남 어뢰정 3척이 통킹만에서 작전을 수행하던 미군 구축함을 향해 어뢰와 기관총 공격을 가하자, 미군은 즉각 대응하여 1척을 격침시켰다. 그해 8월 7일 미국 하원은 만장 일치로 '통킹만 결의안'을 채택, 베트남 파병을 공식 승인했다. 미국은 북베트남을 대대적으로 폭격하고 해병대를 상륙시켰다.

이미 지난 1960년 12월 베트남민족해방전선을 결성하고 무장 투쟁에 돌입한 저항 세력은 압도적인 물량의 미군에 게릴라전으로 맞서고 있다. 해방전선은 베트남 민중의 민족해방에 대한 염원, 수탈적 지주제에 반대하는 농민의 지지를 바탕으로 특히 농촌 지역에서 세력을 키워왔다.

베트남과 미국의 전쟁은 겉으로만 보자면 다윗과 골리앗의 싸움과 같다.

평화롭게 소를 몰고 있는 베트남 농민들의 머리 바로 위로 미군 헬기가 위협적으로 날고 있다.

미군은 남베트남 정부에 엄청난 규모의 원조를 제공하는 한편, 한국 등 동맹국 군대를 포함해 50만 명 이상을 파병하고 북베트남과 해방전선 지역에 무차별 융단 폭격을 퍼붓고 있다.

그러나 전황은 미국에 유리하지만은 않다. 미군은 고작 점으로 흩어져 있는 도시들만 장악하고 있을 뿐이다. 해방전선에 합류하는 젊은이가 빠르게 늘고 있고, 심지어 남베트남 병사들조차 무기를 빼돌려 해방전선에 넘겨주거나 아예 탈영해 해방전선에 가담하는 일이 매우 빈번한 상황이다. 게다가 근래 미국 내에서도 이 전쟁에 반대하는 평화운동이 폭발적으로 일어나고 있으며, 명분 없는 전쟁에 대한 국제 여론 또한 극도로 악화되고 있다.

베트남전쟁은 미국 측에는 점점 끝이 보이지 않는 전쟁으로, 그러나 베트남 민중에게는 서서히 끝이 보이는 전쟁으로 나아가고 있다.

문화대혁명 폭발, 중국은 어디로

【1966년 8월, 베이징】 문화대혁명이 시작됐다. 마오쩌둥은 당내에 "자본주의의 길로 나아가고자 하는 실권파"들이 존재한다고 선언하고, 인민에게 직접 "사령부에 대한 폭격"을 촉구하고 나섰다.

이는 한편으로는 대약진운동 실패 후 류사오치, 덩샤오핑 등 새 지도부가 추진한 개혁 정책에 대한 반발로 볼 수 있다. 그러나 일각에서는 2선으로 밀려난 마오쩌둥과 그 측근들이 새 지도부를 몰아내기 위해 벌이는 권력 투쟁의 일환이라고 분석하기도 한다. 게다가 덩샤오핑 등은 소련과 협력할 것을 주장해 왔는데, 마오쩌둥은 흐루쇼프가 스탈린을 사후에 비판한 후 소련을 적대시해 왔으므로 소련에 유화적인 현 지도부를 용납할 수 없었을 것이라는 지적도 나오고 있다.

문화대혁명은 인민의 힘으로 정치와 사회를 아래로부터 정화하자는 운동이지만, 그 과정에서 부작용도 적지 않게 일어나고 있다. 전통 문화와 관습을 모조리 파괴해야 할 대상으로 보는가 하면, 청소년들이 학교·일터·당·관청에서 지식인과 전문가들을 몰아내 오지의 농촌과 탄광 등지로 하방(下放)시키기도 하고, 인민들 사이에 고발과 조리돌림, 집단 폭행 등이 횡행하기도 한다. 폭풍처럼 휘몰아치는 이 같은 집단적 움직임이 거대한 사회주의 국가 중국을 어디로 이끌고 갈 것인지 아무도 알 수 없는 형국이다.

톈안먼광장에 운집한 수십만 군중이 마오쩌둥의 어록을 손에 들고 '조반유리(반란을 꾀하는 데는 이유가 있다)'를 외치고 있다.

▶ 팔레스타인해방기구(PLO) 결성(1964) ▶ 무하마드 알리, 인종차별에 반대하고 베트남전 징병을 거부한 결과 세계챔피언 자격 박탈당함(1967)

해방 20년, 일본과 다시 악수는 했지만

한·일협정, 박정희 정권과 미국 이해 맞아 졸속 체결

【1965년】 우여곡절 끝에 한·일 양 정부 간에 한·일협정이 조인되었다. 잇달은 야당과 학생들의 비준 반대 투쟁에도 불구하고, 해방 20주년 전야였던 8월 14일 공화당의 단독국회에서 한·일협정 비준안이 통과되었다.

독도, 어업권 문제 등이 명쾌하게 해결되지 않은 채 국내의 반대에도 불구하고 한·일협정이 체결된 가장 큰 원인은 미국의 적극적인 중재였다. 미국은 중국이 공산화되면서부터 일관되게 아시아 지역의 맹주로 일본을 지목해왔다. 아시아 지역에서 공산권의 팽창을 저지할 수 있도록, 일본을 중심으로 반공국가 간의 동맹을 튼튼히 한다는 것이 이 지역에 대한 미국의 기본적인 외교 원칙이었다. 1951년부터 진행된 한·일 예비회담을 중재했던 것은 도쿄의 맥아더사령부였고, 이후 한·일 회담이 파국을 맞을 때마다 미

국 정부는 적극적으로 중재에 나서기도 했다. 이러한 노력에도 이승만 정부의 소극적인 태도로 인해 한·일 외교 정상화는 뒤로 미뤄야 했는데, 새롭게 등장한 쿠데타 정부가 14년간 계속된 한·일 협상을 마무리했다.

쿠데타로 집권한 박정희 대통령은 이전 정부와 달리 한·일 협상에 적극적이었다. 1961년 11월, 미국 방문 길에 일본을 방문한 박정희는 청구권 문제만 해결되면 정치적 배상 등은 요구하지 않을 것임을 분명히 했다. 이는 일본 정부와 자민당 수뇌부의 분위기를 고조시켰고, 결국 협상 타결에까지 이르게 되었다. 무엇보다 박정희 정부에게는 경제 개발을 위한 자금이 절실했다. 특히 통화개혁(1962년) 등을 통해 국내 자본을 활용하려던 계획이 여의치 않게 되면서 일본으로부터 들어올 청구권 자금은 부족한 자본을 메

'굴욕적인 한·일협정 체결 반대' 시위 도중 기동대에 쫓겨 달아나던 대학생들이 시궁창에 빠지면서 태극기도 함께 빠졌다. 민족의 굴욕을 상징하는 듯하다.

울 수 있는 가장 확실한 방법이었다. 한편 한·일협정 비준안이 통과되면서 한·일 외교정상화가 마무리되었지만, 박정희 정부는 커다란 정치적 부담을

안게 되었다. 한·일협정을 추진하면서 야당 탄압, 반대 교수들에 대한 사찰, 학원 개입과 같은 무리수를 두었기 때문이다.

죽음의 밀림으로 가는 한국 젊은이들

한국군 4만여 명, 베트남 파병… 박정희, 먼저 제안

【1967년】 한국 젊은이들이 낯선 밀림에서 쓰러지고 있다. 1964년 소규모 의료 인력 등을 파견한 정부가 1965년부터 베트남 파병 규모를 대폭 늘렸기 때문이다. 정부는 비전투 부대인 비둘기부대(수송·공병) 2,000여 명을 파견한 데 이어 4만여 명의 전투 부대까지 파병했다(1965년 10월 맹호부대와 청룡부대 2만여 명, 1966년 8월 백마부대 2만여 명). 파병 규모는 미국에 이어 두 번째다.

파병은 1961년 11월, 박정희 당시 국가재건최고회의 의장이 미국을 방문해 먼저 제안한 사항이다. 1964년 미국이 베트남전에 전면 개입하면서 당시 제안이 실현된 것. 박 대통령은

"월남(베트남)의 반공전선은 우리 휴전선과 직결돼 있다."라며 장병들을 "자유의 십자군"으로 치켜세우고 있

1966년 7월 22일 한국군 병사들을 태운 배가 베트남으로 떠나고 있다.

다. 그러나 야당과 재야 일각에서는 '미국의 청부 전쟁'(윤보선), '용병'(장준하)이라는 비판이 나오고 있다. 국제 사회의 시선도 차갑다. 특히 제 3세계에서는 '미국의 앞잡이'라고 한국을 비난하고 있다. 올해 군사적 충돌이 지난해의 약 10배에 이르는 등 휴전선에서 긴장도 고조되고 있다.

한편 정기적으로 보도되던 한국군 전사자 수가 300명을 넘으면서부터 신문에서 사라지고 그 대신 한국군의 혁혁한 전과가 대서특필되는 등 보도 통제도 심해지고 있다.

김일성 권력 독점, 주체사상 내세워

【1967년】 김일성의 북한 권력 장악이 완결됐다. 지난 5월 열린 조선노동당 중앙위원회 제4기 제15차 전원회의에서 박금철을 중심으로 한 '갑산파'를 숙청한 것. 일제 말기 조국광복회 활동을 했던 '갑산파'는 이전에 숙청된 남로당계, 연안계 등과 달리 김일성과 공동으로 항일투쟁을 한 세력이다. 이들마저 숙청되면서 북한 권력은 김일성 중심의 '만주항일유격대' 출신이 독점하게 됐다.

이와 함께 북한은 김일성 개인 숭배를 강화하고, 마르크스·레닌주의 대신 주체사상을 북한의 유일 지도 사상으로 강조하고 있다.

▶ 박정희, 한·일협정 반대 시위가 거세지자 계엄령 선포(1964, 6·3사태) ▶ 북한, 3대 혁명 역량 강화 방침 채택(1964) ▶ 동백림 사건(1967)

사 설

베트남 문제는 베트남인에게 맡겨야

1967년 현재 베트남에 파병된 미군은 48만 5,000명이다. 4만여 한국군을 포함, 미국의 동맹군도 5만 명을 훌쩍 넘겼다. 북베트남에 대한 미군의 폭격은 북위 19도 이북으로 확대되어 석유저장소와 교통망, 제철소, 발전소 등에 무차별 폭격이 이루어지고 있다. 압도적인 병력과 네이팜탄을 비롯한 최첨단 무기를 감안하면 미국이 진작 승리하지 않은 것이 믿기지 않을 지경이다. 그러나 베트남의 상황은 그런 숫자로는 설명되지 않는다. 지난 1963년부터 이미 남베트남의 공산 반군인 베트콩은 남베트남의 44개 성 중 42개 성의 촌락을 장악해 왔다. 북베트남군이 남쪽으로 침투하는 라오스 통로에 대한 미군의 맹렬한 폭격에도 불구하고 북베트남의 베트콩 지원군은 늘어나, 현재 30만 명에 이르는 공산군이 오는 1968년 구정을 기하여 대대적인 공세를 펼친다는 소문도 은밀히 돌고 있다. 남베트남 정부는 미군이 자신들의 가녀린 생명선을 연장시키려 기를 쓰고 있는 것을 아는지 모르는지 권력투쟁을 벌이는 데 여념이 없다. 누가 봐도 미군만 아니면 벌써 북베트남의 승리로 끝났을 게임이다. 혹시 모른다. 미국의 지원 없이 홀로 남겨진 남베트남이 대오각성해서 독립을 지켰을지. 문제는 미국이 희망 없는 남베트남 정부의 수호천사로 나서면서 베트남의 역사를 크게 왜곡하고 억울한 희생자를 양산하고 있다는 것이다. 사람이든 민족이든 자기 운명은 자기가 결정할 권리가 있다. 미국은 아시아 민중으로부터 그러한 권리를 빼앗지 말고 우리를 내버려 두기 바란다.

한·일협정으로 버림받은 사람들

해 설 '위안부' 문제 등은 논의도 안 돼

한·일협정이 체결되어 한국 정부는 일본으로부터 받기로 한 8억 달러(무상 3억, 유상 2억, 상업차관 3억)에 적잖이 고무된 분위기다. 그러나 침략에 대한 일본의 사죄와 반성을 얻어내지 못했다면서 분통을 터뜨리는 국민이 많다. 더욱이 일본 침략으로 직접 피해를 보고도 보상받지 못한 사람들이 많아 한·일협정은 더욱 공분을 자아내고 있다.

침략에 대한 일본의 사죄와 반성을 요구하는 한국 국민에 대하여 일본은 시종일관 한국에 대한 식민지 지배가 합법이었으며, 이번에 제공하는 자금 역시 잘못에 대한 '배상금'이 아니라 '경제협력 자금', '독립축하금'일 뿐이라고 강변했다. 심지어 '한국에 일본인의 사유재산이 남아 있다.'라며 역청구권을 주장하기도 했다.

그림마당 | 이은홍

이처럼 정권 안정과 경제 개발을 위한 종잣돈 마련에 골몰한 한국 정부와, 침략 책임에서 벗어나고자 한 일본 정부의 이해가 맞아떨어지면서 피눈물을 흘리는 이들이 많다. 일본군에게 끌려가 성노예 생활을 강요당한 이른바 '종군위안부', 일본 땅에서 원폭 피해자가 된 이들, 사할린으로 끌려가 강제 노역에 시달리다가 그곳이 소련 땅이 되면서 돌아올 길이 막막해진 이들 등이 대표적이다. 회담 과정에서 이들 문제는 논의되지도 않았다.

재일 한국인 문제도 여전히 논란이다. 일본 패전 직후엔 "국적이 일본이니 민족학교를 폐쇄하라."라고 박해받던 이들은 일본이 주권을 회복한 후엔 일본 국적을 뺏기고 사회 보장 제도와 취직·주택 문제 등에서 차별받는 동시에 강제 퇴거 위협에 시달려야 했다. 이들의 신분 문제는 한·일협정 결과 "대한민국 국적을 취득하면 영주권을 부여한다."라는 형식으로 일단 정리됐지만, 신분의 불안정성과 차별은 여전하다. 또한 "강제 징용 피해자 개개인에 대해선 국내에서 조치하겠다."라며 일본으로부터 돈을 일괄 수령한 한국 정부가 그 돈의 상당 부분을 '보상'과 무관한 영역에 사용할 방침인 것으로 전해지고 있다. 한편 일제가 약탈한 문화재 반환 및 독도 문제를 해결하지 못한 것도 논란이다.

초 점　　한·미주둔군지위협정 불평등 논란

한국전쟁이 끝난 뒤에도 미군은 한·미상호방위조약에 따라 이 땅에 남았다. 그러나 이들의 지위를 규정하는 법령이 명확하지 않았다. 1950년 7월 체결된 '재한 미국군대의 관할권에 관한 대한민국과 미합중국간의 협정'에는 '주한미군의 재판관할권을 미국군법회의가 가진다.'라는 정도로만 규정돼 있었다. 이 때문에 주한미군 범죄에 대한 사법권 논란 등 크고 작은 말썽이 끊이지 않았다.

1967년 발효된 '한·미주둔군지위협정'은 한·미 양국이 기나긴 협상 끝에 마련한 주한미군 지위에 관한 정식 협정이다(공식 명칭은 '대한민국과 아메리카합중국 간의 상호방위조약 제4조에 의한 시설과 구역 및 대한민국에서의 합중국 군대의 지위에 관한 협정'이다).

그러나 이를 두고 우리의 주권을 지나치게 양보한 불평등 협정이라는 비판이 만만치 않다. 쟁점이

되는 한·미주둔군지위협정의 주요 내용을 살펴보았다.

① 협정의 형식과 명칭 : 협정의 본문과 부속 문서(합의의사록, 합의양해사항, 양해각서)가 일치하지 않는다. 본문에서는 형사재판의 1차적 행사권이 한국 쪽에 있으나, 부속 문서를 세 번 거치는 동안 미군 당국이 주된 관할권 행사로 변했다. 미국에

▶ 한·일회담 보도에 불만 품은 군인들, 동아일보사 난입(1964) ▶ 6대 재벌기업에 대한 편파 대출이 정치 문제가 돼 은행장 2명 경질(1965)

황·금·시·대··· 대중 소비 사회 활짝

자본주의 중심국들, 유례없는 장기 호황 누려

【1965년】 그 누가 이런 변화를 상상이나 했을까. 자본주의 체제에서 자본가도 아닌 노동자들이 교외의 이층집에 살며, 자가용 승용차를 굴리고, 여가 시간에는 텔레비전으로 영화와 오락을 즐긴다. 세탁기와 식기 세척기, 청소기의 도움으로 가사 노동에서 해방된 노동자의 아내들은 주방 냉장고에 가득 채울 식료품을 사러 대형 슈퍼마켓으로 쇼핑을 간다.

2차 세계대전 이후 미국과 서독, 영국, 프랑스, 이탈리아 등 자본주의 중심부 국가들은 역사상 유례없는 장기 호황 국면에 접어들었다. 이들 나라의 생산고는 1950년 이후 연평균 3~5퍼센트씩 꾸준히 상승했으며, 노동자들의 실질 임금은 두 배가량 증가했고, 실업률은 1퍼센트대로 떨어져 사실상의 완전고용 상태에 도달했다. 더불어 "요람에서 무덤까지" 사회가 책임

진다는 획기적인 사회 보장 제도, 즉 복지국가의 이상도 북유럽 등 일부 국가에서 현실화됐다.

이러한 자본주의 '지상낙원'의 원동력은 무엇보다 늘어난 수요에 있었다. 이른바 포드주의 대량 생산 체제에 따라 생산성이 향상됐으며, 강력한 노동운동의 등장으로 노동자들의 소득이 크게 상승했다. 이는 다시 막대한 소비를 창출함으로써 생산의 지속적인 성장을 뒷받침했던 것.

각국 정부가 기존의 자유방임주의를 포기하고 경제에 직접 개입하고 나선 것도 자본주의 황금시대를 불러온 또 하나의 배경이다. 사회 복지와 국방 분야에 대한 국가의 투자는 국민총생산의 3분의 1에 해당하는 공공 부문 수요를 만들어냈다.

그러나 일각에서는 이러한 황금시대의 이면을 보아야 한다는 비아냥 섞

가전제품을 갖춘 깔끔한 주방은 선진자본주의 국가 노동자들에게 낯설지 않은 존재가 됐다.

인 목소리도 들려오고 있다. 오늘날 미국 등 중심부 국가들의 성장과 풍요는 아시아, 아프리카의 국가들로부터 산업 발전에 필수적인 원료를 헐값에 들여오는 불평등한 교환 관계, 즉 주변

부 국가들에 대한 수탈이 없었다면 불가능한 일이라는 비판이다. 누군가 지나치게 많은 부를 누릴 때, 다른 누군가는 그만큼의 빈곤을 맛볼 수밖에 없는 법이라는 것이다.

한국은 수출에 목숨 걸었다

【1967년】 박정희 대통령이 "수출이 아니면 죽음을"이라며 수출 지상주의 정책을 밀어붙이고 있다. 박 대통령은 수출 특별융자의 이자율을 대폭 낮추고(시중금리의 5분의 1 수준), 수출 소득에 대한 세금을 80퍼센트나

감면하며, 차관까지 제공하는 등 기업에 특혜를 베풀고 있다. 이에 따라 1964년 1억 달러를 돌파한 수출액은 올해 3억 2,000만 달러로 증가했지만, 생산재와 중간재를 일본에 의존하기 때문에 무역적자도 늘고 있다.

특혜는 1964년 3분(粉) 폭리 사건과 1966년 한국비료 사카린 밀수 사건 같은 정경유착 비리로 이어졌다. 전자는 설탕, 밀가루, 시멘트를 생산하는 대기업들이 가격을 조작해 폭리를 취한 사건이고, 후자는 삼성이 사카린 원료를 밀수했다가 들통 난 사건으로서 박 대통령과 이병철 삼성 회장의 합작품으로 전해지고 있다.

경제발전상 홍보를 위해 정부에서 발간한 『우리의 살림은 이렇게 달라졌다』(1965).

서 '행정협정'은 상원의 동의 없이 체결되는 조약을 가리키며 국내법상의 의의가 있다. 우리로서는 국회 비준을 거친 협정을 '행정협정'이라고 부르는 것은 부당하며 '주둔군지위협정'이 적절하다.

②형사재판권 문제(22조): 미군이 '공무 집행 중의 작위 또는 부작위에 의한 범죄'를 저질렀을 때는 미군 당국이 1차적 재판권을 행사한다. '공무' 인지 아닌지 판단하는 근거는 미군이 발행하는 증명서

이다. 공무 중이 아닐 때 저지른 범죄라도 피의자나 피고인의 구금은 미군이 한다. 미군이 '대한민국의 안전에 대한 범죄'를 저지르면 한국이 구금할 수 있지만, 그때 "한국의 구금 시설은 미국 수준으로 적합하여야 한다."

미군 범죄로 인해 발생한 피해에 대한 보상은, 미군만 책임이 있을 때 한국이 25퍼센트, 미국이 75퍼센트를 부담하고, 양쪽에 책임이 있으면 균등 분

담한다.

③시설과 기지 사용 문제(2~5조): 협정의 효력이 발생할 당시 미군이 사용하고 있는 시설과 구역에 대해서는 사용권을 소급해 인정했다. 따라서 미군은 해방 후와 전시에 무상으로 접수했던 시설에 대한 사용권을 그대로 인정 받았다. 그 시설 가운데 사유재산인 구역이 있어도 소유주는 그에 대한 보상을 미군 쪽에 요구할 수 없도록 했다.

▶ 구로수출공단 기공(1965) ▶ 북한, 농업현물세제 폐지(1966) 및 9년제 기술의무교육 실시(1967) ▶ 경기중학교 입시에서 '창칼 파동' 발생(1967)

사라진 '세상의 반'을 찾습니다!

여성 과학자 적은 이유는 사회적·심리적 장애물 탓

【1965년, 미국】 "그 많은 과학자들 가운데 왜 여성 과학자는 눈에 띄지 않는가?"

사회학자 앨리스 로시는 최근 발행된 『사이언스』 5월 28일자에 기고한 「과학 속의 여성: 왜 그렇게 수가 적은가?(Women in Science: Why So Few?)」라는 논문에서 방대한 자료를 동원해 여성의 과학 참여를 가로막는 여러 가지 장애물을 폭로해 큰 충격을 주었다.

로시의 이 논문은 이미 지난 1964년 10월 MIT에서 열렸던 '과학과 공학 분야의 미국 여성' 심포지엄에서 발표돼 큰 파장을 불러일으킨 바 있었다. 이 논문에서 로시는 여성 과학자가 적은 이유는 여성이 선천적으로 과학에 재능이 없기 때문이 아니라, 여성의 참여를 배제하는 사회적·심리적 장애물 탓이라고 지적했다.

이런 로시의 지적은 여러 가지 사례를 통해 증명된다. 우선 과학 활동의 무대가 돼 온 대학, 과학 단체 등에서 여성의 참여는 처음부터 배제됐다. 19세기까지 높은 과학 수준을 자랑했던 영국과 독일의 대학에서는 19세기 말까지 여성의 입학을 허용하지 않았다. 또 많은 여성 과학자는 훌륭한 업적을 내놓고도 교수 임용에서 탈락하곤 했다.

영국의 왕립학회, 프랑스의 과학아카데미 등 과학 단체는 여성 회원을 받지 않았다. 영국의 왕립학회는 1945년에야 여성 회원을 받았으며, 프랑스 과학아카데미는 지금까지도 여성 회원을 받지 않고 있다. 프랑스 과학아카데미가 1911년 두 번이나 노벨상을 수상한 마리 퀴리를 여성이라는 이유로 회원 선출에서 탈락시킨 것은 유명한 일화이다.

로시는 논문에서 여성의 과학계 진출을 가로막는 여러 가지 사회적 장애물을 없앨 때, '세상의 반'인 여성의 과학 참여가 비약적으로 늘어나 과학의 발전도 비약적으로 이루어질 것이라고 전망했다. 과연 20세기 후반에는 이런 로시의 바람이 이뤄질 수 있을까?

(위) 유럽 최초의 여교수인 물리학자 라우라 바시(1711~1778)는 제도권에서 성공한 예외적인 여성과학자다. (아래) 그러나 에밀리 뒤 샤틀레(1706~1749, 왼쪽), 마리아 메리안(1647~1717, 오른쪽) 등 대부분의 여성은 과학계의 남성중심주의에 좌절해야 했다.

과학 기술로 경제 성장을

【1966년, 한국】 한국과학기술연구소(KIST)가 2월 10일 창립됐다. 박정희 대통령은 최형섭을 연구소의 초대 소장으로 임명했다.

이 연구소 설립은 사실상 한국의 베트남전쟁 파병 결정에 대한 미국의 대가이다. 미국은 지난해 7월 도널드 호닉 등을 한국으로 보내 과학기술 지원을 위한 안을 만들도록 했다. 이때 호닉 등은 대학을 지원하는 안과 연구소를 설립하는 안을 놓고 고심했으나, 결국 연구소 설립 쪽으로 결론을 내렸다.

실제로 초대 소장으로 임명된 최형섭은 비공식 인터뷰에서 "호닉 박사는 공과 대학을 만들어주는 게 어떻겠느냐고 제안했지만 박정희 대통령이 연구소를 만들어줄 것을 간곡하게 부탁해서 KIST 설립이 이뤄졌다."라고 상황을 전했다. 박정희 대통령은 KIST 연구원에게 국립대 교수의 3배 가까운 월급을 주는 것을 허락하는 등 파격적인 지원을 아끼지 않았다. 이러한 결정에는 연구소를 설립해 집중적으로 지원하면 산업 발전에 당장 응용할 수 있는 기술 개발로 이어질 가능성이 높아진다는 판단이 크게 작용한 것으로 알려졌다. 과학기술을 경제 발전의 도구로 바라보는 박정희 정부의 인식 때문에 산업 발전에 직접 응용할 수 있는 과학기술의 연구를 집중적으로 수행할 KIST가 설립되기에 이른 것이다.

죽을 날만 기다리던 심장병 환자에게 복음 　세계 첫 심장 이식 수술 성공

【1967년, 남아프리카공화국】 12월 3일 케이프타운의 한 병원에서 인류 사상 최초의 심장 이식 수술이 성공했다. 남아프리카공화국의 흉부외과 의사인 크리스티안 버나드(45) 등 30명의 수술 팀은 9시간에 걸친 수술 끝에, 교통 사고로 뇌사 상태에 빠진 데니스 다발이라는 25세 여성의 심장을 55세 남성인 루이스 워시칸스키에게 이식하는 데 성공했다. 수술 직후 뛰지 않던 심장은 전기 충격을 받고서 꿈틀거리기 시작했다. 심장을 이식받은 워시칸스키는 열흘 뒤 일어나 걸을 정도로 회복했지만, 안타깝게도 결국 면역 거부 반응으로 폐렴에 걸려 수술 18일 만에 사망했다.

비록 워시칸스키는 사망했고 버나드는 자연의 법칙을 위반했다는 비판에 맞닥뜨렸지만, 이번 심장 이식 수술의 성공은 죽을 날만 기다리던 심장병 환자에게 기적 같은 소식으로 평가되고 있다. 버나드는 심장 이식 수술의 성공률이 더 높아질 것이라고 확신하며 또 다른 이식 수술을 준비하고 있다.

▶ 머리 겔만, 쿼크 발견(1964) ▶ 윌리엄 해밀턴, 동물의 이타적 행동을 유전자 보존 욕구로 설명하는 '혈연 선택 이론' 제시(1964)

비틀즈 음악에 세상이 '비틀'거리다
젊은 층 폭발적 반응… 대중 문화 상징으로 우뚝

세계를 매혹시킨 영국 출신의 4인조 밴드, 비틀즈.

【1967년】 비틀즈가 누구인가? 자칭 예수보다 유명한 사람들이다. 적어도 서유럽과 미국에서라면, 이는 과장일지언정 순전한 거짓말은 아니다. 존 레논, 폴 매카트니, 조지 해리슨, 링고 스타의 4명으로 이루어진 이 록 밴드는 가는 곳마다 수천, 수만 명의 사람들을 몰고 다니며, 그들의 앨범은 녹음하는 족족 수백만 장씩 팔려나간다.

비틀즈는 원래 영국 리버풀의 작은 클럽에서 노래하던 청소년 밴드에 불과했다. 밴드의 구성원들은 모두 전형적인 노동자 계급 출신이었고, 그저 음악을 사랑했을 뿐이었다.

하지만 그들의 노래는 강력한 힘과 새로움으로 청중을 매혹시켰고, 결국 영국과 서유럽 그리고 미국과 더 넓은 세계에까지 자신들의 노래를 전할 수 있게 되었다. 〈플리즈 플리즈 미〉, 〈옐로 서브마린〉, 〈루시 인 더 스카이 위드 다이아몬드〉 등을 비롯해 세계를 휩쓴 비틀즈의 히트곡들은 그 수를 헤아리기 힘들 정도이다.

비틀즈는 음악만이 아니라 더 넓은 의미에서 대중문화의 새 시대를 열었다는 찬사도 듣고 있다. 비틀즈는 일명 '비틀마니아'라고 불리는 극성 소녀 팬들을 비롯해 수많은 팬들에게 둘러싸여 있기에, 그들의 일거수일투족은 그대로 전 세계 젊은이들에게 영향을 끼치게 되었다.

그들이 사랑과 평화를 노래했을 때 세계의 반전평화운동은 더 큰 힘을 얻었고, 그들이 인도의 명상과 철학에 매료되었을 때 세계의 젊은이들 또한 그러했다. 비틀즈의 이러한 엄청난 영향력에 놀란 병영국가 이스라엘이 1965년 '젊은이들에게 악영향을 끼칠 것'이라며 비틀즈 노래를 전면 금지했을 정도다.

시대의 우상으로 자리 잡은 대중 스타 때문에 전 세계적인 문화적 공감대가 형성된 것은 아마도 인류 역사상 처음 있는 일일 것이다. 언제 들어도 아름답고 감미로운 노래들, 사상 유례없는 상업적 성공에 덧붙여 비틀즈를 인류 역사에 오래도록 기록될 위대한 존재로 만드는 또다른 이유가 바로 여기에 있다. 세계를 매혹시킨 이 4인조 밴드의 향후 행보가 주목된다.

광기 없는 천재 화가 박수근, 천국으로 떠나다
두터운 물감으로 푸근한 우리네 풍경 담아

박수근의 작품 〈빨래터〉.

【1965년 5월 6일, 서울】 자기 귀를 자르거나 주변 사람을 학대하면서 명작을 남긴 예술가가 적지 않다. 광기(狂氣) 없는 예술혼은 존재할 수 없는 것일까. 그렇지 않음을 삶으로 보여준 이가 있다. 박수근이다. 그의 그림의 주인공은 할아버지와 손자, 절구질하는 여인, 행상 등 전형적인 서민이다. 〈만종〉을 보며 "밀레 같은 화가가 되게 해 주소서."라고 기도하던 소년 박수근은 소박하면서도 깊이 있는 한국적 화풍으로 가난한 사람들의 어진 마음을 화폭에 담았다. 가난 때문에 학교를 제대로 못 다니고, 저세상으로 먼저 떠난 두 자녀를 가슴에 묻어야 했으며, 미군 초상화를 그리고 막노동

을 하며 생계를 이어야 했지만, 그의 혼은 꺾이지 않았다. 가난, 식민 통치, 전쟁 속에서도 꿋꿋하게 살아가던 어진 이들의 마음을 담담하게 그렸다. 그가 오늘 새벽 간경화로 세상을 떠났다.

향년 51세. 그의 마지막 말은 "천당이 가까운 줄 알았는데 멀어, 멀어."였다고 한다. 그러나 그의 그림 덕분에 우리는 천국에 한 걸음 더 가까워질 수 있었다.

📖

미디어는 메시지다

【1964년】 현대인과 미디어의 관계를 분석한 마셜 맥루언의 『미디어의 이해』가 화제다. 맥루언은 미디어가 다르면 메시지는 물론 수용자가 세계를 인식하는 방법도 달라진다며 "미디어는 메시지다."라고 선언했다. 맥루언은 신문, 텔레비전, 사진, 자동차 등 26가지 미디어를 제시하고, 지배적 미디어의 변화에 따라 새로운 인간과 문명이 출현할 것이라고 전망했다. 그에 대해 '바보상자의 도사'라는 비아냥거림도 있지만, 열광하는 분위기가 더 강하다. 전자 매체가 만들어낼 새로운 세계를 '지구촌'이라고 규정한 대목도 흥미롭다.

▶ 공주 석장리에서 남한 최초의 구석기 유적 발굴(1964)   ▶ 『중앙일보』 창간(1965)   ▶ 『창작과비평』 창간(1966)   ▶ 문무왕 수중릉 발견(1967)

《《《《《 제3세계 통신 》》》》》

비동맹 기수, 수카르노 실각

【1967년】 아시아·아프리카의 신생 독립국을 중심으로 한 비동맹 노선의 주역인 인도네시아의 수카르노(66) 대통령이 실각했다. 수카르노를 밀어낸 사람은 수하르토(46) 육군 총사령관이다. 1965년 9월 인도네시아의 실권을 장악한 수하르토는 올해 수카르노에게서 대통령 직위를 박탈했다. 비동맹 노선을 폐기하고 강력한 반공 친미 노선을 천명한 수하르토는 공산주의자들과 좌파, 친수카르노 인사, 그리고 인도네시아 경제에서 상당 부분을 차지하는 친중국 인사 및 중국인 등을 무차별적으로 숙청하고 있다. 그로 인한 희생자가 50만~100만 명에 달할 것으로 추산된다.

이스라엘, 6일전쟁 완승

【1967년】 이스라엘이 또다시 아랍 국가들을 완파했다. 이스라엘은 6월 5일 시작된 제3차 중동전쟁에서 이집트와 시리아의 코를 납작하게 했다. 선제 기습 공격을 통해 아랍 국가들의 공군 전력을 파괴한 이스라엘은 단 6일 만에 두나라 군대를 격파하고 이집트의 시나이 반도, 시리아의 골란 고원, 요르단강 서안 지역을 점령했다.

다라니경 발견

【1966년 10월】 경주 불국사 석가탑을 보수하는 과정에서 8세기 중엽에 간행된 무구정광대다라니경이 발견됐다. 감정 결과 세계에 남아 있는 목판 인쇄물 가운데 가장 오래된 것으로 판명돼 학계는 축제 분위기다.

서울은 성형 수술 중

【1967년 말】 서울이 바뀌고 있다. 해방 후 한국 기술진이 세운 최초의 한강 다리인 제2한강교가 2년 전 준공됐고, 지난해엔 광화문 앞 세종로에 최초의 지하보도가 개통됐다. 청계천을 비롯한 하천들을 아스팔트로 덮고 그 위에 도로를 만드는 복개 공사도 한창이다. 또한 정부는 최근 비행장과 모래톱만 보이는 여의도를 본격적으로 개발하겠다고 발표했다.

이처럼 서울이 빠르게 변하면서 시민 생활도 바뀌고 있다. 한강 다리가 늘어나면서 나룻배가 점차 자취를 감추고 있다. 서울이 한국 경제 전체에서 차지하는 비중이 커짐에 따라 일자리를 찾아 서울로 올라오는 사람들로 서울역도 만원이다. 밀어붙이기 식 개발이 환경을 파괴하고 서민들을 더 어려운 처지로 내몰고 있다는 비판도 만만찮게 제기되고 있지만, 정부는 멈추지 않을 기세다. 서울의 급격한 변화는 당분간 지속될 것으로 보인다.

짧은 미니스커트, 전 세계를 뒤덮다

【1966년】 무릎 위로 올라간 짧은 치마가 전 세계를 뒤덮고 있다. 이름 하여 미니스커트. 첫선을 보인 1960년대 초엔 대중에게 외면당했으나, 지난해 영국 디자이너 메리 퀀트와 조안 위르가 다시 선보이면서 폭발적인 인기를 끌고 있다. 허벅지를 드러내는 평상복이 허용되지 않던 보수적인 분위기에 반기를 든 미니스커트는 히피 바람과 함께 전 세계로 확산되고 있다. 보수주의자들은 '도덕성을 잘라낸 옷'이라며 핏대를 세우고 있지만, 그런 비난은 여성들의 환호에 묻히는 분위기다. 이에 더해 프랑스 디자이너 앙드레 쿠레주는 올해 '다리를 길게 늘리

자.'라며 미니스커트 길이를 파격적으로 더 줄여버렸다. 보수주의자들로서는 이래저래 못마땅하겠지만, 당분간 미니스커트 열풍은 잦아들지 않을 전망이다.

미란다 판결

【1966년 6월 13일】 미국 연방대법원이 10대 소녀를 납치·강간한 혐의로 체포된 미란다(26)에게 무죄를 선고했다. 표결 결과는 5대 4. 헌법에 보장된 권리를 피의자에게 알려주지 않았기 때문이라는 것이 무죄 선고 이유다. 미국 내 보수층은 피해자보다 범죄인의 권리를 보호하는 판결이라며 반발하고 있지만, 이번 판결로 변호사 선임권과 묵비권 등의 권리를 피의자에게 알려주는 관행이 확고하게 정착될 전망이다.

'만화왕국' 일본을 깜짝 놀라게 한 한국 최초 총천연색 장편 만화영화 〈홍길동〉(1967)

서울 학부모들 '솥뚜껑 시위', 왜?

【1965년】 한국 사회가 '엿' 때문에 한바탕 홍역을 치렀다. 지난해 12월 서울 지역 중학 입시에 나온 '엿기름 대신 넣어 엿을 만들 수 있는 물질을 고르라.'라는 문제 때문이다. 교육 당국이 제시한 정답은 디아스타제.

그러자 무즙을 선택한 학생의 학부모들이 들고일어났다. 이들은 소송을 내고, 무즙으로 엿을 만들어 증거물로 제출하는 동시에 '솥뚜껑 시위'를 벌였다.

사태는 올해 3월 30일 서울고등법원에서 '무즙도 정답이니, 이 문제 때문에 불합격한 학생 39명을 구제하라.'라고 판결하면서 막을 내렸다. 이 과정에서 교육 당국이 이랬다저랬다 하고, 유력 인사 자녀들이 이른바 '명문' 중학교에 부정 입학한 사실이 드러나 학부모들을 더 분노케 했다.

이 웃지 못할 사태의 근원은 입시 과열 현상이다. '명문' 중학교에 가기 위해 초등학생들이 고액 과외를 받고 각성제까지 복용하고 있는데, 한 문제의 정답 여부에 따라 입학의 당락이 결정되는 게 현실이기 때문이다. 중학 입시 개혁안이 절실한 상황이다.

부 고

▶ 맥아더 (1880~1964) 미국의 군인. 한국전쟁 당시 유엔군 최고사령관. 원폭 투하를 주장하다 해임됐다.
▶ 네루 (1889~1964) 인도의 독립운동가이자 정치가. 초대 총리로서 인도의 기틀을 다졌다. 비동맹 노선 견지.
▶ 처칠 (1874~1965) 영국의 정치가. 제2차 세계대전 때 총리로서 나치 독일에 대한 항전을 주도했다.
▶ 이승만 (1875~1965) 초대 대통령. 1960년 4월혁명으로 하야. 하와이로 망명, 그곳에서 생을 마쳤다.
▶ 르 코르뷔지에 (1887~1965) 스위스 출신의 프랑스 건축가. 근대합리주의 건축과 고전주의 미학을 조화시켰다.
▶ 체 게바라 (1928~1967) 아르헨티나 출신 혁명가. 쿠바혁명에 참여. 그 후 볼리비아에서 게릴라전을 벌이다 살해됐다.

▶ 최초의 냉동 건조 인스턴트 커피, 스위스에서 출시(1965) ▶ 북한 축구, 런던 월드컵에서 아시아 최초 8강 진출(1966) ▶ 최초의 현금인출기 설치(1967, 영국)

근현대사신문

현대 9호

주요 기사 **2면** | 68혁명 전 세계 강타 (1968) **3면** | 한반도 전쟁 위기 (1968) **4면** | 사설-68세대여 상상력을 더 키워라 **4면** | 진단-닉슨독트린 왜 나왔나 **5면** | 서울, 중학교 무시험 전형 시행 (1969) **6면** | 인류, 달을 밟다 (1969) **7면** | 김수영·신동엽 타계 **8면** | 군사 정권, 생활도 교육도 규격화

68혁명

1968년 서구. 2차 세계대전 이후 냉전 시기에 자라난 아이들이 고등학교와 대학교에 다니고 있다. 전쟁과 혁명을 직접 겪은 앞 세대와 달리 이들은 자본주의 황금기의 엄청난 풍요 속에서 성장했다. 긴장 속의 평화를 누린 데 불과하지만, 혁명과 전쟁은 비교적 먼 아시아·아프리카·라틴 아메리카의 일이었다. 그렇다면 이들은 행복한가? 그들은 아니라고 말한다. 물질적 풍요만으로는 자신들이 꿈꾸는 행복이 보장되지 않는다고 말한다. 진정한 행복을 위해서는 위계 질서와 억압, 전쟁과 소외가 없는 사랑과 평화의 새로운 문화가 필요하다면서 그들은 또 다른 혁명을 준비하고 있다. 지금까지의 정치 혁명과는 다른 문화 혁명을.

사진 | 파리의 68 시위대

금지하는 것을 금지하라… 세계는 68혁명

파리·뉴욕·베를린·도쿄… 기성 권위에 도전하는 젊은이들의 반란

이 시기 파리에선 기존 체제에 도전하는 시위(1면 사진)에 맞서 기성 권위를 옹호하는 시위도 진행됐다. 샹젤리제 거리를 메운 수천 명이 '드골 정부 지지' 행진을 하는 가운데, 한 남성이 개선문 꼭대기에서 프랑스 국기(삼색기)를 흔들고 있다.

【1968년】 파리에 다시 바리케이드가 등장했다. 대학생과 고등학생, 젊은 노동자들이 쏟아져 나왔다. 파리만이 아니다. 뉴욕과 샌프란시스코, 서베를린과 도쿄와 멕시코시티에서, 전 세계의 젊은이들이 이 반란에 합류했다. 누군가는 혁명을 말하지만, "상상력에 권력을!", "금지하는 것을 금지하라!" 등 이들의 슬로건은 역사상 어떤 혁명에서도 보지 못한 것이다.

파리의 불길은 지난 3월 낭테르대학에서 가장 먼저 솟아올랐다. 기숙사의 엄격한 성별 분리를 폐지해 '남녀평등'과 '사랑할 권리'를 보장하라는 요구였다. 학생들은 대학을 점거했고, 당국이 폐교로 맞서자 거리로 나섰다. 또 다른 학생들은 미국의 베트남전쟁에 항의해 미국계 기업을 점거하기도 했다. 그들은 모두 거리에서 만났고, 권위주의, 성과 인종에 따른 차별, 침략 전쟁에 대해 신랄한 야유를 퍼부었다. 전국의 노동자들도 총파업으로 학생 반란을 지지하고 나섰다.

미국의 주요 도시는 흑인민권운동과 베트남전쟁 반대 운동의 거센 물결에 휩쓸리고 있다. 서베를린에서는 전 세계 학생운동 지도자들이 모여 국제 베트남회의를 열고 미국의 침략 전쟁을 비난했다. 도쿄에서는 일본의 냉전 가담 반대와 대학 개혁을 이슈로 학생들이 대학 수십 곳을 점거했다.

그들의 깃발에는 체 게바라와 마오쩌둥의 얼굴이 그려져 있고, 그들은 자본가만이 아니라 관료화된 공산당과 노동조합까지도 구질서로 비판하고 있다. 이들의 새로운 목소리가 어떤 변화의 가능성을 보여줄지 기대와 우려가 교차하고 있다.

아이도, 노인도, 여자도 적… 모두 죽여라

미군, 베트남 미라이에서 500여 명 학살하고 20개월 은폐

미라이 학살 당시 겨우 살아남은 사람들.

【1969년 11월】 은폐됐던 민간인 학살이 드러났다. 지난해 3월 16일 미군이 베트남 중동부 미라이(My Lai) 마을에서 비무장 민간인 500여 명(어린아이 120여 명과 노인, 여자 등)을 학살한 사실이 1년 8개월 만에 세상에 알려진 것.

학살 당사자는 보병 11사단 소속 찰리 중대원 100여 명. 마을에는 적군이나 게릴라의 흔적조차 없었지만, 이들은 "아무것도 남겨둬서는 안 된다."라는 명령에 따라 민간인을 학살했다. 학살에 가담한 20살의 한 병사는 당시 상황을 이렇게 전했다. "훈련받은 지침이 떠올랐고 난 마구 살인을 저지르기 시작했다. 노인, 여자, 아이, 물소, 모든 것을. 그들은 적이었다. 난 그들의 목을 따고, 손을 자르고, 혀와 머리카락을 잘라내고, 머리 가죽을 벗겼다. 많은 사람들이 그 짓을 하고 있었고, 나도 따라서 그렇게 했다."

또한 미군은 여성들을 강간한 후 수류탄을 던져 살해했고, 도망치다 잡힌 사람들을 도랑에 모아 무차별 총격을 가했다. 휴 톰슨(25) 등 다른 미군 3명이 웅덩이에 몸을 숨긴 채 죽음을 기다리던 마을 사람 10여 명과 미군 사이에 헬기를 착륙시키고 사격을 중지시킬 때까지 인간 사냥은 계속됐다.

병사들에게 학살을 지시했던 미군 장교들이 사건을 은폐하려 한 사실도 충격을 주고 있다. 현장 지휘자 켈리 중위는 '작전과정에서 실수로 민간인 10여 명 사망'이라는 왜곡 보고를 올렸고, 미군 당국은 학살을 암시하는 편지를 받고도 '조사 결과 사실무근'이라는 결론을 내렸다. 한편 미라이 학살이 드러나면서 미국에선 '미군 철수' 여론이 거세게 일고 있다.

▶ 소련, '인간의 얼굴을 한 사회주의'를 지향한 체코슬로바키아 '프라하의 봄'을 무력으로 진압(1968) ▶ 이탈리아, 멕시코 등에서 학생운동 격화(1968)

건드리면 터진다… 한반도는 68위기

무장 게릴라 침투·미군 함정 나포 등 충돌 잇달아

【1968년 말】 연이은 사건으로 한반도에 일촉즉발의 위기가 초래되고 있다. 1월 21일, 31명의 북한 게릴라들이 휴전선을 돌파하여 청와대 앞 500미터까지 침투했다. 김신조를 제외한 전원이 사살됐지만, 이 사건으로 남북 간에 위기감이 고조됐다. 북한의 대남 무력 공세는 지난해 이미 예년의 10배 가까이 증가될 만큼 격화되고 있었다. 박정희 대통령은 지난해 하반기부터 미국을 향해 북한에 대한 강력한 군사 대응을 주장해왔는데, 이번 청와대 기습 시도 사건이 사태를 더 악화시켰다. 박 대통령은 보복 조치를 경고하면서 강력 대응을 주장했지만, 때마침 발생한 푸에블로호 사건으로 사태의 주도권은 미국으로 넘어갔다. 청와대 기습 시도 사건 이틀 뒤인 1월 23일, 동해안에서 정보 수집 활동을 하던 미국의 푸에블로호가 북한에 나포되는 초유의 사건이 발생한 것. 푸에블로호는 일본 사세보항을 떠나 소련과

1968년 1·21 사건과 푸에블로호 사건이 연이어 발생하자, 박정희 대통령은 4월 1일 향토예비군을 창설했다. 사진은 여자 향토예비군의 분열식.

북한 쪽 해안을 따라 남하하면서 14일째 정보 수집 활동을 하던 중이었다. 함정에는 83명의 미군 선원이 탑승하고 있었다. 푸에블로호가 북한 영해를 정말 침범했는지와는 별도로 사건 직후 미국이 협상과 군사 제재를 동시에 검토하면서 한반도 전체에 긴장이 고조됐다. 11월에는 다시 동해안 울진·삼척 지구에 무장간첩이 침투하여 민간인이 희생되는 사건이 발생했다. 이처럼 올해 내내 이어진 한반도 군사 위기를 주도한 것은 북한 군부내 강경파들인 것으로 알려졌다. 남한 역시 대북 무력 대응을 강화함으로써 군사적 위기 상황을 진정시키는 데에는 실패했다. 이로 인해 한반도는 1953년 정전 협정 체결 후 가장 심각한 무력 충돌 위험에 빠져들고 있다.

미국 "대(對)아시아 정책 전환"

【1969년 7월 25일】 닉슨 미국 대통령이 취임 첫해에 대(對)아시아 정책 전환을 선언했다. 아시아를 순방 중인 닉슨 대통령은 오늘 괌에서 "(소련 등의) 핵 공격을 제외한 외부의 공격에 대해 (아시아) 당사국이 1차 방위책임을 져야 한다."라고 발표했다. 전문가들은 '공산주의 확산을 막기 위해서라면 군사 부문까지 적극 지원한다'라는 1947년의 트루먼독트린을 축으로 한 미국 외교 정책의 틀 변화를 상징하는 것으로 이번 발표를 받아들이고 있다.

이번 선언의 계기는 미국이 수십만의 군대를 파병했음에도 승기를 잡지 못하고 있는 베트남전이다. 골수 반공주의자로 유명한 닉슨 대통령조차 지

난해 대선 때 베트남전 확대가 아닌 '명예로운 평화'를 내걸었어야 할 만큼, 미국 정부는 고조된 반전 시위와 엄청난 재정 부담을 더 이상 감당하기 어려운 상황에 놓여 있다. 이번 발표를 계기 삼아 미국이 베트남에서 서서히 군대를 철수시킬 것이라는 전망이 나오는 것도 그 때문. 외교가에서는 닉슨의 이번 아시아 순방 기간 동안 프랑스 파리에서 미국과 북베트남 대표가 은밀히 만나 평화 협상에 착수했다는 이야기도 흘러나오고 있다.

한편 미국의 이번 정책 전환이 주한 미군에도 어떤 영향을 끼칠지 관심이 쏠리고 있다. 한국 정부도 이 문제에 촉각을 곤두세우고 있다.

3선 개헌안 날치기 통과

【1969년 9월 14일】 박정희 대통령의 집권 연장을 위한 3선 개헌안이 날치기 통과됐다.

여당인 공화당 의원들은 이날 새벽 2시 50분 무렵 국회 제3별관에 몰래 모여 3선 개헌안을 기습 통과시켰다. 야당 의원들이 농성 중이던 본회의장을 피해 제3별관에 모였던 이들은 날치기 후 뒷문으로 은밀하게 빠져나갔다. 이로써 박 대통령이 내후년 대선에 다시 출마할 수 있는 길이 열렸다.

3선 개헌안을 날치기로 통과시킨 후 뒷문으로 허둥지둥 빠져나가는 공화당 의원들.

3선 개헌은 오래 전부터 준비됐다는 게 정설이다. 2년 전 6·8총선에서 박 대통령을 비롯한 고위 공무원들이 관권 선거에 앞장선 것도 개헌안 통과를 위한 국회의원 수확보를 위한 사전

포석이었다는 것. 또한 박 대통령은 반대 시위를 힘으로 누른 것은 물론, 잠재적 대선 후보로 거론되던 김종필의 추종 세력을 공화당에서 제거하면서 3선 개헌을 준비해왔다.

▶ 통일혁명당 사건(1968) ▶ 북한, 미 해군 정찰기 EC-121 격추(1969) ▶ 신민당의 김영삼, 40대 기수론 제창하며 대선 출마 선언(1969)

사 설

68세대여 상상력을 더 키워라

"차라리 권력을 상상력에게 주겠다!" 68혁명의 구호 가운데 하나다. 성적 위주의 교육, 비인간적 노동 제도, 인종차별과 성차별 등 자유로운 삶을 억압하는 현실은 더 나은 세상을 상상할 줄 모르는 데서 온다는 것이다. 우리는 더 나은 세상을 꿈꾸어야 하고, 그러한 세상은 정치만이 아니라 문화 전반을 바꾸는 문화 혁명을 통해 이루어진다고 한다. 그들의 꿈은 그들이 혐오한 정치에 의해서 그 불길이 사그라지고 있다. 프랑스의 우파 드골 정부는 68세대의 압력에 밀려 퇴진했으나 이어진 총선에서 승리했다. 그렇다고 해서 68혁명이 실패한 혁명이라고 단정할 수는 없다. 생활의 모든 영역에서 인간적인 삶을 추구한 그들의 꿈은 앞으로도 이어질 것이다. 당장 여성운동, 환경운동, 다양한 공동체운동 등 새로운 행동들이 나타나고 있다.

그러나 우리는 68세대의 상상력이 그들만의 틀에 갇혀 있음을 지적하지 않을 수 없다. 그들은 아시아·아프리카·라틴아메리카 민중에게 연대감을 표시했다. 그런데 68세대는 정치적으로 실패하면서도 다른 분야에서 많은 것을 얻었지만, 제3세계 민중은 정치적으로 해방되지 않으면 아무것도 얻을 수 없다. 제3세계 민중을 정치적으로 억압하고 있는 것은 무엇보다도 68세대가 살고 있는 '선진국'의 정치인들이다. 68세대는 베트남에서, 한반도에서, 라틴아메리카에서 사람들을 전쟁과 독재와 빈곤으로 몰아가고 있는 국제 정치의 거대한 사슬을 끊어 버릴 거대한 '정치적' 상상력을 갖출 필요가 있다.

그림마당 | 이은홍

닉슨독트린 왜 나왔나
진단 냉전 일변도 정책 바뀐다

닉슨독트린으로 상징되는 냉전 질서의 지각변동은 지난 10년간 축적되어온 충격의 폭발이다. 동아시아는 이 같은 냉전 질서의 변화를 초래한 진앙지가 있는 지역이며, 그 진앙지는 바로 중국이다.

한국전쟁을 거치면서 중·소 관계는 튼튼한 동맹을 유지했지만 그 이면에는 불안한 요소를 안고 있었다. 중국 공산화 과정에서 소련은 중국공산당에게 사실상 아무런 도움을 주지 못했고, 이는 지구상의 다른 공산권 국가들과는 180도 다른 것이었다. 스탈린사후, 흐루쇼프 실각 등 소련 내부의 정치적 위기 상황이 전개될 때마다 중국은 소련과 마찰을 빚었다. 1966년 중국에서 시작된 문화대혁명은 사회주의 건설을 둘러싼 이념 논쟁을 격화시켰고, 1969년 3월 우수리강(중·소 국경)에서 무장 충돌로까지 발전했다. 1960년대 후반 냉전 질서의 급변은 이처럼 중·소 간의 균열이라는 사회주의권 내부의 위기를 미국이 적극 활용하면서 가능하게 된 것이다.

소련의 지도력 위기와 더불어 베트남에서 고전하는 현실 역시 미국의 정책 전환에 큰 역할을 했다. 1968년 미국 대선에서 존슨은 현직 대통령으로서는 이례적으로 불출마를 선언했다. 베트남전쟁을 '자유 수호 전쟁'으로 확대했던 정책은 미국뿐만 아니라 존슨에게도 파멸적인 결과를 가져다줬다. 어마어마한 전비 지출, 유럽 동맹국들의 외면, 국내의 심각한 정치적·사회적 분열 등으로, 이제 더 이상 '냉전'과 '반공'이 만능해결사 역할을 할 수 없다는 사실이 분명해졌다. 세계는 20년 가까이 지속되고 있는 냉전체제에 피로감을 느끼고 있고, 미국의 유권자들은 더욱 그랬다. 결국 이것이 닉슨의 당선에 이은 새로운 외교 노선으로 현실화한 것이다. 이제 이러한 국제 환경의 변화가 우리에게 어떤 영향을 끼칠지에 관심이 집중되고 있다.

직접적인 대규모 군사적 개입을 피하는 대신 핵심 지역 국가들(미국·소련·일본·중국·유럽)이 해당 지역의 영향력을 분할하면서, 세력 균형을 이루고자 하는 닉슨 행정부의 신정책이 성공할지는 미지수다. 우선 아시아 지역에서 중·소의 세력 균형이 북한에 어떤 영향을 끼칠지 불확실하다. 미·중, 미·소 관계의 변화에 따라 한반도 전체가 예측하지 못한 위험에 빠져들 위험이 도사리고 있을 수도 있다. 국방의 절대 부분을 미국에 의존하고 있는 한국 정부엔 미국의 이 같은 실리적 외교 노선이 자칫 대한(對韓) 방위 공약의 약화로 비칠 우려도 있으며, 이것이 또 다른 급격한 체제 전환의 명분을 제공할지도 모를 일이다.

기/ 록/ 실/ 　　　　　**68 구호들**

▲ "리얼리스트가 되자! 그러나 불가능한 것을 요구하자!" (프랑스 파리 소르본대학 벽에 적힌 구호)

▲ "어이, LBJ(존슨 미국 대통령), 오늘은 얼마나 많은 아이들을 죽였나?" (베트남전 반대 구호)

▲ "호, 호, 호치민, NLF(베트남민족해방전선)는 승리할 것이다." (영국 런던의 반전 시위대. 1969년 미군 전역병들도 미국 국회의사당 계단에서 같은 구호를 외쳤다.)

▲ "혁명이 집과 아주 가까운 곳에 와 있다." (여성해방운동 집단 레드스타킹스)

▲ "우린 흑인이다. 그러나 우린 백인의 미국에서 살아가는 흑인이라는 사실에 자부심을 느낀다." (멕시코올림픽 시상식에서 국가가 연주되는 동안 '흑인해방운동은 정당하다'는 뜻으로 주먹을 추켜올렸다가 제명된 미국 대표 카를로스)

▲ "전쟁이 아니라 사랑을 하라." (전쟁 승리를 상징하는 'V' 표시를 뒤집은 '∧' 표시와 함께)

▶ 대학 입시 예비고사 제도 도입(1968) ▶ 김수환, 한국인 최초로 추기경 선임(1969) ▶ 문교부, 외래어 한글 표기 원칙 발표(1969)

국민학생들 이제 좀 마음껏 뛰놀겠네

서울시 중학교 첫 무시험 추첨 실시… 점차 전국 확대키로

【1969년 2월 6일, 서울】 입시 지옥을 해소하고 중학 교육을 평준화한다는 취지로 이틀간 실시된 서울 시내 중학교 무시험 추첨이 무사히 끝났다. 어린이들은 영하 15도의 강추위도 잊은 듯 서울공고 등 4개 추첨 장소에 모여 정성껏 추첨기를 돌렸다. 입시를 치르지 않아도 된다는 해방감 때문인지 대부분의 아이들은 밝은 표정으로 마치 운동 경기 구경 나온 것처럼 이리저리 뛰어다녔다.

권오병 문교부 장관은 추첨 결과를 모아 오후 6시, 4학군 140개 남녀 중학교에 대한 어린이 9만 378명의 진학 배정을 발표했다. 어린이들은 10일부터 15일까지 배정받은 학교에 나가 이름을 확인하고 등록을 마쳐야 하며, 이번에 등록을 포기한 어린이는 앞으로도 추첨권을 받지 못한다. 이는 일부 학부모들이 평준화 시책을 '졸속'으로 비판하면서 집단적으로 등록을 거부할 가능성을 차단하려는 조치로 해석된다. 기대하던 학교에 당첨된 어린이의 학부모들은 만족스

중학교 무시험 진학제 도입 후, 학생들은 각 학교의 고유 번호를 적은 은행알을 넣은 수동식 추첨기를 돌려(일명 '뺑뺑이') 학교를 배정받고 있다.

런 표정인 반면, 이름도 위치도 모르는 변두리 학교에 배정된 어린이와 학부형은 "6년 공든 탑이 하루아침에 무너졌다."라며 울상이다. 라디오 가게 앞에서 뉴스를 듣던 신당동의 김봉환(42)씨는 "50리 길의 도봉여중에 보내게 됐다."라며 한숨을 쉬었다. 일부

학부형은 차라리 사설 학원을 설립해 아이들을 교육시키겠다는 주장도 공공연히 하고 있다. 이번 무시험 배정을 위한 학교 확보 차원에서 신설된 도봉여중 등 몇몇 학교는 체육기구, 수도, 전기 등 기초 시설이 미비한 편이라 교육 당국의 조속한 보완 조치가 필요한

상황이다. 그러나 교육부는 그동안 경기, 경복 등 일부 '명문' 중학교를 둘러싼 과열 입시로 왜곡돼 있던 국민학교 교육을 정상화하기 위한 이번 무시험 추첨이 성공적이었다고 평가하며, 드러난 문제점을 보완해 전국으로 확대해 나갈 방침을 분명히 하고 있다.

미국 경제 울상 베트남전 수렁에 골병

【1969년】 2차 세계대전 이후 세계 자본주의를 떠받쳐온 미국 경제에 빨간 불이 켜졌다. 직접적 원인은 천문학적인 베트남전 비용. 단기간에 끝내겠다며 물량 공세를 퍼부었지만, 전쟁이 끝날 기미가 보이지 않으면서 전비(戰費)가 엄청나게 늘어 미국의 허리가 휠 정도가 된 것.

미국의 베트남전 수행 비용은 국내 총생산의 9퍼센트 수준으로, 1차 세계대전과 한국전쟁 비용을 이미 넘어섰다는 평가다. 상황이 이러한데도 쉽게 발을 빼지 못하는 것은 정치적 이유 이외에도, 전쟁이 길어질수록 떼돈을 버

는 군산복합체 때문이라는 분석이 나오고 있다.

또한 존슨 대통령이 '위대한 사회' 건설을 내걸고 돈이 많이 드는 사업을 폭넓게 시행하고, 유럽과 일본의 경제가 빠르게 성장하면서 미국의 무역 적자가 늘어난 점도 재정 악화에 한몫했다. 이를 해결하기 위해 달러를 대폭 찍어내고 있지만, 그 결과 인플레이션이 발생한 것은 물론 달러 가치가 하락해 미국에 부담이 되고 있다. 이러다가 전후 자본주의 세계 경제의 기본 틀인 브레턴우즈 체제가 무너지는 것 아니냐는 우려가 힘을 얻고 있다.

한국 경제 웃음 베트남전 특수 누려

【1969년】 한국 경제가 베트남전쟁 덕을 톡톡히 보고 있다. 대부분 한국으로 송금되는 한국군 월급은 미군의 6분의 1, 필리핀·타이군의 4분의 1 수준(1966년 기준)이지만 한국 형편에는 적은 돈이 아니다. 기업도 군납과 수출로 호황을 누리고 있다. 1965년 1,770만 달러이던 베트남 수출액은 최근 7,000만 달러에 근접했다. 1966년 이래 파병으로 인한 약 5억 달러의 외환 수입은 경제 개발 계획의 핵심 재원으로 쓰이고 있다.

그러나 정작 베트남 특수의 최대 수혜자는 피 한 방울 흘리지 않은 일본.

한국의 이익은 20명만 파병한 타이완과 비슷하며, 1명도 파병하지 않은 싱가포르·홍콩도 특수를 누리고 있다.

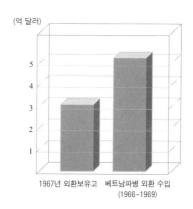

(억 달러)

1967년 외환보유고　베트남파병 외환 수입
　　　　　　　　　　　　　　　　(1966~1969)

▶ 유럽 전역에 통화 위기(1968) ▶ 서구 자본주의 선진국들, 잇달아 금리를 인상해 2차 세계대전 이후 최고 수준으로 치솟고 세계적 인플레이션 진행(1969)

지상 최대의 쇼… 인류 최초로 달 착륙

1960년대 내내 250억 달러 투입… 최초 핵폭탄 개발 비용의 12배

【1969년, 미국】 "이 한 걸음이 나 한 사람에게는 작은 발걸음일 뿐이나 인류 전체에게는 위대한 도약이다."

7월 21일 텔레비전을 볼 수 있었던 거의 모든 사람의 눈길을 받으며 닐 암스트롱(39)이 '고요의 바다'라고 명명된 달 표면에 첫 발자국을 남겼다. 최초로 달을 디딘 인간으로 영원히 기록될 암스트롱은, 이 역사적 사건의 의의를 역시 영원히 기억될 앞에서 언급한 한 문장으로 요약했다.

암스트롱을 포함한 세 사람을 태운 미국의 우주선 아폴로 11호는 닷새 전인 7월 16일 지구를 떠나 달 착륙이라는 과업을 완수하고 무사히 귀환했다. 인간이 달에 발을 디디고 돌아올 수 있게 하겠다는 아폴로 계획의 성공으로 최초의 인공위성(1957년), 최초의 우주인(1961년) 등을 소련에 빼앗기면서

우주선 아폴로 11호의 달 착륙 순간을 중계하는 텔레비전 방송을 보기 위해 서울 신세계백화점 앞 육교에 시민들이 모여 있다. 달 착륙은 이처럼 전 세계의 관심을 끄는 데는 성공했지만, "지상 최대의 쇼"라는 비판도 받고 있다.

구겨졌던 미국의 자존심도 회복할 수 있게 됐다.

그러나 이런 자존심의 회복을 위해 미국이 들인 대가는 엄청났다. 1961년 5월 25일 케네디 대통령이 달 착륙을 선언한 후, 미국은 이 불가능해 보이는 목표를 실현하고자 1960년대 내내 엄청난 규모의 돈을 퍼부었다. 이 아폴로 계획에만 약 250억 달러에 달하는 비용이 들었다. 1940년대 최초

의 핵폭탄을 개발하는 데 들어간 비용의 12배가 넘는 규모다.

이런 상황을 염두에 두고 이 계획을 비판하는 목소리도 적지 않다. 아폴로 11호가 발사되기 전날인 7월 15일 발사 현장으로 찾아가 항의 시위를 벌인 목사 랠프 애버내시가 대표적이다. 그는 이 계획을 '지상 최대의 쇼'로 규정하면서 미국인의 5분의 1이 제대로 된 음식·의복·주거·의료 서비스조차 얻지 못하는 상황에서 허비되는 수백억 달러를 성토했다. 이번 달 착륙이 과연 소련을 의식한 한 번의 쇼인지 아니면 우주 시대를 열 전환점이 될지는 우주 개발의 실제 성과에 달려 있다. 일단 미국은 앞으로 아폴로 계획을 계속 추진할 예정이다. 그러나 최고조에 이른 대중의 관심이 급격히 수그러들 가능성이 커 막대한 비용이 들어가는 이 계획이 얼마나 갈지는 불투명하다.

냉전의 부산물, "땅덩어리가 움직인다"

군사 경쟁 덕에 반세기 만에 인정 받은 베게너 대륙 이동설

【1968년, 미국】 『지구물리학연구』 9월호는 "지구 표면에 두께가 수백 킬로미터인 여러 개의 '판(plate)'이 존재하고, 이것의 움직임이 지진, 화산과 같은 지질 현상의 원인이 된다"라는 '판 구조론(plate tectonics)'을 공식 제기했다. 독일의 알프레드 베게너의 '대륙 이동설'이 세상에 선보인 지 50여 년 만에 인정을 받게 된 것. 1915년 베게너가 지구를 덮고 있는 땅덩어리가 움직인다고 주장할 때만 해도 그의 주장에 귀를 기울이는 과학자는 아무도 없었다. 그 후 베게너가 1930년 그린란드에서 목숨을 잃

판 구조론

자, 이런 대륙 이동설을 거론하는 이들조차 거의 없었다. 그러나 1950년대 들어서 이런 분위기는 반전되기 시작했다. 역설적으로 냉전이 이런 반전에 큰 역할을 했다.

2차 대전 때부터 각국의 군대는 잠수함 작전, 전쟁에 필요한 석탄·석유

매장지 탐사를 위해 과학자에게 적극적인 협력을 요청했다. 특히 군대는 잠수함 작전에 필요한 정교한 해저 지도를 만들고자 해저 탐사에 아낌없는 지원을 했다. 이 과정에서 대륙 이동설처럼 땅덩어리가 움직일 가능성을 지지하는 증거가 다수 발견된 것이다.

이타이이타이병 환자, 공해 기업 고소

【1968년, 일본】 일본의 '이타이이타이병' 환자와 가족들이 3월 9일 미쓰이그룹을 상대로 소송을 제기했다. 이들은 미쓰이 그룹의 공장에서 배출한 폐수에 포함된 카드뮴이 이타이이타이병의 원인이라고 주장했다.

이 병에 걸린 환자는 처음에는 심한 근육 통증을 호소하다, 수년 후에는 걸을 수 없을 정도까지 상태가 악화한다. 심한 경우에는 걷거나, 기침을 하다가도 뼈가 부서지는 증상이 나타난다. 이타이이타이병은 일본어 "이타이 이타이(아프다 아프다)"에서 유래한 것이다.

▶ 기무라 모토, '분자 수준의 진화는 거의 자연선택을 따르지 않는다.'는 중립 이론 발표(1968)　▶ 로버트 워터커, 생물을 다섯 계로 구분하는 방안 제시(1969)

1969년 한국 문학은 슬프다

참여시의 거장 김수영·신동엽 타계

【1969년, 서울】 슬프고 또 슬픈 일이다. 한국 문단이 두 위대한 시인을 차례로 잃었다. 지난해 6월 16일 불의의 교통사고로 떠난 김수영과 올해 4월 7일 간암으로 세상을 떠난 신동엽. 이들은 시라는 것이 인간의 삶과 사회, 역사를 노래할 수 있고 마땅히 노래해야만 한다는 것을 자신들의 삶과 시를 통해 또렷이 보여준 '참여시'의 선구자들이었다.

참여시인이라는 점은 같았지만, 두 사람의 시 세계엔 실제로 적지않은 다름이 있었다. 김수영은 도시적 감수성을 지닌 반(反)전통주의자였다. 그의 시는 주로 소시민적 삶의 구차함과 그것에 대한 환멸과 반성을 주제로 삼고 있었다. 김수영은 고작 "왕궁의 음탕 대신에 / 오십 원짜리 갈비가 기름덩어리만 나왔다고" 분개하는 자신을

책망하곤 했는데, 이는 언제나 냉정하리만큼 정직하게 자신을 대면했기 때문이었다. 이러한 정직함은 부패하고 억압적인 사회에 대한 날카로운 비판으로 이어졌다.

반면 신동엽은 농촌적 감수성을 지닌 투철한 민족주의자였다. 그는 항상 직설적이고 당당하게 민족과 민중, 통일과 혁명을 노래했다. 그리고 그것들을 가로막고 있는 거짓된 자들에게는 "껍데기는 가라"고, "한라에서 백두까지 / 향그러운 흙가슴만 남고 / 그, 모오든 쇠붙이는 가라"고 소리 높여 외쳤다. 무엇보다 동학농민운동을 다룬 대서사시 『금강』은 그가 꿈꾸었던 한민족의 역사와 희망에 대한 눈부신 절창이었다.

이들의 시가 만난 곳은 4월혁명의 역사적 현장이었다. 김수영은 혁명에

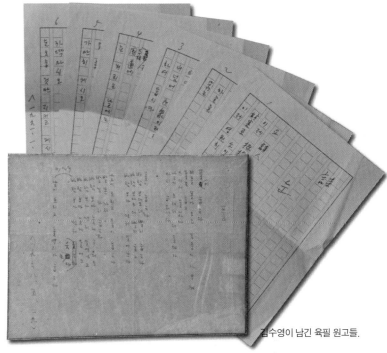

김수영이 남긴 육필 원고들.

서 "복사씨와 살구씨가 한번은 이렇게 사랑에 미쳐 날뛰는 "사랑의 기술"을 배웠고, 신동엽은 "마음 속 구름을 닦고 / 티 없이 맑은 영원의 하늘

을" 보았다. 두 시인은 떠났지만, 그들 덕분에 우리 문학은 인간의 대지에 발을 딛고서, 사랑의 기술과 영원의 하늘을 노래하는 법을 배웠다.

사랑과 평화의 3박 4일   반전·문명 비판 울려 퍼진 우드스탁

【1969년 8월 18일, 뉴욕 주 베델】 우드스탁 축제가 막을 내렸다. 4일간 이어진 이 축제엔 미국 전역에서 모여든 약 50만 명의 젊은이가 함께했다. 이들은 미국 국가를 조롱하는 뜻이 담긴 지미 헨드릭스의 록 기타 연주에 환호했고, 저항과 일탈을 노래한 대중음악가들에게 열광했다. 계속된 폭우, 부족한 물과 음식, 열악한 화장실 등도 사랑과 자유, 반전 평화에 공감하는 이들을 막을 수 없었다.

이번 축제는 물질 문명과 기존 사회제도를 반대하는 히피 경향을 대변하고 있다. 이 경향은 전쟁과 문명의 비인간화에 절망해 새로운 공동체를 꿈꾸는 젊은이들의 관심을 끌며 확산되고 있다. 특히 미국이 베트남전에서 수행하는 역할에 대한 비판이 높아지면

억수 같이 비가 쏟아졌지만 우드스탁은 히피 문화의 정점을 보여주며 성황리에 진행됐다.

서 확산 속도는 더 빨라지고 있다.

이들을 우려하는 시선도 있다. 현실에서 동떨어져 구체적인 문제에 관심을 두지 않는 점 때문에 시간이 지날수록 히피 경향에서 저항의 의미는 사

라지고 일탈과 퇴행만 남을 수도 있다는 것. 대체로 백인 중산층 출신인 히피 젊은이들이 흑인민권운동과 여성해방운동에 적극적인 관심을 보이지 않고 있다는 지적이다.

한글 전용이냐
한자 병용이냐

【1969년, 서울】 박정희 대통령의 한글 전용 촉진 선언으로 논란이 뜨겁다. 박 대통령은 지난해 10월 ▲교과서에서 한자를 없앨 것 ▲한자가 들어 있는 (민원) 서류를 접수하지 말 것 등 7개 사항을 지시했다. 지난 1948년 한글전용법이 공포됐지만, 한자가 병기되거나 국한문이 혼용되고 있는 상황을 타파하자는 취지다. 한글학회는 '역사적 영단'이라며 환영했지만, 국어학자 이희승 등 140명은 지난 1월 반대 성명을 발표했다. 우리말에 한자로 이뤄진 단어가 많기 때문에 한자 병용은 불가피하다는 것. 현재 양쪽의 견해는 팽팽히 맞서고 있다.

▶ 한국방송(KBS, 1961), 동아방송(DBS, 1963), 동양방송(TBC, 1964)에 이어 문화방송(MBC, 1969)이 개국하며 본격적인 텔레비전 시대 열림

축구가 진짜 전쟁 불렀다

【1969년 7월】 흔히 전쟁에 비유되는 축구 경기가 국가 간의 진짜 전쟁으로 이어졌다. 중앙아메리카의 엘살바도르와 온두라스가 이달 벌인 '축구 전쟁'이 바로 그것. 엘살바도르가 온두라스를 꺾고 멕시코월드컵 본선 진출권을 확보하자, 흥분한 온두라스 팬들은 엘살바도르 팬들을 집단 폭행했다. 그 이전에 벌어진 두 경기에서도 양국 팬들은 상대팀 선수들을 괴롭히며 감정 대결을 벌였다. 자국민이 폭행당하자 엘살바도르 군대는 온두라스 국경을 넘었다. 6일 만에 양국은 무승부 상태에서 휴전했지만, 사망자가 약 5,000명에 달할 정도로 치열한 전쟁이었다.

물론 전쟁의 계기가 축구만은 아니다. 가난한 온두라스엔 부유한 엘살바도르 대지주 소유의 농장과 이민농이 많았는데, 올해 초 온두라스 정부가 그 토지를 압류해 자국인 소작농에게 나눠주고 엘살바도르인들을 추방하면서 갈등의 골이 이미 깊어진 상태였다. 축구 경기는 그 불씨에 기름을 부은 격이다. 또한 양국의 군사독재정부가 국민의 관심을 나라 밖으로 돌리고자 갈등을 부추긴 측면도 있다.

리비아, '반(反)서방' 쿠데타

【1969년】 아프리카 북부 리비아에서 9월에 쿠데타가 발생해 왕정이 무너졌다. 쿠데타 주역은 육군 대위 가다피(27). 가다피 대위는 국왕을 퇴위시키고, 미국과 영국의 군사기지를 철수시켰다. 외국 석유 회사들을 추방하고 석유를 국유화할 태세인 데서도 드러나듯, 가다피는 '반(反)서방' 노선을 분명하게 내세우고 있다.

영화 〈미워도 다시 한번〉(1968) 포스터.

군사정권, 생활도 교육도 규격화

【1969년】 "군대는 각이다." 군에 다녀온 대한민국 남성들에겐 익숙한 말이다. 군인 출신답게 박정희 대통령은 요즘 이러한 '각 잡기'를 민간 사회에까지 강제하고 있다. 대표적인 사례가 지난 3월 발표된 가정의례준칙이다. 이 준칙은 '약혼식 폐지', '상복은 평복으로 하고 혼례식 장소는 가정이나 공회장으로 할 것' 등 시민 생활을 구석구석까지 통제하는 내용을 담고 있다.

허례허식을 없앤다는 취지는 좋지만 지나친 것 아니냐는 비판이 만만치 않다. 이러한 통제가 획일적인 국가주의 강조로 이어지고 있는 것도 논란이

다. 특히 지난해 12월 대통령이 선포한 국민교육헌장(사진)을 학생·공무원·교사·군인 등에게 의무적으로 암

송하게 하는 것은 과거에 일제가 황국 신민서사를 억지로 외우게 했던 것과 닮은꼴이라는 비판이 나오고 있다.

국민 교육 헌장

우리는 민족 중흥의 역사적 사명을 띠고 이 땅에 태어났다. 조상의 빛난 얼을 오늘에 되살려, 안으로 자주 독립의 자세를 확립하고, 밖으로 인류 공영에 이바지할 때다. 이에, 우리의 나아갈 바를 밝혀 교육의 지표로 삼는다.

성실한 마음과 튼튼한 몸으로, 학문과 기술을 배우고 익히며, 타고난 저마다의 소질을 계발하고, 우리의 처지를 약진의 발판으로 삼아, 창조의 힘과 개척의 정신을 기른다. 공익과 질서를 앞세우며 능률과 실질을 숭상하고, 경애와 신의에 뿌리박은 상부상조의 전통을 이어받아, 명랑하고 따뜻한 협동 정신을 북돋운다. 우리의 창의와

협력을 바탕으로 나라가 발전하며, 나라의 융성이 나의 발전의 근본임을 깨달아, 자유와 권리에 따르는 책임과 의무를 다하며, 스스로 국가 건설에 참여하고 봉사하는 국민 정신을 드높인다.

반공 민주 정신에 투철한 애국 애족이 우리의 삶의 길이며, 자유 세계의 이상을 실현하는 기반이다. 길이 후손에 물려줄 영광된 통일 조국의 앞날을 내다보며, 신념과 긍지를 지닌 근면한 국민으로서, 민족의 슬기를 모아 줄기찬 노력으로, 새 역사를 창조하자.

1968년 12월 5일

대통령 박정희

전차, 추억 속으로 사라지다

【1968년】 시민의 발이던 전차(電車)가 역사 속으로 사라졌다. 11월 30일 자정, 서울시의 모든 전차는 운행을 중지했다. 이로써 전차는 1899년 5월 17일 개통된 후 69년 만에 서울에서 사라지게 됐다. 이는 자동차가 늘면서 전차가 교통 흐름을 방해하는 천덕꾸러기로 간주돼온 결과다. 전차는 속도가 느린 데다 고정 노선 위를 달리다 보니 추월할 수 없다는 점 등 때문

앞으로는 도로에서 볼 수 없게 된 전차.

에 1960년대 들어 대중 교통의 왕좌를 버스에 이미 넘겨준 상태였다.

마틴 루터 킹 목사 피살

【1968년, 미국】 흑인민권운동의 상징인 마틴 루터 킹 목사가 암살됐다. 향년 39세. 킹 목사는 4월 4일, 흑인 청소부 파업을 지지하기 위해 찾은 테네시주 멤피스시에서 극우파 백인 제임스 얼 레이가 쏜 총탄에 맞아 세상을 떠났다. 킹 목사 피살 소식이 알려지자, 미국 60개 도시에서 폭동이 일어나는 등 흑인들은 극도로 분노하고 있다. 킹 목사는 비폭력주의에 입각한 공민권 운동의 지도자로 1955년 몽고메리 버스 보이콧 투쟁을 이끌었으며 1964년 노벨 평화상을 받았다.

재일교포 차별 고발

【1968년】 재일 한국인 차별 문제로 일본 열도가 뜨겁다. 김희로(40)씨 때문이다. 재일 한국인인 김씨는 2월 20일 "조센진, 더러운 돼지새끼"라며 자신을 비하한 야쿠자 2명을 사살한 뒤 다이너마이트와 실탄을 갖고 도주해 가와네 온천장에 있는 후지미야 여관에서 투숙객들을 인질로 잡고 경찰과 대치하다 4일 만에 검거됐다. 텔레비전을 통해 중계된 인질극에서 그는 "경찰관의 한국인 차별을 고발하기 위해 사건을 일으켰다."라고 주장, 경찰의 사과를 받아내 파문을 일으켰다.

부 고

▶ 헬렌 켈러(1880~1968) 미국의 작가이자 사회운동가. 시각·청각장애를 극복한 여성이자, 자본주의를 신랄하게 비판한 사회주의 지식인.

▶ 가가린(1934~1968) 소련의 우주비행사. 인류 최초로 우주 비행에 성공했다. 비행 훈련 중 추락해 사망했다.

▶ 호치민(1890~1969) 베트남의 정치가이자 혁명가. 1910년대부터 베트남의 독립과 혁명을 위해 헌신. 최고 지도자였음에도 소탈한 모습을 보여, '호 아저씨'라는 친근한 애칭으로 불리고 있다.

▶ 최승희(1911~1969) 한국의 무용가. 고전무용을 현대화하고 '조선춤'을 세계에 알렸다. 일제 말기에 '전선위문공연'을 한 일 때문에 해방 후 친일파라는 비판도 받았다. 남편 안막과 함께 월북했다.

육상 100미터, 10초 벽 깨지다

【1968년】 육상 100미터 경기에서 마(魔)의 10초 벽이 무너졌다. 멕시코 고원지대에서 벌어진 19회 멕시코올림픽에서 미국 대표 짐 하인스(22)가 9초95를 기록한 것.

육상 100미터 세계기록을 측정하기 시작한 1912년 이후 계속되던 마의 10초 벽은 이로써 56년 만에 무너지게 되었다.

▶ 박정희 정권, 1·21사태 계기로 주민등록증 발급 및 학교에서 군사교육(교련) 강제　▶ 미니스커트와 핫팬츠, 롱부츠가 '유행 1번지' 명동을 중심으로 유행

주요 기사 2면 | 전태일 분신 (1970) **3면** | 남한 유신헌법 선포, 북한 주석제 신설 헌법 제정 (1972) **4면** | 해설-10월유신을 어떻게 볼 것인가 **5면** | 브레턴우즈 체제 사실상 파탄 **6면** | 아르파넷, 이메일 도입 (1971) **7면** | 새로운 청년문화 꿈틀 **8면** | 새마을운동

전쟁 같은 경제개발, 무너지는 노동자

1970년 4월 서울의 와우 지구 시민 아파트 15동이 무너져 내려 33명이 죽었다. 졸속 개발과 부실 공사가 합작한 이 사고는 사회적 안전망 없이 벌어지는 한국의 경제개발을 상징적으로 보여준다. 전쟁을 치르듯 진행되는 경제개발 과정은 전에 없이 많은 노동자들을 양산하고 있지만, 이 노동자들은 최소한의 기본권도 누리지 못한 채 와우 아파트의 희생자들처럼 벼랑으로 내몰리고 있다.

미국, 일본 등 자본주의 선진국에서는 노동자들이 노동운동을 통해 자신들의 권리를 쟁취해 나가는 것이 당연한 일로 여겨지고 있지만, 한국의 노동자들은 그들의 권리를 규정한 노동기본법이라는 것이 있는 줄도 모른 채 세계 최장 수준의 노동시간과 비인간적 대우에 시달리고 있다. 노동운동 단체가 없었던 것은 아니지만, 이승만 정권 때의 대한노총이나 현 정권 하의 한국노총은 모두 정부의 예하 부대에 불과하다. 이런 상황에서 한 노동자 청년이 예사롭지 않은 죽음을 맞이했다.

사진 | 무너진 와우 아파트

노동자는 기계가 아니다
전태일 분신… 근로기준법 책 불살라

【1970년】 "우리는 기계가 아니다. 일요일은 쉬게 하라!"

11월 13일, 서울 평화시장에서 불길에 휩싸인 한 청년이 절규했다. 전태일(22)이라는 이 청년은 노동조건 개선을 요구하며 『근로기준법』 책을 안고 자기 몸에 스스로 불을 붙였다. 이 청년은 어머니(이소선, 41)에게 "내가 못다 이룬 일, 어머니가 이뤄주세요."라는, 동료들에겐 "내 죽음을 헛되이 말라."라는 유언을 남겼다.

이를 계기로 노동자의 참담한 현실이 세상에 알려지고 있다. 평화시장은 소규모 봉제공장이 많은 곳으로, 수출로 고도성장을 이끄는 섬유·의류 산업의 주축이다. 그러나 '수출 역군'인 노동자의 현실은 열악하기 짝이 없다. 전태일의 조사에 따르면 평화시장 등 3곳의 공장은 860여 곳, 노동자는 2만 6,800여 명. 그중 약 2만 4,000명(85.9퍼센트)은 14~24세 사이 여성(절반이 18세 미만)이다. 입 하나 줄이고자, 혹은 남자 형제들의 학비를 마련코자 고향을 떠난 이 여성 노동자들은 먼지 구덩이 속에서 장시간 노동과 저임금에 시달려야 했다. 전태일의 조사와 노동자 증언 등을 통해 드러난 이들의 현실은 다음과 같다.

한국 노동자들은 경제성장의 주역이면서도 그 과실을 누리지 못하고 있다. 근로기준법에 명시된 노동기본권조차 이들에겐 먼 이야기다. 이 문제를 바로잡기 위해 혼신의 노력을 했던 청년 노동자 전태일의 영정을 그 어머니 이소선씨가 부여안고 오열하고 있다.

"하루에 14~15시간 일한다. 일거리가 밀리면 사흘씩 연거푸 밤낮으로 일한다. 이때 업주들은 어린 시다(보조 봉제사)들에게 잠 안 오는 약을 먹이거나 주사를 놓아가며 밤일을 시킨다. 일터엔 창문이 거의 없고, 의자에서 일어나 몸을 뻗을 공간조차 없다. 다락방에선 허리를 구부리고 다녀야 한다. 옷감에서 나온 포르말린 냄새가 질식할 만큼 강하다. 공장에 들어서는 순간 옷감에서 나온 섬유와 먼지로 머리가 뒤덮일 정도다. 경력 5년 이상 된 사람은 위장병, 신경통, 류머티즘이 대부분이고 폐병 2기도 있다." 이 때문에 "평화시장 여공은 시집가도 3년밖에 못 써먹는다."는 말이 나올 정도다. 또한 노동자가 2,000명이 넘는 곳에도 화장실은 남녀 공용 3개, 400개 작업장에 딸린 수도는 달랑 3개일 정도로 환경도 열악했다. 더욱이 임금을 다 받지 못하는 경우도 허다하다는 것.

전태일은 재단사로서 공장주 뜻대로 노동자를 가혹하게 부리며 현실에 눈감을 수도 있었지만, 그와 반대로 노동자 처우 개선을 위해 노력했다. 그러나 업주들은 전태일을 해고했고, 당국과 대다수 언론은 노동자들의 호소를 외면했다. 전태일은 『근로기준법』 책을 독학했지만, 노동자의 권리가 현실에는 없고 법전에만 존재함을 씁쓸하게 확인해야 했다. 『근로기준법』 책을 안고 분신한 것도 이 때문.

이번 사건의 근본 원인은 노동자에게 정당한 대가를 지불하지 않고 빈부 격차를 키운 개발독재라는 것이 중론이다. 전태일이 어려운 말로 가득 찬 『근로기준법』을 독학하며 "대학생 친구 하나 있었으면"이라고 소망했다는 데 충격 받은 대학생은 물론 각계에서 노동문제 해결에 적극 나설 태세인 데서도 드러나듯, 이번 사건의 파장은 오래도록 지속될 전망이다.

세계 노동운동의 오늘　같은 분단국가인 서독도 노동자 권리 확보

【1970년】 전태일의 분신을 계기로 한국의 낙후한 노동 현실이 관심사로 떠오르고 있다. 최소한의 노동기본권도 보장되지 않는 한국과 달리, 노동자가 기업 운영에서 중요한 역할을 맡고 있는 선진국들로부터 배워야 한다는 목소리가 높아지고 있다.

그중에서도 서독 사례를 눈여겨볼 필요가 있다. 2차 세계대전 패배 후 '라인강의 기적'으로 불리는 경제 발전을 이룬 서독에서는 노동자의 권리가 적극적으로 보장되고 있다. 특히 주목되는 것은 노사 공동 결정 제도이다.

1953년 도입된 이 제도에 따라 서독 철강 기업에서는 노동자와 주주가 같은 수의 대표를 이사로 임명하고 있다. 철강 이외 부문에서도 노동자들은 인사 문제를 다루는 노동자 이사를 임명할 권리를 확보하고 있다. 본래 전쟁 특수를 노리고 독일이 세계대전을 일으키도록 부추긴 철강 및 석탄 부문 자본가들을 견제하기 위해 도입됐던 공동 결정제가 경제 발전에도 큰 도움이 되고 있다는 판단 아래 다른 분야까지 확대 실시되고 있는 것. 서독 역시 분단국가라는 점에서도 한국이 참고할 만한 사례다.

▶ 박정희, 1971년 대선에서 지역감정 자극, 금품 살포 끝에 김대중 후보 누르고 당선 ▶ 정부, 대학생 시위가 거세지자 위수령 발동하고 공수특전단 투입(1971)

남북한 화해의 악수 속에 강화되는 독재 권력

7·4남북공동성명 직후 10월유신 단행… 북한도 유일 체제 강화

【1972년】 세계적인 데탕트(화해)의 흐름은 얼어붙은 한반도에도 밀어닥쳐 남북한 당국은 7월 4일, 분단 이후 최초로 통일과 관련된 공동성명을 발표하기에 이르렀다(관련 기사 4면). 그러나 이것은 통일을 빌미로 한 독재 체제 등장의 서곡에 불과했다.

박정희 대통령은 10월 16일, 대통령 간선제 및 중임 제한 철폐 등을 골자로 한 유신헌법을 선포했다. 대통령의 권한을 극단적으로 강화한 유신헌법을 통과시키기 위해 박정희는 국회를 해산하고 계엄령을 선포했다. 유신헌법은 투표율과 찬성률 모두 90퍼센트 이상을 기록한 국민투표를 거쳐 공포됐다. 이에 따라 대통령과 국회의원의 3분의 1을 선출할 권한이 부여된 통일주체국민회의는 만장일치에 가까운 표결(무효 2표, 찬성률 99.9퍼센트)로 박정희를 대통령으로 선출했다.

사실상 공화당이 과반 의석을 장악

특사 자격으로 방문한 박성철(왼쪽) 북한 제2부수상이 박정희 대통령과 악수를 나누고 있다. 팽팽한 긴장감이 느껴진다.

한 데 더해 대통령이 국회의원의 3분의 1을 직접 지명할 수 있게 된 유신 체제에서는 대통령이 마음먹는다면 무엇이건 할 수 있게 됐다. "통일과 통일 헌법에 대비한 강력한 통치 체제"가 필요하다는 구실을 내세운 독재 강화 조치라는 평이다.

북한의 김일성 수상 역시 변화된 국제 정세에 자신의 지배 체제를 강화하는 것으로 대응했다. 12월 북한 최고 인민회의는 기존 헌법을 폐지하고 새 헌법을 제정했다. 새로운 사회주의 헌법에 따르면 주석은 최고인민회의에서 선출되며 내각·군·인민위원회를 모두 통솔할 수 있다. 또한 2년 전 열린 노동당 5차 당대회에서는 김일성의 주체사상만이 유일한 지도 이념임을 의미하는 '유일 사상 체계'가 당 규약에 명시됐다. 이로써 김일성은 헌법과 노동당 규약에 의거해 정부·당·군을 총괄하는 수령으로서 절대적 지배 체제를 갖추게 됐다.

냉전과 함께 남북한에 들어선 분단 체제가 1970년대 들어 흔들리자 남북한도 화해의 몸짓을 보이기는 했으나, 통일보다는 독재 권력의 강화로 이어진 셈이다. 비상 체제가 국제 질서 변화 때문에 불가피했다는 설명이 얼마나 받아들여질지 지켜볼 일이다.

미국·중국 화해의 악수 닉슨독트린 산물… 동아시아 지각변동

【1972년】 한국전쟁 때 무력 충돌했던 미국과 중국이 화해의 악수를 나눴다. 지난해 7월 중국을 방문하겠다고 밝혀 세계를 깜짝 놀라게 했던 닉슨 미국 대통령은 2월 21일 베이징에 첫발을 내딛고 마오쩌둥과 만났다. 두 나라는 '관계 정상화'와 '아시아와 세계의 긴장 완화'를 위해 노력한다는 내용의 공동성명을 발표했다.

이번 방문은 닉슨독트린(관련 기사 9호 3면)의 연장선에 있다는 분석이 지배적이다. 베트남전에서 '명예로운 퇴각'을 해야 할 처지에 놓인 미국이 중국과 화해해 동아시아 질서를 재편하는 동시에 소련을 견제하는 효과

중국을 방문한 닉슨 미국 대통령이 저우언라이(왼쪽에서 두 번째)를 비롯한 중국 지도자들과 함께 젓가락을 들고 식사하고 있다.

를 노렸다는 지적이다. 또한 소련을 '수정주의'라고 비난하며 갈등을 빚다가 3년 전엔 무력 충돌까지 벌였던 중국으로서도 돌파구가 필요한 상황이었다. 소련과 서방국가들을 모두 적으로 돌렸던 문화대혁명 초기 기조의 비현실성이 드러남에 따라, 중국이 '제국주의 미국'과 화해해 '수정주의 소련'의 위협에서 벗어나는 전략을 택한 것이다.

미국의 대 중국 정책이 역사적으로 전환하면서 동아시아 정세는 지각변동하고 있다. 따라서 그간 미국의 전폭적 후원을 받아온 타이완은 뒷방으로 밀리는 분위기다. 지난해 타이완은 중국에 밀려 국제연합에서 쫓겨났고 미국 상원은 타이완 방위 결의안을 폐기했다. 미국이 이번에는 '중화인민공화국 정부가 유일 합법 정부'라는 주장을 받아들이지 않았지만, 미국과 중국이 수교해 워싱턴의 타이완 대사관이 문 닫을 날이 멀지 않아 보인다.

▶ 실미도 사건(1971) ▶ 방글라데시 독립(1971) ▶ 중국·일본, 국교 회복(1972) ▶ 북아일랜드에서 영국군의 발포로 시민 13명 사망(1972, '피의 일요일')

사 설

제2의 '한강의 기적'을 바라며

그것은 전쟁이었다. 군사정부는 1930년대 일제가 대륙 침략 과정에서 만든 '만주 산업 개발 5개년 계획'을 거의 그대로 베껴 경제개발 계획을 세우고 스스로 총사령부 역할을 맡았다. 군사정부가 세운 수출 주도형 경제개발 정책의 목표는 그대로 예하 부대인 각 기업에 하달되었다. '상명하복', '일사불란' 등 군사 구호가 난무하는 분위기에서 기업들은 예하 사병인 노동자들을 닦달하여 목표를 달성하지 않으면 안 되었다. 수출을 많이 하려면 물건 값을 최대한 낮추고 최대한 많은 물건을 빨리 만들어야 한다. 그러자면 노동자들의 임금을 최대한 줄이고 노동자의 작업 시간을 최대한 늘리지 않으면 안 된다. 이러한 총력전 속에서 '한강의 기적'이라고 불리는 경제 성장은 이루어졌다. 2차 경제개발계획 기간(1967~1971년) 동안 수출은 5배나 늘었고 국민총생산(GNP)은 2.5배가량 증가했다.

경제개발 '전쟁'은 수많은 '전사자'를 낳았다. 기적의 상징인 경부고속도로 공사 중에 77명의 노동자가 목숨을 잃었다. 청계 피복 노동자들은 냉난방도, 환기도 안 되는 비좁은 작업장에서 하루 16~18시간의 노동에 시달리다 비참한 '상이용사'가 되어 귀향하곤 했다. 이러한 참상을 알리려고 자기 목숨을 바친 이가 바로 전태일이었다. 경제 성장의 혜택이 정부와 기업에만 돌아간다면 그것은 '나쁜' 기적이다. 경제개발에 온몸을 다 바친 노동자들이 인간적 삶을 누리고 온전한 혜택을 받을 때 '한강의 기적'은 비로소 그 이름에 값할 것이다. 제2의 기적, '진짜' 기적을 기다린다.

해설 — 데탕트 틈탄 친위 쿠데타
10월유신을 어떻게 볼 것인가

2차 세계대전 후 동아시아 국제 관계의 기본은 자본주의 국가들(미국, 일본, 남한, 타이완)과 사회주의 국가들(소련, 북한, 중국)의 대결이었다. 그러한 동아시아 전후 체제가 최근 급속히 재편되고 있다. 소련과 무력 충돌한(1969년) 중국이 미국과 악수하고 일본과도 국교를 수립한(1972년) 것이다.

변하지 않을 것 같던 기존의 '적과 동지' 기준이 흔들리는 이러한 데탕트(긴장 완화)에 따라 남북한도 새로운 전략을 모색해야 했다. 남한에서는 닉슨독트린에 따라 주한미군이 일부 감축됐고(1971년 7사단 철수), 북한도 '적'인 미국과 '혈맹'인 중국이 화해하자 전략 재검토가 불가피했다. 이에 남한과 북한은 7·4공동성명을 발표했고, 한국인들은 분단 해소의 꿈에 부풀었다. 그러나 남과 북에서 유신과 유일 체제가 연이어 선포되면서, 바깥과 달리 한반도는 오히려 더 얼어붙고 있다.

사실 박정희 대통령은 1970년대 들어 궁지에 몰리고 있었다. 전태일의 분신으로 상징되는 노동자들의 각성, 기업 도산 증가 등 개발 독재에서 비롯된 문제들이 터져 나왔기 때문이다. 1971년 대선에서 노골적인 금권·관권 선거 끝에 김대중 후보를 겨우 이겼고 총선에서는 야당에 개헌 저지선을 내주는 등 정치적

으로도 위기였다. 유신이라는 이름의 친위쿠데타는 위기 탈출을 위한 박 대통령의 승부수였다. 박정희 정권은 유신에 비판적인 인사들을 잡아다 고문하며, 유신이 목표로 삼은 "우리 몸에 알맞은 민주나라"가 1인 독재 체제임을 분명히 하고 있다. 또한 김종필 총리가 강대국 간의 긴장 완화 과정에서 약소국이 희생될 수 있으며 유신은 이로 인한 "한반도 외부의 위험 요소"에 대처하기 위한 것이라고 밝히는 등 데탕트 때문에 유신이 필요하다는 주장도 하고 있다.

그러나 이는 데탕트를 활용한 분단 해소가 독재 정권의 기반 약화로 이어질 것을 우려한 정부가 데탕트의 의미를 왜곡한 것이라는 비판이 높다. 남북대화를 독재 강화 수단으로 전락시킨 북한의 김일성 정권도 실망스럽기는 마찬가지다.

한편, 유신은 한·미 관계에도 악영향을 끼칠 전망이다. 박 대통령의 이번 10월 유신을 "적어도 12년간 장기 집권하겠다는 의사 표현"으로 받아들인 미국은 남북한 독재 체제 간에 긴장이 고조되면 새로운 동아시아 전략에 방해가 될 수 있다며, 데탕트가 독재 강화에 결과적으로 도움이 됐다는 점을 마뜩잖아 하는 분위기다.

그림마당 | 이은홍

화/제/ — 1972년 서울, 환희에서 냉소로

▲ "와!" 7월 4일, 서울과 평양에서 동시에 발표된 남북공동성명을 들은 시민들 사이에선 환호가 터져 나왔다. 이번 7·4남북공동성명은 분단 후 최초로 남북이 이뤄낸 통일 관련 합의다. 서로 으르렁대던 남과 북이 분단 해소를 향한 의미 있는 첫걸음을 내디딘 것이다. 공동성명의 핵심은 통일의 3대 원칙에 합의한 것이다. (1) 외세에 의존하거나 외세의 간섭을 받지 않고 자주적으로 해결(자주). (2) 무력행사에 의하지 않고 평화적인 방법으로 실현(평화). (3) 사상과 이념, 제도 차이를 초월해 하나의 민족으로서 민족적 대단결 도모(민족대단결).

▲ "쳇!" 12월 23일, 장충체육관에서 제8대 대선이 치러졌다. 유신헌법에 따라 만들어진 통일주체국민회의 대의원 515명의 추천을 받은 박정희 후보가 단독 출마했다. 그리고 통일주체국민회의 대의원 2,359명 중 2,357명(99퍼센트)이 찬성표를 던졌다(나머지 2표는 무효표). 반대표는 없다. 시민들은 '체육관 대통령'의 탄생에 냉소를 보내는 한편, 무효표가 어떻게 나오게 됐을지 화제로 삼고 있다. 7·4남북공동성명 후 북한에서도 김일성 유일 체제가 강화되면서 '남과 북의 독재 권력이 미리 짠 것 아니냐.'는 말까지 나오고 있다.

▶ 정인숙 사건(1970) ▶ 한진상사 소속 파월 노동자들, 체불임금 지급 요구하며 KAL 빌딩 점거(1971) ▶ 서울 대연각호텔 화재로 167명 사망(1971)

미국 경제 추락, 달러 중심 세계경제 흔들

닉슨, 금 태환 중단 선언… 고정환율제 채택한 브레턴우즈 체제 사실상 파탄

【1972년】 국제 금융 질서가 요동치고 있다. 지난해 8월 15일 달러화의 금 태환을 중단하겠다는 닉슨 미국 대통령의 충격적인 선언과 함께 브레턴우즈협정이 사실상 파기됐다. 브레턴우즈협정은 1944년 미국 뉴햄프셔주의 브레턴우즈에서 세계 44개국 대표가 고정환율제와 금·달러 본위제를 도입하기로 합의하면서 출범한 국제 통화 체제. 이 협정으로 외환과 금융 시장을 안정시키고 국제 무역을 증진하기 위해 국가 간 환율을 일정하게 유지하는 고정환율제가 도입됐다. 여기서 달러화는 기축통화(국가 간 거래의 매개가 되는 화폐)의 기능을 맡았다. 미국 정부는 달러화의 가치를 보장하기 위해 언제든 달러를 35달러당 1온스(약 28.35그램)의 금으로 바꿔주겠다고 (태환) 약속했었다.

그러나 서유럽과 일본의 경제성장과 더불어 미국의 경제적 헤게모니가 약화되고, 특히 베트남전쟁에 쏟아 부은 막대한 전비로 인해 미국 경제 상황이 나빠지면서 국제 통화 체제의 위기가 심화됐다. 2차 대전 직후 세계 총생산의 절반을 차지하고 금의 약 75퍼센트를 보유했던 미국은 지난해 무려 27억 달러의 무역수지 적자를 기록했고 금 보유량도 바닥을 드러냈다. 이에 세계 여러 나라가 보유하고 있던 달러를 금으로 바꿔달라고 요구하자, 미국 정부는 달러화의 금 태환 중단이라는 극단적 선택을 하지 않을 수 없었던 것.

일단 지난해 12월의 스미소니언협정으로 금 1온스당 35달러에서 38달러로 달러화를 평가절하하고 환율 변동폭도 1퍼센트에서 2.25퍼센트로 확대하기로 했지만, 이러한 미봉책만으로 위기가 가라앉지는 않을 전망이다. 미국의 무역수지 적자는 올해 64억 달러로 증가했고, 그에 따라 달러화를 더 평가절하하고 고정환율제를 폐지할 필요성이 커지고 있다. 미국 경제의 국제적 지위는 하락했는데 고정환율제 때문에 달러화가 과대평가돼 있는 데서 현재의 위기가 비롯됐다고 전문가들은 보고 있다. 근본 문제는 바로 미국 경제의 추락이라는 지적이다.

추락하는 미국 경제와 함께 달러화의 위상도 흔들리고 있다. 사진은 1971년 10월 미국 조폐청에서 대량의 달러를 발행하는 모습.

'경제 대동맥' 경부고속도로 완공

【1970년 7월 7일】 경제 대동맥으로 전국을 1일 생활권으로 만들 경부고속도로가 완공됐다. 1964년 서독 방문 때 아우토반을 인상 깊게 본 후, 1967년 대선에서 경부고속도로 건설을 공약한 박정희 대통령은 전투를 치르듯 공사 관계자들을 다그쳐, 착공 2년 5개월 만에 전 구간을 개통시켰다. 박 대통령은 "가장 싼값으로 가장 빨리 이룩한 대예술품"이라고 자축했지만, 문제점도 지적되고 있다.

밀어붙이기 식 공사로 77명이 숨진 점, 노선에서 제외된 전라도 등이 경제 발전에서 소외될 것이라는 우려,

경부고속도로 개통식에서 박정희 대통령이 탄 승용차가 도로를 달리고 있다.

한·일협정 당시 일본으로부터 강제 동원 피해자들 몫이라며 일괄 수령한 돈의 상당 부분을 한국 정부가 몰래 공사 자금으로 쓴 점, 일부 구간의 부실 공사로 향후 상당한 수리비가 필요할 것이라는 점 등이 그것이다.

사채 동결 명령 논란

【1972년 8월】 정부가 초법적인 사채 동결 긴급명령을 발표했다. 3일부터 기업과 사채권자 간의 채권 채무 관계를 무효화하며, 기업이 사채를 신고하면 원금 상환 시기를 늦추고 장기 저리 대출로 대체해준다는 내용이다. 이에 따른 신고액은 3,456억 원(통화량의 80퍼센트). 정부는 기업 부도를 막기 위해 불가피했다고 주장하지만, 사채를 많이 쓴 부실기업에 대한 특혜라는 비판이 거세다. 신고액의 3분의 1인 1,137억 원이 기업주가 자기 기업을 상대로 사채놀이를 한 '위장 사채'로 드러난 점도 논란이다.

▶ 1차 사법 파동(1971) ▶ 광주대단지사건(1971) ▶ 국경 없는 의사회 창립(1971) ▶ 영국 롤스로이스 자동차, 경영난으로 국유화(1971)

우체통 없는 세상, 눈앞에 등장하는가

핵전쟁의 공포가 새로운 통신망을 낳다

1971년 9월 현재, 아르파넷의 지리적 분포도.

【1971년, 미국】 우체통은 역사의 뒤안길로 사라질 것인가? 지난 7월, 컴퓨터와 컴퓨터를 연결하는 실험적 네트워크인 아르파넷(ARPANET)을 이용해 편지를 전송하는 '이메일(e-mail)' 기능이 도입돼 큰 관심을 받고 있다. 아르파넷은 미국 국방부 아르파(ARPA : Advanced Research Projects Agency)가 1969년 개발한 차세대 통신망이다.

이메일 기능이 도입되면서 아르파뿐 아니라 아르파넷에 연결된 스탠퍼드연구소, 유타대학교, 캘리포니아대학교 등의 컴퓨터 수십 대의 사용자들이 온라인으로 편지를 주고받을 수 있게 됐다. 이메일은 우편보다 훨씬 싸고 빠르면서 전화처럼 양측이 꼭 시간을 맞출 필요도 없어서 폭발적인 인기를 얻고 있다.

일상생활을 크게 바꿀 이메일을 가능하게 한 아르파넷은 애초 핵전쟁의 공포를 배경으로 등장한 통신망이다. 이것을 개발한 아르파는 1957년 첨단 무기를 개발하기 위해 세워진 기관으로, 핵폭탄과 같은 적의 군사 공격으로 네트워크의 일부가 파괴되더라도 나머지를 통해 의사소통이 가능한 통신망 개발에 몰두해왔다. 1957년은 소련이 미국으로 핵폭탄을 싣고 갈 수 있는 대륙 간 탄도 미사일 실험과 인공위성 스푸트니크 1호의 발사에 성공한 해이다. 아르파는 미국 본토가 핵공격을 받을 위험에 대비하고자 급히 설립됐다. 핵전쟁의 공포가 전혀 새로운 통신망을 등장시키는 계기가 된 것이다.

아르파넷이 전 세계로 확장되면 어느 곳에 있든 전 세계와 교신할 수 있는 통신망이 등장할 수 있다. 이메일은 그런 가능성이 눈앞에 다가왔음을 보여주는 증거다.

대폭발 완승 … 우주 탄생, 다른 이론은 없다

【1970년, 영국】 광대한 우주가 정체를 가늠할 수 없는 점 하나에서 시작됐나?

대폭발 가설이 갈수록 설득력을 얻고 있다. 지난 1월 스티븐 호킹은 로저 펜로즈와 함께 대폭발 이전에 존재한 '특이점'을 수학적으로 증명했다. 특이점은 우주에 존재하는 모든 것이 담겨 있는, 아주 작아서 그 크기를 말하는 것조차 의미가 없는 상태를 말한다. 이런 특이점의 존재가 수학적으로 증명됨으로써 1948년 조지 가모프가 제안한 대폭발 가설은 우주의 시작을 설명하는 가장 설득력 있는 이론으로 자리를 확고히 할 전망이다.

앞서 1965년 아르노 펜지어스와 로버트 윌슨은 '우주 배경 복사'를 발견해 대폭발의 존재를 입증했다. 이들은 하늘의 어느 쪽에서나 밤낮을 가리지 않고 안테나를 통해 들리는 잡음의 존재를 발견했다. 이 잡음은 바로 가모프가 대폭발을 통해 우주가 생성될 때 방출됐던 빛의 흔적이라고 예언했던 바로 그것이었다.

이렇게 대폭발 가설이 입증됨으로써 20세기 중반까지 과학자를 사로잡았던 '정상 상태 이론'은 역사의 뒤안길로 사라지게 됐다. 정상 상태 이론은 우주가 탄생부터 지금까지 똑같은 모습을 하고 있으리라는 추론이었다.

무궁화꽃은 필 수 있을까?

【1970년, 한국】 박정희 대통령의 지시로 한국이 비밀리에 원자폭탄 개발에 착수한 사실이 알려졌다. 정부 관계자는 "1971년 주한 미군 7사단의 철군이 가시화하는 상황에서 박 대통령이 정권 유지, 국가 안보에 대한 불안감 때문에 원자폭탄 개발을 지시했다"라고 증언했다. 이 개발 계획의 암호명은 '무궁화꽃이 피었습니다'.

한국 정부의 계획은 이렇다. 우선 외국에서 활약 중인, 원자폭탄 제조에 도움이 되는 과학자를 국내로 유치한다. 또 원자로(캐나다), 재처리 시설(프랑스) 등을 외국에서 들여와 원자폭탄 제조를 위한 인프라스트럭처를 조성한다. 이런 과정을 거쳐 1980년대 초에 플루토늄 원자폭탄 제조를 완료하겠다는 것.

그러나 이 계획이 순조롭게 진행될지는 불투명하다. 가장 큰 장애물은 한국의 원자폭탄 보유를 원치 않는 미국의 방해. 미국이 원자폭탄의 원료를 생산할 수 있는 재처리 시설을 허용할 가능성이 아주 낮을 뿐만 아니라, 더 나아가 '핵확산금지조약(NPT)' 비준을 한국 정부에 요구할 가능성이 크다.

미국은 한국이 재처리 시설을 도입하는 등 원자폭탄 개발에 나서면 이미 원자폭탄을 보유한 중국은 물론이고 북한, 일본, 타이완 등이 핵무기 보유 경쟁에 나설 것을 우려하고 있다. 즉, 한국의 원자폭탄 보유는 동북아시아 핵무기 확보 경쟁의 도화선에 불씨를 붙이는 격이라는 것.

한국 정부의 원자폭탄 개발 시도는 이전에도 있었다. 1959년 원자력연구소를 설립한 이승만 정부도 이미 1954년께부터 은밀히 원자폭탄 개발 가능성을 타진했던 것으로 알려졌다. 특히 미국의 원조가 끊길 것을 두려워한 이승만은 원자력연구소를 군사기지 근처에 짓게 하는 등 원자폭탄 개발을 결국은 해야 할 일로 여겼다.

▶ 습지 보호를 위한 람사르 협약 체결(1971) ▶ 그린피스 창립(1971) ▶ 로마클럽, '성장의 한계' 보고서 발표(1972) ▶ 제임스 러브록, 가이아 가설 제시(1972)

'새마을'에서 '가위' 들고 "건전 가요 불러라"
통기타, 마당극 등 청년 문화 꿈틀… 정부는 강경 규제 일변도

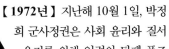

위쪽부터 시계 방향으로 치마 길이 단속, 젊은 층의 사랑을 받고 있는 포크 가수이자 '싱어송 라이터'인 한대수, 장발 단속 풍경.

【1972년】 지난해 10월 1일, 박정희 군사정권은 사회 윤리와 질서 유지를 위해 일련의 퇴폐 풍조를 엄단하겠다고 발표했다. 그 후 한국의 거리 곳곳에서는 가위와 자를 든 경찰이 젊은 행인들과 실랑이를 벌이는 기묘한 풍경이 날마다 벌어지고 있다. 경찰이 문제로 삼는 것은 젊은 남성들의 긴 머리와 여성들의 짧은 치마. 한국에서는 단지 머리를 기르거나 짧은 치마를 입었다는 이유로 체포될 수도 있다!

정치적으로 억압적인 사회일수록 젊은이들은 일탈에 더 큰 매력을 느끼는 법이다. 가부장적이고, 폭력적이고, 고리타분하기 그지없는 군사정권 아래에서, 한국 젊은이들은 노골적으로 저항하는 대신 머리를 기르고, 청바지를 입고, 통기타를 치며, 팝송과 록 음악을 즐긴다. 근래 미국 히피문화로부터 일부 영향을 받은 모습들이다. 히피들이 베트남전쟁과 인종차별에 반대하며 불렀던 사랑과 평화의 노래들을 한국 젊은이들도 함께 부르고 있다. 물론 목소리는 좀 낮춰서, 은밀하게.

하지만 군사정권은 젊은이들의 이러한 소극적인 일탈조차 체제에 대한 커다란 위협으로 받아들이고 있는 듯하다. 공장에서 밤낮없이 생산에 힘쓰거나, 농촌에서 새마을운동에 열렬히 참여하거나, 학교에서 쥐 죽은 듯이 공부나 해야 할 젊은이들이 싸구려 퇴폐문화에 빠져 허우적대는 것으로 보이는 모양이다. 정권은 이같이 위험한 노래들을 일체 금지하고, 대신 〈새마을 노래〉, 〈서울의 찬가〉 같은 이른바 '건전 가요'들을 제작, 보급하기 시작했다. 물론 대부분의 젊은이들은 여전히 건전 가요가 아니라 금지곡들을 훨씬 더 즐겨 부르고 있다.

한편 일부 대학가에서는 판소리·탈춤·마당극 등 전통적이고 민속적인 놀이 문화를 복원해 즐기는 젊은이들도 늘고 있다고 한다. 군사정권은 이번에는 불순한 '빨갱이'들의 문화라며 눈을 부라리고 있는데, 이에 대해 금지하면 할수록 더 하고 싶은 것이 사람의 심리임을 알아야 한다는 지적이 나오고 있다.

한·일 문단, 같은 해 다른 풍경

【1970년】 한국 시인 김지하는 『사상계』 5월호에 담시(譚詩)「오적」을 발표, 권력층을 신랄하게 비판했다. 김 시인은 개발의 과실을 독차지하고 부정부패를 일삼는 '오적(재벌·국회의원·고급 공무원·장성·장차관)'을 인간의 탈을 쓴 짐승으로 묘사했다. 김 시인은 국가보안법 위반 혐의로 구속되고 『사상계』는 폐간됐지만, 김지하라는 이름은 반독재의 구심으로 떠오르고 있다.

한편 일본 소설가 미시마 유키오는 11월 도쿄의 자위대 본부 옥상에서 군국주의 부활을 부르짖으며 할복 자살했다. 노벨상 후보로도 거론됐던 이 저명한 소설가는 "평화헌법을 폐기해야 한다."라며 쿠데타를 선동했다. 현장의 자위대원들은 유키오의 외침에 호응하지 않았지만, 이번 사건은 군국주의자들이 전면에 나서는 계기가 될 전망이다.

📖 파시즘도, 감옥도 그의 정신을 가두지 못했다
안토니오 그람시 『옥중수고』

【1971년】 "20년 동안 저 두뇌가 활동하지 못하게 해야 합니다." 1928년 6월, 무솔리니가 철권통치를 하던 이탈리아의 법정에서 검사가 한 사내를 가리키며 외쳤다. 그 사내는 이탈리아공산당을 이끈 안토니오 그람시(사진). 무솔리니는 파시즘에 반대하는 세력을 모두 모아 민주주의를 회복하고 유럽을 전쟁 위기에서 구하고자 했던 그람시를 1926년 체포했다. 11년에 걸친 수감 생활 끝에 그람시는 1937년 파시스트 감옥에서 세상을 떠났다. 그러나 그의 두뇌 활동을 막으려던 파시스트들의 계획은 실패했다. 그람시가 노트 33권 분량의 저작을 남겼기 때문이다. 바쁜 나날을 보내던 그에게 파시즘 정권이 역설적으로 집필 시간을 마련해준 셈이다.

그람시는 『옥중수고』로 불리는 이 저작에서 이탈리아와 유럽의 역사를 깊이 있게 고찰하며 역사학·정치학·인류학·사회학·철학의 개념을 새로 쓴다. 헤게모니 이론(한 계급에 대한 다른 계급의 지배는 경제적·물리적 힘뿐 아니라 문화적 가치를 선점해 동의하게 만드는 과정에도 기반을 둔다는 이론)을 다듬고, 사람들의 물질적 삶에 분석의 무게중심을 두되 속류 마르크스주의의 경제환원론은 비판한 대목 등이 대표적이다. 또한 남부 농민 대중을 수탈해 북부 중심의 자본주의를 건설한 이탈리아 역사를 통찰한 대목은 뒤늦게 산업화의 길을 걷고 있는 다른 나라 역사를 분석하는 데도 유효하다.

2차 세계대전 직후 이탈리아에서 출간됐던 『옥중수고』가 이번에 영어권에서 재편집돼 새롭게 선보였다. '20세기의 가장 독창적인 마르크스주의 사상가'로 꼽히는 그람시의 역작은 이제 이탈리아를 넘어 전 세계의 주목을 받고 있다.

▶ 『문학과 지성』 창간(1970) ▶ 북한 혁명가극 〈피바다〉 첫 공연(1971) ▶ 1960년대에 전성기 누리던 한국 영화, 텔레비전 보급 늘면서 제작 편수 급감(1972)

수난의 오키나와, 미군 통치에서 일본 품으로

【1972년】 미국이 오키나와를 일본에 '반환'했다. 미국은 일본 영토이던 오키나와를 2차 세계대전 이후 직접 통치해왔다. 그기간 중 미국은 오키나와에 대규모 군사기지를 세우고 한국전쟁과 베트남전을 수행하기 위한 핵심 기지로 활용했다. 또한 대규모 군사기지를 세우는 과정에서 오키나와인들의 주거권과 생존권을 심각하게 침해했다.

그러나 이번 '반환'으로 오키나와인들에게 행복의 문이 자연스레 열리지는 않을 것으로 보인다. 미군 기지가 그대로 유지되기 때문이다. 일본 내에서 2등 국민 취급을 받아온 역사도 부담이다. 2차 세계대전 말기 일본 본토 공격을 저지하는 과정에서 오키나와인 3명 중 1명 꼴로 희생됐음에도, 오키나와인에 대한 사회적 차별은 여전하다.

미군 폭격에 캄보디아 과격화

【1970년】 미군이 캄보디아에 대한 대규모 폭격을 개시했다. "베트남전을 끝내겠다"던 닉슨 미국 대통령은 미국 언론, 국회, 국민에게는 기밀로 한 채 캄보디아로 전선을 확대했다. 캄보디아가 겉으론 중립을 표방하고 있지만 사실상 북베트남을 지원하고 있다는 판단에 따른 조치다.

이로 인해 밀림에 쏟아지는 수십만 톤의 미군 폭탄에 수십만 명의 캄보디아인이 살육당하고 있다. 이에 더해 올해 쿠데타로 집권한 친미 성향의 론놀 정권도 공산주의자를 색출한다며 캄보디아인들을 학살하고 있다. 상황이 이렇게 되자, 캄보디아에서는 폴 포트가 이끄는 과격 단체 '크메르루주'의 지지자가 늘고 있다.

피로 물든 오륜기

【1972년】 아랍 무장 단체 구성원이 9월 5일 뮌헨올림픽에 참가한 이스라엘 선수단 숙소에 잠입, 이스라엘에 억류된 팔레스타인 게릴라들을 석방하라며 인질극을 벌였다. 항공기 납치 등 테러 활동을 벌여온 '검은9월단'이라는 이 단체는 팔레스타인 해방운동 단체 중 가장 과격한 축에 속하며, 1970년에도 요르단 총리를 이집트 카이로에서 암살한 전력이 있다. 이번 사건은 인질이던 이스라엘 선수 11명과 '검은 9월단'원 5명이 모두 숨지며 막을 내렸지만, 이스라엘이 피의 보복을 다짐하고 있어 아랍에 다시 피바람이 불 전망이다.

초가집은 없앴지만…

【1972년】 농촌이 달라지고 있다. 여기저기서 초가집을 없애고 마을길을 넓히는 작업이 한창이다.

2년 전 시작된 새마을운동의 일환이다. 산업화에서 소외된 농민을 다독이기 위해 "우리도 한번 잘살아보세"라며 정부가 벌이는 운동이다. 이를 통해 상당수 농촌의 모습이 바뀌고 있는 것은 사실이지만, 겉모양에 치중하는 것 아니냐는 볼멘소리도 높다. 도시 노동자의 임금을 낮은 수준에 묶어두기 위해 농민에게 강제해온 저곡가 정책이 바뀌지 않는 데서 드러나듯, 농민 소득을 올릴 실질적인 대책이 없기 때문이다. 그래서인지 농민의 딸들이 입 하나라도 줄이고자 도시로 떠나 식모나 공장의 시다로 살아가는 일이 줄어들지 않고 있다.

그러나 정부는 운동의 성공을 확신하며 도시로 운동을 확산하고 있다. '새마을 모자'를 쓴 사람들이 "새벽

새마을운동 깃발과 모자.

종이 울렸네" 하는 노래에 맞춰 빗자루를 들고 골목을 청소하는 풍경도 그 때문에 생겼다.

이를 박정희 정권의 독재 강화 움직임과 연결해서 바라보는 시각도 있다. 1969년 3선 개헌부터 올해 유신헌법 선포까지 이어지는 일련의 반민주의 행태가 불러온 저항을 누그러뜨리기 위해 이 '근대화 확산' 운동을 활용하고 있다는 것. 새마을운동을 통해 농민과 도시 서민에 대한 통제를 강화, 유신 체제 유지를 위한 기반으로 활용하려는 목적 아니냐는 비판이다.

무령왕릉·직지심체요절 발견

【1972년】 오랜 세월 동안 묻혀 있던 문화유산들이 드디어 세상에 모습을 드러냈다.

먼저 지난해 7월 충남 공주에서 백제 25대 왕인 무령왕(462~523)과 그 왕비의 능이 1,400여 년 만에 발굴됐다. 무령왕릉은 축조 연대와 그 안에 묻힌 사람이 분명하게 드러나 있고, 고분으로서는 이례적으로 도굴 피해가 전혀 없는 상태로 발견돼 백제의 역사와 삼국시대 연구에 큰 도움이 될 전망이다.

올해 5월엔, 1377년 충북 청주 흥덕사에서 간행된 직지심체요절

이 파리에서 공개됐다. 1900년을 전후해 프랑스로 반출, 프랑스 국립도서관 서고 구석에 방치돼 있던 것을 한국인 사서 박병선씨가 발견한 것.

직지심체요절은 세계에서 가장 오래된 금속활자본으로서, 독일 구텐베르크의 것보다 70년 이상 앞선 것이다.

무령왕릉에서 발굴된 석수(石獸). 무덤을 지킨다는 의미로 만들어졌다.

에구, 불쌍해서 어쩌누 연속극 〈여로〉 열풍

【1972년】 요즘 저녁 7시 30분만 되면 거리가 한산하다. KBS 연속극 〈여로〉 때문이다. 모자란 남편 영구를 보살피고, 독한 시어머니 밑에서 시집살이를 하는 분이를 보며 시민들은 울고 웃는다. 70퍼센트라는 경이적인 시청률에서도 드러나듯, 그 인기는 대단하다. 〈여로〉 방영 시간이 되면 수돗물 소리도 들리지 않는다는 말이 나오고, 〈여로〉를 보기 위해 12인치 흑백 텔레비전을 산다는 사람도 여럿 있을 정도다.

덕분에 미소 짓는 가전업계와 달리, 공연을 보러 오던 이들이 〈여로〉 때문에 텔레비전 앞에 앉아 있다며 서커스단은 울상이다. 〈여로〉를 계기로 텔레비전 드라마가 라디오, 서커스 등의 공연을 제치고 시민들의 제1의 여흥거리로 확실히 올라설 전망이다.

"참회합니다" 브란트 서독 총리, 유대인 학살 사죄

【1970년 12월】 빌리 브란트(57) 서독 총리가 폴란드에서 무릎을 꿇었다. 나치 독일 당시 유대인이 학살됐던 바르샤바 게토의 추모비 앞에서다. 파격적이면서도 진심 어린 이번 참회는 독일이 폴란드를 비롯한 유럽 국가들과 화해하는 데 밑거름이 될 것으로 보인다.

부 고

▶ 버트런드 러셀 (1872~1970) 영국의 수학자이자 철학자. 제1차 세계대전 당시 평화운동, 2차 세계대전 이후 반핵운동 등 진보적 사회운동에도 헌신했다.
▶ 루카치 (1885~1971) 헝가리의 마르크스주의 철학자. 대표작은 『역사와 계급의식』, 『소설의 이론』.
▶ 루이 암스트롱 (1901~1971) 미국의 재즈 음악가. '재즈 황제'로 불린다. 재즈 연주에서 독주의 중요성을 확립하고, 가수로서 스캣 창법을 처음으로 사용했다.

▶ 서울 남산 제1호 터널 개통(1970) ▶ 최초의 휴대용 전자계산기 탄생(1970, 미국) ▶ 미국, 라디오와 텔레비전에 대해 최초로 담배 광고 금지령(1971)

주요 기사 2면 | 석유 위기와 스태그플레이션 **3면 |** 한국, 중화학공업화 선언 (1973) **4면 |** 사설-유신 독재와 중화학공업의 기묘한 조합 **4면 |** 진단-황금기 저문 자본주의는 어디로
5면 | 『동아일보』 백지 광고 사태 **6면 |** DNA 재조합 성공 (1975) **7면 |** 빅토르 하라, 쿠데타군에 피살 (1973) **8면 |** 놀 때도 반공, 공부할 때도 반공

자본주의
황금시대의
종말

1970년대에 접어들면서 세계 자본주의를 이끄는 미국의 영향력이 약화되기 시작했다. 베트남 전쟁의 전세가 기울어 갔고, 미국의 도움을 받던 서유럽 국가들과 일본이 성장하자 세계 경제에 대한 미국의 영향력도 줄어들었다. 미국은 닉슨독트린으로 대 아시아 정책의 전환을 선언한 뒤, 소련과 사이가 벌어진 중국에 접근했다. 프랑스 등은 종종 미국이 주도하는 자본주의 질서에 저항하며 반대의 목소리를 내기 시작했다. 미국과 소련을 정점으로 전개되던 냉전 질서에 금이 가고 다극화의 시대가 다가오고 있었다.

바로 이때 세계경제에 공황이 밀려왔다. 상품이 팔리지 않고 공장에 쌓이는가 하면 실업자가 길거리를 가득 메우는 자본주의의 고질병이 도졌다. 엎친 데 덮친 격으로 중동전쟁과 더불어 석유 값이 폭등했다. 이것은 수출로 성장을 이어가던 한국 경제에도 커다란 위기였다.

사진 | 불길이 치솟고 있는 유정(油井)

기름 수렁에 빠진 세계경제

석유 값 폭등에 경기 침체 가속화

【1974년】 '3개월 만에 배럴당 3달러에서 12달러로.' 국제 석유 가격이 지난해 10월부터 올해 1월 사이에 무려 4배로 폭등하면서, '석유 파동'으로 인한 짙은 불황의 그림자가 세계경제에 드리우고 있다.

이번 유가 폭등의 직접적인 원인은 세계의 화약고이자 원유 산지인 아랍 지역에서 지난해 10월 6일 또다시 터진 전쟁(4차 중동전쟁) 때문이었다. 이집트와 시리아는 3차 중동전쟁 이후 이스라엘에 점령당한 지역을 회복하기 위해 전쟁을 감행했지만, 며칠 만에 전세가 역전되어 오히려 이스라엘의 공세에 직면하게 되었다. 이러한 상황에서 이집트와 시리아를 지지하는 아랍 국가들은 이스라엘에 무기를 공급하고 있는 미국 등을 압박하기 위해 석유를 무기로 활용하기로 결정한 것.

이란·이라크·쿠웨이트·사우디아라비아·카타르·아랍에미리트 등 아랍 석유수출국기구(OAPEC) 회원국들은 지난해 10월 16일 유가를 배럴당 3.02달러에서 3.65달러로 대폭 인상하는 한편, 이스라엘이 점령 지역에서

석유 값이 폭등하자 에너지 절약책의 일환으로 1973년 12월 9일부터 일부 도시에서 연탄 판매가 제한됐다. 이 때문에 서민들은 대야 등을 이고 연탄 가게 앞에서 종일 기다려야 했다.

철수할 때까지 매달 원유 생산량을 5퍼센트씩 줄이겠다고 선언했다. 아울러 이스라엘을 지원하는 나라들에 대한 원유 수출을 중단하기로 결정했다. 이른바 '석유의 무기화', '자원민족주의'의 움직임이 본격화한 것이다.

올해 초에는 유가가 11.65달러까지 치솟으면서 세계경제에 일파만파의 충격을 가했다. 특히 주요 산업이 석유에 의존하고 있던 미국 등 서방국가들

은 제품 생산 감소와 가격 상승이 동시에 일어나면서, 불황과 경기 침체 속에서도 인플레이션이 지속되는 '스태그플레이션(stagnation과 inflation의 합성어)'의 수렁에 빠져들었다. 이러한 스태그플레이션 속에서는 국가가 통화정책을 통해 경제 상황을 개선하는 것이 매우 어렵기 때문에, 석유파동으로 촉발된 세계경제의 침체가 당분간 회복되기는 쉽지 않을 전망이다.

사이공 함락 베트남전쟁 끝

【1975년 4월 30일】 남베트남의 수도인 사이공으로 진격한 북베트남 2군단이 대통령 집무실이 있는 독립궁을 점령하고 북베트남기를 게양했다. 9일간 남베트남의 대통령으로 있던 둥 반 민은 무조건 항복했고, 북베트남군과 베트남민족해방전선(일명 베트콩) 전사들은 사이공 곳곳에서 '호 아저씨(6년 전에 죽은 베트남 지도자 호치민)'를 연호하며 승리를 자축했다.

미국이 5만 8,000명의 희생을 감수해 가며 10년 넘게 벌여온 베트남전쟁이 드디어 끝났다. 그러나 종전 현장에 미군은 없었다. 미국과 북베트남은 1973년 1월 파리에서 휴전에 합의했지만, 최근 미국이 워터게이트 사건으로 혼란스러운 사이 북베트남은 총공세를 펴 완전한 승리를 거두었다. 이웃 캄보디아·라오스도 공산화를 피하기 어려울 것으로 관측되는 가운데, 미국은 무력 개입 대신 중국과 소련의 틈새를 벌리는 외교 전략을 구사할 것으로 보인다.

산티아고에 비는 내리고 칠레 군부쿠데타, 합법 사회주의 정부 전복

【1973년, 산티아고】 칠레에서 9월 11일 쿠데타가 발생했다. 화창했던 이 날 라디오에서는 "산티아고에 비가 내린다."라는 이상한 방송이 흘러나왔다. 쿠데타군의 암호였다. 이를 신호로 피노체트(58) 군 사령관은 아옌데(65) 대통령이 머물던 모네다궁에 폭격을 가했다. 아옌데는 굴복을 거부하고 끝까지 맞서다 숨졌다. 피노체트는 쿠데타 반대 세력을 대대적으로 처형하고 있는데, 그 수가 3만 명에 이르는 것으로 추정되고 있다.

이번 쿠데타로 3년 전, 세계 최초로 선거를 통해 세워진 사회주의 정부는 붕괴했다. 아옌데는 좌파 '인민연합' 후보로 당선된 후, 구리 광산을 국유화하고 노동자들이 공적 소유를 요구한 사기업들을 사회적 기업으로 바꿔갔다. 우파가 이를 눈엣가시로 여기고 쿠데타를 단행한 것. 아옌데 정권 이전에 칠레의 풍부한 천연자원에서 나오는 부는 미국 등의 대기업이 독점했는데, 그들의 후원자인 미국 중앙정보국이 쿠데타를 지원했다는 설이 유력하다.

철모를 쓴 아옌데 대통령(사진 가운데)이 쿠바 지도자 카스트로가 선물한 기관총을 들고 쿠데타군의 공격에 맞서고 있다.

▶ 그리스, 141년 만에 왕정 폐지(1973) ▶ 닉슨 미국 대통령, 워터게이트 사건으로 사임(1974) ▶ 폴포트, 친미 성향인 론놀 정권 전복하고 캄보디아 장악(1975)

포항제철 용광로, 한국 경제를 부탁해

유신 정권, 중화학공업화로 경제 위기 돌파 나서

【1973년】 6월 9일, 중화학공업화 정책의 상징이라 할 포항종합제철의 용광로에 드디어 불이 댕겨졌다. 앞서 박정희 대통령은 연두기자회견에서 중화학공업 육성에 박차를 가할 것이라고 선언한 바 있다.

1970년대는 대규모 중화학 공장 건설의 시대라 할 만하다. 포철 기공식을 시작으로 울산·옥포·구미·창원 등 영남권 벨트를 중심으로 도시별로 특화된 중화학산업단지가 속속 건설되고 있다. 농업 국가를 거쳐 경공업 중심의 수출산업을 발전시키던 대한민국이 또 다른 중대한 도전에 나선 것이다.

박 대통령은 10월유신의 궁극적 목표 가운데 하나가 중화학공업화이며,

이를 통해 북한을 상대로 한 체제 경쟁에서 승리하겠다고 장담했다. 이를 상징하는 구호가 바로 '10·100·1000'. 10월유신으로 100억 달러 수출과 1인당 GNP 1,000달러를 달성하겠다는 뜻이다. '제2의 한국전쟁'이라 불리는 '경제 전쟁'에서 북한에 승리하려면 대규모의 중화학공업이 필수적이기 때문이다.

경제 경쟁뿐 아니라, 북한과 군사적으로 경쟁하는 것도 중화학공업화 정책을 채택하는 데 주요하게 작용했다는 분석이다. 닉슨독트린과 주한미군 철수 계획 등이 박 대통령에게 방위산업 육성을 위한 또다른 계기를 제공했다는 점에서 그렇다. 그동안 한반도 방위에서 미국이 차지하는 절대적 비중이 때로 국내 정치 문제나 경제 분야에까지 미국의 영향력이 행사되는 상황으로 이어진 것이 사실. 따라서 박 대통령은 자주국방이야말로 성가신 미

국의 개입에서 벗어날 수 있는 근본 해결책이라고 판단한 것으로 보인다.

자주국방과 방위산업 육성, 이를 위한 중화학공업화 정책이 북한을 상대로 한 경제 전쟁에서 남한이 승리할

수 있게 해줄 유력한 방법임은 분명해 보인다. 그러나 이를 위해 10월유신과 같은 극단적 체제 변혁이 불가피했는지는 여전히 논란거리로 남을 전망이다.

포항제철 착공식에 참석한 박정희 대통령. 사진에서 박 대통령 왼쪽에 있는 사람은 포항제철을 이끌고 있는 박태준씨다.

유신 독재, 끝내 '사법 살인'

【1975년 4월 9일】 이수병·여정남 등 '인민혁명당(인혁당) 재건위원회 사건' 관계자 8명에 대한 사형이 오늘 새벽 서울 서대문형무소에서 전격 집행됐다. 사형이 선고된 지 20시간 만이다. 오심 가능성을 감안해 사형선고 후에도 일정 기간 집행을 미루는 관행에 비춰보면 매우 이례적인 일이다. 유신 비판 세력을 겨냥, 증거가 없는데도 '북한의 지령을 받아 내란을 선동했다.'라는 혐의를 씌웠다는 비판이 높다. 11년 전 '1차 인혁당 사건' 때처럼 중앙정보부에서 사건 자체를 조작했다는 의혹도 짙다. 1차 인혁당 사건 때는 서울지검 공안부 검사들이 "증거가 없어서 기소할 수 없다."라며 사표를 제출할 정도로 조작의 흔적이 역력했다.

북한 김일성 후계자에 '젊은 피' 김정일

유일 체제화에 앞장… 부자 세습, 사회주의 이념과 충돌

【1974년 2월】 사회주의를 내세운 북한이 부자 세습을 택했다. 정통한 소식통에 따르면 이달 열린 조선노동당 중앙위원회 제5기 제8차 전원회의에서 김정일 조직 및 선전 담당 비서가 김일성 주석의 유일 후계자로 추대됐다. 후계자 후보로 거론되던 김 주석의 동생 김영주는 2선으로 물러났다.

올해 32살인 김 비서는 김 주석의 아들로, 김일성종합대학 졸업 후 북한을 김일성 유일 체제로 만들고 주체사상을 당의 이념으로 만드는 데 앞장섰다. 1967년 갑산파 숙청 때 주요한 역할을 했으며, 그 후엔 영화와 문학 예술 부문을 지도하며 〈피바다〉 등의

혁명가극 제작에 깊이 관여했다. "모든 것을 항일 유격대 식으로"라고 외쳐온 김 비서는 일제 때 김 주석과 함께 활동한 빨치산 원로들의 적극적인 지지를 받은 것으로 전해진다. 아울러 항일 투쟁에서 희생된 이른바 혁명 유가족의 자녀들로 이뤄진 만경대혁명학원 출신들이 김 비서를 든든히 보좌해, 이들이 향후 김 비서와 함께 권력의 주축을 이룰 전망이다. 이번 결정이 경제 침체와 중·소분쟁 등 외교적 위기 상황에서 비롯된 불가피한 선택이라는 의견도 있지만, 어쨌든 국제적인 비난 대상이 될 것이라는 분석이 우세하다.

김일성 주석과 김정일 비서.

▶ 김대중 납치 사건(1973) ▶ 북한, '온 사회의 주체사상화' 제창(1974) ▶ 박정희 대통령 저격 미수 사건(1974) ▶ 박정희, 긴급조치 연이어 발표(1974~1975)

유신 독재와 중화학공업의 기묘한 조합

세계 자본주의 체제를 총지휘하는 미국의 사령부가 무척 바빠졌다. 석유 값이 폭등하고 경기 침체와 인플레이션이 동시에 일어나는 스태그플레이션이 세계경제를 덮쳤다. 베트남에서는 패배가 분명해져서 어쩔 수 없이 발을 빼야 했다. 초강대국 미국의 자존심과 영향력에 빨간 불이 켜진 것이다. 이런 판국에 동북아시아의 모범 반공 국가 한국에서도 이상 신호가 감지되었다. 박정희 대통령은 1930년대 일본 군국주의를 연상시키는 반민주적 유신 체제를 출범시키더니 중화학공업화를 선언했다. 인형·가발 등 경공업 제품을 만들어 수출하던 한국이 그동안 선진국에 의존하던 자동차·선박·철강 등 중화학공업 제품을 직접 만들고 수출까지 하겠다고 나선 것이다. 미국이 권장하는 서구적 민주주의에 반해 '한국적 민주주의'를 빙자한 독재정치를 하고, 미국에 대한 경제 의존도 줄여 나갈 태세다. 미국이 기분 나쁠 수도 있는 태도였지만, 미국은 한국의 중화학공업화에 대해 폭넓은 지원을 약속하고 나섰다. 유신 독재에 대한 평가와는 별개로 한국이 세계경제의 위기를 돌파할 수 있는 길은 중화학공업화뿐이라고 판단했기 때문일까?

한국 정부가 흔들리면서 반공 전선에 베트남을 잇는 또 하나의 구멍이 뚫리는 것을 미국은 원치 않는 것 같다. 또한 미국에게 중화학공업은 더 이상 높은 부가가치를 낳는 산업도 아니다. 그러나 만약 미국의 속내가 "독재라도 좋으니 반공만 해 달라."라는 것이라면, 한국 국민이 이를 용납하지 않을 것이다.

황금기 저문 자본주의는 어디로
비판받는 정부 개입, 힘 커지는 시장만능주의

자본주의는 2차 세계대전이 끝난 후 장기 호황을 누렸다. 이 시기에 선진 자본주의 국가들은 경제에 적극 개입하고 복지 정책을 확대하는 한편 기간산업에서도 공공성을 강화했다. 그러나 세계 경제가 위기에 빠지면서 이 같은 국가의 시장 개입도 비판의 도마에 오르고 있다.

국가가 경제에 개입하는 현상은 유럽에서 더 뚜렷하게 나타났지만, 미국에서도 전에 비해 그런 경향이 강했다. 케인스주의로 불리는 이 경향은 실질임금을 높이고 실업률을 낮춰 노동자의 구매력을 높이는 정책으로 이어졌다. 생산성 증가율이 높게 유지되면서 자본과 노동 모두 어느 정도 만족할 만한 몫을 확보할 수 있었기에 가능한 일이었다. 냉전도 자본과 노동의 타협을 촉진했다.

그림마당 | 이 은 홍

그러나 1970년대 들어 공황에 비견될 정도로 이윤율이 급락하면서 '황금기'는 막을 내렸다. 생산성 증가율은 둔화됐고, 석유 위기로 물가도 폭등했다. 미국의 경우 경제성장률이 한때 0퍼센트에 가까운 수준으로 급락하고 물가상승률은 두 자릿수까지 치솟았다.

이와 같이 경기 침체와 물가 급등이 동시에 나타나는 스태그플레이션이라는 전례 없는 현상 앞에서 자본주의 국가들은 우왕좌왕하고 있다. 경기 부양을 위해 돈을 많이 풀자니 인플레이션이 걱정되고, 인플레이션을 잡기 위해 긴축정책을 쓰자니 불황이 심해져 실업률이 높아질 위험이 있기 때문이다.

이처럼 '황금기' 때 쓰이던 처방들이 효과를 발휘하지 못하자 "시장에 모든 것을 맡겨야 한다."라는 주장이 세를 늘리고 있다. 하이에크와 프리드먼의 견해를 기본으로 하는 이런 흐름은 '자생적 질서'에 어긋나는 정부 개입이 재정 적자와 통화량을 지나치게 늘려 인플레이션 문제를 심각하게 만든다고 주장한다. 그러나 기업을 위한 감세를 강조하는 흐름과 합류해 목소리를 높이고 있는 이러한 시장만능주의가 실질임금 삭감, 복지 축소, 공공성 약화를 초래할 것이라는 우려도 나오고 있다.

아옌데 최후의 대국민 성명

다음은 1973년 쿠데타군에 맞서 싸우다 숨진 아옌데 칠레 대통령의 마지막 연설 요약본이다(관련 기사 2면, 7면).

지금이 여러분께 연설할 수 있는 마지막 기회일 겁니다. 공군이 라디오 마가야네스(편집자 : 국영 라디오 방송)의 안테나를 폭격했습니다. 이 역사적 갈림길에서 저는 민중의 충성에 제 생명으로 답하겠습니다. 그리고 말하겠습니다. 우리가 칠레인들

의 소중한 양심에 심은 씨앗들은 일격에 베어 쓰러뜨릴 수 있는 게 아님을 확신한다고. 저들은 힘을 가졌습니다. 저들은 우릴 종복으로 만들 수 있습니다. 하지만 어떤 범죄 행위로도, 무력으로도 사회 진보를 막을 수는 없습니다. 역사는 우리의 것입니다. 그리고 역사를 만드는 것은 민중입니다. 라디오 마가야네스는 곧 끊어질 게 분명합니다. 그러면 제 차분한 목소리도 더 이상 여러분에게 닿지 않

겠지요. 하지만 그것은 중요치 않습니다. 여러분은 계속 듣게 될 테니까요. 저는 항상 여러분과 함께 있을 것입니다. 저는 칠레와 그 운명을 믿습니다. 반역자들이 우리에게 강요하려는 이 가혹한 순간을 딛고 일어서 또 다른 사람들이 전진할 것입니다. 잊지 마십시오. 자유로운 인간이 활보할, 더 나은 사회를 향한 크나큰 길을 열어젖힐 날이 얼마 남지 않았다는 것을.

▶ 국제 통화 위기 재연돼 달러 시세 급락하고 유럽 주요 외환시장 일시 폐쇄(1973) ▶ 미국, '일반인의 금 매매 및 투자 금지' 41년 만에 해제(1974)

동아여 휘지 마라, 우리가 있다

언론 자유 탄압에 시민들이 기자들 지키기 나서

【1975년】 세계 언론사에 길이 남을 명장면이 연출됐다. 지난해 10월 24일 『동아일보』 기자들이 '자유언론실천선언'을 발표하며 유신 정권의 보도 통제를 거부하고 『동아방송』 언론인들도 이에 합세하자, 정부는 『동아일보』 계열사에 광고하지 못하도록 기업들에 압력을 가해 광고의 90퍼센트 이상이 떨어져 나가게 만들었다. 그러자 놀라운 반전이 일어났다. '백지 광고'를 본 시민들이 자발적으로 '격려 광고'를 내고 성금을 보내온 것. "동아여 휘지 마라 우리가 있다."라는 광고를 낸 여고 졸업생들, "동아! 너마저 무릎 꿇는다면 진짜로 이민 갈 거야."라고 한 '이대 S생', "빛은 어두울수록 더욱 빛난다."라며 금반지를 내놓은 소녀, 이민 간 미국에서 받은 첫

1974년 10월 24일 자유언론실천선언을 발표하는 『동아일보』 기자들. 이 선언엔 '언론에 대한 외부 간섭 배제', '기관원 출입 거부' 등의 내용이 담겨 있다.

봉급을 보낸 노동자 등 지지는 각계에서 쏟아졌다.

그러나 동아일보사 측은 언론 자유를 외치며 농성하던 기자와 사원들을 3월 17일 강제로 내쫓았다(6월까지 총 134명 해직). 『동아일보』는 이들의 해직과 관련해 "관권 개입은 없었다."라고 주장하지만, 정권에 굴복한

조치라는 비판이 높다. 동아일보사에서 강제로 쫓겨난 이들은 '동아자유언론수호투쟁위원회'를 결성하고 언론 자유를 위해 계속 싸우겠다고 선언했다.

한편 『조선일보』에서도 언론 자유를 외친 기자들 33명이 같은 달에 쫓겨났다.

무명용사보다 더 무명인 사람은 그의 아내

여성 상품화 반대·낙태 합법화 등 여성 권리 찾기 바람

【1975년】 아이를 기르고 남편을 뒷바라지하는 전통적 여성상을 깨뜨리려는 여성해방운동이 거세다. 여성들은 "무명(無名)용사보다 더 무명인 사람은 그의 아내다." "아이는 내가 원하는 시기에, 내가 원하는 만큼!" 이라며 남성 중심 사회에 도전하고 있다.

미국 여성들은 1960년대 후반부터 '레드스타킹스', '마녀' 같은 급진적 그룹을 결성하고 '우먼 리브'(여성해방) 운동을 적극 전개하고 있다. 1968년 가을에는 미스 아메리카 선발 대회장에 찾아가 인조 속눈썹·거들·행주·잡지 『플레이보이』 등을 '자유의 쓰

레기통'에 던져넣으며 여성의 상품화에 반대하는 시위를 벌였다. 1970년 '평등을 위한 대행진'에는 뉴욕에서만 5만여 명이 참가했다. 또한 프랑스에서 지난해 낙태 합법화 법안이 통과

되는 등 운동은 유럽에서도 확산되고 있다. 여성이 가정으로 얌전히 돌아가기를 바라는 남성이 적지 않지만, 그림자로 살아야 했던 여성들의 해방 의지는 쉬이 꺾이지 않을 태세다.

남성을 보조하며, 가려진 존재로 살아가는 전통적인 가르침을 당당히 거부하는 여성들이 늘고 있다. 바야흐로 지구촌엔 여성해방운동 바람이 몰아치고 있다.

제3한강교 밑으로는 강물이 흐르고 위로는 돈이 달린다

【1973년】 밑천 한 푼 들이지 않고 수억 원의 돈을 버는 방법이 있다. 압구정·논현·청담 등 '영동(영등포 동쪽이라는 뜻)' 지역을 토지 구획 정리 사업 지구로 지정하고, 대부분 사유지인 이곳의 땅을 개발해 주기로 하는 대가로 건축 용지를 싼값에 확보한다.

이 지역의 한가운데 제3한강교를 짓고 경부고속도로를 뚫으면서 대로 주변의 땅은 공짜나 다름없는 헐값에 수용한다. 그렇게 얻은 땅을 국민에게 되팔아 아파트를 짓고 들어와 살도록 한다. 거저 얻은 것이나 마찬가지인 땅이 개발 호재를 타고 금싸라기로 변모하는 것이다. 고속도로를 짓고 신시가지를 개발한다는 아이디어 하나로 대박을 터뜨린 이 현대판 봉이 김 선달은 바로 정부다.

1962년 영동에 해당하는 '남서울'을 먼저 개발하겠다고 나선 이는 화신백화점 사장 박흥식이었다. 당시 군사정부는 이를 불허하더니 1966년 불쑥 자신들이 영동을 개발한다는 계획을 발표했다. 1967년에 영동 1지구, 1970년에는 2지구 구획 정리에 착수하더니, 1971년 논현동에 공무원 아파트를 먼저 짓고, 지금은 현대건설이 압구정동에 대규모 민간 아파트 단지를 짓고 있다.

정부는 최근 영동 지구를 개발 촉진 지구로 지정하고, 이곳에 땅을 사서 집을 지으면 나중에 그 건물을 팔더라도 부동산투기억제세·등록세·취득세·면허세 등 각종 세금을 면제해 주기로 했다. 반면 강북에는 인구 집중 억제책을 시행했다. 영동으로 돈이 몰리고 땅값이 치솟을 수밖에 없는 까닭이다.

▶ 고교평준화 도입(1974) ▶ 천주교정의구현전국사제단 발족(1974) ▶ 북한, 세금 폐지(1974) 및 11년 무상 의무교육제 실시(1975)

생명체 조작 기술, 복음인가 재앙인가

보이어·코언, DNA 재조합 성공… 찬반 양론 확산

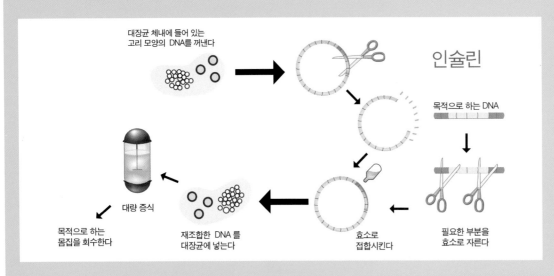

대장균 체내에 들어 있는 고리 모양의 DNA를 꺼낸다

인슐린

목적으로 하는 DNA

목적으로 하는 몸집을 회수한다

대량 증식

재조합한 DNA를 대장균에 넣는다

효소로 접합시킨다

필요한 부분을 효소로 자른다

DNA리가아제와 제한효소를 사용해 DNA를 재조합하는 과정. 인슐린 등을 대량 생산할 수 있을 것이라는 기대와 함께 생명 조작에 대한 우려도 제기되고 있다.

【1975년, 미국】 인간은 생명체를 마음대로 만들어내며 신의 자리에 올라설 것인가?

2월 24일부터 27일까지 미국 캘리포니아주 아실로마에 모인 과학자들이 새로운 생명체를 마음대로 만들어낼 수 있는 DNA 재조합 실험의 규제 방안을 논의했다. 인간이 마음만 먹는다면 서로 다른 종의 DNA를 이용해 새로운 생명체를 만들 수 있게 되었기 때문이다. 지난 1973년 미국의 허버트 보이어와 스탠리 코언이 두꺼비의 DNA를 대장균의 DNA에 집어넣어 자연에 존재하지 않았던 새로운 DNA를 만들면서 이 논란은 촉발됐다.

이 '재조합 DNA'의 등장은 시간 문제였다. DNA를 자르고 붙일 수 있는 가위와 풀이 이미 수년 전에 발견되었기 때문이다. 1967년에 조각난 DNA를 붙일 수 있는 풀인 'DNA 리가아제'가, 1970년에는 DNA를 자를 수 있는 '제한효소'가 잇따라 발견되었다.

과학자들이 이 재조합 DNA를 활용하면 당뇨병 치료에 필요한 인슐린 등을 대량으로 생산할 수 있으리라고 기대하고 있다. 인슐린 생산을 담당하는 인간의 DNA를 대장균과 같은 박테리아에 집어넣는다면, 이 박테리아가 '인슐린 공장'의 역할을 할 수 있기 때문이다. 이렇게 얻을 수 있는 인슐린의 양은 소로부터 채취하는 지금과 비교할 수 없을 만큼 많을 것이다.

한편, 이렇게 생명을 '조작'하는 방법이 알려지면서 불안도 확산돼 왔다. 이 방법을 통해서 서로 다른 종의 DNA를 이어붙이다 자칫하면 전에 없던 돌연변이 생명체가 등장해 끔찍한 재앙을 일으킬 수 있기 때문이다. 지난 2년간 저명한 수십 명의 과학자는 『사이언스』에 "일시적으로 연구를 중단하자."라고 제안하고 나섰다.

이번 아실로마의 과학자 모임은 그 연장선상에서 이루어진 것. 이들은 이 자리에서 DNA 재조합 실험 규제 방안을 마련하고, 미국을 비롯한 세계 각국 정부가 이를 시행하라고 촉구했다. 미국 국립보건원(NIH) 등은 이런 권고를 받아들일 예정이다. 인류가 돌연변이 생명체로 인한 재앙의 가능성을 없앨 수 있을지 관심이 쏠리고 있다.

꿈의 화학물질이 대재앙의 원인이라니

프레온, 오존층 파괴… "생태계 치명타"

【1974년, 미국】 '꿈의 화학물질'로 불리며 냉장고, 에어컨 등의 냉매로 널리 쓰인 CFCs, 이른바 '프레온'이 성층권의 오존층을 파괴할 것이라는 연구 결과가 나왔다. 마리오 몰리나와 프랭크 S. 롤런드는 지난 6월 『네이처』에 발표한 논문에서 "프레온이 성층권까지 올라가 오존층을 파괴해 지구의 자외선 차단 기능이 크게 약해질 것"이라고 경고했다.

이들의 연구 결과를 보면, 성층권에 올라간 프레온은 태양의 자외선을 받으면 화학결합이 끊어지면서 염소(Cl) 원자를 내놓는다. 바로 이 염소 원자가 촉매로 작용해 성층권의 오존(O_3)을 파괴한다. 이 염소 원자는 촉매 역할만 하기 때문에 계속 성층권에 머무르며 오존을 파괴할 수 있다.

지구를 보호하는 오존층이 파괴되면 지표면에 도달하는 자외선의 양이 크게 증가해 심각한 문제가 발생한다. 전문가들은 "강한 자외선은 사람의 피부암을 유발할 뿐만 아니라 생태계에 치명타가 될 것"이라며 프레온 사

프레온을 처리하지 않고 내다 버린 냉장고.

용 중단을 촉구했다. 그러나 이런 경고가 받아들여질지는 불투명하다. 당장 대체 물질이 없는 데다 아직 피해가 눈앞에 드러나지 않았기 때문이다.

인간과 침팬지는 조상이 같다!

【1975년, 미국】 인간과 침팬지는 본래 뿌리가 같다? 이 두 존재가 한 조상으로부터 나왔음을 지지하는 충격적인 연구 결과가 나왔다. 최근 미국의 과학자 메리-클레어 킹, 앨런 윌슨은 "인간과 침팬지의 DNA가 98퍼센트 이상 동일하다는 결론을 내렸다."라고 밝혔다. 2퍼센트의 다름이 오늘날과 같은 인간과 침팬지의 커다란 차이로 이어졌다는 것이다. 이들은 인간과 침팬지가 약 500만 년 전에 공통 조상으로부터 갈라졌을 것으로 보고 있다.

▶ 스티븐 호킹, 블랙홀 증발 이론 발표(1974) ▶ 리처드 도킨스, 『이기적 유전자』 출간(1975) ▶ 베노이트 만델브로트, 프랙털 이론 정립(1975)

나의 기타는 총, 노래는 총알… 벤세레모스!

칠레 민중 가수 빅토르 하라, 쿠데타군에 피살

빈민가 아이들에게 기타 연주를 들려주며 함박웃음을 짓고 있는 생전의 빅토르 하라.

【1973년, 산티아고】 "내 기타는 돈 많은 자들의 기타도 아니고 / 그것과는 하나도 닮지 않았지 / 내 노래는 저 별에 닿는 / 발판이 되고 싶어 / 의미를 지닌 노래는 / 고동치는 핏줄 속에 흐르지 / 노래 부르며 죽기로 한 사람의 / 참된 진실들" (빅토르 하라의 노래 〈선언〉의 일부)

칠레의 전설적인 민중 가수 빅토르 하라(41)가 9월 피노체트 쿠데타군에 의해 살해됐다. 대통령궁에서 최후의 저항을 하던 아옌데 대통령이 살해된 직후의 일이었다. 다른 수천 명의 민주 인사들과 함께 체포된 하라는 모진 고문을 받은 후 양 손목이 모두 부러진 시신으로 발견됐다. 쿠데타군이 하라의 손목을 부러뜨린 것은 일종의 상징적인 행위로 보인다. 언제나 음악을 통한 혁명을 꿈꾸었던 하라의 "기타는 총이며, 노래는 총알"이었기 때문.

하라는 라틴아메리카 민요운동의 선구자였던 비올레타 파라 등과 함께 '누에바 칸시온(새로운 노래)'이라는 노래 운동을 주도한 실천적 예술가였다. 그들이 추구한 '새로운 노래'는 민중의 삶과 고난, 해방에 대한 열망, 새로운 세계에 대한 희구 등을 라틴아메리카의 토속적 리듬과 가락에 실은 민중의 노래이자 혁명의 노래였다. 따라서 하라가 외세의 착취, 군부 독재 세력의 억압으로 점철된 조국 칠레에서 진정한 민중의 정부를 수립하기 위해 자신의 기타를 들고 나선 것은 당연한 귀결이었다.

목격자들에 따르면 하라는 쿠데타군에 체포된 후에도 〈벤세레모스(우리 승리하리라)〉라는 노래를 불렀다고 한다(〈벤세레모스〉는 1970년 선거에서 아옌데를 후보로 내세운 인민연합 찬가다). 그의 마지막 노래는 군 홧발에 밟혀 끝까지 불리지 못했지만, 그가 자신의 생을 통해 불렀던 '새로운 노래'들은 여전히 새로운 세상을 꿈꿀 수밖에 없는 칠레와 라틴아메리카 민중의 입에서 입으로 끊이지 않고 이어질 전망이다.

📖 리영희 『전환시대의 논리』

【1974년】 진실과 이성은 국가의 적일까? 광기 어린 반공주의에 사로잡힌 사회에서는 그러하다. 그런 사회에서 살아오는 동안 한국인은 일방적인 극우적 세계관만을 갖도록 강제당해 왔고, 군사정권은 필사적으로 국민의 한쪽 눈을 가리려 했다.

그러한 반공주의 일변도를 벗어나 우리를 둘러싼 세계를 열린 이성의 눈으로 반추해 본 책이 나왔다. 6월에 출간된 리영희 한양대 교수의 『전환시대의 논리』가 바로 그것. 국제 문제 전문 기자로 이름을 날렸던 저자는 반공주의의 철가면을 벗겨내고 중국·일본·미국·베트남 등에 대한 고정관념에 도전한다. 특히 중국과 베트남 부분이 인상적이다. 저자는 '빨갱이' 나라로만 치부되던 중국의 혁명사를 그 자체의 역사적 논리에 따라 이성적으로 바라보는 한편, 베트남전을 '제국주의와 반민중적 권력에 맞선 베트남 인민의 투쟁'으로 이해해야 한다고 힘주어 말한다. 중국과는 한국전쟁 때 서로 총을 겨눴고 베트남전에 수많은 젊은이를 파병했던 한국인에겐 충격적인 내용이다. 그러나 베트남전쟁이 끝나고 미국과 중국이 손잡는 전환시대에 "진실을 아는 국민이 국가를 위한다."라는 기치를 내건 이 책은 많은 생각할 거리를 던져 주고 있다.

파시즘에 맞선 세 파블로 잠들다

【1973년】 파시즘에 맞섰던 예술계의 세 파블로가 안타깝게도 한 해에 세상을 떠났다. 시인 네루다, 첼리스트 카잘스, 화가 피카소의 이름은 모두 파블로. 조국 칠레의 민주화를 위해 헌신했으나 올해 피노체트의 쿠데타로 민주주의가 대폭 후퇴하는 모습을 보며 쓸쓸하게 눈을 감은 네루다, 첼로와 지휘봉을 무기 삼아 반파시즘·반나치 활동을 정열적으로 수행해 "예술과 도덕의 흔들리지 않는 결합의 상징"이라는 찬사를 들은 카잘스, 에스파냐내전 당시 전쟁의 참상을 그려낸 〈게르니카〉를 완성하며 민주 세력을 지지한 피카소. 거장들은 같은 해

카잘스, 네루다, 피카소(왼쪽부터 시계 방향으로).

에 잠들었지만, 삶과 작품에 담긴 이들의 정신은 인류에게 오래도록 향기로 남을 전망이다.

▶ 우물 파던 농민, 진시황릉 발견(1974) ▶ '컬트영화의 원조'〈록키호러픽처쇼〉첫 상영(1975) ▶〈영자의 전성시대〉(1975) 등 '호스티스 영화' 인기

앙골라, 독립 직후 내전

【1975년】'독립 후 내전'이라는 아프리카 신생국의 악순환이 재연됐다. 이번에는 다이아몬드가 풍부한 아프리카 남서부의 앙골라다. 앙골라는 올해 초 포르투갈의 식민 지배에서 벗어나 독립을 쟁취했다. 그러나 3개 주요 정파가 정부 주도권을 놓고 독립 직후부터 내전을 벌이고 있다. 엎치락뒤치락 반전을 거듭하는 가운데, 소련과 쿠바의 지원을 받는 세력이 미국과 남아프리카공화국이 후원하는 세력을 밀어내는 분위기다.

인도네시아, 동티모르 '살육'

【1975년】남중국해와 인도양 사이의 티모르섬 동부(동티모르). 포르투갈의 식민지였으나, 지난해 포르투갈에서 '카네이션 혁명'으로 불리는 무혈 민주혁명이 일어난 것을 계기로 올해 11월 드디어 독립을 선포한 곳이다. 그러나 그 기쁨은 채 열흘도 못 갔다. 독재자 수하르토가 이끄는 인도네시아가 침공했기 때문이다. 1만여 명의 인도네시아군은 동티모르를 점령하고, 곳곳에서 사람들을 살육하며, 무자비한 식민 통치 체제를 구축하고 있다.

국제 사회에서 인도네시아를 거세게 비난하고 있지만, 수하르토는 요지부동이다. 침공 계획을 사전에 통보받은 미국이 인도네시아를 '동남아시아 반공 전선의 보루'로 간주, 수하르토를 강력히 지지하고 있기 때문이다. 동티모르 침공은 수하르토가 미국의 포드 대통령과 1973년 노벨평화상 수상자인 키신저 국무장관을 만난 다음날 이뤄졌다.

어제는 권장, 오늘은 금지 제멋대로 '가요 대학살'

【1975년】정부가 금지곡을 발표했다. 모두 223곡, '가요 대학살' 수준이다. 〈친구〉(김민기), 〈미인〉(신중현) 등 웬만한 노래들은 다 포함됐다. 퇴폐적, 불신 풍조 조장 등이 금지 사유이지만, 이를 그대로 믿는 이는 거의 없다. 대다수는 당국이 마음대로 '가위질'했다고 믿고 있다. '건전 가요'라며 권장하던 〈아침이슬〉(양희은)을 하루아침에 금지곡으로 만드는 등 일관성도 없다. 〈거짓말이야〉(김추자)는 '거짓말'이라는 가사가 정치 현실을 빗댄 것이라며 금지하는 등 기준도 자의적이다.

놀 때도 반공, 공부할 때도 반공… 편식 주의!

【1975년】파란 머리띠를 맨 학생들과 하얀 머리띠를 맨 학생들이 모래와 콩을 집어넣고 꿰맨 주먹만 한 헝겊 주머니를 열심히 던진다. 장대에 매달린 커다란 박을 먼저 터트려야 승리하기 때문이다. 잠시 후 함성이 터져 나온다. "와!" 박이 두 쪽으로 갈라지고, 그 안에서 커다랗게 표어가 적힌 현수막이 아래로 내려온다. '분쇄하자 공산당'이라는 표어다(사진).

요즘 전국 어디서나 볼 수 있는 국민학교 운동회 풍경이다. 천진난만한 어린 학생들의 놀이마당에 반공 구호를 등장시킨 것이다. 놀이 때만이 아니다. 수업 시간에는 반공 교육을 받고, 방과 후에는 반공 표어와 포스터를 만들고, 때때로 반공 웅변도 해야 하는 것이 요즘 학생들의 일상이다. 한마디로 '놀 때도 반공, 공부할 때도 반공'인 셈인데, 이렇게 반공을 '편식·과식'하게 했다가 탈이라도 나지 않을까 우려하는 목소리가 나오고 있다.

"박치기 혀, 박치기!"… 전국에 김일 열풍

【1973년】"어, 저놈 반칙허네. 눈 찔렀어!" "김일이, 당하지 말고 박치기 혀, 박치기!"

충청도 어느 마을 이장의 집. "오늘은 프로레슬링 하는 날"이라는 마을 방송을 듣고 몰려든 사람들이 텔레비전 앞에서 목청을 높였다. 드디어 김일(44) 선수의 박치기가 상대 선수의 이마에 꽂히고(사진), 거구의 외국 선수가 번개 맞은 나무처럼 힘없이 쓰러졌다. 경기 끝. "우와, 역시!" 어른들은 탄성과 함께 막걸리를 한 잔씩 나누고, 아이들은 김일의 박치기를 흉내 낸다.

박치기왕 김일의 인기는 10년이 넘도록 식을 줄 모른다. 전국 어디든 마을 이장의 집·만화방·다방 등 텔레비전이 있는 곳은 어김없이 박치기를 보려는 사람들로 북적인다. 외국 선수들을 박치기 한 방으로 꺾는 김일 선수의 카리스마에 시민들은 푹 빠져 있다.

남북한에도 지하철 시대

【1974년】서울에 지하철이 달리기 시작했다. 서울역—청량리 구간(9.5킬로미터)의 지하철 1호선이 8월 15일 개통되면서 지상과 지하를 망라하는 대중 교통의 시대가 활짝 열렸다. 교통 체증 해소를 위해 착공한 지 3년 만이며, 정부는 인구와 차량 급증 문제를 해결하기 위해 지하철을 추가로 건설할 계획이라며 지하철 시대의 개막을 알렸다.

이에 앞서 지난해 9월엔 평양에서도 지하철이 개통됐다. 이로써 1863년 영국 런던에서 세계 최초의 지하철이 개통된 지 110여 년 만에 한반도에도 지하철 시대가 열리게 되었다.

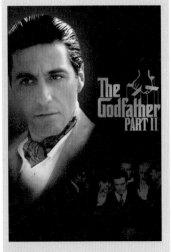

흥행 돌풍을 이어가고 있는 영화 〈대부〉.

부고

▶ 장준하 (1918~1975) 한국의 정치가이자 언론인. 광복군 출신으로 백범 김구의 비서를 맡기도 했다. 『사상계』를 창간해 박정희 정권에 맞섰다. 경기도 포천 약사봉에서 의문의 실족사.
▶ 장제스 (1887~1975) 중국의 정치가. 2차 세계대전 후 마오쩌둥에게 패해 대륙을 내주고 타이완으로 건너갔다.
▶ 프랑코 (1892~1975) 에스파냐의 정치가. 1936년 반란을 일으켜(에스파냐내전) 민주적인 공화주의 정부를 무너뜨린 후 장기 독재를 펼쳤다. 재임 기간 중 약 5만 명의 공화파 인사가 처형되고, 30만 명이 해외로 추방되거나 망명했다.

1974년을 달군 영화 〈별들의 고향〉.

▶ 북한, 당 조직 생활총화 체계 확립(1974) ▶ 최초로 자동차에 에어백 장착(1974, 미국) ▶ 바코드 찍힌 상품, 최초 등장(1974, 미국)

근현대사신문

현대 12호

주요 기사 **2면** | 10·26사건과 12·12쿠데타 (1979) **3면** | 중국, 개혁·개방노선 천명 **4면** | 사설–신은 죽었다 **4면** | 인터뷰–덩샤오핑 **5면** | 남아프리카공화국, 인종차별 반대 대규모 봉기 (1976) **6면** | 인류 위한 과학, 루카스 계획 (1976) **7면** | 여성 노동 운동 **8면** | 극장용 장편 만화영화 개봉

박정희와 마오쩌둥의 죽음

1976년 중국의 마오쩌둥 주석이 죽었다. 그는 중국의 독립과 주권을 되찾고 대륙을 통일한 영웅이었다. 그러나 마오쩌둥은 톈안먼 앞에 집결한 중국 민중이 문화대혁명 등 그가 주창했던 정치 노선을 비판하는 가운데 쓸쓸히 숨을 거두었다. 그의 사후 베이징에서는 마오쩌둥의 부인 장칭과 그 세력이 숙청당하고 개혁 개방을 주창한 덩샤오핑이 권력 전면에 등장하는 의미심장한 변화가 일어나고 있다.

1979년 대한민국의 박정희 대통령이 죽었다. 그는 살아서 경제 개발을 통해 근대화를 이룩했다는 칭송을 받았다. 그러나 그는 유신 독재를 비난하는 민주화 시위가 폭발하는 가운데 측근의 손에 의해 비참하게 생을 마쳤다. 절대 권력의 그늘에서 신음하던 정치권은 일제히 기지개를 켰고, 국민은 새로운 민주주의 시대에 대한 기대감을 숨기지 않고 있다. 서울의 봄은 올 것인가? 팽팽한 긴장 속에 겨울이 흐르고 있다.

사진 | 박정희 대통령의 빈소에 참배하는 최규하 국무총리

박정희, 총으로 시작해 총으로 끝났다
안가에서 김재규 중앙정보부장 총 맞아… 정국 안개 속

【1979년 10월】박정희(62) 대통령이 26일 오후 7시 30분경, 중앙정보부가 관할하는 서울 궁정동 안가에서 머리와 가슴에 한 발씩 총을 맞아 숨졌다. 18년간 장기 집권해 온 대통령에게 총을 쏜 사람은 다름 아닌 대통령의 심복, 김재규(53) 중앙정보부장이었다.

이날 궁정동에서는 대통령의 최측근인 차지철 경호실장, 김계원 비서실장, 김재규 부장 등이 대통령과 함께 오후 6시부터 이른바 '대행사'라 불리는 만찬을 열었다. 유신을 반대하며 부산·마산 시민들이 들고일어난 부마항쟁에 대해 평소 강경·온건 대책으로 나뉘었던 차지철과 김재규의 말다툼이 이 자리에서 대통령 살해 상황으로 이어진 것. 대통령이 '도승지'라 부르곤 했던 비서실장 김계원이 살해 현장을 목격했지만, 정작 김재규가 범인으로 지목·체포된 것은 숨 가쁜 상황의 반전을 거친 후였다.

김재규의 초청을 받고 사건 현장 바로 옆 건물에 와 있던 정승화(50) 육군참모총장은 사건 직후 김재규와 함께 육군본부로 향했고, 김계원 비서실장은 청와대에서 국방·법무·내무부 장관 등을 만나 육군본부에 합류했다. 주요 장관 및 군 수뇌부가 운집한 육군본부에서는 이날 밤 11시경까지 사건 전말을 파악하지 못했다. 키를 쥐고 있던 김계원이 사건의 내막을 정확히 알리지 못했기 때문이었다. 그러던 중 비밀리에 김계원으로부터 김재규가 범인이라는 귀띔을 받은 정승화 총장은 김진기 헌병감을 직접 호출, 김재규를 체포했다. 26일 자정을 넘긴 시각이었다. 육군본부에서 열린 임시국무회의에서는 그 직후 비상계엄 선포가 결의됐다. 김재규의 신병은 보안사령부로 인계돼 수사가 진행되고 있다.

김재규는 학병 출신으로 일본군에 입대, 해방 후 육사 2기를 졸업한 후 군단장과 보안사령관 등 군 요직을 거쳤다. 그 후 건설부 장관, 국회의원을 거쳐 1976년 제8대 중앙정보부장으로 취임한 김재규는 박 대통령과 마

10·26사건 현장 검증. 포승줄에 묶인 김재규 중앙정보부장이 권총을 들고 당시 사건을 재연하고 있다.

찬가지로 일본군 복무 및 교사 경력이 있을 뿐 아니라, 박 대통령의 육사 2기 동기생으로 오랫동안 아주 친밀한 관계였다. 그러나 이처럼 거의 같은 길을 걸은 두 사람의 관계는 비극으로 끝났고, 1961년 무력 쿠데타로 집권한 박정희 정권은 역시 총으로 종말을 맞았다.

또다시 총으로 시작하려나　전두환 등 신군부 또 쿠데타

【1979년 12월】박 대통령이 사망한 지 두 달도 채 되지 않아 군 내부 반란 사건이 발생했다. 12일 밤 합동수사본부(합수부) 수사관들이 10·26사건 수사를 핑계로 상관인 정승화 계엄사령관을 연행·감금한 것. 계엄사령관 휘하에 있는 합수부가 최규하(60) 대통령의 재가도 없이 상관인 계엄사령관을 체포·연행한 것은 명백한 반란 행위다. 이들은 계엄사령관과 대통령을 무시해 군 최고통수권자와 군 내부의 명령 계통을 붕괴시켰다. 10·26사건 이후 수습되는 것 같던 정국은 최

규하 대통령이 선출된 지 일주일도 되지 않은 시점에 다시금 수렁으로 빠져들고 있다.

이번 12·12쿠데타의 핵심 인물은 전두환(48) 보안사령관. 전 사령관은 김재규가 체포된 직후였던 10월 27일 새벽 중앙정보부(중정)의 국장급 이상을 전원 연행하고 중정 기능을 중지시킬 것을 지시했다. 그리고 법률적 근거가 없는 합수부를 설치했는데, 합수부는 무력화된 중정의 수사 정보기관에 대한 조정·감독권을 장악하면서 최고 권력기구로 부상했다. 전 사령관을

떠받치고 있는 것은 하나회에 속한 일련의 정치 장교들. 육사 11기생을 중심으로 한 하나회 세력은 보안사·특전사·수도경비사령부·중정·대통령 경호실 등 권부에 두루 포진하고 있다. 박 전 대통령의 특별한 관심 아래 정권의 친위부대로 활약해온 하나회의 주축은 전두환·노태우 등 11기이지만 8기 유학성·차규헌, 10기 황영시 등도 가담하고 있는 것으로 알려졌다.

야당과 국회가 무력화된 상태에서 이들 신군부는 몇 발의 총알만을 소비하며 권력을 장악해 버렸다. 글라이스

틴 주한 미국 대사의 표현처럼 현재 대한민국은 "한국군이나 어느 정치 세력도 전두환 세력에 대항할 준비가 돼 있지 않은" 상태이다. 재야와 학생들은 아직 격렬한 시위를 벌이지 않고 있다. 태엽이 감긴 시한폭탄 같은 이들이 신군부의 권력 찬탈에 저항하면 대규모 희생이 불가피할 것으로 보이나, 사태가 비극적으로 전개되지 않도록 중재할 수 있는 세력은 없어 보인다. 많은 이들이 희망을 걸고 있는 미국도 이를 위해 적극적인 노력을 기울일지는 불투명하다는 관측이다.

▶ 박동선 로비 사건(1976)　▶ 판문점 미군 살해 사건(1976)　▶ 카터 미국 대통령, 박정희 정권의 인권 탄압을 문제 삼으며 주한미군 철수 압박(1977)

거대한 중국 대륙, 바깥 세계를 향해 열리나

덩샤오핑, 개혁·개방 노선 밝혀… 변화 방향에 전 세계 촉각

【 1979년, 베이징 】 10억 인구의 중국이 1949년 공산화 이후 다시 한 번 역사적 전환점 앞에 섰다. 지난해 12월 18일 중국공산당 제11기 중앙위원회 제3차 전체회의에서 국무원 부총리 덩샤오핑(75)은 중국이 개혁과 개방의 새로운 길로 나아가야 한다고 선언했다. 이는 중국 사회의 발전 방향이 문화대혁명 시기의 계급투쟁으로부터 경제성장이라는 실용주의적 목표로 전환되었음을 의미한다.

변화의 중심에는 키 150센티미터의 '작은 거인' 덩샤오핑이 서 있다. 1976년 저우언라이 사망 이후 점차 보수화되던 정치적 상황 속에서 그해 4월 5일 베이징 시민들이 톈안먼광장에 모여 대규모 시위(1차 톈안먼사건)를 벌였을 때, 대표적인 개혁파 지도자 중 한 명이던 덩샤오핑은 이 사건을 빌미로 실각한 바 있다. 그러나 같은 해 9월 마오쩌둥이 사망하고 이어

자전거를 탄 중국인들이 청두 산업광장에 세워진 마오쩌둥의 동상 앞을 지나고 있다. 마오쩌둥이 떠난 중국은 이제 '작은 거인' 덩샤오핑이라는 새로운 선장의 지휘 아래 개혁과 개방이라는 돛을 달고 새롭게 나아갈 준비를 하고 있다.

문화대혁명을 주도했던 '사인방(四人幇)'이 체포된 후, 그는 오뚝이처럼 다시금 권력의 핵심으로 재기했다.

덩샤오핑은 이른바 '탈문화대혁명 노선'을 내세우면서, 실각했던 지도자들을 복권하고 톈안먼사건의 판결을 번복하는 한편 농업·공업·국방·과학 기술의 4개 부문 현대화라는 새

목표를 제시했다. 나아가 그는 인민공사를 해체하고, 자유 시장과 민영 기업을 부활시켰으며, 경제 특구와 연해 개방 도시 등을 설치해 해외 자본과 기술의 유치에 적극적으로 나섰다. 지금 중국에 필요한 것은 무엇보다 신속하고 전면적인 경제성장이라는 인식에 따른 결정이었다.

세계는 덩샤오핑이 이끄는 개혁 개방 노선이 과연 성공할 것인지에 촉각을 곤두세우고 있다. 중국은 사회주의를 버리고 자본주의의 길로 나서는 것인가? 거대 중국의 경제성장은 세계에 어떠한, 그리고 어느 정도의 영향을 끼칠 것인가? 이러한 질문들에 대한 답을 내리기엔 아직 이르지만 급격한 변화의 시대가 중국에 도래했다는 사실만은 분명해 보인다.

속보―소련, 아프가니스탄 전격 침공 (1979년 12월 25일)

'미국 헌병' 이란에서 반미 이슬람 혁명

【 1979년, 테헤란 】 2월 11일 이란에서 이슬람 혁명이 성공해 팔레비왕조가 무너졌다. 유혈 충돌이 계속되던 테헤란에서 시위대의 환호성이 울려 퍼지는 가운데, 국왕 팔레비 2세는 나라 밖으로 달아났다.

이번 혁명은 팔레비왕조의 오랜 공포 정치 때문이라는 분석이 지배적이다. 1926년 수립된 팔레비왕조는 그동안 미국 중앙정보국(CIA)의 도움을 받아 창설한 정보기관 사바크(SAVAK)를 앞세워 국민을 옥죄었다. 불법 체포와 고문, 자국민 학살을 서슴지 않아 국제사면위원회로부터 "세계 어떤 나라도 이란보다 더 나쁜 인권 유린 행위를 저지른 기록이 없다."

라고 비판받을 정도였다. '미국 헌병'이라 불릴 정도로 노골적인 친미 노선을 걷고, 석유 이권을 서방에 넘긴 것도 혁명의 원인으로 지목되고 있다.

국민들이 아야툴라 호메이니(79) 등 이슬람 성직자들을 중심으로 뭉친 것도 이 때문. 호메이니는 서구의 영향에서 벗어나 이슬람 본래의 정신으로 돌아가야 한다며 전 사회의 이슬람화를 주창하고 있다. 아울러 이슬람 혁명을 이웃 나라로 전파할 태세여서, 이라크 등 주변국은 잔뜩 긴장하는 분위기다. 소련을 견제하고 석유 이권을 확보하기 위해 인권 탄압에 눈감았던 미국도 이란이 서구화 반대 흐름으로 돌아선 것을 곤혹스러워하고 있다.

테헤란 시민들이 반미 이슬람 혁명을 이끈 호메이니의 사진을 높이 들고, 혁명을 지지하는 시위를 하고 있다.

니카라과, 43년 소모사 독재 붕괴

【 1979년 7월 】 중앙아메리카에 위치한 니카라과에서 소모사 독재 정권이 무너졌다. 소모사 일가는 1936년부터 43년 동안, 3대에 걸쳐 니카라과를 통치하며 전횡을 휘둘렀다. 소모사 집안이 국민총생산의 65퍼센트를 독점했을 정도다. 이 때문에 40년 이상 소모사 정권을 지원해준 미국마저 최근 등을 돌렸다. 소모사 정권이 무기도 변변찮은 산디니스타민족해방전선이라는 게릴라군에게 결국 무너진 것도 이처럼 오랫동안 민심을 저버린 결과라는 분석이 힘을 얻고 있다.

▶ '사회주의 형제국'으로 자처하던 중국과 베트남, 전쟁(1979) ▶ 중앙아프리카제국 황제 보카사, 폭정 펴다 실각(1979) ▶ 영국, '불만의 겨울'(1979)

사 설

신은 죽었다

박정희 대통령의 죽음은 그 개인의 죽음만이 아니다. 수많은 한국인이 그의 죽음을 애도하고 상실감에 빠져 괴로워하고 있다. 고대 왕조에서나 있을 법하게 자연계의 이상 현상마저 그의 죽음과 연관 지어 해석되고 있다. 박정희라는 존재는 어느새 전지전능하고 영세 불멸해야마땅한 신처럼 한국인의 내면세계에 파고들었던 것이다.

그는 분단의 원죄를 안고 위태롭게 태어난 대한민국을 적화(赤化)와 빈곤의 위협으로부터 구해낸 불세출의 구세주였다. 북한과 세계 사회주의의 위협에 맞서기 위해 그가 선택한 방법은 철저한 반공 독재였다. 민족 통일과 민주주의를 부르짖던 수많은 영혼들이 그의 제단 앞에 희생으로 던져졌다. 세계에서 가장 가난한 나라였던 조국을 구하기 위해 그는 수단과 방법을 가리지 않고 미국, 일본 등의 지원과 차관을 이끌어냈다. 미국의 경제 지원에 대한 대가로 베트남에 파병된 젊은 병사들과 민족적 자존심이, 그 후에는 수많은 노동자가 제단의 불길에 한 줌 재가 되었다.

박정희의 죽음은 개인의 죽음에 불과하다. 그 개인으로 표상된 신은 사실 군사독재 체제였다. 그 체제의 죽음 앞에서 사람들은 서서히 최면에서 깨어나 민주주의와 민족적 긍지의 소중함을 되새기고 있다. 그러나 사람들 마음속에 내면화된 것만큼이나 우리 사회 곳곳에 스며들어 있는 독재의 잔재를 철저히 경계하고 청산하지 않는 한, 박정희 개인은 죽었어도 독재라는 신은 언제 다시 부활할지 모른다.

고양이는 쥐만 잘 잡으면 된다

인터뷰 중국 개혁·개방 이끄는 덩샤오핑

마오쩌둥 사망 이후 중국이 서방에 문을 열고 있다. 중국 개혁·개방을 이끄는 덩샤오핑 국무원 부총리를 만나 근래 추진 중인 개혁·개방 노선에 대해 들어 보았다.

▲ 개혁과 개방을 통해 새로운 중국을 만들겠다고 했다. 개혁과 개방은 구체적으로 무엇을 의미하는가?

"마오쩌둥의 시대는 정치적 혁명의 시대였다. 그러나 이제는 인민이 먹고 사는 문제, 즉 경제성장에 더 힘을 쏟아야 할 때이다.

간단히 말하자면 개혁이란 이를 위해 시장경제를 도입하겠다는 것이고, 개방이란 중국이 세계시장에 문을 열겠다는 것이다."

▲ '개혁·개방 노선'이란 사회주의를 포기하고 자본주의로 가겠다는 것이라는 비판도 나오고 있다.

"오해다. 시장경제가 자본주의를, 계획경제가 사회주의를 뜻하는 것은 아니다. 시장경제나 계획경제는 인민을 잘살게 하기 위해 우리가 선택할 수 있는 수단일 따름이다. 검은 고양이든 흰 고양이든 쥐만 잘 잡으면 그것이 좋은 고양이 아닌가?"

▲ 그렇다면 사회주의를 계속해서 추구한다는 말인가?

"그렇다. 우리 중국공산당은 여전히 사회주의, 무산계급 독재, 공산당의 지도, 마르크스·레닌주의 및 마오쩌둥 사상의 견지라는 4개 기본 원칙을 유지하고 있다."

▲ 경제적으로는 자본주의 요소를 받아들이면서도 정치적으로는 사회주의 체제를 유지하겠다는 뜻인 것 같은데, 그것이 가능한 일인지 모르겠다. 능력 있는 사람이 먼저 부자가 되자는 이른바 '선부론(先富論)'도 주장하고 있는데 이 역시 자본주의 체제와 같은 빈부 격차를 낳지 않겠나?

"빈부 차이가 나타날 수 있다. 하지만 그것은 우리가 성장하기 위해 불가피하게 겪어야만 하는 과정이다.

조건을 갖춘 개인, 기업, 지역이 먼저 부유해지면 언젠가는 나머지 사람들도 그 혜택을 함께 누릴 수 있다. 그렇게 되면 중국 전체가 부유해질 것이다."

그림마당 | 이은홍

쿠데타괴담

죽지않아〰!!

초/ 점/

유신 붕괴 근저엔 민주 바람 있었다

10월 26일 궁정동의 총성으로 유신 정권은 무너졌다. 그러나 그 근저엔 거대한 민주화 바람이 있었다. '(유신) 헌법을 반대하거나 이를 보도하면 영장 없이 체포하겠다.'라고, '사형을 선고할 수 있다.'라고 긴급조치로 협박해도 굴하지 않은 이들의 주요 활동은 다음과 같다.

▲ 1973년 10월, 서울대 문리대를 시발점으로 여러 대학에서 반유신 시위. 유신 정권, 가담 학생 무더기 징계. 그해 12월, 100만인 헌법 개정 청원 운동 시작. 반유신 운동 확산. 유신 정권, 그 이듬해 긴급조치를 최초 발동하고 장준하·백기완 등에게 15년형 선고.

▲ 1975년 4월, 유신 정권에 항의해 서울대생 김상진 할복 자살. 대학가에서 다시 반유신 시위. 유신 정권, 그해 5월 긴급조치 9호 선포(유신 정권 붕괴 때까지 유지됨).

▲ 1977년 하반기, 광화문 일대에서 학생·시민 연합 시위.

▲ 1979년 8월, 신민당사에서 농성하던 YH무역 여성 노동자들을 경찰이 강제 연행. 이 과정에서 여성 노동자 김경숙 사망. 10월, 부산과 마산에서 시민과 학생이 연합해 반유신 시위(부마민주항쟁). 발포를 포함한 강경 진압 여부를 놓고 유신 정권 내분. 10·26의 한 원인이 됨.

▶ 일본 도쿄 지검, 록히드 사건과 관련해 다나카 전 수상 구속 기소(1976) ▶ 공직자, 국회의원, 언론인 등이 대거 연루된 현대아파트 특혜 분양 사건(1978)

아들아, 차별 없는 세상에서 꼭 다시 만나자

남아공 정부, 인종차별 반대 대규모 봉기에 무차별 학살로 대응

【1976년 6월】지구상에서 피부색에 따른 인종차별이 법적·제도적으로 유지되고 있는 마지막 나라, 남아프리카공화국에서 억압과 차별에 맞선 흑인 학생들의 대대적인 저항이 터져 나왔다.

16일 남아공 요하네스버그 인근의 흑인 거주 지역 소웨토에서, 1만여 명의 흑인 학생들은 백인 정부가 자신들에게 아프리칸스어(17세기에 네덜란드계 백인이 이주하면서 퍼뜨린 말로 흑인들에게는 차별과 억압의 상징이다)를 사용하도록 강요한 데 맞서 대규모 거리 시위를 벌였다. 그러나 정부는 발포와 대량 학살로 응답했고, 무려 35명의 사망자와 220여 명의 부상자를 발생시키는 끔찍한 결과를 초래했다. 특히 12세 소년 헥터 피터슨이 백인 경찰의 총에 맞아 사망한 장면을 담은 사진이 현지 신문인 『더 월드』 1면에 실리면서, 흑인들의 분노는

하늘을 찌를 듯 더욱 거세게 불타올랐다. 이 사진을 찍은 샘 은지마는 "학생들이 든 건 총이 아니라 플래카드였는데, 경찰이 닥치는 대로 총을 쏘았다."라며 "학생들이 돌을 던지기 전에 이미 첫 총성이 들렸다."라고 현장 상황을 증언했다.

흑인 학생들의 이번 봉기엔 더 오래되고 근본적인 배경이 있다. 남아공에서 흑인 인구는 전체의 80퍼센트 이상을 차지하지만, 고작 10여 퍼센트에 불과한 백인들에 의해 지배받고 있다. '아파르트헤이트'라고 불리는 인종차별 제도 속에서 흑인들은 참정권도, 거주이전의 자유도 누리지 못하고 있으며, 직업과 교통수단, 심지어는 화장실 이용에서도 철저한 차별 대우를 받고 있다. 또한 1959년 이른바 '반투홈랜드' 제도가 도입됨에 따라 절대다수의 흑인들이 고작 영토의 13퍼센트에 해당하는 지역에 격리 수용되는

어이없는 수모를 겪기도 했다.

이에 흑인들은 불복종운동, 무장투쟁과 같은 끈질긴 저항운동을 계속해 왔다. 벌써 10여 년째 투옥되어 있는 넬슨 만델라(58), 흑인들의 자존감 회복을 위해 흑인의식운동을 이끌고 있는 반투 스티브 비코(30) 등은 이러한 저항운동이 낳은 지도자들이다. 백인 정부는 극단적인 인종차별 정책을 누그러뜨릴 생각이 없어 보이지만, 이번 소웨토 봉기를 계기로 흑인들의 투쟁은 더 강화될 전망이다. 세계의 많은 나라들 또한 남아공의 인종차별 철폐를 위한 압력의 일환으로 남아공 정부에 경제 제재를 가하고 올림픽, 월드컵 등 국제 스포츠 대회의 참가 자격 박탈 조치 등을 취하고 있다.

총에 맞고 쓰러진 헥터 피터슨을 다른 학생이 안고 옮기는 모습(왼쪽은 피터슨의 누이) 및 소웨토와 남아공 지도.

함평 고구마 사건

함평 고구마 사건

【1978년 4월 29일】한국전쟁 이후 최초의 본격 농민운동인 전라남도 함평 '고구마 투쟁'이 승리로 막을 내렸다. 고구마를 사 주기로 약속한 농협의 일부 단위조합이 중간 상인과 결탁해 이를 어기자, 큰 피해를 본 농민들이 가톨릭농민회 전남연합회(총무 서경원) 등과 함께 피해 보상 운동에 나섰다. 농협은 관변 단체와 함께 방해 공작에 나섰고, 정부마저 긴급조치 위반을 내세우며 탄압했다. 700여 회원들과 문익환(60) 목사 등은 지난 24일부터 광주 북동천주교회에서 단식투쟁을 벌인 끝에 마침내 농협으로부터 피해 보상과 책임자 징계 등의 약속을 받아냈다.

한국 경제에 '문어발 공룡' 경계 경보

재벌 집중 지원으로 중소 기업과 서민 경제 위축

【1979년】경제의 재벌 집중화 문제가 심각하다. 1973~1978년 사이에 국내총생산이 연평균 9.9퍼센트 성장한 데 비해, 46대 재벌은 연평균 22.8퍼센트(그중 상위 5대 재벌은 연평균 30.1퍼센트) 성장했고, 이들이 국내총생산에서 차지하는 비중도 9.8퍼센트에서 17.1퍼센트로 늘었다. 재벌에 하청 계열화된 중소 기업 비율이 1966년엔 12.6퍼센트였으나 지금은 30퍼센트에 육박하는 등 문어발 식 확장도 늘어나는 추세다.

재벌의 급성장은 정부 지원에 힘입은 바 크다. 중화학공업화 정책에 재벌들이 초기에 미온적인 태도를 보이

수출 100억 달러 달성 기념우표.

자, 정부는 각종 정책 금융을 통해 위험은 국가가 떠안고 혜택은 재벌이 누리게 하는 방식으로 참여를 유도했다. 그 결과 재벌과 중소기업의 격차는 더 커졌다. 1975년 도입된 종합무역상사 제도도 재벌의 몸집 불리기에 도움이

됐다. 종합무역상사로 지정받으면 수출 금융 혜택을 누리고, 시중 금리의 절반 수준에 불과한 금리로 자금을 대출받을 수 있기 때문.

이러한 재벌의 중복·과잉 투자로 중화학공업 가동률은 여타 제조업보다 현저히 낮다. 재벌 지원에 재원을 너무 많이 투여한 탓에, 2차 석유 위기로 어려움이 가중된 서민 경제를 지원할 재정이 넉넉하지 않다는 지적도 나오고 있다. '중동 건설 특수'가 경제에 숨통을 틔워주고는 있지만, '문어발 공룡'에 비유되는 재벌의 힘이 지나치게 커지면서 한국 경제가 만만치 않은 위기 상황이라는 분석이 많다.

▶ '포항 앞바다 석유 발견' 해프닝(1976) ▶ 임시 행정수도 건설 구상 발표(1977) ▶ 이리역 폭발 사건으로 59명 사망(1977) ▶ '우리의 교육지표' 사건(1978)

전쟁 아닌 인류에 봉사하는 과학을 위하여
사람의 얼굴을 한 과학 기술 꿈꾸는 루카스항공 노동자들

【1976년, 영국】 "비행기가 소리의 속도로 나는 시대에 왜 겨울마다 가난한 노인이 추위에 얼어 죽는 것일까? 정교한 로봇이 있는 시대에 왜 장애인이 쉽게 이동할 수 있도록 돕는 보조 기구는 나오지 않는 것일까? 위험한 원자력 에너지 대신 태양 에너지를 이용하려는 움직임은 왜 없는 것일까?"

전투기의 엔진을 생산하는 영국 루카스항공 노동자들이 바로 이런 질문의 해답을 찾아 나섰다. 이 회사의 노동자는 최근 약 3,000명이 모이는 회의를 개최하고 회사 측의 인원 감축 계획에 맞선 대안 실험을 하기로 결의했다. 기존에 전투기의 엔진을 생산하던 자신의 과학 기술 노하우를 이용해 인류에게 꼭 필요한 다른 대안 상품을 만들겠다는 것이다.

'루카스 계획(The Lucas Plan)'이라고 불리는 이 계획을 보면, 이들은 앞으로 수년간 태양열 난방 시스템, 도로·철도 겸용 버스, 저렴한 의료 장비, 장애인 보조 기구 등 인권·환경·지역 사회의 필요를 염두에 둔 약 150개의 대안 상품을 발명해 그중 일부를 직접 생산할 예정이다.

루카스 계획을 주도해온 이 회사 노동조합의 지도자 마이클 쿨리는 "전세계적으로 과학 기술자의 3분의 1이 전쟁을 준비하는 일에 관여하고 있다."라며 "우리가 가진 과학 기술을 활용해 전쟁 무기 대신 다른 유용한 것을 생산한다면 인류가 직면한 많은 문제를 해결할 수 있다."라고 강조했다.

전쟁을 위한 끔찍한 과학이 아닌 인류에게 봉사하는 따뜻한 과학, 다시 말해 사람의 얼굴을 한 과학 기술을 꿈꾸는 이 루카스 계획이 성공할 것인가는 회사 측의 협조 여부에 달렸다. 현재 회사 측은 별다른 논평을 내놓지 않고 있으나, 이미 대규모 정리 해고를 예고하는 등 강경한 태도를 고수하고 있는 터라 루카스항공사와 노동자 사이에는 갈등이 불가피할 전망이다.

이 그림처럼 루카스 노동자들은 비용이 적게 들고 환경오염도 줄일 수 있는 교통수단에 대한 사례 연구도 하고 있다. 현재 사용하고 있는 자동차와 전기 자동차, 석유와 전기를 같이 사용하는 하이브리드 자동차를 연구한 끝에 이들은 하이브리드 자동차가 효율이 높고 오염 물질을 적게 배출한다는 것을 알아냈다.

스리마일 발전소 방사능 누출 사고

【1979년, 미국】 3월 28일 펜실베이니아주 스리마일섬의 원자력발전소(사진)에서 방사능 유출 사고가 발생했다. 주정부는 스리마일섬 반경 8킬로미터 내에 사는 임신부와 어린이의 피난을 권고하고, 반경 16킬로미터 내 주민에게는 외출을 삼가라고 권고했다. 공황 상태가 이어지자 주정부는 유출된 방사능이 인체에 해롭지 않은 수준이라고 말을 바꿨으나, 환경단체 등은 반경 80킬로미터 내 주민 200만 명이 방사능에 누출됐을 것이라며 주정부를 비난했다.

한편 지난해 4월 29일 고리 원자력발전소가 한국 최초로 상업 운전을 시작한 가운데, 한국 정부는 앞으로도 원자력발전소를 계속 건설할 계획을 밝혔다.

개인용 컴퓨터 혁명 시작… 애플II 폭발적 인기

【1977년, 미국】 올해 4월 애플컴퓨터가 내놓은 '애플II'(가격 1,298달러)가 큰 인기를 끌고 있다. 특히 이 컴퓨터는 전원 공급 장치·키보드·스크린 등이 구비된 최초의 마이크로컴퓨터라는 점에서 출시되자마자 큰 관심을 모았다. 기존의 '알테어'와 같은 마이크로컴퓨터는 소비자가 그러한 장치를 별도로 구매해야 했을 뿐만 아니라 모니터, 키보드 등도 없었다.

애플II의 이런 특징은 스티븐 워즈니악과 애플컴퓨터를 공동으로 창업한 스티브 잡스(22)가 고안했다. 잡스는 한 인터뷰에서 "컴퓨터를 소수의 전문가가 아닌 일반인에게 전파하려는 목적으로 이런 애플II를 설계했다."라며 "애플II는 개인용 컴퓨터(PC·Personal Computer)의 시작으로 기록될 것"이라고 장담했다.

이런 잡스의 의견은 "IBM의 힘을 민중에게!"라는 구호로 유명한 테드 넬슨 등 '컴퓨터 해방' 운동가의 주장과 맞닿아 있다. 1960년대 대항 문화(counterculture)의 영향을 받은 이들은 IBM과 같은 기업이 독점한 컴퓨터의 힘을 시민이 공유할 수 있어

개인용 컴퓨터 시대를 열 것으로 전망되는 애플II.

야 한다고 강조했다. 잡스 역시 대항 문화의 영향을 많이 받은 것으로 알려졌다.

▶ 티에르트 반 안델, '화학 합성'으로 살아가는 심해의 극지 생물 관찰(1977) ▶ 케냐의 왕가리 마타이, 그린벨트 운동 시작(1977) ▶ 최초의 GPS 위성 발사(1978)

사상 최초
시험관 아기 탄생

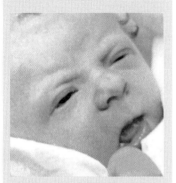

인류 최초 시험관 아기인 루이스 브라운.

【1978년】 과학계와 종교계 등에서 갑론을박이 한창이다. 7월 25일 영국 올드햄 종합병원에서 탄생한 인류 최초의 시험관 아기, 루이스 브라운 때문이다.

시술자인 패트릭 스텝토 박사와 로버트 에드워즈 박사는 정자와 난자를 산모의 몸이 아닌 시험관에서 인공 수정시킨 후, 그 인공 수정 배아를 산모의 자궁에 착상시키는 방식으로 2.6킬로그램의 건강한 여자아이를 탄생시켰다. 체외에서 수정란을 만들어 자궁에 착상시키는 기술은 그동안 동물 실험으로만 행해졌다. 이를 인간에게 적용, 여성의 몸속에서 진행되던 임신 과정을 실험실로 끌어낸 것이다.

과학계에서는 대체로 놀라운 성과로 받아들이는 분위기다. 그렇지만 종교계에서는 자연의 섭리를 거스른 것이자, 신의 영역을 침범한 것이라는 비판이 나오고 있다. 교황청에서는 인공수정 자체를 반대하고 있다. 그렇지만 루이스 브라운이 태어난 지 3개월 만에 인도에서 두 번째 인공수정에 의한 출산이 이뤄진 데서도 드러나듯, 아기를 간절히 원하는 전 세계의 수많은 불임 부부들의 지지를 바탕으로 시험관 아기 출산은 빠르게 확산될 전망이다.

일하는 여성들이 깨어나고 있다
'공순이'에서 '여성 노동자'로 적극적 변신

【1979년】 "이제껏 제 자신이 세상에서 가장 하찮은 존재라고 생각했어요. 하지만 야학에서는 바로 우리 같은 노동자들이 세계의 주인이라고 배워요." 구로공단 인근의 한 야학에서 만난 열여덟 살 여성 노동자의 당찬 표현이다.

1960년대 이후 섬유, 신발 등의 노동집약적인 수출 산업이 한국 경제의 핵심 성장 동력으로 자리 잡으면서, 이들 산업에 종사하는 여성 노동자의 수 또한 기하급수적으로 늘어났다. 이들은 "가난한 집안 살림에 한 푼이라도 보탬이 되거나, 몇 년 동안 돈을 벌어 그만뒀던 공부를 계속하고픈" 희망을 품고 서울로, 공장으로 밀려온 농촌 출신의 10~20대 여성들. 이들은 반복되는 2, 3교대 근무에 위장병을 달고 살고, 야근과 철야에 쏟아지는 졸음을 각성제 몇 알로 버티면서도, 턱없이 낮은 임금을 받으며 비좁은 기숙사에서 생활하고 있다. '공순이'로 비하하는 사회 분위기도 이들을 힘들게 하고 있다.

하지만 근래 여성 노동자들이 스스로 목소리를 내기 시작하면서, 이들이 침체됐던 한국 노동운동의 새로운 주역으로 등장하고 있다. 특히 동일방직

한국 경제 발전의 주역임에도 '공순이'로 불리며 무시당하던 여성노동자들이 깨어나고 있다. 야학과 소모임은 이처럼 여성노동자가 깨어나는 데 커다란 역할을 하고 있다.

노동조합은 1972년 전국 최초로 여성 지부장을 선출하고 민주 노조 운동의 첫발을 내디뎠다. 이들은 1976년 지부장 연행에 항의하다 경찰의 강제 해산 시도에 속옷 차림으로 맞서는가 하면, 지난해 대의원 선거 때에는 사용자가 동원한 폭력배들이 퍼부은 '똥물'까지 뒤집어쓰면서도 의지를 굽히지 않았다. 또한 YH무역 여성 노동자들의 끈질긴 싸움은 유신 체제의 기반까지 뒤흔들고 있다. YH무역 노조는 올해 8월 회사 측의 부당한 폐업에 항의하며 야당

인 신민당사에서 농성을 벌였는데, 이때 1,000여 명의 경찰이 무자비한 폭력을 휘두르며 진입했다. 그 과정에서 22세의 여성 조합원 김경숙이 사망했는데, 이 사건은 반정부 투쟁이 전국적으로 거세게 일어나게 하는 뇌관 역할을 했다.

한국 경제의 가장 중요한 역군 중 하나였으면서도 줄곧 '공순이'로 천대받아 온 여성들이 당당한 노동자로 깨어나면서, 사회 전반에 걸쳐 큰 변화의 물꼬를 트고 있다.

📖 한국 현대사를 바라보는 또 다른 시각
『해방 전후사의 인식』 1 출간

【1979년 10월】 요즘 대학생들이 고등학교 때 배운 국사 교과서 현대편 첫 장의 제목은 '대한민국의 정통성'이다. 해방 직후 소련과 좌경 세력이 반민족적 신탁통치안을 밀어붙이다가 거센 민족적 저항에 직면했으며, 국제연합의 압도적 지지 아래 탄생한 한반도의 유일 합법 국가가 이승만을 초대 대통령으로 선출한 대한민국이라는

것이 그 내용이다.

지난 15일 출간된 『해방 전후사의 인식』은 이러한 공식 사관에 근본적인 문제를 제기하고 있다. 미군정은 남한만의 단독정부 수립에 책임을 면할 수 없으며, 이승만은 친일파를 보호하고 부정부패가 만연한 나라를 만들었다는 것이다.

송건호(52), 진덕규(41), 김학준

(36) 등 소장 학자와 언론인들이 쓴 글을 모아 놓은 이 책은 여러 가지 면에서 반공 일변도의 기존 현대사 인식에 대한 민족주의적 도전이라고 볼 수 있다.

반공의 첨병인 박정희 대통령이 죽던 이달 26일까지 4,500부가 팔렸다. 현대사에 대한 새로운 인식에 목마른 독자들이 그만큼 많다는 뜻이다.

▶ 하이틴 영화 붐(1976~1977) ▶ 30년 만에 4·3항쟁 다룬 『순이삼촌』(현기영), 도시 빈민 현실 그린 『난장이가 쏘아올린 작은 공』(조세희) 출간(1978)

제3세계 통신

'킬링필드' 폴포트 정권 붕괴

【1979년】 끔찍한 대학살로 전 국토를 킬링필드(집단 무덤)로 만든 캄보디아의 폴포트 정권이 붕괴했다. 베트남과 벌인 전쟁에서 패한 결과다. 1월 캄보디아 수도 프놈펜을 점령한 베트남은 친(親)베트남 정권을 세웠고, 폴포트는 밀림으로 근거지를 옮겨 게릴라전을 벌이고 있다. 1975년 농민 공산주의를 내세우며 집권한 폴포트는 극단적인 집단주의를 강요하며 45개월 동안 150만 명을 학살했다.

이집트·이스라엘 평화협정

【1979년】 이집트가 아랍권 최초로 이스라엘의 팔레스타인 점령을 인정하고 이스라엘과 화해했다. 네 차례에 걸쳐 이스라엘과 전쟁을 벌였던 이집트가 노선을 전환한 것이다. 이집트는 그 대가로 1967년 전쟁에서 패하며 이스라엘에 빼앗겼던 시나이반도를 돌려받았다. 아랍권에서는 이집트가 배신했다며 분노하고 있다.

'아프리카의 도살자' 망명

【1979년】 집권 8년 동안 30만~50만 명을 학살한 우간다의 이디 아민 독재 정권이 무너졌다. 이웃나라 탄자니아를 침공했다가 역공을 당한 것. 반(反)아민 세력과 손을 잡은 탄자니아군에 의해 수도가 함락될 처지에 놓이자 아민은 리비아로 망명했다. 1971년 쿠데타로 집권한 아민은 잔혹한 고문과 상상을 뛰어넘는 방식의 살인을 자행해 '아프리카의 도살자'로 악명을 떨쳤다.

국기 경례 안 하면 제적

【1976년】 국기에 대한 경례를 하지 않았다는 이유로 학생 신분을 박탈한 학교의 행위가 정당하다는 대법원 판결이 나왔다.

대법원은 지난 1973년 바로 그 이유 때문에 학교에서 제적당한 김해여고 학생 6명이 "신앙과 양심의 자유를 침해당했다."라며 제기한 소송에서 학생들에게 패소 판결을 내렸다. "종교의 자유 역시 학칙을 해치지 아니하는 범위 내에서 보장된다."라는 것이 판결의 근거다. 이에 대해 헌법의 가치와 인권을 보호하는 데 앞장서야 할 법원이 획일적인 국가주의에 고개를 숙였다는 비판이 나오고 있다.

만화영화다!… 극장 개봉 잇달아

【1979년】 어린이들이 신났다. 방학에 맞춰 개봉하는 극장용 장편 만화영화 때문이다. 무엇보다 어린이들이 손꼽아 기다린 것은 〈로보트 태권브이〉(감독 김청기). 3년 전 "800만 어린이들의 여름방학 선물"을 자임하며 첫선을 보인 태권브이는 7월과 12월마다 찾아와 어린이들을 즐겁게 해줬다. 무기로 적을 제압하는 다른 나라 로봇과 달리 태권도로 적을 물리치는 점이나, 조종사의 생각에 반응해 태권브이가 행동한다는 설정이 이채롭다. "태권브이랑 일본 로봇 마징가제트랑 싸우면 누가 이길까?" 하는 문제를 두고 논쟁하는 아이들을 심심치 않게 볼 수 있을 정도로 그 인기는 대단하다.

지난해에는 한국 최초 반공 만화영화인 〈똘이장군〉도 개봉했다. 북한군을 각종 동물로 표현하는 〈똘이장군〉이 흥행에 성공하면서 속편도 연이어

〈로보트 태권V〉.

제작되고 있다. 만화영화가 개봉하는 방학을 손꼽아 기다리는 것은 한국 어린이들만이 아니다. 올해 여름 일본에서도 만화영화 〈은하철도999〉가 극장에서 개봉해 큰 인기를 끌었다.

고상돈, 한국인 최초 에베레스트 등정

【1977년 9월 15일】 "더 이상 오를 데가 없다." 오늘 낮 12시 50분(현지 시각) 무렵, 고상돈(29) 대원이 한국의 에베레스트 등반팀에 전한 무선 메시지다. 한국인이 세계 최고봉인 에베레스트 정상에 처음으로 오르는 순간이었다. 힐러리와 텐징 노르가이가 세계 최초로 에베레스트 등정에 성공한 지 24년 만이다. 고 대원은 지난해 동계 훈련 중 숨진 동료들의 사진을 에베레스트 만년설에 묻었다.

1978년 포니 1만 8,000대(1976년엔 7대) 수출을 계기로 국산차 수출 시대가 열렸다.

올림픽 체조 사상 첫 10점 만점에 10점

【1976년】 15살의 체조 '요정'이 올림픽 역사를 바꿨다. 루마니아 대표 나디아 코마네치가 몬트리올올림픽에서 10점 만점을 기록한 것. 올림픽 사상 최초다. 이단평행봉을 시작으로 이 대회에서 무려 7번이나 10점 만점을 기록한 코마네치는 금메달 3개를 포함해 5개의 메달을 획득하며 체조 여왕으로 등극했다.

몸 수색에 버스 안내원 음독 자살

【1978년】 서울의 한 시내버스 '안내양' 강아무개씨가 지나친 몸 수색을 견딜 수 없다며 스스로 목숨을 끊었다. 요금을 빼돌리는 것을 막기 위해 몸 수색이 불가피하다는 것이 버스회사의 해명이지만, 몸 수색이라는 인권 유린이 부른 참극이라는 것이 중론.

1978년 영화 〈슈퍼맨〉 개봉.

부고

▶ 앙드레 말로 (1901~1976) 프랑스의 소설가. 대표작은 『인간의 조건』.
▶ 마리아 칼라스 (1923~1977) '오페라의 여왕'으로 불린 미국의 오페라 가수.
▶ 엘비스 프레슬리 (1935~1977) 미국의 가수. '로큰롤의 왕'으로 불렸다.

▶ 한국, 연탄가스 중독 문제 심각(1965년 이래 사망자 6,000여 명) ▶ 최초 초음속 여객기 콩코드 취항(1976) ▶ 한국, 몬트리올올림픽에서 해방 후 첫 금메달(1976)

폭발

'서울의 봄'을 짓밟은 신군부에 대한 저항이 전라남도 광주시에서 폭발했다. 전국학생연대가 1980년 5월 15일 서울역에 모여 대규모 민주화 시위를 벌이자 신군부는 이를 기화로 5월 17일 비상계엄령을 전국으로 확대하고 계엄군이 각 대학을 장악했다. 이에 격분한 전남대학교 학생과 계엄군 간에 충돌이 일어나 수많은 학생이 다치자 학생과 시민은 5월 18일 계엄령과 휴교령 철폐를 외치며 금남로로 진출했다. 계엄군과 공수부대는 '화려한 휴가'라는 작전명 아래 시위대에게 총을 쏘고 피신하는 시위대를 추격하며 민간인까지 구타하고 체포했다. 시위대에게 먹을 것과 의약품을 주던 부녀자마저 폭행했다. 군대가 탱크까지 동원해 외곽으로 나가는 도로를 차단해 도망칠 곳도 없었다. 광주 시민은 목숨을 건 중대한 결심을 하지 않을 수 없었다.

'화려한 휴가'가 끝났을 때

계엄군은 5월 18일 오후와 19일에 광주 공용터미널 부근에서 시위대와 일반 시민을 가리지 않고 살상을 저질렀다. 이 소식은 시외버스 승객들의 입을 타고 주변 지역에 퍼져나갔다. 일부 시위대는 아시아자동차 공장 차고에서 차량을 몰고 화순, 나주, 해남, 영암 등으로 나가 광주에서 벌어지고 있는 비극의 실상을 알리면서 응원을 요청했다. 군대의 삼엄한 경비를 뚫고 여러 지역에서 응원 시위대가 광주로 달려왔다. 시위대는 전라남도뿐 아니라 전라북도를 비롯한 전국 각지에 진출하려 했지만, 계엄군이 고속도로와 철도를 철저히 봉쇄하고 있어 여의치 않았다. 광주 시민은 온 국민이 광주의 참상을 듣고 응원을 보내주기를 간절히 기도했으나, 전라남도 밖의 지역으로부터는 철저히 고립되어 갔다.

분노한 광주 시민은 학생들의 시위 대열에 합류했고, 20일에는 택시 운전사들이 차량 시위를 벌이면서 시위대의 규모는 20만 명을 넘어섰다. 계엄군은 수세에 몰리자 시위대를 향해 발포하기 시작했다. 20일 밤의 광주역과 21일 낮의 전라남도 도청 앞은 살육의 현장으로 변했다. 그런데도 대부분의 언론이 시위를

'불순 분자와 폭도들의 난동'으로 보도하자, 격분한 광주 시민은 광주 MBC 방송국에 불을 지르고 광주 시청을 점거했다. 5월 21일에는 시위대가 무장하기 시작했다. 당시 광주 곳곳의 경찰서, 지서, 예비군 무기고 등은 경찰과 대원들이 시위 진압에 동원되어 텅 비어 있었다. 광주 시민은 이곳에서 M1소총, 카빈소총, 기관총 등을 확보해 무장하고 '시민군'을 조직해 계엄군에 맞섰다. 시민군은 자발적으로 지도부를 구성하고 규율을 정해 무기 소지자들을 통제했다. 군 경험자들이 시민군에게 무기 조작법을 가르쳤고 무기 관리가 철저히 이루어지도록 조치했다. 시민군이 장악한 지역에서 일반 차량을 통제하는 일도 했다.

특수 훈련으로 단련되고 최신 무기로 무장한 계엄군에게 구식 무기로 맞서면서도 시민군은 물러나지 않았다. 5월 21일 전라남도청 앞에서 벌어진 시가전에서는 광주민주화운동 발생 이래 가장 많은 사상자가 발생했다. 계엄군은 21일 저녁 무렵 물러갔고, 시민군은 22일 도청을 장악했다. 시민군은 어지러운 거리를 청소하고 부상자를 치료하면서 질서를 회복해 나갔다. 시장과 상점들도 문

광주는 너무도 평화로웠다

광주의 학생과 시민 5만여 명이 5월 16일 전남도청 앞 광장에 모여 질서정연하게 민족민주화대성회를 열고 있다.

을 열고 전기와 수도는 관계 기관에 근무하는 공무원들이 지원에 나서서 개통시켰다. 적십자병원 차와 시위대 지프가 돌아다니며 부상자들에게 공급할 피가 부족하다고 알리자 시내 곳곳에서 헌혈하겠다는 사람들이 모여들었다. 이날 정오 도청 옥상에는 태극기가 검은 리본과 함께 반기로 게양되었다.

시민군 지도부는 차량 통행증·유류 발급증·상황실 출입증을 발급하고, 광주 외곽 지역의 방위를 맡은 시민군을 지원하는 기동타격대를 편성해 출동시켰다. 신부·목사·변호사·교수 등 20여 명으로 구성된 5·18수습대책위원회는 상무대에 마련된 계엄 분소를 방문해 계엄군 투입 금지, 시위 과잉 진압 사과, 사상자 보상 및 치료비 지급, 구속자 석방, 사후 보복 금지 약속 등을 포함한 수습안을 전달했다. 이에 대해 계엄 분소 측은 무기를 반납하면 선별 석방과 보복 금지에는 동의한다고 응답했다. 시위에 참여한 학생들로 구성된 학생수습대책위원회는 장례반·홍보반·차량통제반·무기수거반·의료반 등으로 나뉘어 질서를 유지해 나갔다. 오후 5시 40분에는 계엄군의 총격으로 숨진 시체 23구가 도청 광

장 앞에 도착해 모든 이가 숙연한 가운데 시신 확인 절차에 들어갔다. 이날 밤 9시 30분 박충훈 신임 국무총리는 "광주는 치안 부재 상태"라는 담화를 발표했으나, 광주는 정반대의 질서를 유지하고 있었다. 경찰도 없고 군대도 없었지만 은행과 상점이 털리는 사고와 강도, 강간, 폭행 등의 범죄는 한 건도 일어나지 않았다. 계엄군의 봉쇄 조치로 광주 시내엔 식량과 생활 필수품의 공급이 뚝 끊겼지만, 시민들은 식량이 떨어진 이웃과 음식을 나누어 먹었고, 부녀자들은 주먹밥과 음료수를 들고 나와 거리 곳곳에서 시민군에게 나누어 주었다. 공공 기관마다 '이 건물은 우리 모두의 재산입니다'라는 현수막을 걸고 보호했다.

23일 오전 10시 시민 5만여 명이 도청 광장에 모여 집회를 연 뒤, 수습안에 따라 학생수습위원회가 총기 회수 작업에 들어가 300여 정의 무기를 거두어들였다. 이에 따라 저녁 7시 40분에는 최초 석방자 33명이 도청 광장에 도착해 시민들의 열렬한 환영을 받았다. 시민들은 23, 24, 25일 사흘간 매일 도청 앞에 모여 민주 수호 범시민 궐기대회를 열었다. 광주는 민주주의의 해방구였다.

광주민주화운동, 장렬히 전사
계엄군, 탱크와 중화기 앞세워 도청 장악

5월 27일 새벽, 탱크·중무장 헬리콥터·자동화기·수류탄 등으로 무장한 공수부대원들이 전라남도 도청에 강제 진입해 끝까지 저항하던 시민군을 제압하고 광주민주화운동의 막을 끌어내렸다. 계엄군이 도청에 진입하기 시작한 4시경부터 도청 주변에서 총소리와 수류탄 터지는 소리가 들렸고 도청을 향해 계엄군이 난사하는 기관총 소리가 밤하늘을 찢어 버릴 듯이 울려 퍼졌다. 구식 무기를 들고 마지막까지 항전하던 지도부는 피를 흘리면서 쓰러져 갔고, 살아남은 시민군은 '총기 소지자', '특수 폭도' 등으로 체포되어 상무대로 실려 갔다. 이른바 '충정 작전'은 작전개시 약 1시간 30분 만에 완료되고, 공수부대원들은 시체 더미 위에서 승리가를 합창했다.

이에 앞서 27일 새벽 1시 30분경 도청 탈환을 목표로 조직된 특공대는 조선대학교 뒷산에서 최종 점검을 마친 뒤 시내 주요 지점을 향해 잠입 침투하기 시작했다. 또 시 외곽에서도 시내 중심가를 포위한 채 시민군을 압박해 들어갔다. 전화선은 모두 끊겼고 탱크 지나가는 소리만 요란하게 울렸다. 새벽 4시가 지나면서 도청뿐 아니라 YMCA, 계림초등학교 등 시민군이 포진해 있던 곳은 모두 계엄군의 발 아래 들어갔다.

이번 진압 작전은 계엄 당국이 5·18수습대책위의 수습안을 사실상 거부하고 시민군의 백기 항복을 요구하면서 예고됐다. 계엄사는 23일 광주 시내 전역에 무력 진압을 경고하는 전단을 살포했고, 24일 광주 근교에서는 소형 버스를 타고 가던 시민들과 저수지에서 수영하던 소년들이 공수부대의 총격을 받아 죽거나 다치는 사건이 벌어졌다.

이에 대해 학생수습위 내 강경파를 비롯한 시민군 내 결사항쟁파는 5·18수습대책위의 수습안을 투항주의로 간주하고 현 정부의 퇴진, 계엄령 해제, 학살 원흉 처단, 구속 인사 석방과 구국 과도정부 수립 등을 내걸고 이 요구 조건이 관철될 때까지 투쟁하겠다는 의지를 밝혔다. 이에 대해 계엄 당국 내에서도 강경파가 득세하여 도청을 장악하고 있는 시민군에 대한 무력 진압을 결정하기에 이르렀다.

5월 26일 새벽 계엄군이 탱크를 비롯한 중화기를 앞세우고 농촌진흥원 앞까지 진출하자, 수습대책위원들은 계엄군 코앞까지 일명 '죽음의 행진'을 감행하여 무력 진압을 적극 말리고자 했다. 저녁 7시에는 계엄군의 침공이 임박했음을 충분히 감지할 수 있는 신호들이 보고됐다. 도청을 지키고 있던 시민군 지도부는 도청에 남아 있던 고등학생과 여성에게 서둘러 귀가할 것을 종용했다.

비장한 분위기 속에서 시민군에게도 마지막 선택의 순간이 다가왔다. 항복 아니면 죽음밖에 없는 잔인한 선택 앞에서 시민군은 결사항전을 택했다. 홍보부는 스피커를 단 차량으로 시내 곳곳을 돌며 계엄군이 침공했다는 사실을 가두 방송으로 알렸다. 그로부터 얼마 지나지 않아 해방구는 다시금 점령군의 발 아래에서 신음하기 시작했다.

자위적 무장 항쟁은 정당한 국민저항권

5·18광주민주화운동은 광주학생독립운동, 3·1운동, 4·19혁명 등 한국 근현대사에 연면히 이어져 내려온 위대한 민중 항쟁의 전통 위에 서 있다. 그러면서도 앞에 열거한 어떤 항쟁보다도 더 처절한 무력 진압과 학살에 직면했다. 일제 치하에서 일어난 3·1운동도 탱크와 기관총을 동원한 진압군과 마주하지는 않았다. 그렇게 된 것은 시민군이 총을 들었던 데에도 원인이 있다. 정권 찬탈에 눈이 먼 신군부는 평범한 광주 시민들이 자기 방어를 위해 총을 들지 않을 수 없는 파국으로 사태를 몰고 간 뒤, 이민족도 아닌 동족을 향해 중화기를 동원해 참혹한 학살극을 연출하고 말았다.

이 지점에서 5·18은 평화적이고 비폭력적이었던 이전의 자발적 민중 항쟁을 넘어 조선 말기의 동학농민전쟁으로 연결된다. 봉건적 수탈 기구와 탐관오리의 가렴주구에 견디다 못해 조직적인 무장 봉기를 일으킨 동학농민군. 그들을 '폭도'라 비난할 사람은 지금 한국에는 신군부를 포함해 아무도 없을 것이다. 1980년 광주의 시민군을 '폭도'라 비난할 사람은 신군부와 그 추종자밖에 없다. 5·18은 부당한 권력에 맞선 민중의 자위적 무장 항쟁이 국민저항권의 적극적 행사로 인정받을 새 시대를 열었다. 그뿐 아니라 민중의 의지로 끝내 부당한 권력을 처단하는 새 역사마저 열 것이 틀림없다.

잡힌 자, 다친 자, 죽은 자, 그리고 다시 살아날 사람들

광주민주화운동에 참여했다가 상무대로 붙잡혀 간 사람들은 보안대에서 온갖 고문을 당하며 미리 짜인 각본에 맞춰 내란 음모·선동 등의 죄명으로 수사를 받았다. 보안대 수사관들은 자백을 강요하며 고문과 구타를 가하고, 동료끼리 서로 때리게 하는 비인격적 모독까지 자행한 것으로 알려졌다. 특히 야당 정치인 김대중(56)과 관련한 내란 음모 조작이 집중적으로 이루어졌다. '김대중 내란 음모 사건'을 발표한 것은 광주에서 공수부대의 총격이 시작된 5월 21일 저녁. '광주 사태'는 김대중의 사주를 받은 불순분자들이 국가 전복을 목적으로 선동하여 일으킨 내란 폭동이며 김대중으로부터 자금을 받은 정

동년이 광주에서 폭동을 일으켜 학원 소요 사태를 민중 봉기로 유도·발전시켰다는 것이 발표의 내용이었다. 그러나 김대중, 정동년은 5월 17일 저녁에 이미 예비 검속된 상태라서 5·18광주민주화운동과는 아무런 관련이 없다. 이는 정권 장악에 장애가 되는 정치인을 특정 지역의 민중 항쟁과 엮어 제거하려는 음모로 풀이된다.

보안대 수사를 거쳐 약식 재판에 회부된 구속자는 모두 421명. 급조된 상무대 법정은 총으로 무장한 헌병으로 둘러싸인 채 공포 분위기 속에 재판을 진행했다. 이는 5·18 민중 항쟁이 외부에 알려지는 것을 막기 위한 궁여지책이라는 평이다. 구속자들

은 민간인 신분으로 합당한 절차 없이 군사재판을 받을 수 없다고 항의하며 소리 높여 애국가를 불렀다. 구속자들은 또한 재판 과정에서 일부 정치 군인이 권력 찬탈을 위해 양민을 학살했다고 폭로하며 언젠가는 진상이 밝혀질 것이라고 주장했다. 그러나 재판부는 미리 짜인 각본에 의해 421명 전원에게 사형, 무기징역 등 실형을 선고했다.

한편 이번 광주민주화운동과 관련해 숨진 사람은 모두 166명, 행방불명자는 64명, 부상자가 2,948명에 이르는 것으로 알려졌다. 구속 및 구금된 자는 1,363명. 그러나 일각에서는 실제 사망자만도 수천 명에 이른다며 철저한 진상 조사를 벼르고 있다.

근현대사신문

현대 13호

주요 기사 | 2면 | 신군부 철권통치 3면 | 레이건·대처, 신자유주의 드라이브 4면 | 사설-미국의 재발견 4면 | 특별 기고-에드워드 톰슨 5면 | 국보위 교육개혁안 논란 (1980) 6면 | 그린햄코먼 '인간 사슬' (1982) 7면 | 북한,『이조실록』한글 완역 (1981) 8면 | 생활 자율화 실시

신군부와 신자유주의

5·18광주민주화운동이 바꿔 놓은 것 가운데 하나는 미국에 대한 한국 국민의 인식이다. 광주 진압과 신군부의 집권을 승인한 미국의 모습은 많은 국민이 자유민주주의의 보루로 떠받들던 나라와는 거리가 멀었다. 미국 역시 국익에 따라 행동하는 국가에 불과하다는 인식은 많은 한국인에게 충격이었다. 바로 그 미국이 국익에 따라 채택한 신노선이 신자유주의이다. 신자유주의는 개인과 기업의 자유경쟁을 주장하는 자유주의 이념의 부활을 명분으로 내걸고 있다.

그러나 신자유주의를 지지하는 기업은 이미 시장에서 독점적인 지위를 누리고 있다. 결국 이들은 독점적 지위를 강화하기 위해 신자유주의를 들고 나온 것이며, 미국의 신보수 정권은 이를 무기로 소련과 동유럽 등 사회주의에 대한 공세의 날을 세우고 있다. 이 상황에서 한국에 들어서는 것이 민주 정권이든 독재 정권이든 반공의 기치 아래 미국의 신노선을 잘 따르면 되었다. 신군부 정권은 그 기준에 적합하게 행동했다.

사진 | 광주민주화운동 당시 거리에 붙은 대자보

신군부 "이 나라의 주인은 정치 군인이야"
삼청교육대·강제 징집·언론 통폐합 등 각 분야에서 철권 통치

【1982년】 신군부는 5·16쿠데타 직후의 국가재건최고회의를 본떠 국가보위비상대책위원회(국보위)를 만들어 권력을 장악했다. 뒤이어 무력화된 국회를 대신해 무제한의 입법권을 행사할 국가보위입법회의를 만들고, 이 기구를 통해 각종 탄압법을 만들었다. 아울러 보호감호제도 도입, 언론기본법 제정, 노동관계법 개악 등을 통해 철권통치를 위한 법률 정비를 마쳤다.

1980년 8월 4일, 국보위는 '사회악 일소 특별 조치'를 발표했다. 이에 따라 전국 각지에서 시민들이 영장 없이 체포되어 군부대 내에 설치된 '삼청교육대'에 입소했다. 모두 6만여 명이 검거되었는데 군법회의·검찰에 송치된 A급과 훈방된 C급을 제외한 1만 7,872명이 "순화 교육 및 근로봉사"라는 이름으로 집단 수용되었다. "폭력·공갈·사기·밀수·도박·마약 사범 등의 각종 사회악"이라고 발표됐지만, 신군부에 비판적인 지식인들과 반정부 활동 인사들이 다수 포함되었다. 강제로 할당된 연행 숫자를 채우기 위해 사소한 말다툼을 벌인 사람과 무연고자 등을 무차별 연행해 많은 진정이 제출되기도 했다. 순화 교육 과정에서 고문과 폭력으로 사망자가 발생하고

삼청교육대에서 교육생들이 웃통을 벗은 채 '봉체조'를 하고 있다. '사회악 일소를 위한 순화교육'이라는 정부 발표와 달리, 삼청교육대엔 정부에 비판적인 사람들을 비롯해 전국 각지에서 무고한 시민들이 많이 끌려갔다.

있다는 소식도 들려온다.

가장 강력한 유신 반대 운동의 진원지였던 대학가에 대한 단속도 강화되었다. 1980년부터 1982년까지 구속된 대학생의 숫자는 923명으로 유신 말기 3년보다 두 배 가까이 늘어났다. 정부 당국은 사법적 심판 외에도 강제 징집을 활용하기도 했다. 1971년 교련 반대 투쟁 당시 200여 명의 학생이 강제징집된 이래 가장 많은 학생들이 강제로 입대했고, 이렇게 입대한 대학생들을 상대로 소위 '녹화사업(사상 전향 교육)'이 이루어졌다. 강제징집과 녹화사업 과정에서도 원인을 알 수 없는 사망 사건이 발생하고 있지만, 진상 조사는 불가능한 상태이다.

시민의 기본권이 부정되는 사태가 곳곳에서 벌어지는데도 일반에 그 진상이 제대로 알려지지 않는 이유는 신군부의 언론통제가 효과를 발휘하고 있기 때문이다. 국보위는 "공익에 위배되는 언론 매체"에 대해 등록을 취소할 수 있도록 보장한 언론기본법을 근거로, 비판적 언론 매체들을 대대적으로 통폐합했다(1980년). 또한 청와대 홍보조정실에서 '보도지침'을 통해 모든 언론을 검열하고 있는 것으로 알려져 있다. 5·18광주민주화운동을 진압하고 등장한 신군부는 집권에 방해가 되는 모든 장애물을 악법과 불법 그리고 폭력을 통해 제거하면서 5공화국을 탄생시켰고, 지금도 그 같은 수단을 통해 정권을 유지하고 있다.

"광주 학살 책임져라" 부산 미국문화원에 방화

【1982년 4월】 부산 지역 대학생들이 지난달 18일 미국문화원에 불을 지르고, 거리에서 전두환 대통령을 '살인마'로 규정하고 반미를 주장하는 유인물을 뿌렸다. 전 대통령과 미국이 5·18광주민주화운동 당시 벌어진 학살에 대한 책임을 져야 한다는 주장이다. 당시 학살은 한국군의 작전 통제권을 쥐고 있는 미국의 동의 없이는 불가능한 일이라는 것.

이번 사건에 대해 미국도 충격으로 받아들이는 분위기이지만, 이는 미국이 자초한 일이라는 지적도 나오고 있다. 한국인을 쥐에 비유하고 "한국인에게는 민주주의가 적합하지 않다."(1980년 위컴 주한 미군 사령관)라며 한국인을 폄하하고 독재를 지지하는 모습을 보인 데 대한 항의라는 비판이다. 정부는 16명을 구속 기소하는 등 강경하게 대응하고 있지만, 한국 내의 미국 비판은 더 거세질 전망이다. 한편 사건 당시 문화원 안에 있던 동아대생 1명이 안타깝게 사망하자 시위 학생들을 비판하는 목소리도 적지 않다.

일본 역사 왜곡 파문

【1982년】 일본 문부성이 고교 역사 교과서 검정 과정에서 조선과 중국 '침략'을 '진출'로 수정하게 하는 등 식민지 지배·침략 전쟁·난징 대학살을 비롯한 일제의 가해 사실을 부정하고 역사적 책임을 덮어 버리려 해 한국·중국 등 국제 사회가 거세게 반발하고 있다. 일본 관방장관이 사과하고 '근현대의 역사적 사안을 다룰 때 이웃 나라를 배려한다.'라는 조항을 검정 기준에 추가하는 선에서 사태는 일단락되는 분위기지만, 불씨는 살아 있다는 평이다.

▶ 북한, 고려민주연방공화국 방안 제의(1980) ▶ 신군부로부터 사형 선고 받았던 김대중, 국내외 여론과 미국의 압박 덕분에 감형돼 미국으로 망명(1982)

신자유주의 "이 세계의 주인은 자본가야"

기업 규제는 풀고 복지는 줄이고… 빈부 양극화 우려

【1982년, 런던-워싱턴】 영국의 마가렛 대처 수상과 미국의 로널드 레이건 대통령의 공통점은? 복지 국가 이념을 포기하고, 이른바 '신자유주의'에 기반을 두고 새로운 영국과 미국을 창조하겠다고 나선 정치인이라는 점이다.

3년 전 집권한 보수당의 대처 수상은 과도한 복지 제도와 강력한 노동조합이 경제를 침체시킨 원인, 곧 '영국병'이라고 규정하고 복지 축소와 노조 활동 탄압에 나섰다. 이 과정에서 대처는 '철의 여인'이라는 별명에 걸맞게 노동계급의 저항을 철저히 분쇄했다. 또한 국영기업 민영화, 공공 부문 예산 삭감, 소득세 감세, 기업 규제 완화 등을 통해 '기업하기 좋은 나라'를 만든

공화당 대통령 후보인 레이건을 지지하는 선거운동. 레이건은 매카시즘 광풍이 불던 1950년대 할리우드에서 이른바 '좌파' 인사 숙청에 앞장선 인물이다.

다는 신자유주의 정책을 취하며 자유와 경쟁, 자립이야말로 새로운 영국의 가치와 이념임을 선포했다. 한편 지난해에 취임한 공화당의 레이건 대통령

도 '레이거노믹스'라는 구호 아래 과도한 세금과 복지가 기업의 투자 의지와 국민들의 노동 의욕을 감퇴시킨다며 감세, 복지 축소, 기업 규제 완화 등

대처 정부와 유사한 '작은 정부'를 도입하려 하고 있다.

하지만 일각에서는 대처와 레이건이 꿈꾸는 나라가 부자와 대기업만의 천국이 아니냐는 불만과 비판이 터져 나오고 있다. 실제로 대처 집권 후 무상교육, 무상의료, 저렴한 임대주택 등 세계 최고라 불리던 영국의 복지 제도는 대폭 축소됐다. 실업자 수도 1978년 125만 명에서 지난해에는 267만 명으로 급증하면서, 노동자와 서민의 삶은 악화일로를 걷고 있다.

이러한 상황이 머지않아 양극화, 즉 한 사회가 부유층과 빈곤층이라는 두 국민으로 쪼개지는 결과로까지 이어지지 않을지 우려의 목소리가 높다.

이라크, 미국 대신해 이란과 전면전 후세인은 정권 강화, 미국은 이란 견제

【1980년 9월, 테헤란-바그다드】 사담 후세인(43)의 이라크 군대가 이란 서부 국경 지대를 전격적으로 침공했다. 아야툴라 호메이니(80)가 이끄는 이란 역시 곧바로 혁명의용군으로 정규군을 보완해 반격에 나섰다.

전문가들은 이번 사태가 전쟁을 통해 정권을 강화하려는 후세인 대통령의 '소박한' 야욕과 그러한 이라크를 지원함으로써 '혁명 이란'의 목을 죄

려는 미국 등의 의도가 결합된 산물로 보고 있다. 이란은 지난해 친미 왕조 정권을 타도하고 이슬람 근본주의 국가를 수립한다는 목표 아래 혁명을 일으켰다. 이 같은 이란은 서아시아의 산유국들에 대한 안정적인 영향력 행사를 추구하는 미국에게나, 이슬람 근본주의 혁명이 확산될 것을 우려하는 대부분의 친미 아랍 국가들에게나 눈엣가시와 같은 존재였기 때문이다.

후세인은 이란의 국제적 고립과 혁명으로 인한 정치적 혼란에 힘입어 이 전쟁을 단기간에 승리로 이끌 수 있으리라 판단했던 것으로 알려졌다. 하지만 이란은 이라크에 비해 4배의 영토와 3배의 인구를 갖고 있는 나라이고, 무엇보다 혁명 성공으로 인해 국민들의 사기가 충천해 있는 상태다. 이러한 점들을 감안하면, 이번 전쟁은 장기전으로 비화될 조짐이다.

▶ 자유노조 파업으로 폴란드 정부 위기(1980) ▶ 이스라엘과 수교한 이집트의 사다트 대통령 피살(1981) ▶ 프랑스 최초의 사회당 출신 대통령(미테랑) 탄생(1981)

사 설

미국의 재발견

훤칠한 키에 카우보이모자와 조화를 이루는 잘생긴 얼굴, 세련된 매너와 유창한 말솜씨……. 로널드 레이건 미국 대통령은 해방 이후 한국인이 동경해 온 미국 신사의 모든 조건을 갖추고 있다. 일제 침략자를 무찔러주고, 굶주리는 한국인을 위해 농산물을 원조해주고, 주한미군을 보내 한국의 안보를 튼튼히 지켜주고……. 지난 30여 년간 미국은 한국인의 수호천사였다.

그러나 지금 이 순간 최소한 한국의 일부 국민에게 미국은 의문부호다. 자유민주주의의 선도 국가로 4·19민주혁명을 지지하고 5·16 쿠데타 세력의 민정 이양을 촉구했으며 살인적 유신 독재를 견제한 것으로 알려졌던 미국이다. 그런 미국이 광주민주화운동을 모른 체 할 리 없고 신군부의 무력 진압을 지나칠 리 없다고 많은 사람이 생각했다. 미군의 작전권 아래 있던 군부대가 광주 학살에 동원되고, 레이건 정부가 전두환 정부를 승인한 사태는 그런 한국인에게 끔찍한 백일몽이었다.

물론 한국 국민이 일차적으로 바로잡아야 할 대상은 역사의 시계추를 거꾸로 돌린 신군부이다. 그러나 미국을 다시 보게 된 한국인은 우리나라와 미국의 관계를 근본적으로 되짚어 보게 될 것이다. 미국은 현재 신자유주의를 선언하고 소련과 동구권뿐 아니라 전 세계의 반미 민족주의 세력과 일전을 불사할 태세다. 그런 미국이 자신에게 의심의 눈길을 보내기 시작한 한국 국민을 향해 어떤 태도를 취할지 주목된다.

세계시민주의로 인류 멸망 막는다

특별 기고　핵무기 폐기 운동 이끄는 에드워드 톰슨

핵무기 폐기 운동을 이끄는 역사학자 에드워드 톰슨

편집자 주 : 유럽에서 시작된 핵무기 폐기 운동이 전 세계로 확산되고 있다. 1981년 서독 본(30만), 이탈리아 로마(50만), 영국 런던(25만), 벨기에 브뤼셀(20만), 일본 도쿄(40만)와 히로시마(19만)에서는 수많은 시민이 모여 "핵무기 폐기"를 외쳤다. 지난 6월에는 미국 뉴욕에서 100만 명이 모인 핵무기 반대 시위도 열렸다.

유럽에서 이 운동을 이끌고 있는 영국의 저명한 역사가 에드워드 톰슨이 더 많은 시민의 참여를 호소하는 글을 보내왔다.

【1982년】 미국과 소련의 핵무기 개발 경쟁이 극단으로 치닫고 있다. 두 나라의 핵무기 보유 개수는 1960년 6,500개였던 것이 1979년에는 1만 4,200개로 늘었고, 1985년에는 무려 2만 4,000개에 달할 전망이다. 두 개의 절멸주의 체제가 맞서며 상대를 더욱 강화시키고 있다. 그들은 상대를 단숨에 절멸시킬 수 있는 공격을 언제든 개시할 준비가 돼 있으며, 그 가능성은 점점 더 높아지고 있다.

누군가는 핵전쟁에 관한 이야기가 흔한 묵시록적 예언에 불과하다고 말할지도 모른다. 하지만 우리 세대는 히로시마에서 절멸주의의 기술 공학이 실제로 적용된 것을 목격했고, 전후 냉전에서 상상을 초월한 이데올로기적 대립에도 직면한 바 있다. 그 누가 1차 대전의 파멸적인 결과나 2차 대전의 철저한 잔인성을 상상했던가? 수천 년 뒤 지구를 방문한 다른 혹성의 고고학자들은 여전히 방사능을 뿜어내고 있는 잿더미만을 발견하게 될지도 모른다.

비극을 피할 수 있는 유일한 방법은 두 진영의 적대적 분열을 가로지르는 세계주의적 동맹뿐이다. 절멸주의에 대한 반격은 상호 의존하며 서로 지탱하고 있는 두 진영으로부터 결코 나올 수 없다. 그것은 두 진영에 속한 국민들이 세계주의로 손을 맞잡고 자신들의 정부에 압력을 가할 때에만 가능한 일이다.

핵무기 대신 평화를!

미국의 퍼싱II 핵미사일 배치 결정에 항의하는 시위(1983년 서독). 귀에 미사일을 꽂은 인형이 레이건 미국 대통령, 그 뒤가 콜 서독 수상.

기/록/실/

삼청교육대의 진실

"낮에는 고행하는 승려처럼 육체적 훈련을 받고 밤에는 자아 발견의 시간을 갖게 돼 정말 다행이다."(『중앙일보』)

"17세 고교생부터 59세까지 '이웃 사랑' 외치며 봉체조! '새마을 성공 사례' 듣자 연병장 '울음바다'"(『조선일보』)

1980년 8월, 언론에 삼청교육대를 칭송하는 기사가 일제히 실렸다. 그러나 삼청교육생 중엔 정부 발표와 달리 폭력배가 아니라 '강제 할당제' 때문에 억울하게 끌려온 이들이 많다. 이들의 목소리를 들어보자.

▲ 어느 노동운동가 : "노조 지부장을 하다 끌려왔다. 인간이 인간을 괴롭히는 것을 취미로 하는 모든 짓이 되풀이됐다. 얼마나 맞았는지 장출혈로 죽어 실려 나가는 사람도 있었다."

▲ 충남의 한 여성 : "마을 주민과 분쟁이 벌어졌는데 경찰서에서 '인원이 부족하니 새마을 교육 받으러 가야겠다.'라고 하더라. 그 말 한마디에 끌려와 땅바닥에 머리를 박는 기합을 받았다."

▲ 이불 외판을 하던 여성 : "자장면 내기 화투판을 구경하다가 도박죄 명목으로 끌려왔다."

▲ 심아무개씨 : "교육생 수십 명이 총격으로 사망했다. 내 눈으로 수십 구의 시체를 봤다."

▶ 학생운동, 무림-학림 논쟁(1980~1981) ▶ 정부, 1970년대의 대표적인 노동조합이던 청계피복, 원풍모방 노조 등에 대해 연행과 강제 해산 등 철퇴(1982)

국보위 교육개혁, 독인가 약인가

과외 금지 등은 환영… 졸업정원제 등은 의도 의심

【 1980년 7월 30일 】국가보위비상대책위원회(국보위)가 1981학년도부터 대입 본고사를 폐지하고, 대학의 졸업정원제를 실시하며, 과열 과외 추방을 위한 범국민 운동을 추진한다는 '교육 정상화 및 과열 과외 해소 방안'을 발표했다. 이에 따르면 대학은 예비고사 점수와 내신 성적만으로 신입생을 선발하며, 매년 단계적으로 대학 정원을 늘리고 신입생을 정원보다 많이 뽑되 졸업은 정원수만큼 허용하게 된다. 이는 과도한 대학입시 경쟁에 따른 과외 부담을 없애면서도 대학 교육의 질은 높이겠다는 취지라고 국보위는 설명했다.

국보위는 국영기업체 임직원을 포함한 모든 공직자와 기업인, 의사, 변호사 등 사회 지도층 인사들이 자녀에게 과외를 시키다 적발되면 공직 퇴출을 포함한 강력한 제재를 가하고, 공·사립학교에 재직하는 교수와 교사의 과외 수업 행위도 금지하기로 했다. 그밖에 교육 정상화 조치로서 고교 이하 각급 학교의 교과목 수를 줄이고 난이도를 낮추며 텔레비전을 통한 과외 방송을 활성화하기로 했다. 국보위는 교육 정상화를 위한 이번 조치에 대한 국민의 협조를 당부하면서 과외 행위를 발견하면 지체 없이 당국에 신고해 줄 것을 당부했다. 그동안 좋은 대학에 가

기 위해서는 비싼 돈을 주고 과외를 해야 하는 부담이 가계를 압박하고 이로 인해 계층 간 위화감이 조성돼 왔기 때문에 이번 방안은 폭넓은 지지를 받고 있다. 그러나 사회적 합의를 통한 결정이 아니라 신군부가 정당성을 확보하기 위해 위로부터 강압적으로 내놓은 방안이라는 점에서 의도가 순수한지, 얼마나 오래 갈지에 대해 의심받고 있다. 특히 졸업정원제는 대학이 자율적으로 교육의 질을 높이고 면학 분위기를 조성하는 대신 정부가 획일적으로 졸업 정원을 정해 놓고 위로부터 강제한다는 점에서 벌써부터 강한 반대의 목소리가 나오고 있다.

한국 경제 위기

【1980년】 한국 경제가 심각한 침체에 빠졌다. 한국은 올해 한국전쟁 이후 최초로 마이너스 성장률을 기록했다(-1.5퍼센트). 가장 큰 원인은 지난해 전 세계를 강타한 2차 석유 위기. 석유 위기로 물가가 치솟고(한 예로 올해 기름 값은 2년 전의 3배 수준이다) 세계경제 여건이 전반적으로 불리해졌기 때문이다. 이와 함께 1970년대에 중화학공업 중심의 경제 확대 정책을 지나치게 밀어붙인 것이 겹치면서 더 어려워졌다는 분석이다. 침체에서 벗어나기 위해 정부가 부동산 관련 규제를 풀 조짐을 보이는 가운데, 섣부른 규제 해제가 투기를 부추길 수 있다는 우려도 나오고 있다.

라틴아메리카, 외채에 휘청　멕시코, 모라토리엄 선언… 브라질 등으로 확산

【 1982년 】라틴아메리카가 '빚 폭탄'을 맞았다. 첫 번째 희생양은 멕시코. 늘어나는 외채를 감당하지 못하게 된 멕시코는 8월 모라토리엄(채무 지불 유예)을 선언했다.

멕시코는 그동안 일당 독재로 인한 부패와 양극화 문제를 심각하게 겪어왔지만, 풍부한 자원(특히 석유)을 바

탕으로 경제를 유지해왔다. 그러던 중 1970년을 전후해 외채를 대거 끌어들여 경제성장을 꾀했지만 성공을 거두지 못했다. 여기에다 최근 석유 가격이 하락하고, 미국을 중심으로 한 채권국이 금리를 올려 외채가 급격히 늘면서 결국 자존심을 접고 국제통화기금(IMF)에 손을 벌린 것이다.

외채 위기는 멕시코뿐 아니라 라틴아메리카 전반으로 확산되고 있다. 외국계 자본 비중이 높은 브라질도 멕시코의 모라토리엄 선언 이후 달러 공급이 줄면서 올해 말 IMF에 지원을 요청하기에 이르렀다. 아르헨티나와 베네수엘라도 외채 위기에서 자유롭지 못한 것으로 전해지고 있다. IMF는 외

채 위기를 맞은 라틴아메리카 나라들에 고금리를 통한 인플레이션 해소, 재정 긴축, 공공 부문 축소, 노동시장 유연화, 공기업 민영화 등 신자유주의적 구조 조정을 강제할 방침이다. 그러나 이것이 '빈대 잡으려다 초가삼간 태우는 격'으로 서민 경제를 파멸시킬 것이라는 비판이 만만치 않다.

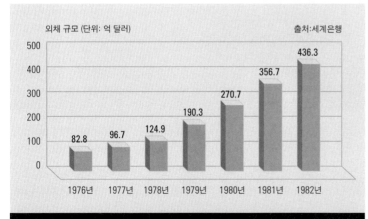

외채 규모 (단위: 억 달러)　　　　　　　출처:세계은행

1976년	1977년	1978년	1979년	1980년	1981년	1982년
82.8	96.7	124.9	190.3	270.7	356.7	436.3

아르헨티나 부채 현황: 아르헨티나는 1976년 집권한 군정이 IMF식 통화주의 정책을 펴면서 외채가 급증해 위기를 맞고 있다.

1980 사북은 절규한다

국내 최대 민영 탄광이 있는 강원도 정선 사북읍. 그러나 광부들의 생활 환경은 열악했다. 1980년 4월 광부와 그 가족들은 인간다운 삶을 요구하며 사북 일대를 점거했다.

▶ 장영자·이철희 금융 사기 사건으로 전두환 정권의 도덕성 다시 한 번 추락(1982) ▶ 금융실명제 실시가 발표됐으나 정권 내부의 반발에 밀려 무산됨(1982)

호전적인 남성들로부터 핵폭탄을 빼앗자

여성·평화·환경운동 하나 된 그린햄코먼 인간 사슬

【1982년, 영국】 12월 12일 버크셔주의 그린햄코먼 공군 기지를 3만 5,000명의 여성이 손에 손을 잡고 '인간 사슬'을 만들어 둘러쌌다. 인간 사슬의 길이는 무려 14킬로미터. 이날은 지난 1979년 북대서양조약기구(NATO) 가입국이 소련의 핵미사일에 대항해 미국의 핵미사일 수백 기를 영국, 서독, 이탈리아, 벨기에 등에 배치하기로 결정한 날이다.

이런 NATO의 결정에 맞서 지난 2년간 영국 런던, 서독 본, 이탈리아 로마, 벨기에 브뤼셀 등에서 수십만 명이 모여 "히로시마가 되기 싫다", "나토 탈퇴", "핵무기 반대" 등의 구호를 외치며 격렬한 반핵 운동을 전개했다. 특히 올해 6월 12일 뉴욕에서는 100만 명이 모여 평화 행진을 진행했다.

이번 인간 사슬은 이런 반핵 운동에 정점을 찍은 사건으로 역사에 기록될 전망이다. 이날 전 세계 곳곳에서 모인 여성은 기지를 둘러싸고 "남성으로부터

그린햄코먼 공군 기지가 '인간 사슬'에 포위됐다. 3만 5,000명의 여성들은 악천후와 캠프 철거, 체포에도 굴하지 않고 반핵 평화 운동을 전개했다.

장난감(핵폭탄)을 빼앗자."라고 한 목소리로 반핵을 외쳤다. 1960~70년대에 성장한 여성운동, 평화운동, 환경운동이 그린햄코먼에서 하나가 된 것이다.

이번 인간 사슬을 주도한 그린햄코먼 평화 캠프는 유럽 전역에 반핵 운동이 확산되던 지난해 9월 처음 세워졌다. 이 평화 캠프를 주도한 여성들은 핵미사일 배치를 위한 공사가 진행 중이던 그린햄코먼 기지 앞에서 악천후에도 굴하지 않고 1년이 넘도록 계속 시위를 진행했다.

영국 정부가 올해 11월 두 차례에 걸쳐서 평화 캠프를 철거하고, 23명의 여성을 체포했으나 그들은 결코 캠프를 포기하지 않았다. 이런 캠프의 활동은 곧바로 영국은 물론 유럽 전역에서 반핵운동의 상징이 됐다. 이번 인간 사슬은 그린햄코먼 평화 캠프의 힘을 한 번 더 보여줬다.

새로운 단백질 '프리온' 발견… 학계 논란

【1982년, 미국】 분자생물학계가 뜨겁다. 미국의 생물학자 스탠리 프루지너의 논문 때문이다. 프루지너는 양이 걸리는 병인 '스크래피'의 병원체가 단백질이라는 논문을 발표했다.

그러나 과학계는 차가운 반응이다. 이런 프루지너의 주장이 "유전 정보가 DNA에서 단백질로 간다."라는 분자생물학의 기본 원리와 정반대라는 비판이다.

이에 대해 프루지너는 "내가 발견한 물질은 자기 복제가 가능하고 바이러스처럼 전염력이 있는 단백질"이라고 반박하고 있다. 이 물질에 단백질(protein)과 비리온(virion·바이러스 입자)을 합성한 '프리온(prion)'이라는 이름을 붙인 것도 이런 이유 때문이다.

한편 이런 프루지너의 주장은 학계

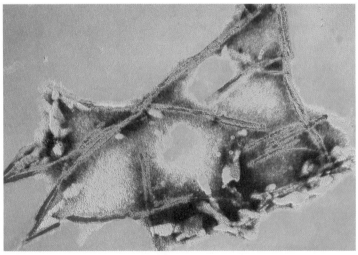

스크래피에 감염된 쥐에서 발견된 스크래피 병원체의 구조. 과학자는 이 구조를 '스크래피-관련 섬유소(SAF)'라고 불렀다.

를 넘어서 사회 전반에 큰 반향을 일으킬 전망이다. 프루지너의 주장대로 스크래피를 유발하는 병원체가 프리온이라면, 사람에게 발병하는 크로이츠펠트-야코브병, '쿠루'처럼 세계 곳곳에서 나타나는 '해면상뇌증'의 원인 역시 같은 것이라고 결론을 내릴 수 있기 때문이다.

미국 대법원 "생명체도 특허 대상"

【1980년, 미국】 살아 있는 생명체도 앞으로 특허를 받을 수 있게 됐다. 6월 16일 미국 연방 대법원은 기존의 태도를 180도 바꿔서 살아 있는 생명체라고 하더라도 "인간이 만들어낸 것"이라면 특허를 줄 수 있다고 판결했다. 앞서 미국 특허청은 한 생물학자가 바다로 유출된 석유를 정화하는 데 쓸 수 있도록 유전자를 조작한 살아 있는 박테리아의 특허를 얻으려 하자, '살아 있는 생명체는 특허 대상이 될 수 없다.'라며 특허 신청을 기각했다. 이번에 대법원이 이런 특허청의 관행에 제동을 건 것이다. 미국 대법원은 "어떤 대상의 특허 가능 여부에 대한 판단은 그 발명이 인간 개입의 결과물인지 아닌지에 달려 있다."라며 "'자연의 산물'이 아니면 특허를 줄 수 있다."라고 설명했다.

▶ 앨버레즈 부자(父子), 운석이 공룡 멸종 원인일 것이라고 주장(1980)　▶ 미국 과학자들, 화산 폭발 예측(1980)　▶ 엡손사, 휴대 가능한 랩톱 컴퓨터 출시(1982)

SF 신기원 연 〈블레이드 러너〉

【1982년】 인간다움은 무엇인가. 가상과 실재는 어떻게 다른가. 이 주제를 다룬 영화 〈블레이드 러너〉가 평단에서 주목받고 있다. 필립 딕의 소설을 리들리 스콧 감독이 스크린으로 옮긴 이 영화의 배경은 고도의 자본주의 문명과 제3세계적 요소가 뒤섞인 2019년 로스앤젤레스. 그곳에서 복제 인간과, 인간이 고용한 복제 인간 사냥꾼(블레이드 러너)의 추격전이 벌어진다. 복제 인간은 인간과 동일한 감정 체계를 지니고 지적 능력과 체력에서 인간을 능가하지만, 인간에 의해 조작된 기억이 주입되고 수명도 4년으로 제한된 존재다. 그 한계를 넘어 자유를 꿈꾼 '복제'의 반란을 창조주이자 '원본'인 인간은 용납하지 않는다. 인간다움이 없는 존재에게 인간 자격을 부여할 수 없다는 듯이(복제 인간은 인간이 아니기에 처형execute될 자격도 없으며 폐기retire 처분될 뿐이다). 그러나 영화는 "인간보다 더 인간적인"(역설적으로 이는 복제 인간 제조 회사의 구호이다) 복제 인간과 잔혹한 인간을 대조적으로 보여준다. 아울러 복제와 원본, 가상과 실재의 구별이 사라진 포스트모던한 세계를 제시한다. 평단에서는 "SF 영화를 철학적 경지로 끌어올렸다."라는 호평과 함께 복제 인간이 사회적 소수자를 상징한다는 평도 나오고 있다.

북한, 『이조실록』 한글 번역

『삼국유사』 등 고전도 이미 끝내… 남한도 잰걸음

【1981년】 북한 정부가 12월 조선 왕조의 공식 역사 기록인 『이조실록(조선왕조실록)』의 한글 번역을 끝마쳤다고 발표했다. 이는 한국사 연구와 한국 고전의 현대화 작업에서 기념비적인 성과로, 북한 사회과학원 민족고전연구소 주관으로 수행됐으며 소설가 홍명희의 아들 홍기문이 총책임을 맡았던 것으로 알려졌다.

『이조실록』은 조선 태조 시기부터 철종 시기까지 472년 동안의 기록으로서, 단일 역사서로는 세계 최장 기간에 걸쳐 집필된 것이며 그 분량만 해도 무려 6,400만 자에 이른다. 또한 실록의 내용은 조선 시대의 정치, 경제, 법률, 군사, 과학, 문화, 생활 양식 등 사회의 거의 모든 분야를 포괄하고 있으며, 심지어 왕이라 해도 그 집필에 관여하거나 자유롭게 열람할 수 없었을 만큼 기록의 신빙성도 매우 높은 것으로 평가된다.

북한 정부가 비록 겉으로는 실록이 왕조의 통치를 찬양하고 후대 왕들에게 지배 수법을 전승하는 수단에 불과하다고 폄하했더라도, 이처럼 귀중한 민족 문화의 유산을 보존하고 대중화하기 위해 많은 노력을 기울인 점은 높이 평가받을 만하다. 실제로 북한 정부는 한국전쟁이 한창이던 1950년 7월 서울에 있던 실록 사본을 평양으로 옮겨와 최고사령관 집무실에 보관하기도 했으며,

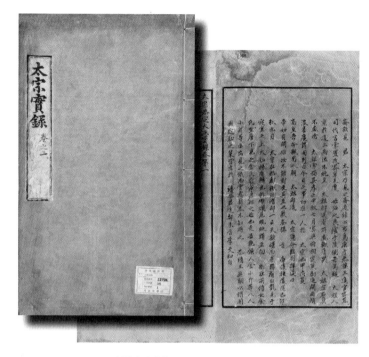

북한이 완역한 『이조실록』 중 태종실록. 이번 완역은 한국사 및 고전 연구 부문에서 획기적인 성과다.

1950년대 중반부터는 고문헌 전문 번역 기관을 설치해 『삼국유사』, 『삼국사기』, 『목민심서』 등 수십 종의 고전들을 차례로 번역해왔다.

한편 북한의 『이조실록』 완역 소식에 남한 학계가 진행해온 번역 작업에도 가속도가 붙을 전망이다. 국가가 번역 작업을 주도한 북한과 달리 남한에서는 민간 학술 단체가 그 역할을 대신해 왔다. 북한의 번역이 일반인들이 읽기 쉽도록 우리말로 쉽게 풀어쓰는 방식을 취한 반면, 남한에서는 전문 연구자들에게 도움이 되도록 직역에 가까운 번역을 취하는 등의 차이가 있다고 한다.

보는 음악의 시대… 엠티비 개국

【1981년, 미국】 12년 전 인류 최초로 달에 가서 성조기를 꽂은 암스트롱. 그가 8월 1일 엠티비(MTV) 채널에 다시 달과 함께 등장했다. 이날 첫 방송을 내보낸 MTV는 워너 커뮤니케이션스와 아메리칸 익스프레스가 합작해 만든 뮤직비디오 전문 방송국. 그러나 이번에 암스트롱이 달에 꽂은 것은 성조기가 아니라 MTV의 깃발이었다. 그리고 그 화면을 배경으로 버글스의 노래 〈비디오가 라디오 스타를 죽였다(Video Killed the Radio Star)〉가 흘러나왔다. 처음으로 방영된 뮤직 비디오의 주제곡이 '비디오의 부상, 라디오 스타의 죽음'을 다룬 노래라는 점은, 듣기만 하는 음악이 아니라 '보는 음악'을 추구한다는 MTV의 지향을 잘 드러낸다. 곡이 영상에 묻히는 역기능이 생길 것이라는 우려도 있지만, 달이라는 신천지를 인류에 전한 암스트롱처럼 MTV가 음악에서 뮤직비디오의 새 시대를 열 전망이다.

▶ 군사정권이 만든 축제 '국풍 81' 논란(1981) ▶ 에로영화 〈애마부인〉이 흥행하는 가운데, 빈곤 문제를 다룬 〈꼬방동네〉는 정부의 철저한 검열을 받음(1982)

((((((제3세계 통신))))))

이란, 444일 만에 미국 인질 석방

【1981년 1월】 이란이 444일 만에 미국인 인질 52명을 석방했다. 1979년 혁명으로 쫓겨난 후 미국으로 건너간 팔레비 전 이란 국왕의 송환을 요구하며 그해 11월 테헤란의 미국 대사관을 점거한 대학생들에게 잡힌 인질들이다. 구출 작전에 실패하는 등 카터 미국 대통령이 이 사건을 해결하지 못하면서 레이건 후보에게 정권을 내주는 직접적인 계기가 됐다. 또한 이 사건을 계기로 미국은 이란과 국교를 단절하고 봉쇄 정책을 펴고 있다. 신임 레이건 대통령 취임에 맞춰 인질이 석방되긴 했지만, 양국 관계는 당분간 회복되지 않을 전망이다.

사브라-샤틸라 학살

【1982년】 레바논에서 기독교 민병대가 팔레스타인 사람들을 학살했다. 9월 16일 테러리스트를 찾는다는 명목으로 사브라-샤틸라의 팔레스타인 난민촌에 들이닥친 민병대 손에 최소 800명(팔레스타인 쪽에선 3,000명으로 추정)이 숨졌다. 이 중 절반 이상이 어린이와 여성이다. 레바논 수도 베이루트를 점령하고 민병대를 후원하고 있는 이스라엘군이 이번 학살의 배후라는 것이 현지의 정설이다.

전쟁도 못 끝낸 영토 분쟁

【1982년】 아르헨티나와 영국이 라틴아메리카 대륙 동남쪽의 섬을 놓고 전쟁을 벌였다. 영국은 포클랜드, 아르헨티나는 말비나스라고 부르는 곳이다. 아르헨티나 영토였으나 1833년 영국이 점령한 이래 분쟁이 계속된 곳이다. 올해 4월 아르헨티나가 이를 다시 점령하면서 촉발된 전쟁은 6월 영국의 승리로 끝났다. 그 결과 전쟁을 주도한 아르헨티나 군부정권은 붕괴했는데, 민주화를 요구하는 시민들의 관심을 돌리고자 무리하게 전쟁을 택한 결과라는 분석도 나오고 있다. 영국도 상처뿐인 승리를 거뒀다는 지적이다. 대처 총리의 인기가 높아지긴 했지만, 전쟁 비용이 경제에 부담이 될 것이라는 점 때문이다. 아울러 아르헨티나가 군을 철수시키긴 했지만, 여전히 영국의 영유권을 인정하지 않고 있다는 점에서도 영토 분쟁은 진행형이다.

속보—24회 올림픽 서울 유치 성공 (1981년)

잘 가라, 통금! 반갑다, 10대 멋쟁이!

【1983년】 한밤에도 거리에 사람이 넘치고, 장발을 한 중고생들도 여럿이다. 야간 통행금지(통금) 조치가 해제되고, 중고생의 두발과 교복이 자율화된 후 바뀐 풍경이다. 1945년 9월 도입된 통금은 지난해 1월 5일, 37년 만에 해제됐다. 밤 12시부터 새벽 4시까지 집밖으로 나올 수 없던 시민들은 통금의 상징으로서 서울 서대문로터리를 가로막았던 바리케이드가 철거되자 해방감을 느끼고 있다. 통금을 해제하면 범죄가 급증할 것이라던 우려는 기우에 그칠 전망이다. 또한 검정색 교복을 입고 빡빡머리를 해야 했던 중고생들은 자율화 이후 멋 내기에 한창

통금 해제 사실을 머리기사로 전하는 『중앙일보』 1982년 1월 1일자.

이다. 남학생 사이에선 뒷머리만 길게 기른 '제비꼬리형' 머리가, 여학생 사이에선 '디스코 파마'가 유행하고 있다. 무릎까지 올라오는 디스코 바지로 한껏 멋을 부린 청소년들도 곳곳에서 눈에 띈다. 정부에 대한 반감을 줄이고자 취해진 이 조치들은 억눌렸던 욕구를 분출하는 계기가 되고 있다.

프로야구는 우민화 정책의 산물?

개막식에서 시구하는 전두환 대통령.

【1982년】 올해 출범한 프로야구가 1970년대에 전성기를 구가한 고교야구를 제치고 인기몰이를 하고 있다. 지역별로 연고를 둔 6개 구단 체제로, 2년 전 시작된 컬러텔레비전 방송을 통한 중계도 프로야구 활성화에 기여하고 있다. 프로야구가 국민의 여가 활용에 도움이 된다는 긍정적인 평가도 있지만, 마뜩찮게 바라보는 시선도 적지 않다. 대중의 관심을 정치가 아닌 다른 곳으로 돌리기 위해 독재 정권이 즐겨 쓰는 우민화 정책인 '3S(sports, sex, screen)'의 일환 아니냐는 비판이다. 전두환 정권이 프로야구 출범을 적극 지원했다는 점도 이를 뒷받침한다. 지역별 연고주의가 지역감정 강화로 이어질 수 있다는 우려도 있다.

부고

▶ 히치콕 (1899~1980) 영국 출신 영화감독. 심리 스릴러 영화의 1인자. 대표작은 『사이코』, 『새』.
▶ 존 레논 (1940~1980) 영국의 음악가. 세계를 매혹시킨 그룹 '비틀즈'(관련 기사 8호 7면) 창립멤버이자 평화운동가. 베트남전에 항의하는 의미로 훈장을 반납하는 등 반전운동에 적극 참여해 전 세계 젊은이들에게 상당한 영향을 끼쳤다. 미국에서 피살.
▶ 밥 말리 (1945~1981) 자메이카 출신 음악가. 레게 음악의 대부.

올림픽, 반쪽으로 전락

【1980년】 올림픽이 반쪽 행사로 전락했다. 소련의 아프가니스탄 침공을 거부한다는 취지로 미국을 비롯한 자본주의 진영 국가들이 모스크바올림픽에 불참했기 때문이다. 소련 등도 이에 대한 보복으로 4년 후 열리는 미국 로스앤젤레스올림픽을 보이콧할 조짐이다. 이 때문에 정치적 갈등을 멈추고 서로 화합한다는 올림픽의 취지가 퇴색하는 것 아니냐는 우려가 나오고 있다.

'땡전뉴스'를 아시나요

【1982년】 "전두환 대통령은 오늘……." 요즘 매일 밤 〈9시뉴스〉는 이렇게 시작한다. 대통령의 소식을 무조건 뉴스 앞머리에 내보내는 것이다. 9시를 알리는 '땡' 소리 직후 시작되는 이러한 권력 아부 보도를 세간에서는 '땡전뉴스'라고 부르고 있다. 또한 방송사들은 대통령 가족 행사 촬영에 공공의 자산인 방송 카메라를 동원하고 대통령이 좋아하는 프로그램을 비디오테이프로 복사해 상납하는 경쟁까지 벌여 눈총을 사고 있다.

1981년 영국에서 뮤지컬 〈캣츠〉 초연.

▶ 얼굴이 대통령과 닮은 연예인, TV 출연 금지돼 ▶ 통금 해제 후 심야 극장과 신흥 숙박업소들 등장(1982) ▶ 최초의 CD 플레이어 판매(1982, 일본)

근현대사신문

현대 14호

주요 기사 **2면** | 필리핀 민중혁명, 마르코스 축출 (1986) **3면** | 반독재 민주화운동 열기 고조 (1986) **4면** | 사설-소련의 재발견 **4면** | 인터뷰-페트라 켈리 **5면** | 플라자합의 (1985) **6면** | 체르노빌 원자력 발전소 폭발 사고 (1986) **7면** | '불온' 인문사회과학 서적 바람 (1986) **8면** | 학생복에 패션 바람

필리핀 민중혁명과 아시아의 민주화

1970년대에 세계를 덮친 경제 위기 상황에 대하여 한국과 필리핀은 극단적인 독재 체제로 대응했다. 한국의 박정희는 유신 체제를 선포했고, 필리핀의 마르코스는 계엄령을 선포하여 폭압 정치를 시작했다. 야당 정치인이 연금당하거나 망명하고 민중의 저항이 거세졌다. 4·19혁명이 1년 만에 좌절된 이래 아시아에서는 기대할 수 없을 것처럼 보이던 민주화가 다시 한 번 민중의 손에 의해 눈앞에 다가왔다. 분위기가 고조되자 필리핀 야당 지도자 베닝요 아키노는 망명 생활을 청산하고 1983년 귀국하다가 암살당했다. 한국의 망명 정치인 김대중은 1985년 무사히 귀국했다. 필리핀과 한국의 정국은 한 치 앞을 내다볼 수 없는 혼돈 속으로 빠져들었다. 그 혼돈의 귀결은 아시아 현대사에 중요한 전환점을 마련할 것이 틀림없다.

사진 | 필리핀 독재자 마르코스(오른쪽)와 이를 후원하는 레이건 미국 대통령을 조롱하는 풍자물

필리핀 민중, 아시아 민주화 신호탄 쏘다

민중혁명으로 21년 독재자 마르코스 축출

【1986년, 마닐라】 필리핀 민중이 현대 세계의 역사를 새로 썼다. 26년 전 한국 민중이 그랬던 것처럼 자신들의 힘으로 독재 권력을 몰아내고 아시아 민주화의 신호탄을 쏘아 올렸다.

필리핀 민중혁명의 직접적인 계기는 지난 2월 7일 대통령 선거에서 이뤄진 부정이다. 1983년 대선에 출마하려다 암살된 베닝요 아키노의 부인 코라손 아키노가 독재자 마르코스에 맞선 야당 연합 대표로 출마해 압도적인 우세를 보였으나, 정부는 선거 결과 마르코스가 승리했다고 발표했다. 하지만 선거 참관인들은 부정선거 결과를 인정하지 않았고, 민중은 거리로 뛰쳐나와 독재 정권 타도를 외쳤다. 마르코스는 결국 권좌에서 쫓겨나 미국 망명 길에 올랐다. 그가 떠난 대통령 관저에는 부인 이멜다가 남기고 간 수천 켤레의 구두가 뒹굴고 있었다.

필리핀은 1946년 미국으로부터 독립했지만 여전히 미국의 영향 아래 있었다. 1965년 집권한 마르코스는 미국의 지원을 등에 업고 '필리핀의 독자적 민주주의'를 내세우며 장기 집권과 족벌들에 의한 부정부패를 일삼았다. 하지만 농민에 기반을 둔 신인민군(NPA)과 분리 독립을 요구하는 일부 소수 민족이 무장투쟁에 나서면서 마르코스의 정치적 기반은 아래로부터 흔들렸다. 마르코스는 전국에 계엄령을 선포하며 더욱 더 강압적으로 대응했지만, 그 결과는 더욱 더 강력한 민중의 저항이었다. 여기에 아키노 암살 사건까지 터지자 민중의 분노는 걷잡을 수 없이 번졌다. 그 결과 전통적 지배층인 대지주와 군부, 가톨릭 교회, 마지막으로 미국마저 마르코스에게 등을 돌리면서 마르코스는 기댈 곳이 없어져 버렸다.

마르코스 독재에 신음하던 필리핀 시민들이 민주화를 열망하며, 야당연합을 이끄는 아키노 후보를 연호하고 있다.

혁명 정부는 대통령의 재선을 금지하고, 국민에게 민주적 권리를 보장하며, 소수민족에게 자치권을 부여하고, 천연자원을 국유화하며, 토지를 개혁하는 등 일련의 민주주의 개혁 정책에 착수했다. 하지만 일각에서는 이번 혁명이 농민과 소수민족 등 민중 세력이 혼자 힘으로 성취한 것이 아니라 대지주, 교회, 군부 등 옛 지배층과 연합해 얻은 성과라는 점에서 향후 필리핀 민주화가 어떤 방향으로 나아갈지 불안하다는 전망도 나오고 있다.

그렇게 해도 사회주의 맞아? 소련, 개혁·개방 추진… 베트남도 '쇄신' 내세워

【1986년】 8년 전 중국이 본격적으로 열어젖힌 개방 물결에 사회주의 종주국 소련이 동참했다. 주역은 비교적 젊은 나이로 지난해 소련공산당 서기장에 오른 고르바초프(55).

소련은 최근 사면초가 상태다. 미국을 상대로 한 오랜 냉전에서 비롯된 엄청난 군비 부담 때문에 경제 침체 문제는 더 심각해졌다. 1979년 시작된 아프가니스탄 전쟁도 큰 부담이다. 소련은 아프가니스탄에서 이슬람 세력의 저항 때문에 승리하지도, 철군하지도 못하고 있는 처지이다. 미국이 베트남에서 곤욕을 치른 것과 닮은꼴이다. 고르바초프는 이 상황을 타개하기 위해 관료주의를 개혁하는 '페레스트로이카(개혁)'와 '글라스노스트(개방)'를 역설하고 있다. 이 정책의 핵심은 시장경제 요소를 광범위하게 도입하고 서방과 관계를 개선해 냉전을 완화시키는 데 있다.

오랜 경제적 어려움에 지친 소련 인민은 고르바초프에게 많은 기대를 하고 있는 분위기이며, 최근 들어 신보수주의 노선을 채택하고 소련에 대한 압박을 강화하던 미국은 조심스럽게 소련의 변화를 반기고 있다. 그러나 소련 내 일각에서는 고르바초프가 자본주의 요소를 광범위하게 도입하여 사회주의 소련을 안으로부터 무너뜨릴 것이라며 잔뜩 경계하고 있다. 소련 사회에 이미 자본주의를 추구하는 '소브루르(소비에트 부르주아지)'가 형성되어 있으며 고르바초프 노선은 그들의 이익에 봉사할 것이라는 게 사회주의를 고수하려는 이들의 분석이다.

한편 또 다른 사회주의 국가 베트남도 올해 공산당 서기장에 취임한 응웬 반 린이 '도이모이(쇄신)'라는 개혁 개방 정책을 채택하고, 우선 농민이 각자의 농지를 경작하여 남는 쌀을 시장에 내다 팔 수 있도록 허용했다. 중국에 이어 소련과 베트남에도 불어온 이 같은 변화의 바람이 사회주의의 개혁으로 이어질 것인지 자본주의에 대한 투항으로 끝날 것인지 세계가 예의주시하고 있다.

레이건 미국 대통령(왼쪽)과 고르바초프 소련공산당 서기장.

▶ 미국, 그레나다 침공(1983) ▶ 프랑스, 핵실험에 항의하는 그린피스의 '레인보우 워리어'호 폭파(1985)

한국 민중도 민주화 발벗고 나섰다

'광주' 진상 규명·개헌 운동 전국으로 확산

【1986년】 시민들의 민주화 요구가 거세다. 지난해 2·12총선에서 여당을 참패시킨 시민들은 올해 들어 '1천만 개헌 서명 운동'에 적극 동참하고 있다. 군사정권 연장을 위한 '체육관 선거'를 없애고 직선제로 대통령을 뽑자는 개헌 추진 지부 결성 대회는 시민들로 가득 차고 있다(광주 10만, 부산 4만, 대구 2만). 이와 함께 현 집권 세력이 무력 진압한 '1980년 광주민주화운동'의 진상을 규명해야 한다고 요구하는 움직임도 활발하다. 지난해 5월 대학생 1만여 명이 '광주 사태 진상 규명 및 책임자 처단'을 요구하며 시위를 벌였고, 대학생 73명은 '신군부의 무력 진압 배후는 미국'이라고 주장하며 서울 미국문화원을 점거했다. 이처럼 민주화 요구가 거세지자, 전두환 대통령은 개헌 논의를 '허용'한다고 발표했다.

그러나 직선제 수용을 기대한 일각의 바람과 달리, 전 대통령은 내각책임제를 제시하며 야권 분열을 유도하고 광주 진상 규명 주장을 힘으로 누르며 민주화 요구를 받아들일 생각이 없음을 분명히 했다.

'군부독재 퇴진, 광주 학살 진상 규명'을 요구하는 민주화 시위가 거세지고 있다. 그 일환인 대학생 시위에서 한 여대생이 손에 화염병을 들고 앞으로 달려나가고 있다.

이러한 가운데 7월에 부천경찰서의 문귀동 경장이 서울대생 권인숙에게 성고문을 한 '부천경찰서 성고문 사건'이 터졌다. 이 자체로도 공분을 샀지만, 정부는 오히려 진실을 밝힌 권씨를 구속하고 검찰은 "성모욕 행위는 없었다."라고 거짓 발표를 했다. 또한 정부는 적반하장 격으로, "운동권이 성까지 혁명의 도구로 삼고 있다."라며 피해자 권씨를 거짓말쟁이로 몰아갔다. 이 사건에 이어 군사정권이 매일 언론에 특정 사안의 보도 여부·기조·제목까지 규정한 보도지침을 내려 보내고 언론은 이를 충실히 따랐음이 드러나 파문이 일고 있다.

기자의 눈 ██ 이산가족 울리는 금강산댐 파동 **남북 해빙 분위기에 찬물**

【1986년】 남북 관계가 다시 얼어붙었다. 정부는 북한의 '금강산댐'이 서울을 물바다로 만들 수 있다며 '평화의 댐' 건립을 위한 모금운동에 한창이다. 상당수 언론도 이에 맞장구를 치고 있다. 그러나 '금강산댐은 서울올림픽 방해를 위한 북한의 노림수'라는 정부 주장은 과장됐다는 분석이 제기되고 있다. 저수량을 감안할 때, '금강산댐'을 폭파하면 63빌딩 중턱까지 물에 잠길 것이라는 주장은 소설에 가깝다는 것이다.

이번 파동은 독재 철폐 여론을 잠재우고자 정부가 조장한 안보 불안이라는 분석이 힘을 얻고 있다. 이와 관련, 남북 관계를 국내 정치에 악용해선 안 된다는 비판이 높다. 1983년 KBS에서 5개월 동안 생방송된 〈이산가족을 찾습니다〉를 통해 국민적 관심사로 떠오른 이산가족 문제를 감안하면 더욱 그러하다. 이 프로그램을 통해 1만 189건의 이산가족 상봉이 이뤄졌고, KBS 앞은 헤어진 가족을 찾으려는 이들로 발 디딜 틈이 없었다. 그 이듬해

에 분단 후 최초로 남북경제회담이 열리고 1985년엔 고향 방문단과 공연 예술단이 남북을 오가며 이산가족의 염원은 풀리는 듯했다. 북한의 '아웅산 테러(1983년 버마의 아웅산 묘역에서 전두환 대통령 일행을 노린 사건)'로 남북 관계가 극도로 긴장된 직후인데도 교류가 이뤄지면서 기대는 더 높아졌다. 그러나 이번 파동은 이산가족의 기대를 물거품으로 만들며, 일관성 있는 대북 화해 정책의 필요성을 다시 한번 절감케 했다.

해방의 혼란과 한국전쟁의 격랑에 휘말려 30년 넘게 혈육의 생사도 모른 채 살아야 했던 이산가족들은 1983년 이산가족 찾기 생방송이 진행된 KBS 방송국 앞으로 모였다. KBS 앞은 그렇게 모여든 이산가족들로 가득 찼다.

▶ 북측의 수재 물자 지원 제의를 남측이 수용(1984) ▶ '국시' 파동(1986) ▶ 전두환 정권, 애국학생투쟁연합 결성식이 열린 건국대에서 1,288명 연행(1986)

사 설

소련의 재발견

소련의 지도자들은 늘 엄숙했다. 레닌의 눈매는 매서웠고 스탈린의 콧수염은 거만해 보였다. 그들이 머물던 크렘린은 비밀과 음모의 대명사로 여겨졌다. 그런 소련에 전혀 새로운 지도자가 등장했다. 어떤 서방 지도자보다도 잘생긴 외모, 세련된 매너, 뛰어난 화술의 소유자인 고르바초프 서기장. 그가 바꾸고 있는 것은 크렘린의 이미지만이 아니다. 계급투쟁, 프롤레타리아독재, 반제국주의 등 소련의 기존 노선을 수정하면서 개방적이고 개혁적인 모습을 서방세계에 보여주고 있다. 세계 사회주의 체제의 중심에서 동서 냉전을 진두지휘하던 소련의 모습에 익숙한 사람들은 고르바초프의 등장에 적잖이 당황하고 있다.

반공 이데올로기로 무장한 군부 독재와 맞서온 민주화운동 세력 중에는 최근 들어 근본적인 문제점을 자본주의 체제에서 찾고 이를 개조해 보려는 진보 세력이 움트고 있었다. 그런데 자본주의와 맞서 온 소련이 자신들의 문제점을 토로하면서 개혁에 나서고 자본주의 국가에 화해의 손길을 내밀었다. 소련의 변화가 유연한 사회주의의 모습을 보여주고 그 영향으로 한국에서도 더 이상 반공을 무기로 민주 세력을 때려잡는 일이 없어진다면, 그것은 국내 진보 세력에게는 복음이 될 것이다. 그러나 만약 소련이 미국의 신자유주의 노선에 굴복하고 자본주의 모순의 해결이라는 진보적 노선을 폐기한다면, 고르바초프는 국내 진보 세력뿐 아니라 전 세계 민중에게 크나큰 실망과 피해를 안겨준 인물로 기록될 것이다. 그의 행보를 주목한다.

"인류에게 희망이 있다면 녹색뿐"

인터뷰　최초로 의회에 진출한 독일 녹색당, 페트라 켈리

【1983년】 녹색당이라는 생소한 이름의 정당이 3월 독일 연방 의회 선거에서 5.5퍼센트를 득표, 27명의 의원을 배출하며 화려하게 입성했다. 녹색당 대변인 페트라 켈리(36)를 만났다.

독일 녹색당 창립자의 한 명인 페트라 켈리 대변인.

▲ 환경운동과 관련된 정당인 듯한데, 기성 정당에 합류하지 않고 굳이 따로 당을 꾸린 이유는?

"녹색당이 단지 환경 문제만을 이야기하는 정당은 아니다. 우리는 핵전쟁, 인구 과잉, 환경오염, 기아, 지구 황폐화, 사회적 불평등과 같은 문제들이 인류의 생존을 위협할 지경에 이르렀으며, 근본적인 변화가 시급하다고 생각한다. 그러나 기성 정당들은 어떠한 실질적인 대안도 내놓지 못하고 있다. 진보 정당으로 분류되는 사민당조차 타협적인 태도와 무기력함으로 일관하고 있을 뿐이다."

▲ 그렇다면 녹색당이 제시하는 대안은 무엇인가?

"우리의 답은 아주 간단하다. 아니 답은 누구나 알고 있다. 더 많은 생산, 더 많은 소비에 대한 욕심을 버리고 자연의 균형을 회복해 그것과 조화를 이루며 살아가는 것이다. 인간이 자신의 욕망을 충족시킬 권리는 땅, 바다, 공기, 숲의 한계 속에서만 허용되는 것이기 때문이다."

▲ 그것이 의회 활동으로 가능할까?

"우리는 한 발은 의회에, 다른 한 발은 직접 행동에 두고 있다. 물론 직접 행동이 폭력 행사를 뜻하지는 않는다. 우리의 방식은 비폭력 저항이며, 이는 정신적이고 도덕적인 힘의 표출이다. 예를 들어 그린피스는 생명의 위험을 무릅쓰고 방사성 쓰레기를 바다에 투척하는 장소까지 고무보트를 타고 나아갔다. 우리의 구호는 '부드럽게 뒤집자'는 것이다."

▲ 옳은 말이라고 생각한다. 하지만 정말 희망이 있다고 낙관하나?

"전망은 중요치 않다. 중요한 것은, 만일 우리에게 희망이 남아있다면 그것은 오직 녹색뿐이라는 것이다."

그림마당 | 이은홍

독재정권 비호하는 미국은 각성하라!!

펑 펑

각성하라 …각성하라……

기/록/실/

보도지침

1986년 월간 『말』지가 폭로한 584건의 보도지침은 부도덕한 군사정권의 노골적인 언론 통제 실상을 잘 보여준다. 그중 세 사안을 소개한다(관련 기사 3면).

▲ 부천서 성고문 사건 : ("성모욕 행위는 없었다."라는) 검찰 발표 전문은 꼭 실어줄 것. 독자적 취재 보도

내용은 불가. 제목에서 '성폭행 사건' 대신 '부천 사건'이라고 표기하기 바람. 각 단체의 항의 움직임은 보도하지 않도록.

▲ 학생 시위 : 적군파 식 모방으로 쓸 것. 대학생들의 민정당사 난입 사건은 사회면에 다루되 비판적 시각으로 할 것.

▲ 직선제 : 정치 기사에서 (직선제) '개헌'이란 용어가 들어가지 않도록. (그러나 여당인) 민정당의 '89년 개헌 확인'은 1면 톱기사로 크게 보도하기 바람. 『산케이신문』 논설위원의 "한국의 개헌 주장, 성급하기 그지없다"라는 사설은 눈에 띄게 보도해 주기 바람.

보도지침을 폭로한 언론인을 구속한 데 항의하는 민주언론운동협의회 회원들.

▶ 장영자·이철희 사건과 유사하게 은행과 사채시장이 유착한 지하경제의 비리를 드러낸 명성 사건, 영동개발 사건 연이어 발생(1983) ▶ 국제그룹 해체 사건(1985)

달러 내리고, 엔·마르크 올리고

환율 인위적 조정… 달러 패권 시대 흔들

【1985년 9월, 미국】 달러 패권 시대의 끝이 보이는 것일까? 답을 내리기엔 아직 이르지만, "강한 달러가 곧 강한 미국"이라는 슬로건은 흔들리는 달러 패권 시대와 더불어 조심스럽게 수정될 조짐이다.

이달 22일 선진 5개국(G5) 재무장관들이 뉴욕 맨해튼의 플라자 호텔에 모여 각국 통화의 환율 조정 문제를 논의했다. 이번 회의에서 미국은 달러화에 대한 일본 엔화와 서독 마르크화의 가치를 평가절상하겠다는 내용을 해당국들에게 사실상 일방적으로 통보

해 강제된 합의를 이끌어냈다.

미국이 체면을 구겨가면서까지 달러화 가치를 낮추고 엔화와 마르크화의 가치를 높이기로 한 이번 '플라자합의'를 추진한 까닭은 무엇일까? 그것은 무역수지 적자를 줄이기 위해서이다. 특히 일본 경제가 급성장하면서 미국은 최근 일본에 대해 연 400억 달러 이상의 무역수지 적자를 기록하고 있다. 이번 조치는 일본이 보유하고 있는 달러화 표시 자산의 가치를 하락시켜, 미국이 일본으로부터 부를 빼앗아 오는 결과를 낳을 것으로 보인다. 또

한 일본 상품의 미국 내 가격 상승으로 이어져 일본 경제에 타격을 줄 전망이다.

이번 플라자합의로 일본과 서독 경제는 하강 조정되고, 미국 경제는 일시적으로 재기할 수 있는 발판을 얻었다. 그러나 미국이 일본과 서독에 떠넘긴 부담이 그 나라 경제에 어두운 그림자를 드리우고 있다는 비난과, 이러한 인위적 조치가 궁극적으로 세계경제의 불균형을 해소할 수 있을지에 대해 의문을 품는 비관적인 전망들이 속속 나오고 있다.

우루과이라운드 협상 시작

【1986년 9월】 '관세 및 무역에 관한 일반 협정(GATT)' 제8차 다자간 무역 협상이 우루과이에서 시작됐다. 우루과이라운드로 불리는 이번 협상 의제에는 GATT가 포괄하지 않던 서비스 교역과 지적 소유권 분야 등 상품 교역 이외 분야도 포함됐다. 비관세 장벽 철폐, 농산물 분야 무역 질서 조정, GATT를 대체할 새로운 국제기구 등 무역 질서를 크게 바꿀 수 있는 문제가 논의돼 각국의 관심이 쏠리고 있다.

에티오피아 대기근 100만 명 사망

【1985년】 아프리카 대륙 동쪽으로 툭 튀어나와 '아프리카의 뿔'로 불리는 에티오피아 일원에서 대기근이 발생했다. 지난해 굶어 죽은 에티오피아인이 100만 명에 이른다는 보고다. 영국과 미국의 가수들이 아프리카 돕기 콘서트를 열고 에티오피아에 수백만 톤의 원조 식량이 들어가고 있지만, 참상은 쉬이 사라지지 않고 있다.

이러한 사태의 원인을 자연 현상에서만 찾아서는 안 된다는 지적이 나오고 있다. 정치의 문제점이 가뭄을 대기근으로 키웠다는 것. 현지의 한 자원봉사자는 "정부에서 원조 물품을 탈취해 독재 체제를 유지하는 데 사용하고 있다."라고 비판했다. 한 취재 기자도 "가뭄보다 국민을 상대로 한 에티오피아 마르크스주의 정권의 공포 전술이 더 큰 문제"라고 지적했다.

브라질 출신 경제학자이자 국제사진그룹 매그넘 회원으로 15개월째 아프리카에 머물고 있는 살가도는 원조금이 온전히 아프리카인을 위해 쓰이는 것이 아니라 미국 등으로 다시 흘러가고 있다고 비판했다. 예컨대 국제

구 기금 2,000만 달러 중 1,200만 달러가 곡물 값으로 미국 농부에게 가고 있다는 것. 살가도는 또한 구호 식량을 난민에게 직접 전하지 않고 헬기에서 뿌려대는 모습을 목격했다며, 원조의 진정성에 의문을 표했다.

몇몇 전문가들도 미국 등이 잉여농산물 문제를 해결하기 위한 방편으로 국제 원조를 활용하고 있다고 비판했다. 긴급 구호는 필요하지만, 지금 같은 방식이 아프리카에 장기적으로 도움이 될지 의문이라는 지적이다.

소는 슬프다

정부의 외국산 소 대량 도입 결정으로 소 값이 폭락했다. 농가 부채에 고민하던 농민들의 시름은 더 깊어졌다. 사진은 1985년 7월 소싸움 행사장으로 가는 전북 진안의 농민과 소들.

구로에서 6·25 이후 첫 동맹파업

【1985년, 서울】 한국전쟁 이후 최초의 동맹파업이 6월 23일 구로공단에서 발생했다. 경찰에서 그 전날, 대우어패럴 노조 집행부를 쟁의조정법 위반 등 혐의로 연행하자 대우어패럴 등 7개 사업장 노조가 공동으로 파업에 돌입한 것. 노동자들은 대우어패럴 노조 집행부 연행이 인근 노조에 대한 탄압으로 이어질 것이라는 판단에 따라 동맹파업을 결정했다.

연대는 자연스럽게 이뤄졌다. 사업장은 다르지만 장시간 노동(주당

70시간 이상), 일당이 커피 두 잔 값(3,000원)에도 못 미치는 저임금, 성희롱을 비롯한 비인간적 처우, 사측의 집요한 노조 결성 방해 공작 등 열악한 작업장 환경은 공통적이었기 때문이다. 이들은 올해 "한 달에 돼지고기 반 근, 김 10장, 두부 1모, 화장지 3개, 목욕 2회, 공중전화 10회, 두 달에 양말 1켤레"를 위해 월급 10만 원을 보장하라고 소박하게 요구했지만, 회사들의 반응은 차가웠다. 예컨대 대우어패럴 사측은 "모범 근로자는 월 4만 원 정도면 생활하는 데 충분하다." "국 끓일 때 비싼 멸치 넣지 말고 미원을 넣어라."라며 노동자들을 오히려 '훈계'했다.

파업의 근원엔 열악한 노동조건을 더 이상 참지 않으려는 노동자들의 태도 변화와, 그러한 요구를 힘으로 누르려는 회사들의 변치 않는 태도가 있다는 진단이 많다. 6월 29일 경찰과 구사대의 강제 진압으로 파업은 막을 내렸지만(구속 35명, 구류 370명, 해고 2,000명), 근본 원인이 해결되지 않았다는 점에서 불씨는 살아 있다.

▶ 북한, 합영법 발표하며 외국 자본 유치 시도(1984) ▶ 중국, 첫 주식 발행(1984) ▶ 민중교육지 사건(1985) ▶ '김일성 사망' 오보 소동(1986)

죽음의 에너지, 그 실상을 드러내다

체르노빌 원자력발전소 폭발 사고

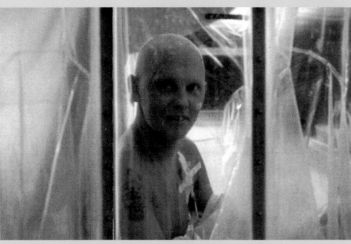
폭발 사고 후 치료를 받고 있는 환자. 방사능에 노출되면 후유증이 심각하다.

【1986년, 소련】4월 26일 오전 1시 23분 소련 우크라이나공화국 키예프시 북쪽 체르노빌 원자력발전소에서 원자로가 폭발하는 역사상 최악의 원자력사고가 터졌다. 이 사고로 누출된 방사능의 양은, 소련 정부가 국제원자력기구(IAEA)에 제출한 보고서를 그대로 믿더라도 1945년 일본 히로시마에 투하된 핵폭탄이 내뿜은 방사능의 수십 배에 이른다.

당황한 소련 정부는 사고 발생 직후엔 쉬쉬하다가 이틀이 지난 4월 28일에야 이 원자력발전소 사고 소식을 전했다. 소련 당국은 체르노빌 주변의 주민 약 10만 명을 긴급히 다른 지역으로 이동시켰지만, 이미 상당수는 방사능에 노출된 후였다. 발전소 직원들, 소방수 등 사고 현장에 있었던 약 300명도 방사능에 심각하게 노출되어 대부분 6주 안에 사망했다.

사고 직후 1킬로미터 상공까지 치솟은 방사능 물질은 우크라이나는 물론 유럽 전역으로 퍼질 전망이어서 앞으로 사망자는 수천 명 수준으로 늘어날 수 있다. 암 발생, 기형아 출산 같은 후유증까지 염두에 두면 체르노빌 원자력 발전소의 피해는 수십 년간 지속될 가능성이 크다.

이번 사고는 '원자력 르네상스'라고도 불리던 세계 각국의 원자력발전소 건설 움직임에 치명타를 가할 전망이다. 특히 이번 사고로 직접 피해를 볼 유럽 전역에서는 반핵 운동이 더 거세게 일어날 가능성이 크다.

한편, 고르바초프 정부가 이번 사고를 계기로 개혁 개방 정책에 박차를 가할 것이라는 전망도 나온다. 체르노빌 사고의 발생 및 당국의 대응 과정이 '폐쇄 소련'의 한계와 문제점을 명확히 보여줬다는 것이다.

AIDS 공포 전 세계로 확산

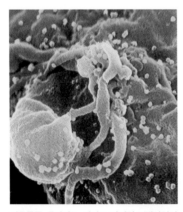
림프구를 공격하는 에이즈 바이러스(전자현미경에 비친 모습).

【1986년, 한국】지난 10월 31일 한국에서 처음으로 HIV(인체면역결핍바이러스) 감염 환자가 발견되었다. HIV는 후천성면역결핍증(AIDS·에이즈)을 전파하는 바이러스이다. 프랑스의 뤼크 몽타니에 등은 지난 1983년 5월 20일자 『사이언스』를 통해서 이 바이러스를 추출했었다.

에이즈는 알려진 대로 성행위를 통해 동성애자만 걸리는 병이 아니라, HIV 감염을 통해서 누구나 전염될 수 있다. 특히 혈액, 정액이 HIV의 주요 전파 경로이기 때문에 성병 예방 조치 없이 이뤄지는 성행위, 주사기의 공동 사용 등은 HIV 감염 가능성을 높인다. 일단 HIV에 감염되면 3~12년간 증상이 나타나지 않다가, 결국 면역 기능이 약해져 목숨을 잃는다.

이런 에이즈 환자는 이미 아프리카 등을 중심으로 1985년 현재 전 세계에 100만 명 정도가 있는 것으로 알려져 공포가 세계 전역으로 확산되고 있다. 특히 1985년 10월 2일 미국의 배우 록 허드슨이 에이즈 환자임을 고백하고 죽어 큰 충격을 주었다.

"인류의 기원은 아프리카의 이브!"

【1986년, 미국】앨런 윌슨 등이 첫 번째 현생인류는 약 14만~29만 년 전 아프리카에서 나타났다고 주장했다.

이들은 인간의 세포질에 존재하는 미토콘드리아가 모계 유전된다는 사실에 착안해, 전 세계 여성 147명의 미토콘드리아 DNA를 분석한 결과 인류의 공통 조상이 아프리카의 최초 여성이라는 사실을 발견했다. 그 여성에게는 '미토콘드리아 이브(Eve)'라는 이름을 붙였다. 그 결과는 『네이처』 1987년 1월 1일자에 공개될 예정이다.

이런 연구 결과는 인류의 '아프리카 기원설'에 힘을 실어줄 전망이다. 약 20만 년 전 아프리카에서 나타난 현생인류의 조상이 약 5만 년 전부터 아프리카 밖으로 이주해 유럽의 네안데르탈인과 같은 구인류와 벌인 경쟁에서 승리해 오늘날에 이르렀다는 것.

그간 이런 '아프리카 기원설'에 대항해 세계 각지에서 구인류를 계승해 새로운 현생인류가 진화했다는 '다지역 기원설'이 팽팽히 맞서왔다. 특히 세계 곳곳에서 발견된 화석 증거는 '다지역 기원설'을 뒷받침하는 증거로 간주돼 왔다. 이번 연구가 이 논쟁에 마침표를 찍을지 주목된다.

DNA 지문 발견

【1984년, 영국】영국의 알렉스 제프리스가 9월 10일 각 개인마다 독특한 DNA 패턴이 있다는 사실을 처음 발견했다. 이것은 'DNA 지문'으로 불리면서 전쟁·사고 희생자의 신원 확인, 친족 확인, 범인 추적 등에 폭넓게 이용될 전망이다.

▶ 카모야 키메우, 케냐에서 호모에렉투스의 특징을 풍실하게 보여주는 150만 년 전 화석 '나리오코토메 소년' 발견(1984)　▶ 그린과 슈워츠, 초끈 이론 발표(1984)

대학가에 '불온' 인문사회과학 책 바람
노동 현실·광주민주화운동 등 다룬 책들 봇물

【1986년】『어느 청년 노동자의 삶과 죽음』을 비롯한 '불온' 인문사회과학 서적들이 대학가를 중심으로 들불처럼 번져가고 있다. 물론 이런 책들은 출간되는 족족 정부 당국에 의해 판매 금지나 압수 처분을 받고 있다. 그런데도 이 책들은 대학 주변의 인문사회과학 전문 서점을 통하거나 몰래 제작한 복제본 형태로 대학생 등의 독자들 사이에 빠르게 확산되고 있다.

1983년 출간된 『어느 청년 노동자의 삶과 죽음』은 1970년 "근로기준법을 준수하라"며 분신한 전태일의 일대기를 그린 평전으로 당국의 탄압을 우려해 저자 이름조차 밝히지 않은 채 세상에 나왔다. 이외에도 1984년 출간된 님 웨일즈의 『아리랑』은 일제 강점기 중국에서 활동한 사회주의자 김산과 인터뷰한 내용을 담은 책이고, 1985년 출간된 황석영의 『죽음을 넘어 시대의 어둠을 넘어』는 여전히 금기시되고 있는 1980년 광주민주화운동의 진실을 밝힌 책이다.

대학생들은 이런 책들을 통해 노동자의 현실과 노동운동의 정당성에 공감하고, 현 정권의 끔찍한 치부와 폭력성에 분노하기 시작했으며, 혁명가가 돼 사회를 변화시키겠다는 꿈을 꾸고 있다.

그것이 허황된 꿈만은 아닌 듯하다. 적지 않은 대학생들이 스스로 노동자가 되기 위해 학교를 떠나 공장에 '위장 취업'을 하거나, 대학과 거리에서 군사 정권에 맞서 치열하고 조직적인 시위와 투쟁을 벌이고 있기 때문이다.

대학교 3학년에 재학 중인 한 학생은 "우리가 지금 책을 읽는 이유는 단순한 지식을 얻기 위해서가 아니라, 우리 사회의 숨겨진 모순과 그것을 해결할 구체적인 방법들을 찾기 위한 것"이라고 말했다. 인문사회과학 책의 독자층이 이처럼 확고하게 자리 잡고 있기 때문에 당국이 검열과 판매 금지 조치만으로 이를 덮기는 어렵다는 것이 일반적인 관측이다.

경찰이 출판사와 대학가 서점, 대학생들의 집에서 압수한 책들. 그러나 이러한 압수나 판매 금지는 변혁을 꿈꾸며 '불온한' 책을 탐독하는 젊은이들의 열정을 꺾지 못하고 있다.

소프트웨어는 공유돼야 한다
리처드 스톨먼, 카피레프트 운동 주창

【1985년, 미국】 소프트웨어 부문에서 상업주의 배격 움직임이 일고 있다. 미국 프로그래머 리처드 스톨먼(32)이 IBM 등 거대 기업들이 컴퓨터 운영체제인 유닉스를 상용화해 사용료를 요구하는 것에 반발하여, 지난해 시작한 그누(GNU)프로젝트가 그것. 스톨먼은 올해 "소프트웨어는 공유돼야 한다."라고 선언하고, 소프트웨어 개발 초기의 협력과 아이디어 공유 문화를 회복하기 위해 '프리 소프트웨어 재단'을 설립했다. 소프트웨어가 자유롭게 공유되고 학습될 수 있어야 하며 그러한 권리가 과학 기술사회에서 표현의 자유를 보장하기 위한 핵심 요소라는 것이 스톨먼의 판단이다. 그가 배타적 저작권을 의미하는 카피라이트(copyright) 대신 누구에게나 자신의 저작물을 연구·복사·수정·배포할 수 있게 하는 카피레프트(copyleft)라는 대안적 저작권 운동을 벌이는 것도 그 때문.

대기업들은 이 같은 카피레프트 운동이 이윤을 침해하는 '바이러스' 같은 존재가 될 것이라며 마뜩찮게 바라보고 있다. 이에 따라 소프트웨어 세계에서도 공공의 이익과 상업적 이익의 대충돌이 불가피할 전망이다.

노동자가 부르는 노동자의 노래

【1984년 9월】 "전쟁 같은 밤일을 마치고 난 / 새벽 쓰린 가슴 위로 / 차거운 소주를 붓는다 …… 노동자의 햇새벽이 / 솟아오를 때까지" 한국 노동자들이 해방 후 처음으로 자신의 언어로 표현된 시를 얻었다. '얼굴 없는 노동자 시인' 박노해의 시집 『노동의 새벽』이 천만 노동자의 심금을 울리고 두 주먹을 불끈 쥐게 만든다. 100년에 가까운 한국 자본주의 역사에서 노동자의 삶과 정서를 읊은 시가 없지는 않았지만, 반공으로 무장한 사회에서 노동자가 자기 목소리로 자기 노래를 부르기는 어려웠다. 〈공장의 불빛〉, 〈강변에서〉 등 공단과 야학에서 불리던 노래들이 노동자의 심정을 달래기는 했지만 그것은 어디까지나 노동자를 동정하는 지식인의 소리였다. "저임금과 장시간 노동의 암울한 생활 속에서도 희망과 웃음을 잃지 않고 열심히 살며 활동하는 노동 형제들에게 조촐한 술 한 상으로 바칩니다."라고 말하는 시인 박노해. '노동해방'을 줄인 그의 필명처럼 더 많은 노동자들이 부르는 해방의 노래들이 기다려진다.

▶ 마돈나, 앨범 〈라이크 어 버진〉으로 선풍적 인기(1984) ▶ 북한, 김정일의 '조선 민족 제일주의' 주창 후 전통적 생활문화 부활 시작(1986)

(((((((제3세계 통신)))))))

스리랑카 내전 발발

【1983년】 스리랑카에서 불교를 믿는 다수파 싱할라인과 힌두교를 믿는 소수파 타밀인 간에 내전이 발발했다. 독립 후 권력을 독점한 싱할라인의 차별 정책에 반발한 타밀인이 분리 독립을 추구하면서 벌어진 일이다. 그러나 이번 사안의 뿌리엔 식민지의 상흔이 배어 있다. 1948년 독립 이전, 영국이 타밀인을 앞세워 싱할라인을 통치하는 분리 지배 방식을 펴면서 감정의 골이 깊어졌고, 그것이 독립 후 싱할라인의 차별 정책으로 이어졌기 때문이다.

최악의 독가스 누출 사고
하루 만에 2,800명 사망

【1984년】 인도 중부 도시 보팔에서 최악의 독가스 누출 사고가 발생했다. 12월 3일 새벽, 미국계 기업 유니언카바이드의 농약 공장에서 독가스가 누출돼 이날 하루에만 2,800여 명이 사망했다. 도시 전체가 죽음의 기체로 뒤덮이면서 사망자가 최대 2만 명에 이르고, 독가스에 누출된 50만여 명 중 10분의 1은 실명 등 중증 장애를 입을 전망이다. 이번 사고는 안전 수칙이 지켜지지 않아 발생했으며, 6중 안전장치는 물론 조기경보체제도 작동하지 않은 것으로 드러났다. 공장이 인구가 밀집한 도시 한가운데에 들어선 것도 피해 규모를 키웠다.

브라질, 21년 만에 군정 종식

【1985년】 브라질에서 군부 통치가 21년 만에 막을 내렸다. 1964년 쿠데타로 집권한 군부정권이 물러나고, 민간정부가 들어선 것. 그러나 온건 성향의 야당에서 대통령이 나오긴 했지만, 농지개혁 문제가 지지부진하고 브라질노동자당(PT)으로 대표되는 좌파 세력이 민간 정부 출범 과정에서 배제됐다는 점에서 브라질의 민주화는 아직 갈 길이 멀어 보인다.

┌─────── 부 고 ───────┐
▶ 테네시 윌리엄스 (1911~1983) 미국의 극작가. 대표작은 『욕망이라는 이름의 전차』.
▶ 샤갈 (1887~1985) 러시아 출신 화가. '색채의 마술사'답게 풍부한 색채로 동화 같은 맑고 소박한 세계를 즐겨 그렸다. 대표작은 〈손가락이 7개인 자화상〉.
▶ 오윤 (1946~1986) 민중 판화가·조각가. 사회 현실과 괴리되지 않는 미술을 모색한 '현실과 발언' 창립 동인으로 민중미술의 개척자.
└──────────────────┘

깜장 교복은 가라, 패션 학생복 납신다!

【1986년】 패션. 한국의 중고생과는 거리가 먼 단어였다. 획일화된 깜장 교복 때문이었다. 양철 단추를 슬쩍 풀거나 치맛주름을 몰래 잡아 소박하게 멋을 부렸다가, 훈육주임 선생님이나 선도부 선배에게 들켜 얼차려를 받은 학생들도 여럿이었다. 그러나 당사자들에게는 잔혹한 규율로 기억되는 이런 풍경도 이젠 옛말이다. 3년 전 교복 자율화 조치로 깜장 교복이 사라졌기 때문이다. 그 자리를 대신한 것은 멋들어진 학생복. 중고생들은 그동안 억눌렸던 패션 감각을 뽐내고 있다. 업체들도 다채로운 학생복을 선보이며 10대를 유혹하고 있다. 옷값 부담이 늘고 빈부 격차에 따른 위화감이 커졌다는 우려 때문에 올해 2학기부터 학교장 재량으로 교복을 다시 입힐 수 있게 했지만, 깜장 교복이 전면 부활하는 분위기는 아니다. 발랄한 느낌의 교복으로 나아가는 것은 시대적 흐름이다.

제1회 휘닉스 학생복 발표회(1985. 12. 27 조선호텔).

중저가 브랜드
서민층 파고든다

【1986년】 그간 부유층의 전유물로 여겨졌던 브랜드 열풍이 서민층으로 확산되고 있다. 의류와 신발 부문의 이랜드, 프로월드컵 같은 중저가 브랜드가 서민들 사이에서 인기를 끌고 있는 것. 이와 함께, 이른바 명품을 모방한 중저가 제품도 널리 보급되고 있다. 값비싼 '나이키' 운동화와 꼭 닮은 중저가 '나이스' 운동화가 대표적인 사례다.

행복은 성적순이
아니잖아?

【1986년】 한 10대 소녀의 유서가 세상 사람들을 울리고 있다. 1월 15일 새벽 스스로 목숨을 끊은 여중생의 유서다. 삶의 마지막 순간에 남긴 이 글에서 전교 1등이던 여중생은 "행복은 성적순이 아니잖아?"라고 절규했다. 경쟁과 성장만을 강요하는 비인간적인 교육과 과열된 입시 압박에 대한 항거였다. 이에 충격받은 의식 있는 일부 교사들이 교육자로서 양심을 깊이 자문하고 있어, 이것이 새로운 교육운동의 탄생으로 이어질 것이라는 전망도 나오고 있다.

길거리 문화운동 폭발

【1986년】 미국을 중심으로 길거리 문화운동이 폭발하고 있다. 브레이크 댄스와 랩을 포괄하는 힙합 스타일로 대표되는 빠른 리듬의 춤과 노래가 그것이다. 미국 대도시 빈민가에서 자생적으로 만들어진 이 문화는 그래피티(벽에 낙서처럼 긁거나 스프레이 페인트를 뿌려 그린 이미지)를 비롯한 거리의 시각예술과 결합해 전 세계로 빠르게 퍼져 나가고 있다. 즉흥적이면서도 생명력과 상상력이 넘치는 것이 이러한 길거리 문화운동의 특징이다.

1986년 홍콩느와르 〈영웅본색〉 개봉.

한국방송 시청료, 못 내!

【1986년】 "아 글쎄, 우리 집에선 한국방송(KBS) 안 봅니다." "그래도 텔레비전이 있으니 시청료 내셔야 한다니까요." 요즘 방방곡곡에서 시민들이 KBS 시청료를 내지 않겠다며 징수원과 실랑이를 벌이고 있다. 시청료 납부 거부 운동이 확산된 것은 '땡전뉴스'로 대표되는 권력 지향성 보도 때문. 많은 언론사 중에서 KBS만 잘못된 보도를 하는 것은 아니지만, 다른 방송에는 시청료를 낼 필요가 없고 신문도 싫으면 구독하지 않으면 그만이기 때문에 시청료 거부 운동이 벌어지고 있다는 것.

국회의원과
군 장성 누가 더 셀까

【1986년】 국회의원들과 군 장성들이 난투극을 벌였다. 3월 21일 국회 국방위원회 소속 국회의원 10여 명과 장군 8명이 고급 요정에서 회식을 하던 중 벌어진 일이다. 이들은 폭탄주를 연거푸 마신 후 말다툼 끝에 패싸움을 벌였다. 이 일로 12·12쿠데타의 주역 중 하나인 박희도 참모총장 등 전두환 대통령의 최측근 '별'들이 좌천되거나 예편하는 된서리를 맞아 세간의 화제가 되고 있다.

▶ 1984년 집중호우로 큰 피해를 본 서울 망원동 주민들(7,000여 세대, 2,400여 명)이 서울시에 손해배상을 요구하며 집단소송

근현대사신문

현대 15호

주요 기사 **2면** | 6월항쟁 (1987) **3면** | 노동자 대투쟁(1987) **4면** | 베를린장벽 붕괴 (1989) **5면** | 전두환, 5공 청문회 출석 (1989) **6면** | 사설-이 아름다운 국민에게 경배를 **7면** | 미국, 주식 폭락 (1987) **8면** | '몬트리올의정서' 체결 (1987) **9면** | 문화계, 앞에선 풀고 뒤에선 재갈 물리고 **10면** | '마이카' 시대 (1989)

6월항쟁과 민주화의 길

한국 현대사는 부정적인 측면에서는 늘 세계사적 보편성의 첨단을 걸어왔다. 동서 냉전의 전개에 따라 남북이 적대적인 체제로 분단됐고, 냉전이 격화됨에 따라 잔혹한 전쟁까지 겪어야 했다. 그러나 세계 현대사가 인류에게 선사할 수 있는 긍정적 측면에서 한국은 대체로 변방에 뒤처져 있었다. 자주적 독립국가를 향한 길은 분단으로 지체되었고, 인권과 민주주의라는 보편적 가치는 4·19혁명 이래 한국에서는 잊혀 있었다. 경제성장의 주역인 노동자는 끝없는 희생만을 강요당했다. 1987년, 4·19 후 27년 만에 한국 민중이 자신의 손으로 이 어처구니없는 상황을 타개하고 현대 세계의 진정한 주역으로 나서겠다고 결심했다. 다시는 돌이킬 수 없는 역사의 대장정이 시작된 것이다.

사진 | 민주화를 열망하며 명동성당으로 구름처럼 몰려가는 시민들

그해 여름은

호헌 철폐, 독재 타도… 종철이·한열이를 살려내라
6월민주항쟁, 한국의 정치를 바꾸고 역사를 바꾸다

【1987년 6월】 역사에 길이 남을 한 달이었다. 부당한 방법으로 집권을 연장하려던 군부정권의 뜻이 시민들의 민주 항쟁에 의해 꺾였다.

정부는 본래 민주화 요구를 받아들일 생각이 없었다. 전두환 대통령은 4월 13일 "현행 헌법대로 대통령을 선출하겠다."라고 발표하며(4·13호헌조치) 민주화 염원을 공개적으로 거부했다. '체육관 대통령' 제도를 유지하고, 후임자를 자기 뜻대로 지명하겠다는 심산이었다.

그러나 이러한 시도는 곧 거센 저항에 부딪혔다. 계기는 1월 14일 서울대생 박종철(23)을 연행한 경찰이 10시간이 넘는 물고문을 가해 박씨를 숨지게 만든 사건이었다. "책상을 탁 치자 박씨가 억 하고 죽었다."라고 변명하던 경찰은 1월 19일 마지못해 고문 사실을 인정하고 말단 경관 2명을 구속하는 것으로 사건을 마무리하려 했다. 그러나 5월 18일 천주교정의구현전국사제단이 정권 차원에서 사건을 조직적으로 은폐·축소·조작하려 했음을 폭로했다. '물고문 중 질식사' 소견을 낸 부검의에게 사인을 심장마비로 하라고 협박하고, 증거 인멸을 위해 시신을 화장하려 한 사실 등이 드러난 것.

국민은 부도덕한 정권에 치를 떨었고, 대학생을 중심으로 한 거리 시위가 확산됐다. 5월 27일 민주헌법쟁취국민운동본부가 결성되면서 시위는 조직적으로 변해갔다. 그런데 경찰 진압 과정에서 또한 명의 젊은이가 희생됐다. 이달 9일 연세대생 이한열(21)이 경찰이 쏜 직격 최루탄을 맞아 중태

수많은 이들이 기원했지만, 이한열씨는 끝내 다시 일어서지 못했다. 7월 9일, 장례식이 거행된 연세대엔 10만 명이 모였다. 사진은 서울을 떠나 고향 광주에 도착한 이씨의 장례 행렬(위). '박종철 고문치사 사건'을 보도한 『동아일보』 1987년 1월 16일자(오른쪽 위).

에 빠진 것. 이것이 불씨가 돼 시위는 걷잡을 수 없이 커지며 전국민적 민주 항쟁으로 발전했다. 10일 전국 22개 도시에서 열린 '박종철 고문살인 은폐조작 규탄 및 민주헌법쟁취 범국민대회'에는 24만여 명이 모였다. 그런데 이날 전두환 정권은 노태우 민정당 대표를 다음 '체육관 대통령' 후보로 지

명하며 민주화 요구를 받아들일 생각이 없음을 다시 한 번 분명히 했다. 이에 항쟁은 들불처럼 번졌다. 최루탄 추방 대회(18일), 평화 대행진(26일)으로 이어지며 시위대는 100만 명 이상으로 늘었다. '넥타이 부대'로 불리는 회사원들과 중산층까지 동참하면서 "호헌 철폐, 독재 타도", "직선제 쟁

취하여 군부독재 타도하자", "종철이를 살려내라, 한열이를 살려내라."라는 함성을 경찰력만으로 막아 내기 어려운 상황에 이르렀다. 머뭇거리던 야당도 24일 여야 회담에서 성과를 거두지 못하자, 평화 대행진에 합류하겠다고 밝히며 정권을 압박했다.

시위대를 "불순 폭력 세력"으로 몰아가던 정부도 당황하기 시작했다. 정권 내부에서는 1980년 5월 광주에서처럼 다시 군대를 투입하는 문제를 심각하게 검토했으나, 미국의 반대와 내년 올림픽 개최에 차질이 생길 가능성 등 때문에 결단을 내리지 못한 것으로 전해지고 있다. 그런 가운데 29일 노태우 대표가 돌연 직선제 개헌을 청와대에 건의하겠다고 밝히면서 국면이 전환되고 있다(6·29선언).

많은 국민은 이를 '항복 선언'으로 받아들이며 환호하고 있지만, 6·29선언은 계산된 책략이라는 비판도 많다. 항쟁에 밀려 민주화 요구를 받아들일 수밖에 없자 노 대표가 역사적 결단을 내린 것처럼 청와대에서 연출한 쇼라는 것. 그러나 어떤 시도도 거대한 민주화 흐름을 막지는 못할 전망이다.

▶ '직선을 통한 임기 5년의 대통령 단임제'를 골자로 한 새 헌법안, 93.1퍼센트의 압도적 찬성으로 국민투표 통과(1987.10)

위대했다

민주 노조 쟁취하여 인간답게 살아 보자

7·8월 노동자 대투쟁, 한국의 사회·경제를 바꾸다

【 1987년 9월 】 한국 경제성장의 진정한 주역이면서도 그 혜택에서는 늘 밀려나 있던 1,000만 노동자들이 자신들의 권리를 되찾겠다는 의지로 여름날 뙤약볕보다도 더 뜨거운 투쟁의 열기를 발산하고 있다.

지난 8월 18일 울산. 현대그룹노조협의회(현노협)는 자신들을 인정하지 않으려는 그룹 경영진에 대한 항의로 시가 행진을 펼쳤다. 회사 측에서 미리 중장비의 바람을 빼 버렸지만, 노동자들은 덤프트럭, 소방차, 카고트럭, 지게차, 샌딩머신 등을 앞세워 시내로 진출했다.

중장비 부대 뒤로 안전모와 방독면을 쓴 3백 명의 '특공대'와 '경호원'이 의장단을 호위했고, 경찰 추산으로 4만 명이 넘는 노동자들이 함성을 지르고 노래를 부르며 4킬로미터에 걸친 시위 대열을 형성했다. 길가의 주민들은 박수를 보내고 물 호스를 대 주며 호응했다.

남목 삼거리에 경찰 버스로 도로를 차단한 채 대기하고 있던 4,500명의 전경과 백골단은 겁에 질려 있었다. 짧은 교섭 끝에 경찰에 철수 명령이 떨어지자 전경들은 허겁지겁 버스에 올라탔고, 노동자들은 16킬로미터를 행진한 끝에 공설운동장에서 예정된 집회를 열었다.

이날 시위와 집회는 한국이 고도 경제성장을 하면서 얼마나 잘 훈련된 노동자들을 양성했으며, 그 노동자들이 한 번 조직되면 얼마나 강력한 집단이 될 수 있는가를 단적으로 보여준 장면이라는 평이다. 6월항쟁의 열기가 잦아드는가 싶던 7월부터 울산, 마산,

1987년 8월 회사에 맞서 중장비를 몰고 거리로 나온 울산 현대중공업 노동자들. '내 눈에 흙이 들어가기 전엔 노조는 안 된다.'던 재벌들은 노동자 대투쟁을 겪으며 한걸음 물러서야 했고, 여성 노동자들이 주축이던 노동운동도 대공장 남성 노동자 중심으로 바뀌었다.

창원 등 공업지대와 서울, 인천 등지에서 임금 인상, 노동조합 쟁취 등을 위한 노동쟁의가 폭발적으로 전개됐다. 지난 3개월간 발생한 노동쟁의는 3,458건으로 하루 평균 40건에 이르며, 새롭게 결성된 노동조합은 1,060개로 지난 7년간 설립된 노조의 숫자를 훨씬 능가한다.

예상치 못한 노동쟁의의 폭발에 놀란 정부와 회사 측은 대책 마련을 위해 분주하게 움직였다. 노동부 차관이 직접 울산에 내려가 현대의 노사 협상을 중재, 현대중공업 노조 집행부를 인정하고 임금 협상 타결을 보장했다. 정부는 이처럼 노동자의 요구를 수용해 사태를 진화하려는 한편, 경찰력을 강화

해 노동쟁의를 진압하는 데도 총력을 기울였다.

8월 22일 경상남도 옥포에서 벌어진 대우조선 노동자들의 시위에 대한 무력 진압이 대표적 사례다. 옥포호텔에서 진행된 노사 협상이 결렬되는 것을 보고 일부 노동자들이 호텔 안으로 밀고 들어가자, 1,000여 전경과 백골단이 최루탄을 발사하며 폭력적인 진압에 나섰다. 이 과정에서 선각소 조립부 소속의 노동자 이석규(21)가 가슴에 최루탄을 맞고 그 자리에서 사망하는 비극이 빚어졌다. 그런가 하면 각 회사는 관리자들과 무술 유단자 등으로 노조와 맞서는 사원 집단인 구사대를 두어 노동쟁의를 폭력으로 저지하

기도 했다. 구사대와 노조의 충돌은 외부에 노동자들 사이의 충돌로 비친다는 점에서 기업들이 애용하는 것으로 알려졌다. 이러한 회사와 정부의 강경 진압으로 3개월 동안 2만 3,000여 명의 노동자가 다치고 500여 명의 노동자가 구속됐다.

가을로 접어들면서 노동쟁의는 줄어들고 있지만, 노동계는 지난 3개월간 한국 사회에 자신의 존재와 가치를 뚜렷이 새겼다는 평을 받고 있다. 이제 노동자의 기본권과 인간적 삶이 보장되지 않는 한 한국의 사회와 경제는 더 이상의 발전을 기약할 수 없다는 것이 이번 대투쟁을 지켜본 대다수 국민의 공통된 견해이다.

▶ KAL 858기 공중 폭발(1987, 폭파범 김현희는 대선 전날 서울로 압송됨) ▶ 13대 대선에서 반군부 세력 분열과 지역주의 투표로 노태우 후보 당선(1987)

베를린장벽 붕괴… 냉전이 무너지고 있다

전 유럽을 두 진영으로 가른 지 28년 만에… 독일 통일 초읽기

브란덴부르크문 앞에 모여 냉전의 상징인 베를린장벽이 무너지는 모습을 환호하며 지켜보는 수많은 사람들. 냉전의 또 다른 상징인 한반도의 휴전선은 언제쯤 무너질까.

【1989년 11월 9일 밤, 베를린】 냉전의 시대가 저물고 있다. 지금 독일 베를린 브란덴부르크광장에는 콘크리트 장벽을 부수는 망치 소리와 시민들의 환희에 찬 함성 소리가 울려 퍼지고 있다. 동독과 서독, 사회주의와 자본주의의 사이를 가로질렀던 냉전의 상징인 베를린장벽이 무너지고 있다.

베를린장벽은 1961년 동독 정부가 서독으로 탈출하는 동독인들을 저지하기 위해 쌓아올린 것. 최고 높이 약 5미터, 전체 길이 약 165킬로미터에 달하는 이 장벽을 넘다 희생된 사람들의 수가 191명에 이른다. 고르바초프 서기장 등장 이후 소련에서 시작된 동유럽 사회주의권 변화의 물결은 헝가리·폴란드·체코슬로바키아 등을 휩쓸고 마침내 자본주의 세계와 바로 맞닿은 이곳 베를린에까지 밀려왔다.

이번 사태의 직접적인 계기는 지난 9월 헝가리 정부가 동독 난민과 관광객 수만 명의 서독 행을 허용한 데서 비롯됐다. 이후 동독인들의 탈출은 걷잡을 수 없이 늘어났고, 국내에서도

일당 독재, 정치적 억압, 경제적 곤란에 항의하는 대규모 시위가 계속됐다. 하지만 동독 정부는 시민들의 요구에 호응하기보다는 기존 질서의 고수에 더 많은 힘을 쏟았고, 그 결과는 호네커 서기장 퇴진과 기존 체제의 마지막 보루이던 베를린장벽의 붕괴였다.

한쪽에서는 이러한 변화가 사회주의에 대한 자본주의의 완전한 승리를 뜻한다고 선언하고 있다. 하지만 다른 한쪽에서는 동독인들이 진정으로 원하는 것은 자본주의가 아니라 더 인간적인 사회주의일 뿐이라고 말하고 있다. 오늘의 격변을 넘어 독일의 역사가, 그리고 20세기의 마지막 10년을 앞둔 세계의 역사가 어떤 방향으로 나아갈 것인지 예단하기는 어렵지만, 분단의 장벽을 부숴버린 독일인들의 감격은 아직도 냉전의 시대를 살고 있는 한국 등의 분단국에 전하는 바가 더욱 클 것으로 보인다.

동유럽은 동유럽이고 중국은 중국 인민해방군, 톈안먼 시위대 무력 진압

【1989년 6월 4일, 베이징】 사회주의 국가 가운데 가장 먼저 개혁 개방을 시작한 중국. 그러나 체제 변화에 관한 중국의 선택은 '절대 불가'였다.

두 달 가까이 톈안먼광장에 모여 정치 개혁과 자유화를 요구하던 학생과 시민들(사진)이 오늘 새벽 중국 인민해방군에 의해 유혈 진압됐다. 중국 당국이 공식 발표한 사망자 수는 학생 23명을 포함해 300명이지만, 이는 축소된 수치라는 의혹이 파다하다.

이번 시위는 정치 자유화를 추구했던 후야오방 전 총서기가 사망하자 학생들이 톈안먼에 모여 그를 애도하면

서 시작됐다. 공산당 기관지 『런민르바오』는 시위를 '동란'으로 규정하고 무력 진압을 경고했으며, 자오쯔양(70) 총서기는 고르바초프(58) 소련 서기장의 중국 방문에 맞춰 시위대에 동조했다가 덩샤오핑(85) 등 지도부에 의해 권력에서 밀려났다. 고르바초프와 함께 들어왔던 외신 기자들이 보는 앞에서 중국 정부가 유혈 진압을 감행할 수밖에 없었던 것은 권력 핵심부의 동요와 분열에 따른 위기의식 때문이었던 것으로 보인다.

덩샤오핑은 개혁 개방을 이어가는 동시에 공산당 체제를 유지해 나갈 후

계자로 이번 사태가 진행되는 동안 흔들리지 않고 당을 지지한 장쩌민(63) 상하이 당서기를 점찍은 것으로 알려졌다. 이번 사건 이전에 덩샤오핑의 후계자로 거론되던 인물은 후야오방과 자오쯔양이었다.

▶ 아라파트 PLO 의장, 팔레스타인 독립 선언(1988)   ▶ 미국·소련, 냉전 종식 선언(1989년 12월)   ▶ 동유럽 공산 정권, 잇단 붕괴(1989)

군부독재의 수뇌, 역사의 법정에 서다

5공 청문회 출석… 광주 학살 책임 등 의혹 부인

【 1989년 12월 31일, 서울】 강원도 백담사에 '유폐' 중이던 전두환 전 대통령이 국회 5공·광주 특위 연석회의에 증인으로 출석, 125개 항목에 걸친 의원들의 서면 질문에 관해 증언했다. 오전 10시 7분에 증인 선서를 낭독한 전 전 대통령은 "국민과 역사 앞에 깊은 죄책감을 느끼고 있다."라고 사과했다. 5공화국 비리와 광주 학살의 총책임자가 국민 앞에 사과하며 과거 청산의 길을 여는 순간이었다.

그러나 이어지는 각종 의혹에 대한 전 전 대통령의 증언은 서두의 총론적 사과와는 전혀 달랐다. 그는 광주민주화운동 당시 자신은 이에 관여할 위치에 있지 않았으며 자신과 계엄사령부 상급 사령부는 시민을 상대로 한 무력 진압에 대해서도 신중론을 폈다고 증언했다. 또한 12·12사태와 5·17 비상계엄 확대 조치는 권력 장악을 위한 쿠데타가 아니었으며, 광주민주화운동이 특정한 의도에 의해 촉발됐다는 주장은 전적으로 오해라고 주장했다.

5공화국 비리와 관련해서는 부실기

진실을 밝히라는 거센 국민적 요구에 밀려 국회에 선 전두환 전 대통령이 발뺌으로 일관하자, 이철용 의원(평민당)이 단상에 올라가 증인을 꾸짖고 있다.

업 정리, 공직자 정화 조치, 언론사 통폐합 및 언론인 해직, 삼청교육, 친인척 비리에 대해 일부 책임을 시인하면서도 "개인적인 사심이 국가 정책 결정에 영향을 주지 않았다"면서 큰 틀에서는 잘하려다 빚어진 실수라는 식으로 얼버무렸다. 일해재단 기금 모금, 국제그룹 해체 등을 통한 자금 수수를 강력히 부인하면서 1987년 대통령 선거 때 정치인들에게 정치자금을 준 의혹에 대해서는 집권 민정당에만 소액의 자금을 제공했다는 말로 핵심을 비껴갔다. 전 전 대통령은 특히 이 부분에서 "이 문제는 입을 열게 됨으로써 과거 청산의 마무리가 아니라, 청산의 새로운 시작이 되는 등 정치 불신만 심화시킬 우려가 높다."라면서 그에게 대선 자금을 받았다는 의혹

으로부터 자유롭지 않은 야당을 겨냥한 듯한 말을 하기도 했다.

증언을 듣던 야당 의원들은 수시로 전 전 대통령의 발언 태도와 발뺌 위주의 내용 없는 증언에 대해 질타하고 문제 제기를 했으며, 증인이 광주 발포에 대해 '자위권 발동'이라는 말을 꺼내자 정상용·이철용 의원(평민당)은 소리치며 뛰어나갔고 노무현 의원(민주당)은 명패를 집어던졌다. 이런 소란 속에 몇 차례의 정회를 거듭한 증언은 자정을 넘기면서 자동 종료됐고, 전 전 대통령은 국회를 떠났다. 텔레비전을 통해 청문회를 지켜보던 국민들은 대체로 "전직 대통령이 증언대에 섰다는 상징적인 의미 외에는 새로 밝혀진 사실이 없다."라며 실망감을 감추지 않았다. "차라리 청문회를 하지 않는 것이 나을 뻔했다."라는 반응부터 "다소 문제는 있었지만 증언 절차가 마무리됐으므로 이제 경제 회생에 신경 쓸 때다."라는 반응까지 다양한 가운데 1980년대의 마지막 날은 깨끗한 청산 없이 막을 내렸다.

선생님들의 노동조합 서다   "참교육 위해"… 정부, 대량 해직으로 맞서

【 1989년 9월 】 "교사도 노동자다." 라고 주장하는 선생님들이 대거 학교에서 쫓겨나고 있다. 지난 5월 14일 전국 10개 지역에서 1만 8,000명의 교사가 전국교직원노동조합(전교조)의 설립을 발기하자, 교원 노조의 합법화를 거부한 노태우 정부는 즉각 대응에 나섰다. 5월 28일 연세대학교에서 전교조 결성 대회가 열리기도 전에 김지철(38) 충남교사협의회 의장을 구속하고, 결성 이후 민주당사에서 농성을 벌인 윤영규(53) 전교조 위원장 등 지도부 5명도 구속했다. 정부는 7월 1일 전교조 가입 교사를 전원 파면하겠다

는 방침을 밝힌 뒤 9월 초까지 1,519명의 교사를 파면하거나 해임하는 초강경 대응을 계속해 왔다. 이에 대해 '전국노동운동연합' 등 29개 사회단체가 전교조 지지에 나서고, '민주화교수협의회'가 전교조에 가입했다. '참교육을 위한 전국 학부모회'가 결성되고, 학생들까지 해직 교사의 복직과 학원 민주화를 요구하는 시위에 나서면서 전교조는 민주화와 노동 운동의 화두로 떠오르고 있다. 한편 교사들의 노조 설립은 1960년에 만들어진 한국교원노동조합이 5·16으로 와해된 이래 28년 만의 일이다.

"선생님을 돌려달라." 1989년 7월 13일, 서울 자양고 학생 500여 명이 점심시간에 운동장에 모여 전교조 관련 교사들에 대한 징계 방침에 항의하는 농성을 벌였다.

▶ 전두환 일가, 비리 혐의로 줄줄이 구속(동생 전경환, 형 전기환, 사촌동생 전우환, 처남 이창석) ▶ 노태우 정부, 헝가리와 수교하며 북방외교 시동(1989)

사 설

이 아름다운 국민에게 경배를

안 되는 줄 알았다. 자유당 독재를 몰아내자마자 군사쿠데타가 일어나고, 유신 정권이 몰락하자마자 신군부가 들어서고……. 그것이 한국이라는 나라의 운명이려니 했다. 그래서 한국에서 민주주의를 기대하는 것은 쓰레기통에서 장미꽃이 피기를 기다리는 것과 같다느니, 한국인의 국민성은 들쥐와 같다느니 하는 모욕도 감수해야 했다.

그러나 그것은 외국의 생각이고, 독재 정권의 생각이고, 저항하다 지친 개별 국민의 생각이었다. 전체로서 한국 국민은 지칠 줄도 모르고 포기할 줄도 몰랐다. 그토록 강고했던 독재 체제와 전경과 최루탄의 위력이 국민 앞에서 일순간에 무기력해졌다. '언제 우리한테 이런 힘이 숨어 있었지?' 하고 국민 한 사람 한 사람은 속으로 놀랐을 것이다. 그러나 국민 대중은 이미 자신의 힘을 알고 있었다. 독재자의 항복을 받아낸 6월의 함성은 그러한 국민의 저력을 유감없이 드러냈다. 이번에 자신의 힘을 확인한 국민은 다시는 좌절하지 않을 것이다. 민주 세력의 분열로 군부 세력은 정권을 연장하게 되었지만, 과거처럼 국민을 무시하고는 무사할 수 없을 것이다.

우리 앞에는 민주화의 완성, 계층 갈등과 지역 갈등의 해소 등 많은 시련이 남아 있다. 그것은 국민 내부의 대립과 조정을 반복해야 하는 지난한 과정이 될 것이다. 그러나 그 문제의 해결을 위한 기반을 다졌고, 그 기반이 허물어질 양이면 언제든 슈퍼맨처럼 나타날 우리 국민을 향해 오늘만큼은 무한한 경배를 올리고 싶다.

그곳에도 사람이 살고 있었네

동향 잇따른 방북 바람

반공 교육을 받아온 한국 사람들은 북한에 머리에 뿔난 도깨비들이 산다고 믿었다. 최소한 우리가 상식적으로 알고 있는 사람과는 다른 존재들이 산다고 생각하면서 막연한 두려움과 이질감을 느껴온 것이 사실이다. 그런데 1989년 3월 북한을 방문한 작가 황석영은 '사람이 살고 있었네'라는 소감을 전해왔다.

분단된 지 40여 년, 전쟁까지 치르고 원수가 된 북한은 특수 임무자가 아니면 가 볼 엄두를 내지 못하던 금단의 땅이었다. 그런데 1989년 들어 전 국민의 해외여행이 자유화된 덕일까, 부적 해외를 통해 북한으로 들어가는 민간인이 늘어나고 있다. 그들은 정주영 현대그룹 명예회장, 문익환 목사, 황석영 작가, 서경원 평민당 의원, 임수경 외국어대 학생, 문규현 신부 등으로 직업과 성향도 다양하다.

이들은 모두 북한에서 환영을 받았지만 무사히 한국으로 돌아온 사람은 정주영 회장뿐이다. 황석영씨는 귀국하지 못한 채 해

외에서 떠돌고 있으며 다른 사람들은 귀국 즉시 체포돼 국가보안법으로 엄벌을 받았다. 당사자들이 고초를 치르는 데서 그치지 않고 문익환 목사가 고문으로 있는 전국민족민주운동연합 조국통일위원회 이재오 위원장, 고은 시인, 평민당의 김대중 총재, 임수경이 소속된 전국대학생대표자협의회 임종석 의장 등이 사법처리의 대상이 되었다. 이들 민간인의 방북은 북한과 교류를 활성화하고 통일을 앞당긴다는 취지에서는 똑같았다. 그런데도 정주영 회장은 정부와 교감 아래 북한에 대한 한국 기업의 투자와 진출을 모색하는 차원이라서 무사했던 반면, 다른 이들은 현 정부와 대립하는 정당이나 사회단체 소속이라는 점 때문에 도리어 공안 정국을 부르고 남북 관계를 얼어붙게 만드는 요인이 됐다. 남북 교류에도 위아래가 있고 좌우가 있다는 것일까? 그러나 일시적인 냉각에도 불구하고 잇따른 방북은 북한도 '사람 사는 곳'이라는 평범한 사실을 일깨워주면서 민간 주도의 통일에 한 걸음 더 다가가는 밑거름이 될 것이라는 게 각계의 공통된 전망이다.

평양 세계청년학생축전에 참가한 임수경이 북한 청소년들과 함께 춤을 추고 있다. 임수경은 한 달 동안 평양에 머문 뒤 마중 나온 문규현 신부와 함께 판문점을 통해 남측으로 걸어 들어왔다.

기/고/

어느 버마 민주화 운동가가 한국 시민들에게

뜨거웠던 1988년이 저물어간다. 올해 우리 버마인들은 26년 군부 독재를 끝내고자 거리로 나섰다. 8월 8일 시작된 시위는 여름 내내 계속됐다. 학생, 승려, 노동자는 물론 일부 군인까지 시위에 참가했다. 다양한 계층이 함께한 한국의 6월항쟁과 닮은 꼴이었다.

버마는 1948년 독립 후 민주공화국으로 존립해 왔으며, 줄곧 동남아시아에서 가장 부유한 국가였

다. 그러나 1962년 네윈 장군의 쿠데타 후 세계에서 가장 가난한 나라 중 하나가 됐다. 한때 세계 제1의 쌀 수출국이었으나, 이젠 쌀이 부족한 나라로 전락했을 정도다. 시민들은 "다른 국가의 노예 신세에서 해방됐으나 군대의 노예가 됐다."라고 탄식했다.

8·8민주화운동으로 손에 잡힐 듯했던 민주주의는 안타깝게도 다시 멀어졌다. 독재자 네윈은 하야

했지만, 9월에 군부가 다시 쿠데타를 일으켰기 때문이다. 군부는 국호를 미얀마로 바꾸고, 2년 후 총선을 통해 민주주의 체제를 만들자며 시민들을 회유하고 있다.

그러나 우리는 엉큼한 속셈이 그대로 느껴지는 그런 거짓말에 속지 않을 것이다. 아무쪼록 우리와 마찬가지로 군부독재에 맞서 싸웠던 한국인들이 힘이 돼 줬으면 한다.

▶ 13대 총선에서 여소야대 국회 구성(1988) ▶ 2차 사법 파동(1988) ▶ 여성이 대다수인 '전화교환원의 정년은 43세'라는 남녀 차별 규정에 대해 위헌 판결(1988)

충격! 검·은·월·요·일
대공황 이래 미국 주식 최대 폭락

'검은 월요일' 다음날(1987년 10월 20일), 그 전날의 충격에서 아직 벗어나지 못한 미국 뉴욕 주식시장의 중개인과 투자자들이 초조한 표정으로 개장을 기다리고 있다.

【1987년, 뉴욕】 누구도 예상하지 못한 추락이었다. 10월 19일 월요일, 미국 뉴욕 주식시장에서는 개장부터 팔자 주문이 봇물 터지듯 쏟아졌고, 결국 하루 만에 다우지수는 무려 508포인트, 전일 대비로는 22.6퍼센트나 폭락했다. 주가 총액 기준으로 자그마치 5,600억 달러가 허공 속으로 사라져버린 셈이었다. 대공황이 시작되었던 1929년 10월 29일의 폭락치가 12.6퍼센트였으니, 이번 폭락은 역사상 최악의 수준이라고 할 수 있다.

주식시장 관계자들은 망연자실한 채 끝없이 떨어지는 전광판의 주식시세만을 바라보고 있다. 심지어 많은 전문가들조차 현재 상황에 대해 그럴듯한 원인이나 해법을 내놓지 못하고 있는 형편이다. 경제는 여전히 멀쩡하게 돌아가고 있고, 직전까지만 해도 주식시장에서는 지나칠 만큼 활발한 상승 국면이 지속되고 있었기 때문이다.

하지만 일각에서는 장기적이고 폭발적인 주가 상승 그 자체가 파국의 핵심 원인이라는 주장이 제기되고 있다. 다우지수가 지난 1년간 40퍼센트 이상 급등함에 따라 '대박'을 노린 사람들이 앞 다투어 주식시장에 몰려들면서 '거품'이 끓어올랐고, 어느 순간 주식 시세가 떨어지기 시작하자 모두 공포에 질려 한꺼번에 시장을 빠져나가는 이른바 '버블 붕괴'가 초래됐다는 것. 실제로 파국 직전 주의 금요일에 다우 지수가 109포인트(4.9퍼센트) 하락했는데, 이는 다음 월요일 뉴욕보다 먼저 열린 도쿄, 홍콩, 런던 등의 주식 시장에 폭락을 불러왔고, 다시 뉴욕 증시의 대폭락으로 이어졌다.

특히 주가가 오르면 자동적으로 주식을 사들이고 주가가 떨어지면 주식을 곧바로 팔아버리는 프로그램 매매(자동 주식 거래) 방식이 사태의 직접적인 원인으로 지적되고 있다. 이에 따라, 이러한 주식시장의 무정부성에서 비롯된 극단적인 오르내림을 제어할 장치가 마련돼야 한다는 목소리가 곳곳에서 나오고 있다.

"단군 이래 최대 호황"
저유가·저금리·저달러 3저 호황

【1989년】 한국 경제가 호황을 누리고 있다. 1986년부터 달러 가치, 국제금리, 유가가 동시에 하락하면서 ('3저') 대외 경제 여건이 매우 유리해졌기 때문이다. 1985년에 이뤄진 플라자합의 결과, 달러 가치와 국제금리가 하락하고 이와 맞물려 엔화 가치가 상승하면서(엔고) 일본 제품보다 값싼 한국 제품의 경쟁력이 높아진 것. 1979년 2차 석유 위기 이후 급등했던 유가도 대폭 하락해(1986년의 경우 1985년의 절반 수준), 물가도 안정 추세다.

'3저 호황'에 힘입어 1986년 사상 최초로 무역수지 흑자를 기록한 이래 4년 연속 흑자다. 연평균 경제성장률도 연이어 두 자릿수를 기록하고 있다. "단군 이래 최대 호황"이라는 다소 과장 섞인 말까지 나오고 있고, 고소득층과 이른바 '중산층'에서는 소비 붐도 일고 있다.

그러나 저임금 노동자들에게는 호황의 혜택이 아직 충분히 미치지 않고 있다. 1987년 '노동자 대투쟁' 이후 임금이 오르는 추세이긴 하지만, 그 이전 시기에 워낙 낮은 수준이었던 데다 세계에서 손꼽히는 장시간 노동 체제임을 감안해야 한다는 지적이다.

그놈의 집이 뭐기에…
전세 폭등, 벼랑 끝 서민 잇따른 자살

【1989년】 집 없는 서민들이 목숨을 끊는 참극이 이어지고 있다. 치솟는 전세값 때문이다. 지난 3년 동안 전국 도시 지역의 주택 매매가는 평균 47.3퍼센트 오른 데 비해, 전세 값은 82.2퍼센트나 올랐다. 전세 폭등을 감당하지 못해 지하셋방, 달동네 등으로 밀려나는 세입자들이 부지기수지만, 재개발 바람으로 달동네가 중산층 주거지역으로 변모하고 있어 옮길 곳을 찾기도 쉽지 않은 상황이다. 정부가 지난 4월 '200만 호 건설 계획'을 발표했지만, 내 집 마련은 고사하고 오른 집세도 감당하기 힘든 이들에겐 먼 이야기다.

전세 폭등은 서울올림픽 무렵부터 계속된 부동산 투기 열풍 때문이다. 시중에 넘치는 자금이 부동산으로 몰려들고 있는 것. 재벌들이 투기에 앞장서면서 문제가 더 심각해졌다.

철거를 앞둔 사당2동 재개발 지구에서 한 세입자가 쪼그리고 앉아 걱정하고 있다(1989년).

▶ 한국, 최저임금제 시행(1988) ▶ 농촌 경제 파탄으로 결혼할 수 없어 비관 자살하는 농촌 총각 증가

프레온, 지구 미래를 위해 사라져 줘

몬트리올의정서 체결… 오존층 파괴 주범 프레온 사용 규제 합의

【1987년, 캐나다】 세계 각국이 9월 16일 몬트리올에 모여 성층권의 오존층을 파괴하는 CFCs(프레온) 등의 화학 물질을 사용하지 못하도록 규제하는 '몬트리올의정서'를 체결했다. 지난 1974년 냉장고, 에어컨 등의 냉매로 널리 쓰이는 프레온이 오존층을 파괴하는 물질이라는 경고가 나온 지 10년이 넘어서야 이 물질의 사용을 규제하려는 노력이 시작된 것이다.

오는 1989년 1월부터 발효되는 몬트리올의정서는 프레온의 생산과 소비를 1986년 수준으로 동결하고, 1999년까지 생산량을 절반으로 줄일 것을 규정했다. 다만 중국과 인도 같은 후발 산업국에 대해서는 이 규정을 적용하는 데 10년 간의 유예 기간을 둬, 정해진 기간 동안 오존층을 파괴하는 화학 물질을 계속 사용할 수 있도록 했다.

이렇게 세계 각국이 몬트리올의정서를 체결하는 데는 1980년대 들어서 쌓여온 오존층 파괴 사실을 보여주는 증거가 한몫했다. 특히 1985년 남극을 탐사하던 영국의 과학자들은 겨울에서 봄으로 넘어가는 기간 동안 남극 상공에 거대한 '오존 구멍(ozone hole)'이 생긴다는 사실을 밝혀냈다. 과학자들은 이 구멍이 프레온에서 유래하는 염소 원자 탓이라 여겼다.

뒤이어 이런 과학자의 이론을 지지하는 결정적인 증거가 나왔다. 미국 항공우주국(NASA)은 성층권까지 비행할 수 있는 비행기(ER-2)의 관측 결과를 토대로 하여 오존의 농도가 가장 낮은 곳에서 염소 원자가 높은 수준으로 분포한다는 결과를 얻어냈다. 이런 증거 앞에서 듀퐁과 같은 화학 기업마저도 프레온이 오존층 파괴 원인이라는 사실을 부인할 수 없게 되었다.

이번 몬트리올의정서는 전 세계 공통의 환경 문제를 놓고 세계 각국이 공동으로 대응한 첫 사례다.

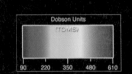
Dobson Units
(TOMS)

90　220　350　480　610

NASA에서 촬영한 남극 상공의 오존 구멍. 파란색이 점점 질어지고 그 범위가 넓어지는 것은 이 구멍이 커진다는 증거다. 이곳의 오존량은 8년 전의 약 5분의 1로 줄었다.

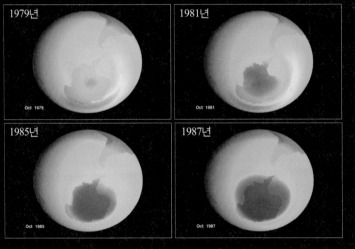
1979년　Oct 1979　　1981년　Oct 1981
1985년　Oct 1985　　1987년　Oct 1987

최악의 기름 유출 사고… 알래스카에 유조선 침몰

【1989년, 미국】 지난 3월 24일 유조선 엑손발데즈호가 알래스카 프린스윌리엄해협에서 다가오는 빙산을 피하다 암초에 좌초했다. 좌초한 배의 11개 기름 탱크 가운데 8개가 파손돼, 검은 기름이 새어나오기 시작했다. 사고 발생 예닐곱 시간 만에 짙푸른 바다는 검은 기름으로 뒤덮였다.

이날 사고로 유출된 4만 1,000여 톤의 기름은 해류를 따라 750킬로미터를 흘러갔고 1,120킬로미터의 해안을 휩쓸었다. 해안에 잠시 내린 새들은 검은 기름을 뒤집어쓰고 죽어갔다.

이렇게 죽은 바닷새는 25만~50만 마리에 달할 것으로 추정된다.

이 미국 역사상 최악의 환경 재앙이 완전히 수습되는 데 얼마나 많은 시간이 걸릴지는 전문가마다 예측이 엇갈린다. 바다와 해안의 기름을 제거하는 데만 여러 해가 걸리는 데다, 녹아내린 기름이 제거되는 데는 더 많은 시간이 걸릴 것이 불을 보듯 뻔하다. 한편 기름 제거 작업 과정에서 발생하는 환경 파괴가 더 심각하다는 지적도 나오고 있다.

엑손발데즈호에서 유출된 검은 기름을 온몸에 뒤집어쓴 바닷새. 이번 사고는 미국 역사상 최악의 환경 재앙이다.

남극 세종기지 완공

【1988년, 남극】 2월 17일 남극 세종과학기지가 완성됐다. 세종과학기지를 건설하고자 국내에서 약 200명이 발전기, 굴착기 등을 싣고 가 두 달간 공사를 진행했다. 세종과학기지가 들어선 킹조지섬은 남극 북쪽 사우스셰틀랜드제도에서 가장 큰 섬으로 이미 칠레, 중국 등 7개국 기지가 들어서 있다.

1961년 체결된 남극조약은 어느 나라의 영유권도 인정하지 않지만 과학 연구 등을 위한 기지 건설은 허락하고 있다. 한국은 1986년 서른세 번째로 남극조약에 가입한 지 2년 만에 과학 기지를 갖게 되었다. 이곳에서는 약 20명이 6개월 주기로 머무르며 과학 연구 등을 진행할 예정이다.

▶ 환경과 개발에 관한 세계 위원회, '우리 공동의 미래' 보고서에서 '지속 가능한 개발' 개념 제시(1987)　▶ 이언 셸턴, 마젤란 성운에서 초신성 관측(1987)

앞에서는 풀고, 뒤에서는 재갈 물리고

문화 동향 창작의 숨통 여는 해금 조치 잇따라… 공안 망령은 여전

【1989년】 군부정권의 자의적인 검열 아래 신음하던 문화 영역에도 1987년 이후 자유화의 신선한 바람이 불고 있다. 근래 문화 생산자들에게는 거리낄 것 없는 창작의 자유를, 그 향유자들에게는 풍성한 감상의 기쁨을 가져다 준 일련의 해금 조치들은 6월민주항쟁의 값진 성과라고 할 수 있다.

자유화 바람의 상징은 금지 해제 (해금). 1987년 8월 문화공보부는 금지 가요 186곡에 대한 해금을 단행했다. 이전에 군사정권은 '퇴폐적 가사', '저속한 창법', '불신감 조장' 같은 터무니없는 이유를 들어 이 노래들을 부르거나 듣는 것을 가로막아 왔다. 186곡에는 양희은의 〈아침이슬〉, 이미자의 〈동백아가씨〉, 김추자의 〈거짓말이야〉, 신중현의 〈미인〉 등 주옥같은 국민 애창곡들이 다수 포함돼 있었다. 이어 9월에는 방송 금지곡 500여 곡에 대한 해금도 뒤따랐다.

같은 해 10월에는 자유로운 학문 연구와 저술 활동의 전제 조건인 출판업 자유화 조치가 이뤄졌다. 이전까지는 출판사를 설립하려면 사실상의 허가 절차를 거쳐야 했으나, 이제는 누구나 신고만으로 출판 활동을 할 수 있게 된 것이다. 덕분에 1986년 말 2,600여 개

〈오! 꿈의 나라〉, 신중현, 〈동백아가씨〉, 김추자, 이미자(왼쪽부터)

에 불과하던 출판사는 1989년 말 현재 무려 5,000개 이상으로 대폭 늘었다. 그리고 이러한 출판사들을 통해 다양한 분야의 인문사회과학 서적들이 앞 다퉈 출간되고 있다.

1988년 7월에는 이른바 '월북 작가' 120여 명의 해방 이전 작품들에 대한 출간이 허용됐다. 한국 문학의 중요한 한 축을 이루고 있었으나 오래도록 그 존재조차 부정됐던 이태준, 정지용, 백석, 김기림 등 훌륭한 작가들의 작품을

자유롭게 감상하고 향유할 수 있는 길이 열린 것이다. 이러한 분위기 속에서 분단, 빨치산, 노동 현실 등 금기로 여겨지던 소재를 다룬 창작물도 봇물 터지듯이 쏟아져 나오고 있다.

하지만 일각에서는 시대 변화에 역행하려는 억지스런 몸부림도 끊이지 않고 있다. 근래 『자본론』을 번역 출간했다는 이유로 해당 출판사의 대표가 구속되는가 하면, 광주민주화운동을 다룬 독립 영화 〈오, 꿈의 나라〉의 제작자가 당국에 의해 고발된 것에서

도 이는 잘 드러난다. 자의적 적용으로 물의를 일으켜 온 국가보안법과 시대착오적인 공안기관의 합작품인 셈이다. 제아무리 표현의 자유가 대세인 시대라 하더라도 수십 년 동안 거듭된 재탕으로 식상하기 그지없는 '국가보안법과 공안기관의 합작품'은 이제 그만 좀 봤으면 좋겠다는 푸념 섞인 바람이 곳곳에서 나오고 있다. 한 번 자유의 맛을 본 사람들은 더 이상 부자유를 용납하지 못하며, 역사의 흐름은 쉽게 되돌릴 수 없다는 것이 이들의 공통된 생각이다.

민주화는 한판의 승부가 아닙니다 세계 첫 '국민주 언론' 『한겨레신문』 창간

【1988년 5월 15일】 국민 모금만으로 창간 자금을 마련한다고 해서 화제가 됐던 『한겨레신문』(대표 송건호)이 나왔다. 산파는 1975년 『동아일보』와 『조선일보』 자유 언론 수호 투쟁 당시 해직된 기자들과 1980년 정부의 언론 통폐합 조치로 강제 해직된 기자들. 이들을 중심으로 한 '새언론 창설연구위원회'는 지난해 11월 3,342명의 창간 발기인을 발표하고 모금에 들어가 올

2월까지 2만 7,223명으로부터 50억 원의 기금을 모았다. 1월에 실시된 신입 기자 시험에는 33명 모집에 8,000명 넘게 지원했고, 경력사원 모집에는 월급이 절반 이상 깎이는 것을 감수하고 젊은 기자 48명이 합류했다. 고물 윤전기로 찍어낸 창간호의 발행 부수는 50만 부. 한글만 쓰고 가로쓰기를 한 점도 획기적이다. 세계 언론사에서 정당이나 노동단체의 기관지로 출발

해 국민적 언론으로 성장한 신문은 있었지만, 처음부터 일반 국민을 주주로 삼아 창간한 것은 『한겨레신문』이 처음이라고 한다. 일각에서는 지난 4월 총선 이전에 창간되지 못한 것을 아쉬워하기도 하지만, '민주화는 한판의 승부가 아닙니다'라는 제목의 모금 공고처럼 지속적인 민주화를 위해 주인 국민에게 봉사하는 정론지로 자리 잡기를 바라는 목소리가 높다.

1988년 5월 14일 『한겨레신문』의 창간호가 발행되자 리영희, 성유보, 김종철, 조성숙씨 등 창간 주역들이 윤전기 앞에서 신문을 치켜들고 기쁨을 나누고 있다.

▶ 『한국민중사』 사건(1987) ▶ 영화인들, 미국 영화 직배 반대 시위(1988) ▶ 민중미술가 홍성담·신학철 화백, 국가보안법 위반 혐의로 구속 논란(1989)

타이완, 38년 만에 계엄 해제

【1987년】 타이완에 민주화 훈풍이 불고 있다. 민주화 요구에 밀린 국민당 정권이 계엄을 해제한 것이 계기다. 국민당은 중국공산당에게 패배해 타이완으로 쫓겨 온 1949년 계엄을 발령한 후, 38년 동안 1당 독재의 철권통치를 해왔다. 그 기간 동안 집회와 시위는 금지됐고 언론도 통제됐다. 이러한 제한 조치가 풀리면서, 타이완에서는 민주화와 더불어 2·28사건(40년 전 국민당 군대가 타이완인을 학살한 사건, 관련 기사 1호 8면) 진상 규명 움직임이 활발하다. 또한 공산당이 지배하는 중국과 교류 및 접촉을 금지했던 조치도 단계적으로 해제돼 타이완 기업들의 중국 투자도 빠르게 늘 전망이다.

이스라엘 물러가라!

【1987년】 팔레스타인에서 반(反)이스라엘 봉기가 일어났다. 이스라엘군에 점령된 가자지구의 난민수용소에서 팔레스타인인 4명이 12월 이스라엘군 지프차에 치여 사망한 사건이 직접적인 계기다. 그렇지만, 봉기의 근원에는 2차 세계대전 이후 팔레스타인인을 힘으로 내쫓고 그 땅을 차지한 이스라엘에 대한 누적된 적대감이 놓여 있다. 현재 '인티파다(봉기)'에 나선 팔레스타인인들은 맨손과 돌멩이로 이스라엘군의 탱크와 장갑차에 맞서고 있다. 이스라엘 점령지 내에서 처음으로 일어난 대중적 저항운동인 인티파다는 세계의 이목을 끌고 있다.

소련 물러간 아프간, 내전

【1989년】 소련군이 아프가니스탄에서 완전히 철수했다. 침공 10년 만이다. 그러나 미국의 지원을 받으며 소련에 맞섰던 이슬람 '무자혜딘' 반군이 사회주의 정부를 인정하지 않으면서 내전이 발발, 아프가니스탄은 다시 포연에 휩싸였다.

『악마의 시』, 이슬람 모독 파문

【1989년】 한 권의 책이 세계적인 파문을 일으키고 있다. 영국 작가 살만 루시디(42)가 지난해 출간한 『악마의 시』다. 이슬람의 창시자 무함마드를 모독했다는 혐의로, 이란 최고지도자 호메이니는 전 세계 이슬람교도들에게 루시디를 처형하라고 선포했다. 이에 영국 정부는 이란에 단교를 통보하고, 루시디를 보호하고 있다.

교외엔 내 차로, 여행은 해외로

【1989년】 자가용 승용차 보유자가 급속도로 늘고 있다. 1980년대 중반 이래 3저 호황이 계속되고, 이전보다 가격이 싼 국산차가 많이 출시되면서 자가용 승용차를 구입하는 중산층이 늘었기 때문이다. 이러한 '마이카(My car)'족이 늘면서, 휴일에 자기 차로 가족과 함께 교외로 나가는 풍경도 쉽게 볼 수 있다(사진). 또한 정부가 올해 해외여행을 자유화하면서 김포공항은 만원이다. 그동안 이런저런 제한 조치 때문에 한국 내에만 머물러야 했던 이들이 더 넓은 세상을 보고자 해외로 나가고 있기 때문이다.

"유전무죄 무전유죄"

【1988년】 10월 15일, 4명의 탈주범이 서울 시내 한 가정집에서 인질극을 벌였다(사진). 인질들이 무사히 구출되고 탈주범들이 모두 죽거나 잡히면서 사건은 마무리됐다. 그러나 주범 지강헌이 절규한 한마디는 오래도록 세간에서 회자되고 있다. "유전무죄(有錢無罪) 무전유죄(無錢有罪)", 즉 돈이 많으면 있던 죄도 없어지고 그렇지 않으면 없던 죄도 생긴다는 말이다. 인질극을 비판하면서도 이 말에 공감하는 시민이 적지 않다. 그동안 한국 사회에서 법 집행이 공평하지 않았다는 방증이다.

비전향 장기수 최초 출소

【1988년】 비전향 장기수 서준식(40)이 출소했다. 사상범으로 불리는 비전향 장기수가 살아서 쇠창살을 벗어난 것은 정부 수립 이래 처음 있는 일이다. 재일 한국인 2세로 '조국'을 찾아 한국으로 유학을 왔던 서씨는 1971년 형 서승과 함께 '유학생 간첩단 사건'의 주범으로 체포됐다.

'유학생 간첩단 사건'은 당시 대통령 선거를 앞두고 공안 당국에서 기획해 터트린 것이었다. 그후 7년을 만기 복역했지만, 서씨는 풀려나지 못했다. 인간으로서 자유롭게 생각할 권리를 포기하지 않겠다며 강제 전향을 거부했기 때문이다. 그로 인해 사회안전법에 의한 보호관찰처분을 받은 서씨는 10년 더 감옥에 갇혀 있어야 했다.

한국 사회에서 민주화가 진전된 결과, 17년 만에 석방된 서씨는 가난한 이들과 함께하며 글쓰기를 하겠다는 소박한 꿈을 밝혔다.

<table>
<tr><td colspan="2" align="center">부 고</td></tr>
<tr><td colspan="2">▶ 호메이니 (1900~1989) 이란의 종교가·정치가. 1979년 혁명을 성공시킨 후 최고지도자로서 이란을 통치했다.
▶ 달리 (1904~1989) 에스파냐 출신 초현실주의 화가. 대표작은 〈기억의 영속성〉.
▶ 기형도 (1960~1989) 시인. 대표작은 유고 시집 『입 속의 검은 잎』.</td></tr>
</table>

서울올림픽 이모저모

【1988년】 24회 서울올림픽이 성황리에 막을 내렸다. 1976년 몬트리올 올림픽 이후 12년 만에 동서 양 진영이 모두 참가한 대회였다. 한국전쟁의 폐허를 딛고 일어선 한국의 변화된 모습은 세계인을 놀라게 했다. 그러나 대회 준비를 위해 서울 시내 곳곳에서 진행된 강제 철거 등을 비판하는 목소리도 있다. 한편 52년 전 베를린올림픽에서 일장기를 달고 뛰어야 했던 손기정(76)이 개막식 성화를 들고 주경기장에 들어오며 감격하는 모습도 눈길을 끌었다.

서울올림픽에서 소련을 누르고 구기 사상 첫 금메달을 딴 여자핸드볼팀.

▶ 서머타임제 부활(1987) ▶ 올림픽 수영 사상 최초의 흑인 금메달리스트 탄생(1988년 수리남의 안소니 네스티) ▶ 한국 최초 휴대전화 등장(1988)

근현대사신문

현대 16호

주요 기사 **2면** | 걸프전 종결 (1991) **3면** | 김영삼, 14대 대선 승리 (1992) **4면** | 사설-역사의 종언? 아직 시작도 하지 않았다 **4면** | 동향-보스니아, 인종 청소 **5면** | 여성 인권 문제, 수면 위로 **6면** | 한국 최초 과학 위성 우리별 1호 발사 (1992) **7면** | 서태지와 아이들 1집 발매 (1992) **8면** | 탁구 코리아팀 세계선수권대회 우승 (1991)

냉전 종식, 그 후

베를린장벽이 무너진 직후인 1989년 12월 지중해의 몰타에서 부시와 고르바초프가 만났다. 이 회담에서 두 정상은 냉전 체제를 끝내고 새로운 세계 질서를 수립한다는 역사적 선언을 발표했다. 이때 고르바초프는 동유럽 각국의 변화에 개입하지는 않겠지만 독일 통일에는 반대한다고 밝혔다. 그러나 대세는 기울었다. 소련에서 시작된 페레스트로이카라는 부메랑은 동독을 비롯한 동유럽 사회주의 국가들을 차례로 무너뜨리고는 다시 소련을 향하고 있었다. 1990년 9월 고르바초프는 미국·영국·프랑스 등 2차 세계대전 전승국들과 만나 '대 독일 화해 조약'을 조인하고 독일 통일을 인정했다. 이어 11월에는 소련을 포함한 34개국이 유럽안보협력회의에 모여 "대결과 분열의 시대는 유럽에서 종말을 고했다."라고 선언하는 파리헌장에 서명했다. 소련의 안위도 장담할 수 없는 사태의 전개 속에 미국이 세계의 유일 초강대국으로 군림하는 시대가 오고 있었다.

사진 | 미국 뉴욕에서 펼쳐진 걸프전 전승 기념 퍼레이드(1991년 6월 10일)

역사상 첫 생중계 학살극, 걸프전 막 내려

미국, 쿠웨이트 침공한 이라크에 40여 일 동안 10만 회 폭격 퍼부어

【**1991년, 워싱턴-바그다드**】 역사상 가장 싱거웠으나, 가장 화려했던 전쟁이 끝났다.

전쟁은 지난해 8월 2일 이라크군이 쿠웨이트를 전격적으로 침공하면서 시작됐다. 후세인(54) 이라크 대통령은 쿠웨이트의 석유 과잉 생산으로 국제 유가가 떨어져 이라크 경제가 흔들리고 있으며, 더불어 쿠웨이트라는 나라는 영국 등의 자의적인 영토 분할에 의해 생겨난 괴뢰 국가에 불과하다고 주장했다. 이라크군은 단 하루 만에 쿠웨이트를 장악했다.

하지만 쿠웨이트의 석유 자원 및 그 전략적 위상에 깊은 이해관계를 갖고 있던 미국이 국제연합의 결의를 바탕으로 다국적군을 조직한 뒤, 이라크에 대한 경제 제재와 철군 압박에 나섰다. 후세인은 이를 받아들이지 않았고, 결국 올해 1월 17일 이라크에 대한 대규모 공중 폭격 즉 '사막의 폭풍' 작전이 시작됐다. 폭격은 이후 40여 일 동안 무려 10만 회가 넘게 지속됐다. 2월 24일 지상전이 개시됐지만, 승부를 가리는 데는 채 100시간도 걸리지 않았다. 이미 이라크에서는 사람과 건물 그리고 땅 위의 모든 것이 말그대로 초토화돼 있었기 때문이다.

1991년 쿠웨이트의 버르간 유전에서 이라크군의 탱크를 파괴한 미군.

이 전쟁이 그동안 벌어진 전쟁들과 확연히 다른 점은 전쟁의 모든 과정이 시엔엔(CNN) 등 방송 매체를 타고 전 세계 안방으로 전송됐다는 것이다. 수십억의 시청자들은 레이더에 잡히지 않는 스텔스 폭격기의 최첨단 성능에 눈이 휘둥그레지고, 수천 킬로미터 밖의 표적을 불바다로 만드는 토마호크 미사일의 위력에 전율했다.

하지만 텔레비전 브라운관에 그 폭격기와 미사일에 희생당한 사람들의 모습은 비치지 않았다. 전쟁 기간 동안 다국적군 사망자는 300여 명이었지만, 이라크군은 20만 명 이상이 희생됐다. 민간인 희생자의 수는 헤아릴 수 없을 지경이었다.

그 명분이 무엇이든 이는 사실상 약소국 민중에 대한 미국이라는 초강대국의 무자비한 학살이었다. 전문가들은 이 전쟁이 미국이 주도하는 세계의 우울한 미래를 보여준 상징적 사건이라며 깊이 우려하고 있다.

인류 최초 사회주의 국가 소련, 역사 속으로

【**1991년 12월 31일**】 인류 최초 사회주의 국가 소비에트연방(소련)이 결국 해체됐다. 소련을 구성했던 15개 공화국 중 11개국은 오늘 소련에서 탈퇴하고 러시아를 중심으로 한 독립국가연합을 결성했다(나머지 4개국은 독자 행보).

누적된 경제 문제 등으로 흔들리던 소련은 각 공화국이 연방으로부터 분리 독립하려는 움직임이 가속화하면서 해체에 이르렀다. 사회주의 이념이 제대로 구현되지 않고 경제 문제 해결에도 실패하면서 민족주의가 고개를 든 것. 고르바초프(60) 소련 대통령은 개별 공화국의 권한 강화 등을 추진했지만 해체를 막지 못했다.

지난 8월, 고르바초프의 노선에 동의하지 않는 공산당 내 일부 세력이 이 같은 흐름에 반기를 들고 쿠데타를 일으켰으나, 엘친(60) 러시아 대통령 등 전면적 자본주의를 추진하는 세력에게 진압당했다. 휴가 중 쿠데타 소식을 들은 고르바초프는 모스크바로 돌아가 소련을 유지하겠다는 뜻을 밝혔지만, 엘친은 독립국가연합을 추진하면서 고르바초프마저 퇴진시켰다. 현지 소식통은 시민들이 과거 회귀에 반대하는 것은 맞지만 자본주의 전면 도입을 바라는지는 의문이라고 전했다.

▶ 일본, 걸프전에 수송기 보낸 데(1991) 이어 캄보디아에 육상자위대 파견하며 해외 활동 본격화(1992)

'변신 합체' 민자당, 민주 세력 누르고 정권 연장

김영삼, 14대 대선 승리… 원동력은 정계 개편 통한 3당 합당

【1992년 12월 18일】 20여 년 동안 경쟁과 협력을 반복하던 김영삼(65)과 김대중(68)이 14대 대통령 선거에서 맞붙어 41.4퍼센트의 득표율을 기록한 김영삼이 이겼다. 그의 당선으로 1987년 민주 세력의 분열로 실패했던 민주 정권의 수립은 또 한 번 좌절된 것으로 평가되고 있다.

김영삼을 후보로 내세운 민주자유당(민자당)은 1990년 1월 22일 민정당의 노태우 대통령, 통일민주당의 김영삼 총재, 신민주공화당의 김종필 총재가 3당 합당을 선언(사진)함으로써 탄생한 거대 보수여당이다. 민정당은 1988년 13대 국회의원 총선으로 형성된 여소야대 정국을 벗어나기 위해 일본의 자민당과 같은 강력한 보수 연합을 목표로 국민의 의사와 어긋나는 '위로부터 정계 개편'을 추구했다. 평민당에 이은 제2야당의 총재로 입지가 축소돼 있던 김영삼은 민정당의 제의에 호응하는 정치적 승부수를 띄웠으며, 민자당 대표에 올라 30년 민주화 투쟁의 이력에 극적인 마침표를 찍었다.

민자당은 이후 기존의 민주 대 반민주 구도를 보수 대 혁신의 구도로 바꾸고 호남에서 많은 지지를 받는 평민당을 지역 정당으로 고립시키는 전략으로 영구 집권을 꾀했다. 그러나 노무현, 박찬종 등 민자당 합류를 거부한 옛 통일민주당 세력과 정주영 현대그룹 명예회장이 창당한 국민당의 선전으로 지난 4월 14대 국회의원 총선에서 과반수 득표를 얻는 데 실패한 뒤 어려움을 겪어왔다.

이종찬, 박태준, 박철언 등 당내 반대파를 물리치며 민자당 대통령 후보 자리를 꿰차고 대권을 잡는 데 성공한 김영삼은 대대적인 개혁을 예고하고 있다. 그러나 군부정권에 뿌리를 두고 있는 민자당은 태생적으로 민주 개혁에 심한 거부감을 느끼고 있어 김영삼 당선자가 예고한 개혁의 앞날은 순탄치 않을 것으로 보인다.

기자의 눈 드레퓌스 사건 연상시키는 유서 대필 논란

강경대군 사망 항의 집회 후 거리로 나서는 대학생들을 경찰이 물대포로 저지하고 있다.

【1991년】 4월 말 명지대생 강경대(19)가 백골단의 쇠파이프에 맞아 죽었다. 1987년 물고문과 최루탄으로 박종철·이한열을 숨지게 한 경찰 폭력은 여전했다. 분노한 시민 수십만 명이 거리로 쏟아져 나왔고, 정부는 궁지에 몰렸다. 그런데 정부는 반성하기는커녕, 정부에 비판적인 단체를 부도덕한 집단으로 몰아갔다. 계기는 정부에 항의하며 분신한 전국민족민주연합 활동가 김기설의 죽음이다. 정부는 '분신의 배후'가 있다며 으름장을 놓았고, 박홍 서강대 총장은 "어둠의 세력이 있다."라고 맞장구를 쳤으며, 『조선일보』는 박 총장을 두둔했다. 검찰은 김씨와 함께 일한 강기훈(27)이 김씨 유서를 대신 써주고('유서 대필') 죽음을 부추겼다며 강씨를 구속했다. 그렇지만 설득력 있는 증거는 제시되지 않고 있다. 검찰이 제시한 국립과학수사연구소의 문서 감정 결과("유서 필체와 강씨 필체가 닮았다")도 외압에 의해 조작된 정황이 많다는 주장이 제기되고 있다. 거짓을 강요한 공권력에 맞서 진실을 밝힌 시민의 승리로 끝났던 프랑스의 드레퓌스 사건과 닮았다는 분석이 나오는 이유다.

'5공'에 멈춘 국방부

【1992년 3월 22일】 14대 총선을 이틀 앞두고 현역 육군 중위 이지문이 여당 지지 투표 강요, 공개 투표 등이 광범위하게 행해지는 군 부재자 투표 부정 실태를 폭로했다. 이 중위의 고백을 들은 시민들은 2년 전 윤석양 이병의 양심선언을 떠올리며, 군이 아직도 독재가 횡행하던 5공화국 시절의 악습을 버리지 못하고 있다고 비판하고 있다. 윤 이병은 보안사령부에서 복무하던 1990년 10월, 군 정보기관인 보안사령부가 정부에 비판적인 인사 1,300여 명의 동향을 감시하는 민간인 사찰을 은밀히 행하고 있다고 폭로한 바 있다.

▶ 한국, 소련(1990)·중국(1991)과 수교 ▶ 5·16으로 사라졌던 지방자치제, 부분적 부활(1991) ▶ 초원복국집 사건(1992) ▶ 김대중, 정계 은퇴 선언(1992)

사 설

역사의 종언?
아직 시작도 하지 않았다

소련과 동유럽 사회주의가 무너지자 프랜시스 후쿠야마는 "이제 역사는 끝났다."라고 선언했다. 이것이 무슨 소리일까? 사회주의가 무너졌으니 인류 역사에는 아무런 희망도 없다는 뜻일까? 후쿠야마는 미국의 보수 우익을 대변하는 사회학자이니 그런 뜻으로 말했을 리가 없다. 인류는 오랜 옛날부터 기존 사회의 문제점을 해결하고 새로운 사회로 나아가고자 노력해 왔는데, 그 역사가 끝났다는 뜻이다. 사회주의는 자본주의의 모순을 극복하고 인류의 역사를 새로운 단계로 진입시키려고 노력했지만 실패했다. 후쿠야마에 따르면 자본주의가 역사의 끝이기 때문이다. 향후에도 자본주의 체제 내에서 부분적인 갈등과 대립은 있을지언정 자본주의 그 자체는 인류 역사의 종착역으로서 영원하리라는 것이다.

사회주의와 대결해서 이겼으니 우쭐한 것은 이해할 수 있지만, 도대체 뭘 믿고 신이라도 된 것처럼 감히 '역사의 끝'을 예단할까? 사실 서구 지성사를 살펴보면 이렇게 '역사의 종언'을 이야기하는 사람들을 심심치 않게 찾아볼 수 있다. 시인 베르길리우스는 로마제국을 역사의 완성으로 보았고, 철학자 헤겔은 프랑스혁명을 절대정신의 실현으로 보았다. 역사에는 일정한 목적이 있고 그 목적이 이루어지는 종착역이 있다는 생각은, 예수의 재림을 노래하는 크리스트교가 아니더라도 서구 지성사에 그 뿌리가 깊다. 이런 생각을 하는 사람들은 대개 자기 자신의 특수한 목적을 인류 전체의 목적으로 여기고, 역사에서 또다시 무언가를 이루어야 한다는 생각을 하지 못한다.

자본주의에서 인류의 목적이 이루어졌다고 믿는 사람들은 이 세계에서 끝없이 욕망을 재생산하고 있다. 동시에 그 욕망을 충족시키기 위해 노동하고 희생하는 사람들도 길러내고 있다. 이 사람들은 끊임없이 자본주의 이후 사회를 꿈꾼다. 그들 중 일부가 사회주의 반란을 일으켰고, 그중 일부가 진압되었다. 동구권이 붕괴했다고 해도 자본주의를 넘어 평등 사회로 가려는 욕망과 움직임은 세계 곳곳에 도사리고 있다. 그들은 사람이라는 종(種) 사이의 차별과 대립이 없어져야 진정한 역사가 시작되며, 지금까지의 역사는 그 준비 과정이었을 뿐이라고 믿는다. 자본주의를 역사의 끝으로 보는 사람들에게는 유감스러운 일이지만, 그들은 앞으로도 자본주의를 '선사시대'로 보는 사람들과 내키지 않는 '끝장 토론'을 벌여야 할 것 같다.

동 향

인종 청소, 핵 위험을 비웃다

동 향   야만으로 치닫는 보스니아 내전

냉전 종식 후 사람들은 평화의 시대가 올 것이라고 기대했지만, 정작 직면한 것은 민족, 종교 등의 이유로 쉴 새 없이 터져 나오는 참혹한 전쟁들이다. 6개의 공화국과 2개의 자치주로 이뤄져 있던 유고슬라비아연방공화국도 이 경로를 벗어날 수 없었다. 민족 때문은 아니었다. 유고연방은 일부 알바니아계를 제외하면 대부분이 동일한 남(南)슬라브족으로 구성돼 있었다. 그들을 나눈 것은 종교였다. 다양한 종교를 믿는 공화국들을 하나로 묶어줬던 것은 2차 대전 당시 빨치산을 주도했던 티토의 지도력이었다. 그러나 1980년 티토가 사망한 뒤 공화국들 사이의 반목은 커져만 갔다. 결국 1991년 슬로베니아·크로아티아·

마케도니아공화국이 독립했고, 1992년에는 보스니아-헤르체고비나공화국이 독립을 선포했다. 문제는 보스니아의 종교적 구성이었다. 보스니아의 인구는 무슬림 43퍼센트, 가톨릭을 믿는 크로아티아계 18퍼센트, 정교를 믿는 세르비아계 35퍼센트로 이뤄져 있었다. 이 중 독립을 원한 것은 무슬림과 크로아티아계였고, 세르비아계는 세르비아공화국을 중심으로 한 유고연방에 잔류하기를 희망했다.

의회의 독립 선포는 내전으로 이어졌다. 세르비아공화국의 지원을 받은 세르비아 민병대는 보스니아의 수도 사라예보를 포위했고, 세르비아계가 아닌 사람들을 말살하기 위해 '인종 청소'를 감행했다. 남자들은 나이를 불문하고 모조리 살해하고, 여자들은 겁탈해 강제로 임신을 시켰다. 그것으로 끝이 아니었다. 크로아티아공화국도 크로아티아계에 군사적인 지원을 제공하는 한편, 자국 내 세르비아계를 학살했다.

인간이 우주를 탐험하는 20세기 말에도 과거 유대인과 아메리카 원주민에게 자행됐던 일들이 벌어지고 있다는 것은 놀라운 일이다. 다가올 21세기에 어두운 그림자가 드리우고 있다.

남편의 무덤 앞에서 흐느끼는 보스니아 여성과 그 아들.

초/ 점/   **남북기본합의서**

1991년 12월 '남북 사이의 화해와 불가침 및 교류·협력에 관한 합의서(남북기본합의서)'가 채택됐다. 이번 합의서는 남북 관계를 "통일을 지향하는 과정에서 형성되는 특수 관계"로 규정했다. 일반적인 국가 간 관계처럼 상대방을 국가로 승인하지는 않지만, 국가적 실체는 인정한다는 의미다. 지난 9월 남과 북이 동시에 유엔에 가입한 것도 같은 맥락이다.

이는 서로 체제를 부인했던 과거 남북 관계에 비춰볼 때 상당히 진전된 내용이다. 아울러 내정 불간섭, 무력행사 금지도 합의서에 명시돼 있다. "남북 사이의 정치적·법적 관계를 규명하는 기본 틀"로 규정된 이번 합의서는 남과 북 사이의 기본 조약에 버금가는 것이자, 7·4 남북공동성명(1972년, 관련 기사 10호 4면)에 이은 쾌거로 평가된다.

▶ 한국전쟁 이후 최초의 전국적 민주 노조 연대 조직인 전국노동조합협의회(전노협) 결성(1990) ▶ KBS 노동자들, 방송 민주화를 요구하며 총파업(1990)

여성 잔혹사, 현대 한국에서까지 계속돼야 하나

'위안부' 강제 동원, 미군 클럽 여종업원 살해… 분노의 목소리 높아

【1991년】 "강요에 못 이겨 했던 그 일을 역사의 기록으로 남겨둬야 합니다." 8월 14일, 김학순(67) 할머니가 일본군 '위안부' 피해를 최초로 증언했다. 반세기 동안 묻혔던 진실이 드러나는 순간이었다. 51년 전, 일본군은 중국에서 김씨를 잡아 강간한 후 '위안부' 생활을 강요했다. 위안소에 갇혀 매일 성폭행을 낭해야 했던 지옥 같은 나날이었다. 김씨만이 아니었다. 중국 등 다른 나라 여성들도 성노예 생활을 견뎌야 했다. 한국정신대문제대책협의회는 '위안부'로 강제 동원된 아시아 여성이 10만 명 이상일 것으로 추정하고 있다(그중 80퍼센트는 한국인이며 상당수는 가난한 집 출신).

김씨는 일본의 패전으로 귀국한 후에도 그 후유증으로 '정상적인 여성의 삶'을 포기해야 했다고 털어놨다. "하도 기가 막히고 끔찍해 평생 가슴 속에만 묻어두고 살아왔"던 김씨의 입을 열게 한 것은 일본이었다. '위안부' 문제가 제기되자, 일본 정부는 위안소 운영은 민간에서 한 일이며 강제 동원도 없었다고 발뺌했다. 자신들에게는 아무런 책임이 없다는 태도였다. '살아있는 증거'인 김씨의 증언으로 일본 국가의 조직적 범죄임이 분명해졌지만, 일본 정부는 여전히 범죄를 부인하고 있다.

'위안부' 피해를 최초로 증언한 김학순 할머니가 1992년 1월 13일 정부종합청사 앞에서 열린 '일본 총리 방한 반대 및 희생자 보상 촉구' 시위 도중 태극기를 든 채 오열하고 있다.

윤금이씨를 살해한 케네스 마클 이병.

그렇지만 김씨의 낮은 목소리는 큰 울림을 낳았다. 문옥주·김복선씨 등 또 다른 피해자들도 김씨에 이어 일본의 범죄를 고발했다. 이들은 강제 연행 사실을 인정하고 사과·배상할 것, 잘못이 되풀이되지 않도록 이에 대한 역사를 가르칠 것 등을 요구하고 있다. 또한 많은 한국인은 일본의 전쟁범죄에 공분하고 있다. 이와 관련, 이번 일을 '민족적 자존심이 훼손된' 사안으로만 받아들이는 상당수 한국인의 태도를 우려하는 목소리도 나오고 있다. 민족 문제를 빼놓고 이 문제를 바라볼 수는 없지만, 피해자들이 반세기 동안 침묵할 수밖에 없었던 데는 남성 중심

적인 한국 사회 분위기도 한몫했음을 기억해야 한다는 지적이다. 한편 한국 정부의 소극적 태도에 대해서도 1965년 한·일협정 당시 경제원조를 대가로 이 문제를 소홀히 한 것 때문 아니냐는 비판이 나오고 있다.

【1992년】 경기도 동두천의 미군 전용 클럽 종업원 윤금이(26)가 10월 케네스 마클(20) 미군 이병에게 살해됐다. 몸 곳곳에 맥주병, 콜라병, 우산대가 꽂힌 끔찍한 모습이었다. 이를 계기로 그동안 묻혔던 미군 범죄 실태(하루 평균 약 8건)가 속속 드러나고 있다. 살인범에 대한 수사권과 재판권

을 한국이 온전히 행사하지 못하면서, 불평등한 주둔군지위협정을 개정해야 한다는 주장도 힘을 얻고 있다. 또 여성계는 한국 사회가 바뀌어야 한다고 주장하고 있다. '양공주'라고 천대하면서도 "외화 버는 애국자"라며 기지촌 여성들의 성매매를 조장하다가, 미군에게 살해된 후엔 '민족의 딸'로 규정하는 이중성에 대한 비판이다.

한편 9세 때 강간당한 여성이 가해자를 21년 만에 살해하고, 12년 동안 성폭행당한 또 다른 여성이 가해자인 의붓아버지를 남자 친구와 함께 살해한 사건도 발생하면서 여성에 대한 성폭력 근절 요구가 늘고 있다.

1,000포인트 장밋빛 주가, 1년 5개월 만에 반토막

【1990년 8월】 지난해 3월 31일, 사상 최초로 1,000포인트를 돌파했던 종합주가지수(주가)가 500포인트대로 폭락했다. 증권사 객장은 주식을 팔아도 증권사로부터 빌린 대출금을 갚지 못하는 '깡통계좌'를 안고 허탈해 하는 개인 투자자('개미')들의 탄식으로 가득하다.

1980년 100으로 출발해 큰 변동이 없던 주가는 3저 호황(관련 기사 15호 7면)과 국제수지 흑자에 힘입어 1986년부터 급상승했다. 1987년 500포인트를 돌파하고 급등 추세를 1989년까지 이어갔다.

이 기간 중 '큰손'들의 투기성 자금이 대거 유입되며 주가를 끌어올리자,

주식에 익숙하지 않던 '개미'들도 몰려들었다. 정부와 증시 관계자들은 장밋빛 전망을 쏟아내며 '개미'들을 유혹했고, 언론도 이에 편승하면서 투기성은 더 강화됐다. '투기의 풍선'이 부풀대로 부풀었을 무렵 '큰손'들은 발을 뺐지만, 정보에 어두운 '개미'들은 대부분 그렇지 못했다. 결국 '풍선'은

터졌다. 호황이 막을 내리고 올해 들어 무역수지도 적자로 돌아서면서 주가는 곤두박질쳤다. 1989년 말 정부가 3조 2천억 원을 투입해 증시 부양을 시도했지만 폭락을 막을 수는 없었다. 오히려 정부의 인위적 부양을 믿다가 발을 빼지 못한 '개미'들의 피해만 커졌다.

▶ 이문옥 감사관, 재벌 계열사의 비업무용 부동산에 대한 감사원의 감사가 재벌의 로비에 밀려 좌절됐음을 폭로(1990) ▶ 한반도 비핵화 공동선언(1991)

하늘에 우리별이 떴다

【1992년, 한국】 8월 11일 오전 8시 8분 남아메리카의 프랑스령 기아나 쿠루 기지에서 한국의 첫 인공위성 '우리별 1호'(사진 오른쪽)가 로켓에 실려 우주로 발사되었다. 우리별 1호는 가로·세로 35센티미터, 높이 60센티미터에 무게 48.6킬로그램짜리 실험 위성이다. 한국은 이로써 세계에서 25번째 인공위성 보유국이 됐다.

우리별 1호는 한국과학기술원 유학생들이 영국 서리 대학에서 위성 제작 기술을 습득, 모방해 약 38억 2000만 원을 들여 3년 만에 완성한 것이다. 이런 사정 탓에 우리별 1호에 들어간 약 1만 개 부품 대부분은 한국산이 아니다. 우리별 1호는 하루 13번씩 지구 궤도를 돌면서 지구 표면 사진 촬영, 한국어 방송 실험 등을 수행할 예정이다.

미국은 허블 우주망원경 발사 성공

【1990년, 미국】 미국항공우주국(NASA)은 4월 24일 유럽우주국(ESA)과 함께 개발한 허블 우주망원경(사진 아래쪽)을 실은 디스커버리호를 발사했다. 디스커버리호는 지구 궤도를 따라 돌면서 다음날 허블우주망원경을 지구 상공 610킬로미터에 설치했다. 무게 12.2톤, 지름 2.4미터의 이 망원경은 약 15년간 우주를 관측할 예정이다. 우주망원경은 천문학자의 오랜 꿈이었다. 우주에 망원경을 설치하면 대기가 굴절, 흡수해서 제대로 관측할 수 없는 태양계 바깥의 천체를 관측할 수 있다. 대기는 먼 천체에서 나오는 자외선 등을 흡수하고, 가까이 몰려 있는 여러 개의 천체를 한 개로 보이게 하는 등 우주 관측을 방해한다.

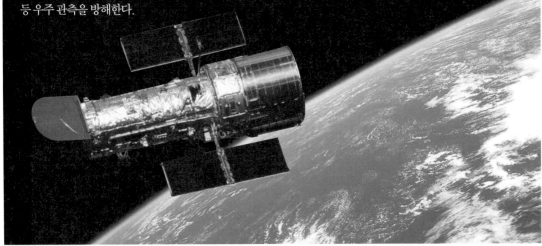

경악! 낙동강 페놀 오염

【1991년, 한국】 3월 14일 두산전자 구미 공장에서 페놀 원액 30톤이 낙동강으로 흘러들어가 대구, 부산 등 영남권에 비상이 걸렸다. 페놀 원액은 정수장에서 염소 소독 과정을 거치면서 클로로페놀로 변해 각 가정에 그대로 공급됐다. 16일부터는 대구 시내 수돗물에서 악취가 발생했고, 이후 마산·창원, 부산 지역까지 도달했다.

대구 수돗물에서는 국내 음용수 기준치(0.005피피엠)의 22배가 넘는 페놀이 검출됐으며, 페놀이 섞인 수돗물을 마신 시민의 44퍼센트가 구토·설사 등의 증상을 보였다. 각 지역 약수터는 수돗물 대신 물을 구하러 온 시민들로 장사진을 이뤘고, 생수 판매도 평소보다 10배 이상 늘었다.

두산 제품 불매 운동이 시작되는 등 '단군 이래 최대 오염 사고'의 파장은 계속 커지고 있다. 이 사고로 시민들이 환경운동에 더 큰 관심을 가지리라는 전망도 나온다. 현재 전국적으로 공해추방운동연합, 부산공해추방시민운동협의회, 광주환경운동시민연합, 대구공해추방협의회, 울산공해추방운동연합, 목포녹색연구회 등의 환경 단체가 1980년대 후반부터 활발한 활동을 하고 있다.

리우 유엔환경회의 "지속 가능한 발전은 가능한가"

【1992년, 브라질】 6월 3일부터 14일까지 브라질 리우데자네이루에서 각국 대표와 민간단체가 모여 지구 환경 보전을 위한 회의를 열었다. 이 자리에서는 정부 대표를 중심으로 한 유엔환경회의(UNCED)와 민간단체가 개최한 지구환경회의(Global Forum 1992)가 동시에 열렸다.

특히 유엔환경회의에서 채택한 '리우 선언', '의제21' 등은 '지속 가능한 발전(Sustainable Development)'을 강조해 주목을 받았다. 지속 가능한 발전은 '앞으로 올 세대도 쓸 수 있는 자원을 보전하면서 지금 세대의 필요를 충족시키는 발전'을 뜻한다. 이 지속 가능한 발전은 앞으로 국제사회가 추진할 환경 보호의 핵심 목표가 될 예정이다.

그러나 이런 목표가 달성될 수 있을지는 불분명하다. 현실에는 '제로(0) 성장', 즉 성장을 아예 포기하고 적극적으로 환경을 보호해야 한다고 주장하는 견해와 환경·생태에 둔감한 채 개발만 강조하는 견해가 있다. 지속 가능한 발전을 추구하는 노선은 그러한 두 가지 노선 사이의 제3의 길이라고 할 수 있다. 이러한 노선이 정착하려면 앞의 두 노선이 힘의 균형을 이뤄야 한다. 그러나 현실에서는 개발만 강조하는 견해가 '제로(0) 성장'도 감수하자는 견해를 압도하고 있다.

한편 이번 회의에서는 지구 환경을 보전하는 첫걸음이 될 두 가지 중요한 국제 협약도 채택되었다. 리우데자네이루에 모인 각국 대표는 여러 해 동안 논의돼 온 지구 온난화에 따른 기후 변화를 막으려는 기후변화협약(154개국)과 멸종 위기의 생물종을 보존하려는 생물다양성보존협약(158개국)을 채택했다.

▶ 외츠탈러 알프스의 빙하에서 약 5,000년 전 인류로 추정되는 냉동 인간 발견(1991)

새로운 '문화공화국'의 탄생을 보라

서태지와 아이들, 노래·패션으로 신세대 담론 불 지펴

서태지와 아이들 공연에 열광하는 청소년들. '서태지 세대'를 넘어 '신세대'로 불리고 있다. 사진 오른쪽은 서태지와 아이들 1집 앨범.

【1992년】 "환상 속엔아직 그대가 있다/ 지금 자신의 모습은/ 진짜가 아니라고 말한다"

속사포처럼 뱉어대는 가사와 역동적인 회오리 춤, 상표를 떼지 않은 벙거지 모자와 형광색 의상. 서태지와 아이들이 가요계를 폭풍처럼 강타하고 있다. 그들은 1990년대의 시작을 알리는 신호탄이고, 신세대가 기성세대의 문화에 던지는 선전포고다. 〈난 알아요〉, 〈환상 속의 그대〉 등이 수록된 1집 앨범은 두 달여 만에 100만 장이 넘게 팔렸고, 모든 가요 순위 프로그램에서 부동의 1위를 차지하고 있다.

일부 기성세대는 멜로디도 없고 가사도 제대로 알아들을 수 없는 경박한 음악이라거나 랩이나 레게 같은 미국 대중음악의 무비판적 추종이라며 깎아내린다. 하지만 10대에게 서태지와 아이들은 이미 세대의 영웅이고, 우상이다. 거리의 10대를 살펴보면 '서태지 패션' 차림이거나, 그들처럼 팔을 휘저으며 "난 알아요"를 흥얼거리는 모습을 어렵지 않게 발견할 수 있다.

한 평론가는 이들의 등장이 이전 세대와 명백히 구별되는 새 세대의 출현을 보여주는 상징적 사건이라고까지 말하고 있다. 이들은 1970년대에 태어나 경제성장의 혜택을 누리며 자라나고, 이미 성취된 정치적 민주화 속에서 자유를 만끽하는 이른바 '신세대'라는 것. 사회 문제에 민감하며 출세와 성공을 인생 목표로 삼아온 기성세대와 달리, 이들은 '지금 현재'를 즐기는 것을 중시하고 풍족한 (부모의) 경제력을 바탕으로 소비에 열중한다.

물론 이런 식의 신세대론은 어느 시대에나 있었다. 하지만 사회 변화와 더불어 세대의 문화와 감성도 변화하는 것 또한 만고불변의 진리이고 보면, 정치적 민주화 이후의 첫 세대라 할 수 있는 '서태지 세대'에 대한 관심과 우려는 당연한 것이기도 하다.

🎮 만화영화에도 컴퓨터그래픽

〈미녀와 야수〉 입체적 영상 선보여

【1991년】 올해 전 세계적으로 흥행에 성공한 〈미녀와 야수〉(월트디즈니 제작)가 만화영화 제작 판도 자체를 바꿀 전망이다. 마법에 걸려 야수가 된 왕자와 아름다운 소녀의 사랑을 그린 이 만화영화는 이전과 달리 컴퓨터그래픽(CG) 기술을 전면 활용해 뛰어난 영상미를 연출했다.

이를 통해 〈미녀와 야수〉는 배경을 이동시키고 원근감을 실감나게 표현하는 등 기존 만화영화 제작 방식으로는 실현하기 어려웠던 수준을 보여주며 관객을 사로잡았다. 컴퓨터그래픽 기술을 활용한 세련된 영상은 특히 미녀와 야수가 홀에서 춤추는 장면에서 빛을 발했다.

이번에 〈미녀와 야수〉가 성공을 거둠에 따라 컴퓨터그래픽 기술은 만화영화 제작 전반으로 확산될 것으로 보인다.

📖 과거의 삶에서 미래 엿보기

헬레나 호지 『오래된 미래』

【1992년】 현대 문명을 깊이 있게 성찰한 책이 나왔다. 스웨덴 출신 생태운동가 헬레나 노르베리 호지가 쓴 『오래된 미래-라다크로부터 배운다』가 그것.

히말라야산맥에 있는 라다크 사람들이 오랫동안 유지해온 건강한 자급자족 공동체는 서구식 개발 바람에 의해 붕괴된다. 16년 동안 그곳에서 생활한 저자는 이들의 삶이 황폐하게 변하는 과정을 지켜보며 "근대화가 과연 삶을 행복하게 하는가."라는 근본적인 질문을 던진다.

이러한 저자의 메시지를 단순한 과거 예찬으로 받아들여서는 곤란하다. 생명의 다양성을 지키고 지속 가능한 발전의 조건을 탐구하고자 하는 이들에게도 이 책은 의미가 있다. 잊고 지낸 과거에서 미래를 열 길을 찾으려는 의지만 있다면.

▶ 〈파업전야〉 상영 금지 논란(1990) ▶ 서울방송(SBS) 개국(1991) ▶ 『즐거운 사라』 작가 마광수 구속 논란(1992) ▶ 영국 국교회, 여성 사제 인정(1992)

《(((제3세계 통신)))》

칠레 독재자 피노체트 사임

【1990년】 피노체트 칠레 대통령이 사임했다. 쿠데타로 정권을 찬탈한(관련 기사 11호 2면) 후 17년 동안 철권통치를 하다가 국민들의 민주화 요구에 밀려난 것. 미국식 신자유주의를 전면 도입한 결과 빚어진 경제 위기도 피노체트 반대 여론을 키웠다. 칠레인들은 피노체트가 자행한 인권 유린의 진상을 밝힐 것을 요구하고 있다. 피노체트 재임 기간 중 실종자는 최소 3,000명, 고문 피해자는 2만 8,000명 이상으로 알려져 있다.

남아공, 인종차별법 폐지

【1991년】 '아파르트헤이트'로 불리는 악명 높은 인종차별 정책으로 국제적 비난을 받아온 남아프리카공화국에서 인종차별 관련법들이 폐지됐다. 백인인 드 클레르크 대통령은 흑인 넬슨 만델라(73) 아프리카민족회의 의장과 협력해 주민등록법 등 아파르트헤이트 관련법을 폐지했다. 인종차별 철폐 투쟁을 했다는 이유로 27년 동안 감옥에 갇혔다가 지난해 2월 석방된 만델라는 흑백 화해 시대를 이끌어갈 유력한 지도자로 꼽히고 있다.

엘살바도르 내전 종식

【1992년】 중앙아메리카의 엘살바도르를 피로 물들였던 내전이 11년 만에 끝났다. 1979년 쿠데타로 집권한 우파 정부와, 그에 맞서 1981년 반란을 일으킨 좌파 반군은 1월 평화협정을 맺었다. 정부군 장교들은 미국에서 훈련받고, 반군은 소련제 무기를 반입하는 등 미국과 소련의 대리전 양상을 띠었던 이 내전 기간 동안 8만 명이 넘는 엘살바도르인이 희생됐다.

로스앤젤레스 흑인 폭동

【1992년】 미국 로스앤젤레스에서 흑인 폭동이 발생했다. 백인 경찰들이 흑인을 인정사정없이 구타하는 장면이 텔레비전에 방영되자, 흑인들이 그동안 인종차별을 당하며 쌓인 울분을 터뜨린 것이다. 그런데 엉뚱하게도 폭동이 백인보다는 주로 재미 한국인을 비롯한 아시아계로 향해, 교포들이 큰 피해를 봤다. 마른하늘에 날벼락 같은 피해를 본 한인 사회를 위로하는 목소리와 함께, 현지 흑인 사회와 소통하고 원만한 관계를 맺는 데 더 주의를 기울여야 한다는 의견도 나오고 있다.

펄럭이는 한반도기, 하나 되는 코리아

【1991년】 "이겼다!" 감격의 눈물과 환호가 교차하는 가운데, 남북 선수들은 얼싸안았다. 4월 29일, 여자탁구 코리아팀(남측 현정화·홍차옥, 북측 리분희·유순복)이 일본 지바에서 열린 세계선수권대회에서 최강 중국을 꺾고 우승하는 순간이었다. 관중석에서는 한반도기(푸른 한반도가 그려진 남북 공동의 깃발로 이 대회에서 처음 등장)가 펄럭였고 〈아리랑〉 합창이 울려 퍼졌다. 함께 응원하던 총련과 민단 소속 재일교포들은 "남북이 하나가 되니 못할 게 없다."라며 분단 이후 처음으로 만들어진 남북단일팀의 쾌거에 감격했다.

남북 단일팀은 축구에서도 구성됐

코리아팀 해단식에서 현정화(오른쪽) 선수가 북측 코치에게, 리분희 선수가 남측 코치에게 감사의 표시로 맥주를 따라 올리고 있다.

다. 청소년 축구 코리아팀은 포르투갈에서 열린 세계선수권대회에서 8강에 오르는 좋은 성적을 거두며 국민들을 또 한 번 환호하게 했다.

이에 앞서 지난해에는 남북통일축구대회가 열리는 등 분단이 반세기 가깝게 계속되면서 꽁꽁 얼어붙은 남북의 가슴을 스포츠가 녹이고 있다.

"나 서울인데… 전주 친구, 한 판 둘까?"

【1992년 3월 29일】 이창호(17) 5단과 유창혁(26) 5단이 맞붙었다. 그런데 뭔가 이상하다. 대결 장소가 바둑판이 아니다. 두 기사 모두 각각 자기 집(이 5단은 전주, 유 5단은 서울)의 자에 앉아 컴퓨터 화면만 뚫어져라 쳐다보고 있다(사진은 유 5단).

이처럼 한곳에 마주앉지 않아도 대국이 가능하게 된 건 최근 확산된 PC통신 덕분이다. 개별 컴퓨터를 연결하는 PC통신을 통해 의견을 교환하고 정보를 공유하며(게시판 기능), 자료를 축적하고(데이터베이스 기능), 편

지를 주고받는(전자우편 기능) 사람들이 점점 늘고 있는 것. 그동안 익숙했던 생활양식이 근본적으로 바뀔 날이 멀지 않아 보인다.

┌─── 부 고 ───┐

▶ 하이에크 (1899~1992) 오스트리아 출신 경제학자. 신자유주의의 이론적 기반을 마련했다.
▶ 빌리 브란트 (1913~1992) 독일의 정치가. 전 서독 수상(1969~1974), 사회민주당 당수. 공산권과 화해·협력하는 동방정책을 통해 독일 통일의 토대를 만들었다. 젊어서 나치 반대 투쟁을 했으며, 수상으로서 나치 독일의 전쟁 범죄를 사과해 유럽 여러 나라와도 화해했다.

교황청, 갈릴레이 사면

【1992년】 바티칸 교황청이 지동설을 주장한 과학자 갈릴레이를 공식 사면했다. 교황 요한 바오로 2세는 1633년 가톨릭이 천동설을 지지하고 갈릴레이를 박해한 것은 잘못이라고 공식 선언했다. 갈릴레이를 종교재판에 회부한 지 359년 만에 내려진 역사적인 결정이다.

새벽 3시에 웬 커피타임?

"새벽 3시의 커피타임 이야기"

【1991년】 "여느 때처럼 새벽 3시에 커피타임을 가졌습니다." 최근 관심을 모은 한 기업의 이미지 광고(사진) 문구다. "초를 다투는 반도체 기술 전쟁"에서 이기기 위해 최선을 다하고 있다는 내용이다. 노력하는 모습은 아름다운 법이다. 몸을 돌보지 않고 새벽 3시까지 야근한다면 더욱 그렇다. 그러나 매일 그렇게 일하는 것이 노동자와 그 가족에게 좋은 일일 수만은 없다. 따라서 이것은 경쟁에 치인 한국 사회를 돌아보게 하는, 씁쓸한 커피 맛 같은 광고이기도 하다.

▶ 폭우로 일산 한강 제방 붕괴(1990) ▶ 황영조, 1936년 손기정에 이어 한국인으로서는 56년 만에 올림픽 마라톤 경기 우승(1992, 바르셀로나)

근현대사신문

현대 17호

주요 기사 **2면** | 만델라, 남아프리카공화국 첫 흑인 대통령 취임 (1994) **3면** | 한반도 전쟁 위기 (1994) **4면** | 사설-북한 문제는 우리 문제다 **4면** | 해설-아프리카 대륙의 오늘 **5면** | 세계무역기구 출범 (1995) **6면** | '기후 변화 보고서' 발표 (1995) **7면** | 옛 조선총독부 건물 철거 시작 (1995) **8면** | 대형 할인 매장 등장

아프리카의 승리

남아프리카공화국의 소수 백인 정권은 아프리카 대륙의 흑인 국가들이 잇달아 독립하면서 고립되자 악명 높은 인종차별 정책을 더욱 강화해 왔다. 이에 대해 아프리카민족회의 등 흑인 해방운동 단체들은 강력하게 저항해 왔다. 1976년 흑인 거주 지역인 소웨토의 봉기(관련 기사 12호 5면) 이후 저항의 강도는 더욱 강해졌고 국제 여론도 백인 정권에 압박을 가했다.

이에 대해 백인 정권은 1984년 흑인 이외의 유색인종에게 투표권을 주면서 문제를 호도하려 했으나, 흑인을 여전히 차별한 이러한 조치는 흑인의 저항만 키울 뿐이었다. 1989년 집권한 드 클레르크 대통령은 이듬해 27년간이나 수감되어 있던 아프리카민족회의 의장 만델라를 석방하고 흑백 분리법을 폐지했다. 그리고 1993년 남아공의 주요 정파들은 인종 구별 없이 1인 1표를 행사하는 총선거를 실시한다는 합의에 이르렀다. 또 한 번의 아프리카 민중의 승리가 눈앞에 다가오고 있다.

사진 | 아이를 안고 있는 만델라

진실과 화해의 문턱 넘은 남아공

인종차별 철폐… 만델라, 첫 흑인 대통령 취임

【1994년, 남아공】 5월 10일, 악명 높은 인종차별 제도 '아파르트헤이트'의 나라 남아프리카공화국에서 넬슨 만델라(76)가 최초의 흑인 대통령으로 취임했다. 소수의 백인이 다수의 흑인을 사실상 노예화했던 300여 년의 아픈 역사를 뒤로하고 인종 화합의 새 시대가 시작된 것.

만델라는 아프리카민족회의에 참여해 인종차별 반대 운동을 주도했다는 이유로 종신형을 선고받고 무려 27년 동안 수감 생활을 했다. 그의 석방은 1989년 출범한 드 클레르크 정권이 흑인들의 저항과 국제사회의 압력에 직면해 취한 유화 정책에 따른 것이었다. 드 클레르크 전 대통령은 만델라 등 흑인 인권운동가들을 석방하고 흑인 정치 세력들을 합법화했으며, 인종차별적 내용을 담고 있던 법률들을 폐지했다. 이어 올해 4월에는 처음으로 모든 인종이 참여하는 총선거를 실시했는데, 이 선거에서 아프리카민족회의가 62.6퍼센트의 압도적인 지지를 얻으며 집권하게 된 것이다.

그러나 새 대통령과 정부의 앞날이 순탄하지만은 않을 전망이다. 여전히

'일자리와 평화, 자유를 위해 (만델라가 이끄는) 아프리카민족회의(ANC)에 투표하라.'라는 광고판 위에 올라가 있는 지지자들 앞에 서서 활짝 웃고 있는 만델라.

경제적·사회적 기득권을 유지하고 있는 백인들의 불안을 덜어줘야 함과 동시에 오랜 세월 억압받고 차별당한 흑인들의 분노도 달래줘야 하는 만만치 않은 과제가 남아 있기 때문이다.

만델라는 드 클레르크 전 대통령을 부통령에 임명해 흑백 연립정부를 구성하는 한편, '진실과 화해 위원회'를 만들어 어두운 과거사의 진실을 규명할 계획이다. 이 위원회는 진실만이 용서와 화해로 가는 지름길이라는 모토 아래, 과거 인권 탄압의 진상을 밝혀 희생자들의 억울함을 위로하고, 가해자들에게는 고백과 사죄를 전제로 한

사면을 단행할 것이라고 한다. 취임 연설에서 "모든 이를 가난·고통·차별의 속박에서 해방시키고(……) 민족적 화해와 국가 건설과 새로운 세계의 탄생을 위해 나아가자."라고 호소한 만델라와 남아공 국민들의 노력이 빛나는 성과로 이어질지 주목된다.

100만 명 학살… 생지옥 르완다

제국주의 분리 통치 따른 종족 간 증오가 원인

【1994년】 르완다 인구의 85퍼센트를 차지하는 후투족이 지난 4월 후투족 출신 하뱌리마나 대통령이 의문의 죽음을 당한 뒤 소수 종족인 투치족을 무차별 학살하고 있다. 하루에 1만 명씩, 지난 석 달여 동안 100만 명에 가까운 사람들이 학살됐다. 라디오에서는 "청소하라. 아직 무덤은 가득 차지 않았다."라는 선동이 반복되고 있다. 종족 간 갈등과 증오 때문이지만, 책

임을 물어야 할 사람들이 더 있다. 1962년까지 르완다를 식민 지배한 벨기에 등의 유럽인이다. 당시 식민 당국은 투치족을 우대하며 그들을 통해 후투족을 지배했고, 투치족의 독립운동이 활발해지자 반대로 후투족을 지원해 투치족을 억눌렀다. 오늘의 생지옥은 바로 그 결과다. 그러나 서방세계는 이 지역의 군사적·경제적 중요성이 높지 않아 수수방관하고 있다.

나프타 첫날, 멕시코 원주민 반란

사파티스타민족해방군이 이끌어

【1994년】 미국·캐나다·멕시코가 맺은 북미자유무역협정(NAFTA, 나프타) 발효 첫날인 1월 1일, 멕시코 남부 치아파스주 원주민이 이를 거부하며 반란을 일으켰다. 살리나스 대통령이 나프타 체결을 염두에 두고 원주민 농민들의 공유 토지인 에히도를 민영화한 데 대한 반발이다. 멕시코 원주민은 1821년 독립 후에도 척박한 삶을 이어왔고, 특히 치아파스는 석유 등

자원과 농산물이 풍부한데도 원주민은 겨우 생계를 유지할 정도의 농사를 지을 수밖에 없었다.

반란을 주도한 사파티스타민족해방군(1910년대 멕시코혁명 당시 농민군을 이끈 사파타의 후예라는 뜻)은 원주민도 멕시코의 당당한 구성원임을 인정하고 동등하게 대할 것을 요구하고 있다. 멕시코 정부는 무력 진압에 나섰지만, 여의치 않은 상황이다.

▶ 일본, 38년 만에 자민당 정권 붕괴하고 야당 연립정권 수립(1993) ▶ 옐친 러시아 대통령, 분리 독립 운동 벌이는 체첸에 군대 투입(1994)

전쟁 문턱까지 갔다 온 한반도

미국의 북핵 폭격 구상에서 북·미 제네바 합의까지

【1994년 10월 21일, 제네바】 북한과 미국 사이에 북한 핵 문제를 해결하기 위한 기본 합의가 체결됐다. 북한의 강석주(55) 외교부 제1부부장과 미국의 갈루치(48) 특사는 한 달에 걸친 회담 끝에 북한이 핵을 동결하는 대신 미국 측은 경수형 원자로 발전소 2기와 연간 50만 톤의 중유를 지원하고, 정치 경제 관계의 완전한 정상화를 추진한다는 합의에 도달했다. 이와 관련, 양측이 취해야 할 조치 중 구체적인 일정표를 비롯해 북한이 예민하게 여기는 부분은 공표하지 않고 비공개 양해록에 자세히 명시한 것으로 전해졌다. 이로써 지난해 3월 12일 북한이 일방적으로 NPT(핵확산금지조약) 탈퇴를 통고한 이래 일촉즉발의 전쟁 위기까지 초래했던 한반도의 핵 위기는 일단 진정 국면에 접어들었다.

지난 5월 유엔이 대북 핵 사찰을 결의하자 클린턴(48) 미국 대통령은 윌리엄 페리(67) 국방부 장관에게 북한의 영변에 있는 핵 시설에 대한 공습을 염두에 둔 작전계획 5027(한반도의 전면전에 대비한 계획)을 세우도록

1994년 6월 미국의 전 대통령 카터가 핵 위기를 중재하고자 북한을 방문해 김일성 주석을 만났다. 이 회담은 전쟁 직전까지 치달은 핵 위기를 누그러뜨리는 데 큰 도움이 됐다.

지시했다. 미군 1만 명의 한반도 증파 계획이 은밀히 추진되고, 전쟁에 대비해 서울에 있는 미국 민간인을 철수시키는 계획도 세워졌다.

이 같은 움직임을 감지한 북한은 연일 호전적인 발언들을 쏟아내는 한편, 재임 중 주한미군 철수를 추진했던 카터(70) 전 미국 대통령을 초청해 문제 해결을 시도했다. 미국 정부는 개인 자

격이라는 단서와 함께 카터의 방북을 허락했다. 카터가 평양을 방문해 김일성(82) 주석과 회담하던 6월 16일, 클린턴 대통령은 백악관에서 대북 제재에 대비해 한반도에 군사력을 강화하는 조치를 승인하기 위한 안보회의(council of war)를 소집했다. 바로 그때 김 주석은 카터에게 잠정적으로 핵 프로그램을 중단시키겠으며 미국

이 경수로 공급을 약속하면 항구적인 동결도 고려하겠다고 말했고, 이는 즉시 백악관의 회의석상으로 전달됐다. 회의장의 반응은 두 갈래로 나뉘었으나, 클린턴 대통령은 "오늘의 진전이 북한이 진정으로 핵 개발을 동결하겠다는 것을 의미한다면, 우리는 기꺼이 고위급 회담 재개에 동의한다."라는 성명을 발표했다.

극적인 반전의 계기를 제공한 김 주석은 7월 8일 심장마비로 사망했다. 방북한 카터의 제의를 김 주석이 받아들여 일정이 잡혔던 남북정상회담은 무산되고, 김 주석을 조문할 것인가를 두고 한국이 공안 정국에 휩싸여 있는 동안, 북한과 미국은 한국을 제쳐 두고 대화를 계속해 합의에 이르렀다.

한편 한국은 미국의 대북 폭격 구상 등 한반도의 운명을 바꿀 수 있는 문제의 결정 과정에서 소외된 것으로 알려졌다. 또한 김영삼 대통령이 합의 체결 직전 "북한과 타협하는 것은 정권 연장에 도움을 주는 것일 뿐"이라며 공개적으로 반대해 한반도에 다시 대결 국면이 조성되는 것 아닌가 하는 우려를 낳았다.

성공한 쿠데타도 처벌할 수 있다 전두환·노태우 전 대통령 구속

【1995년 12월 3일】 전두환·노태우 두 전직 대통령이 내란 수괴 혐의로 구속 수감됐다.

이에 앞서 전 전 대통령은 어제 자택 앞 골목에서 자신이 내란의 수괴라면 김영삼 대통령은 "3당 합당으로 내란 세력과 야합"한 것이라는 '골목 성명'을 낸 뒤 고향으로 내려갔다. 격노한 김 대통령은 당장 전 전 대통령을 체포하라는 지시를 내렸다. 김영삼 정부 출범 초기부터 12·12와 5·18의 완전한 청산을 요구하는 목소리가 높았으나,

검찰은 수사 끝에 12·12가 '명백한 군사 반란'이지만 불필요한 국력 소모를 유발할 우려가 있다며 당사자들에게 기소유예 처분을 내리고, 5·18도 "성공한 쿠데타는 처벌할 수 없다."라는 논리를 들어 '공소권 없음' 결정을 내렸다. 김 대통령도 "역사의 심판에 맡기자."라는 말로 두 사건을 덮어두고 넘어가려는 태도를 보여 왔다.

재야 세력과 야당의 강력한 항의를 묵살하던 김 대통령은 지난 10월 민주당의 박계동(43) 의원이 노 전 대통령

비자금 계좌를 폭로하면서 여론이 폭발하자, 태도를 바꿔 '5·18특별법' 제정을 지시하고 '역사 바로세우기' 캠페인을 시작했다. 그러나 법조계 일각에서는 김 대통령이 3당 합당으로 집권한 한계 때문에 철저한 진상 규명은 덮어둔 채 주모자들만 처벌하고 넘어가려는 정치 쇼를 하고 있다는 비판의 목소리가 나오고 있다. 이에 따라 시민 운동 단체와 야당은 한목소리로 모든 사건 관련자의 소환과 철저한 수사를 촉구하고 나섰다.

어금니를 깨문 굳은 표정으로 압송 차량에 태워져 교도소로 향하는 전두환 전 대통령.

▶ 금융실명제 실시 및 '정치군인 모임'인 하나회 숙청(1993) ▶ 김정일, 북한 국방위원장 취임(1993) ▶ 김대중 정계 복귀(1995)

북한 문제는 우리 문제다

전쟁 위기로 치닫던 북핵 문제가 북·미 제네바 기본 합의로 일단락되자 많은 사람이 가슴을 쓸어내렸다. 아니, 북·미 제네바 기본 합의가 이루어지고 한참 지나서야 미국 정부가 북한의 핵시설을 폭격하려 했다는 것을 알고 가슴을 쓸어내렸다. 50년 전만 해도 우리의 일부였고, 지금도 여전히 다시 합쳐져야 할 일부인 북한이건만, 그곳과 관련되어 일어나는 일들이 우리에게는 한 걸음 늦게, 한 다리 건너 전해지기 일쑤다. 끔찍한 것은 그처럼 우리가 모르는 채 일어나는 일들이 우리 자신의 운명, 때로는 생명과도 직결되는 사안이라는 사실이다.

북한은 엄청난 가뭄과 굶주림에 시달리면서도 핵이라는 결사적 수단으로 체제 수호에 나섰다. 이때 북한의 상대는 우리 한국이 아니라 미국이다. 핵까지 동원되는 위험한 상황이 미국의 의지에 의해 왔다 갔다 하는데, 한국은 최악의 상황조차도 지나간 다음에야 깨닫곤 한다. 이런 상황에 신물이 난 국민 중에는 통일이고 뭐고 북한이 우리와 상관없는 다른 나라였으면 좋겠다고 생각하는 사람도 있다. 통일이 되어 봤자 북한 경제 살리려고 세금만 잔뜩 낼 테니, 북한이 미국과 지지고 볶든 말든 우리는 우리끼리 살았으면 좋겠다는 '소박한' 생각이다. 과연 그렇게 될 수 있는 문제인가? 남북한이 분단되어 있는 한 싫든 좋든 북한에서 일어난 모든 일이 바로 우리에게 영향을 끼친다. 이것은 피하려 한다고 피할 수 있는 문제가 아니라 적극적으로 행동해서 없애버려야 할 문제이다. 그것도 우리 자신이 나서서 해야 한다. 궁극적인 해결책인 통일은 결국 남북한의 문제 아닌가? 언제까지 미국의 장단에 우리 목숨을 맡겨놓고 가슴을 졸여야 한단 말인가?

제국주의가 할퀴고 간 역사의 불모지

아프리카 대륙의 오늘

끊이지 않는 전쟁, 제 땅에서 쫓겨난 난민들, 부패한 독재 정권, 반복되는 쿠데타, 하루 수만 명의 아사자, 결핵과 에이즈의 창궐, 아동노동과 인신매매. 나열만으로도 현기증과 구토를 동반하는 이 모든 끔찍한 일이 한꺼번에 벌어지고 있는 곳이 있다. 인류의 출발점이었으나 이제 막다른 종착점이 되어버린 그곳의 이름은, 아프리카다.

부룬디, 르완다, 수단, 시에라리온 등에서 참혹한 내전은 현재 진행형이며, 군부쿠데타는 지난 30여 년 동안 90회 이상 발생했다. 내전과 기아로 고향을 등진 사람들은 수백만에서 1,000만여 명에 이르고, 사망한 아동의 수는 1994년에만 50만 명이 넘는다. 2,000만 명 이상이 생존을 위협받는 기아선상에 놓여 있으며, 전 세계 에이즈 환자의 60퍼센트가 아프리카인이다.

아프리카의 많은 나라가 제국주의 국가들의 지배에서 벗어나 독립했던 1960년 무렵만 해도, 아프리카에는 희망이 넘쳤다. 서구 제국주의자들이 찢어놓은 아프리카를 하나로 통합해 아프리카합중국을 건설하자는 담대한 제안도 나왔다(관련 기사 6호 4

면). 오늘날과 같은 비참한 모습의 아프리카를 예상한 사람은 당시에는 그리 많지 않았다.

그러나 수백 년 서구 식민 지배의 흔적은 쉽게 지워지지 않았고 오히려 더 큰 상처로 곪아터졌다. 가장 직접적인 원인은 해당 지역의 역사, 민족, 지리적 구분을 무시한 자의적인 국경선 구획이었다. 대립하던 여러 민족이 한 나라로 묶이거나 하나의 민족이 여러 나라로 흩어지면서, 민족 간 갈등은 쉽게 내전과 독재와 쿠데타로 전환됐다. 르완다내전에서 잘 드러나듯이, 식민 지배 세력의 분할 통치는 독립 후에도 문제를 일으켰다. 자원을 둘러싼 갈등도 심화됐다. 아프리카는 원래 천연자원이 매우 풍부한 대륙이지만, 그 대부분을 서구의 대기업 및 그들과 결탁한 군부가 독점하면서 풍요가 아닌 분쟁의 씨앗이 됐다.

물론 수렁에 빠진 아프리카인들을 도우려는 국제사회의 노력이 전혀 없었던 것은 아니다. 하지만 일회적인 경제적 지원은 대부분 부패한 관료들에 의해 빼돌려지고, 평화 유지를 위한 군사적 개입은 오히려 현지인들의 반발만 불러일으킬 뿐이다.

아프리카인들이 수렁에서 빠져나갈 출구는 어디에 있을까? 많은 전문가들은 국제사회의 전면적이고 지속적인 지원과 아프리카인들의 강력한 자구 노력만이 지극히 단순하지만 유일한 대안이라고 이야기하고 있다.

그림마당 | 박재동

북·미 제네바 기본 합의서(요약)

1. 양측은 북한 흑연감속원자로와 관련 시설을 경수형 원자로 발전소로 바꾸기 위해 협력한다.
　1) 미국은 2003년을 목표 시한으로 총 발전용량 약 2,000메가와트의 경수로를 북한에 제공하기 위한 조치를 주선할 책임을 진다. 이를 위한 국제 컨

소시엄을 미국 주도 하에 구성한다.
　2) 미국은 북한의 흑연감속원자로 동결에 따라 상실될 에너지를 첫 번째 경수로 완공 시까지 보전하기 위한 조치를 주선한다. 대체에너지는 중유로 연간 50만 톤 규모까지 공급된다.

　3) 북한은 흑연감속원자로와 관련 시설을 동결하고 궁극적으로 이를 해체한다.
2. 양측은 정치적, 경제적 관계의 완전 정상화를 추구한다. 무역 및 투자 제한을 완화하고, 쌍방의 수도에 연락사무소를 개설한다.

▶ 3차 사법 파동(1993) ▶ 고베 대지진 및 도쿄 지하철에 독가스 '사린' 살포돼 일본 사회 들썩(1995) ▶ 미군, 오키나와에서 초등생 성폭행 파문(1995)

세계무역기구 탄생 축포 '우르르 꽝'

우루과이라운드 협상 타결… 쌀 개방 방침에 농민들 거세게 반발

【1995년 1월 1일, 스위스―한국】 격투기에는 체급이 있지만 세계무역엔 체급 제한이 없다. 오늘 공식 출범한 '세계무역기구(WTO)' 체제 하에서는 경제 규모가 큰 나라든 작은 나라든 똑같은 조건으로 경쟁해야 한다. WTO는 8년을 끌어온 우루과이라운드 협상이 지난해 4월 15일 모로코에서 완전 타결됨에 따라 탄생했다. '관세 및 무역에 관한 일반 협정(GATT)' 체제를 대신해 세계 무역 질서를 관리 감독하게 된다. GATT는 기구가 아니라 국가 간 협정으로서 케네디라운드, 도쿄라운드 등과 같은 다자간 협상을 통해 중요한 문제를 풀어왔다. GATT의 8차 협상이었던 우루과이라운드는 GATT 범위 밖에 있던 농산물과 섬유뿐 아니라 상품이 아닌 서비스, 지적 재산권 등도 자유 무역 대상에 포함시켰다. 앞으로 WTO 회원국들은 이 모든 분야에서 무한 경쟁을 벌여야 한다. 그동안에는 자기 나라가 상대적으로 취약한 산업 분야의 경우, 외국의 값싼 수입품에 대해 높은 관세를 매기

우루과이라운드 협상이 진행되던 1993년 12월 10일, 쌀 수입 반대를 요구하며 광주역 광장에서 시위를 벌이고 있는 농민단체 회원들.

거나 국산품을 우대하는 방식으로 보호하는 사례가 많았다. 앞으로 이런 조치는 '불공정 무역 행위'로 규정돼 WTO에 제소당하는 것을 피할 수 없게 된다.

한국도 한승수(59) 특별위원장을 중심으로 우루과이라운드에 참여해 왔다. 정부와 재계는 철강·석유화학·전자·자동차 등에서 이익을 기대하고

있지만, 한국 사회는 대체로 우려 속에 WTO 출범을 지켜보고 있다. 특히 보호막이 사라지고, 물밀듯이 밀려올 값싼 외국 농산물과 경쟁해야 하는 초유의 사태를 맞이하게 된 농업 분야는 공황 상태에 빠져 있다. 김영삼 정부는 당초 국산 농산물의 대부분을 차지하는 쌀만은 개방하지 않겠다고 밝혀 왔으나, 1993년 12월 태

도를 바꿔 쌀도 개방하되 유예 기간을 두는 방향으로 협상을 진행했다. 미국의 대형 영농업체들이 가격과 유통에서 절대 우위를 점하고 있는 농업은 우루과이라운드에서 한국, 일본 등의 저항이 강해 협상 타결을 지연시켜 온 최대 쟁점 분야였다.

최종 협상 결과에 따라 한국은 쌀의 완전 개방을 10년간 유예 받았지만, 고추·마늘·참깨 등 주요 작물은 올해 완전히 개방되고 닭고기와 돼지고기는 2년 후부터 개방된다. 쇠고기도 곧 개방될 예정이고 쌀은 올해 국내 소비량의 1퍼센트 수입을 시작으로 2004년까지 수입 비율을 4퍼센트까지 올린 뒤 2005년부터 완전 개방하도록 했다.

한국농촌경제연구원은 수입 개방에 따른 피해가 2004년까지 총 1조 6,500억 원에 이를 것으로 전망했다. 우루과이라운드가 한국 농촌에 '우르르 꽝' 벼락을 던졌다는 농민 단체의 비명이 엄살처럼 들리지 않는 이유이다.

대한민국은 '사고 공화국'

【1995년 6월】 성수대교가 무너진 (사진, 사망 32명) 지난해의 악몽이 생생한데, 이번에는 서울 서초구의 삼풍백화점이 부실 공사로 붕괴했다(사망 502명). 1993년 열차·항공기·배 사고로 436명, 지난 4월 지하철 가스 폭발로 101명이 숨지는 대형 사고가 잇따라 총체적 대책 마련이 시급하다.

새로운 전국 노동자 조직 출범

【1995년 11월 11일】 노동기본권을 애타게 외치며 숨져간 전태일 사후 25년 만에 노동자들의 새로운 전국 조직이 탄생했다.

41만여 노동자(866개 노조)는 오늘 전국민주노동조합총연맹(민주노총) 결성을 선언했다. 주도 세력은 1987년 노동자 대투쟁의 주역들이며, 초대 위원장은 언론노동자 출신인 권영길(54)이다.

이들이 기존의 한국노총을 거부하는 것은 한국노총이 정치권력과 자본에 종속돼 있다고 보기 때문이다. 한국노총은 전신인 대한노총 시절부터

'어용'이라는 비판을 받았다. 이승만 독재를 유지하기 위한 행동대로 나서고, 박정희 정권 때는 10월유신을 지지했으며, 노동기본권을 요구하는 여성 노동자 등을 탄압하는 데 앞장서 왔기 때문이다.

이들은 민주노총이 '1987년 이후 구속자 2,000여 명, 해고자 5,000여 명'으로 대표되는 탄압에 굴하지 않고 결성된 자주적 전국 노동자 조직이라고 밝혔다. 민주노총은 노동기본권을 쟁취하고, 기업별 노조로 나뉜 현실을 넘어 '산업별 노조에 기초한 전국 중앙 조직'을 지향하겠다고 밝혔다.

▶ 비전향 장기수 이인모 북송(1993) ▶ 전교조 해직 교사 중 1,294명 복직(1994) ▶ 유나바머 체포(1995) ▶ 타이완 총통, 2·28학살 사죄(1995)

뜨거워지는 지구, 바로 당신 탓이야!

【1995년, 이탈리아】 결국 인류는 스스로 파멸의 길을 닦았나? 다수의 과학자들이 인간의 산업 활동이 지구 기후 변화에 영향을 준다는 사실을 인정했다. 지난 12월 11일부터 15일까지 이탈리아 로마에서 열린 '기후 변화에 관한 정부 간 위원회(Intergovernmental Panel on Climate Change·IPCC)' 총회는 1990년에 이은 두 번째 '기후 변화 보고서'를 채택해 발표했다. 이 보고서는 "여러 가지 증거를 균형 있게 고려할 때 인간은 지구 기후에 눈에 띄는 영향을 끼치고 있다."라고 단언했다.

특히 이 보고서는 이렇게 이산화탄소와 같은 온실가스 농도가 계속 증가하면 최악의 경우 2100년 지구의 평균 기온은 지금보다 섭씨 3.5도 상승하게 될 것으로 내다보았다. 이런 예상이 현실이 되면 급격한 기후 변화가 나타날 가능성이 크다. 이 보고서는 "동·식물 멸종, 홍수·가뭄·질병 증가"를 언급하며 특히 아시아, 아프리카의 후진국이 큰 피해를 볼 것이라고 전망했다.

지난 50년간의 수많은 기후 연구를 종합한 이 보고서의 결론은 큰 파장을 낳을 전망이다. 전 세계 과학자들이 한목소리로 인간의 산업 활동이 지구 온난화의 원인이라는 데 동의한 것은 이번이 처음이다. 이 보고서로 1992년 브라질의 리우데자네이루에서 채택한 기후변화협약은 더욱더 탄력을 받게 됐다.

이 보고서를 근거로 각국의 온실가스 배출을 규제하는 방안을 놓고 활발한 논의가 진행될 전망이다. 독일이 2005년까지 1990년과 비교했을 때 이산화탄소 배출량 25퍼센트 감축을 주장하는 등 유럽 국가가 규제에 적극적인 반면, 오스트레일리아·사우디아라비아 등은 기후 변화의 불확실성을 언급하며 반대하고 있어서 결론을 내기까지는 수년 간 큰 진통이 예상된다.

설사 구체적인 규제 방안이 마련되더라도 정책 결정 과정에서 석유 기업 등의 영향력이 큰 미국이 동참하지 않는다면 규제 방안이 유명무실해지는 상황도 배제할 수 없다.

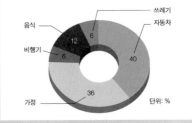 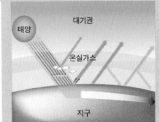

지구 온난화로 남극의 빙하가 녹아내려 고립된 펭귄. 미래의 인간의 모습일지도 모른다(위). 온실가스를 만들어내는 요소들의 비율 및 온실효과 그래픽(아래).

국내 최초 웹사이트 등장

【1993년】 한국 최초의 웹사이트가 개설됐다. 카이스트에 재학 중인 김병학씨가 만든 'KAIST 인공지능 연구센터' 웹사이트가 바로 그것이다. 월드와이드웹(WWW)을 고안해 인터넷을 혁신한 팀 버너스-리가 세계 최초로 웹사이트를 온라인에 공개한 지 2년 만이다.

허블 우주망원경, 블랙홀 존재 확인

【1994년】 허블 우주망원경이 지구에서 120억~140억 광년 떨어진 원시 은하계를 관측하는 데 최초로 성공, 우주의 과거 모습을 파악하는 데 큰 도움이 될 전망이다. 4년 전 발사돼 대기권 밖에서 우주를 관측하고 있는 이 망원경은 혜성과 목성의 충돌 장면도 전송해 신선한 충격을 안겨줬다.

▶ 영국 수학자 앤드루 와일스, 300년 넘게 풀리지 않던 '페르마의 마지막 정리' 증명(1994) ▶ 삼성, 세계 최초로 256메가디램 개발(1994)

해방 50주년 맞아 옛 조선총독부 건물 철거 시작

"민족 정기 회복 위해 철거", "역사적 교훈으로 남겨야" 논란

【1995년, 서울】해방 50주년을 맞은 8월 15일, 일제 식민지 시기의 상징과도 같은 존재였던 옛 조선총독부 건물을 철거하는 작업이 논란 끝에 드디어 시작됐다.

이 건물은 1926년 옛 조선 왕조의 정궐(正闕)이던 경복궁의 정면을 가로막고 세워진 뒤 일제 식민 통치의 심장부로 기능했다. 또한 일제 식민 통치가 막을 내린 1945년 이후에는 미 군정청으로, 정부 수립 이후에는 중앙청으로 쓰이다가 1986년부터는 국립중앙박물관으로 사용돼 왔다.

이날 광복절 기념식에는 5만여 명의 시민이 참여해 옛 총독부 건물의 중앙 돔 첨탑이 철거되는 장면을 지켜보았다. 김영삼 대통령은 민족 정기 회복을 위해 이 건물 철거가 반드시 필요하며, 조상의 유산인 소중한 문화재들을 옛 조선총독부 건물에 보관하는 것도 명백히 잘못된 일이라고 말했다. 이 건물이 철거된 후 경복궁은 원래 모습으로 복원되고, 이곳에 소장돼 있던 문화재들은 새 국립중앙박물관으로 옮겨질 계획이다.

시민들의 반응은 크게 엇갈리고 있다. 철거에 찬성하는 쪽에서는 식민 통치의 잔재를 청산하기 위해 이미 오래전에 처리해야 했던 일이라며 적극적인 환영의 뜻을 밝혔다. 해방된 조국의 서울 한복판에 옛 총독부 건물이 멀쩡히 남아있는 것은 한때 창경궁이 동물원으로 쓰였던 것만큼이나 치욕적인 일이라는 것이다. 그러나 다른 쪽에서는 부끄럽고 어두운 역사일수록 오히려 그 반복을 피하기 위한 교훈으로 후대에 남겨야 한다고 반박했다. 이들은 폴란드 정부가 나치의 집단 수용소인 아우슈비츠를 보전하고 있는 사례를 그 근거로 제시했다.

논란 속에서도 철거는 시작됐고 일제 강점기의 고난과 8·15해방의 기쁨, 한국전쟁의 비극과 4·19혁명의 열기를 함께하며 총독부, 군정청, 중앙청, 박물관으로 이름을 바꿔온 한 석조 건물은 이제 역사의 한 페이지 속으로 사라지게 됐다. 시원하면서도 섭섭한 일이다.

논란 끝에 해방 50주년인 1995년 8월 15일 옛 조선총독부 건물 철거 작업이 시작됐다. 사진은 총독부 건물 첨탑 철거 장면.

📖 국민 10분의 1을 '간첩'으로 만든
조정래 소설『태백산맥』

【1994년】여수·순천 사건부터 한국전쟁까지 약 5년간을 배경 삼아 분단 문제를 정면으로 다룬 소설『태백산맥』이 이적성 시비에 휘말렸다. 이 책이 국가보안법을 위반했다며 극우 단체가 조정래 작가를 고발하자, 경찰이 조작가를 조사해 사건을 검찰로 넘긴 것. 문학인들과 독자들에게서 '한국 최고의 소설', '가장 감명 깊게 읽은 책'으로 꼽힌 소설을 두고 트집을 잡고 있다는 것이 세간의 중평이다.

국가보안법으로 문학작품을 재단하려는 것 자체도 말이 안 되지만, 그들의 주장에 따르면 국민의 10분의 1 이상이 '이적표현물을 열독한 간첩'이 되는 셈이라는 점에서도 황당하다는 것.『태백산맥』은 400만 부 이상 팔린 스테디셀러이며, 빌려서 본 사람까지 포함하면 읽은 사람이 1,000만 명은 넘을 것으로 추정된다.

문화 동향 문화유산 답사 대유행

【1993년】문화유산이 대중의 삶 속으로 들어오고 있다. 답사 붐 덕분이다. 마이카로 상징되는 중산층 성장과 맞물린 답사 붐은 그동안 소수의 학자, 전문가의 전유물로 여겨졌던 문화유산을 대중의 품으로 돌려주고 있다.

답사 붐의 촉진제는 유홍준 영남대 교수가 지은『나의 문화유산 답사기』. 지난 5월 출간된 이 책을 통해 유 교수는 온 국토에 살아 숨 쉬는 역사의 숨결과 마을마다 남아 있는 문화유산의 오늘, 그리고 그에 얽힌 조상들의 숨결을 전하고 있다.

"사랑하면 알게 되고 알면 보이나니 그때에 보이는 것은 전과 같지 않으리라." 유 교수가 책을 통해 되살려낸 조선 정조 시대 문인 유한준의 말이다. 이에 공감해『나의 문화유산 답사기』를 손에 들고 삼삼오오 길을 떠나는 이들로 구석구석 문화유산이 없는 곳이 없는 한국은 조용히 들썩이고 있다.

▶ 작가 황석영 구속(1993) ▶ 북한, 단군이 5천여 년 전 실존 인물로 확인됐다며 단군릉 복원(1994) ▶ 한국에서 처음으로 '윤이상 음악제' 개최됨(1994)

제3세계 통신

땅과 평화의 교환, 성공할까

【1993년】 라빈 이스라엘 총리와 아라파트 팔레스타인 자치정부 수반이 노르웨이 오슬로에서 평화협정을 맺었다. 팔레스타인 독립국가 수립을 인정하고 이스라엘은 평화를 얻는다는 것이 골자다. '땅과 평화의 교환'으로 압축되는 이번 협정은 양측의 대립이 시작된 이래 최초로 맺어진 협정이다. 그러나 이스라엘 강경파는 "하느님이 약속해주신 땅을 나눠줄 수 없다."라며 반발하고 있다. 학살과 저항, 복수가 반세기 넘게 계속된 '예수의 땅'에 평화가 깃들 수 있을지 세계가 주목하고 있다.

예멘, 통일… 내전… 재통일

【1994년】 아라비아반도 서남쪽에 있는 예멘이 통일 4년 만에 홍역을 치렀다. 예멘은 사회주의 남예멘과 자본주의 북예멘으로 나뉘어 있다가 1990년 하나가 됐다. 그러나 정파 간의 갈등으로 올해 5월 다시 남북으로 갈라져 내전을 치른 것. 전쟁은 북예멘의 승리로 끝났지만, 무력에 의한 재통일은 예멘에 상당한 후유증을 남길 전망이다.

영국 기업 "석유는 내 것, 폐기물은 아프리카인 것"

【1995년】 영국의 세계적 석유기업 '로열 더치 셸'(셸)이 아프리카 최대 산유국 나이지리아에서 말썽이다. 셸은 석유를 시추해 막대한 이익을 거뒀지만, 원주민들은 그 때문에 숲이 파괴되고 강과 토지가 오염되는 환경 재앙에 직면했기 때문이다. 원주민들이 환경 파괴 중지를 요구했으나, 셸은 이를 무시하고 군사정부와 결탁했다. 셸의 지원을 받은 군사정부는 올해 셸의 횡포에 맞서던 환경운동가 9명을 교수형에 처했다.

에스파냐내전의 기록 〈랜드 앤 프리덤〉.

이제 쇼핑은 가족과 함께!

【1995년】 "오늘은 늘어지게 잘 테니 깨우지 마." 휴일에 이렇게 이야기하고 집안일은 나 몰라라 하는 '간 큰' 남편들이 줄고 있다. 맞벌이라 하더라도 집안일은 당연히 아내 몫이라고 생각하던 통념도 점점 약해지고 있다. 요즘 대세는 가사 노동 분담이다. 바람직한 변화다. 이에 따라 주부 혼자 장바구니를 들고 재래시장에 가던 예전과 달리, 부부가 아이들과 함께 장 보는 풍경이 흔해졌다.

달라진 것은 가족이 함께 간다는 점만이 아니다. 상당수는 이제 재래시장이 아니라 대형 할인 매장으로 향하고 있다. 수많은 물품을 구비한 대형

할인 매장을 층별로 다니며 먹을거리부터 옷가지까지 다양하게 구입한 후, 자가용 승용차로 운반하는 방식이다. 대형 할인 매장의 효시는 1993년 11월 서울 창동에 들어선 이마트. 영세한 동네 상점들은 공룡 같은 대형 할인 매장이 단골을 빼앗아갔다며 비명을 지르고 있다.

백화점에 웬 화생방 대비 복장?

【1994년 6월】 서울 시내 백화점의 비상용품 코너에 눈길을 끄는 전시물이 등장했다. 얼굴에는 방독면을 쓰고 우의를 입은 채 구급상자를 메고 있는 전시물이다(사진). 화학·생물학 무기가 사용됐을 때를 가정한 이 전시물이 등장한 것은 북한 핵 개발 문제로 전쟁 위험이 고조됐기 때문. 요즘 쌀, 라면, 부탄가스 등을 사재기하는 이들이 늘어난 것과 같은 맥락이다.

생수 시판 논란 5년 만에 막 내려

【1994년】 대법원은 3월 16일 '깨끗한 물을 마실 권리(행복추구권)'를 침해해선 안 된다.'라며 생수 시판을 허용한다고 판결했다. 외국인용만 허용하고 국내 시판은 불허하는 조건으로 1975년 제조가 허용된 생수의 시중 판매를 둘러싼 논쟁은 1989년부터 본격화됐다. 반대하는 이들은 생수 시판을 허용하는 것은 공공의 수돗물 정책을 사실상 포기하는 것이라고 주장해왔다. 정부는 내년 1월 1일부터 시판을 허용할 방침이다.

안중근, 가톨릭 복권 드레퓌스, 무죄 인정

【1995년】 오래 전의 잘못을 바로잡는 결정이 연이어 내려졌다. 9월 프랑스 육군은 독일 스파이라는 조작된 혐의로 종신형을 선고받았던 드레퓌스 대위가 무죄라고 101년 만에 인정했다. 혐의 조작 사실은 진작 밝혀져 1906년 프랑스 대법원은 드레퓌스를 복권시켰지만, 그동안 육군은 잘못을 인정하지 않았었다. 이에 앞서 1993년에는 한국 가톨릭 교단이 안중근 의사를 84년 만에 신자로 복권시켰다. 1909년 안 의사가 이토 히로부미를 사살하자, 가톨릭 교단은 안 의사가 살인범이라며 신자 자격을 박탈한 바 있다.

부고

▶ 문익환 (1918~1994) 목사. 민주화운동과 통일운동에도 헌신. 1989년 북한 방문.
▶ 조지프 니덤 (1900~1995) 영국 과학사가. 대표작인 『중국의 과학과 문명』을 통해 '동양의 과학 문명은 서양보다 뒤처졌다'라는 편견에 도전.
▶ 닉슨 (1913~1994) 미국의 정치가. 미국 대통령으로는 처음으로 중국 방문. 워터게이트 사건으로, 미국 대통령으로는 처음으로 재임 중 사임.

전사로 불렸던 시인

【1994년 2월 13일】 "한 나라의 대통령이라는 자가 / 외적의 앞잡이이고 수천 동포의 / 학살자일 때 양심 있는 사람이 / 있어야 할 곳은 전선이다 무덤이다 감옥이다."

1979년 남조선민족해방전선준비위원회(남민전)라는 민중운동 조직에 가입한 혐의로 수감됐다가 1988년 출소했던 시인 김남주가 췌장암으로 숨졌다. 향년 48세. 유장하면서도 강렬한 호흡으로 반외세와 분단 극복, 광주민주화운동, 노동 문제 등 현실의 모순을 질타하고 참다운 길을 적극적으로 모색하는 시를 써 왔다. 스스로 '시인'보다는 '전사'로 불리기를 원했던 것으로 유명하다.

▶ 영국과 프랑스 사이에 최초의 해저터널 개통(1994) ▶ 1980년대를 다룬 드라마 〈모래시계〉 열풍으로 '모래시계=귀가 시계'라는 표현 유행(1995)

근현대사신문

현대 18호

주요 기사 **2면** | IMF 구제금융 위기 (1997) **3면** | 금융 위기, 전 세계 강타 (1998) **4면** | 사설-국민 여러분, 안심하고 주무십시오 **4면** | 쟁점-워싱턴 컨센서스 **5면** | '중산층의 꿈' 무너지다 (1998) **6면** | 세계 최초 복제 동물 탄생 (1997) **7면** | 스크린쿼터제 논쟁 (1998) **8면** | 탈북, 고난의 기록

IMF 경제 위기

1980년대에 한국 경제를 어떻게 볼 것인가 하는 논쟁이 있었다. 한쪽에서는 한국 경제가 미국 등에 종속되어 있으며 경제가 발전할수록 종속이 강화되는 구조라고 진단했다. 다른 쪽에서는 한국 경제라고 해서 언제까지나 종속 경제에 머물라는 법은 없으며 선진국으로 나아갈 수 있다고 전망했다. 1987년 노동 운동의 폭발 이후 한국 경제는 새로운 국면을 맞았다. 이전보다 노동자의 권익이 향상되고 소득 분배도 폭넓게 이루어졌다. 선진국에만 있는 줄 알았던 대중 소비 시대가 한국에도 성큼 다가왔다. 그러면서도 생산성 향상은 지속되어 한국은 세계 10위권 무역대국에 진입하고 OECD에도 가입했다. 앞선 논쟁에서 선진국 진입을 전망한 쪽이 승리하는 것 같았다. 그런데 1997년 한국을 둘러싼 국제 금융 환경에 이상 신호가 감지되기 시작했다. 그것은 몇몇 나라의 외환을 고갈시킨 뒤 한국마저 집어삼킬 위기로 발전하여 다가왔다. 상승하던 한국 경제가 기로에 선 것이다.

사진 | 경제 위기를 맞이한 사람들의 모습

선진국 됐다더니 웬 날벼락

OECD 가입 1년 만에 구제금융 신청

IMF 구제금융 요청 사실을 발표하는 임창열 경제부총리(맨 왼쪽). 달러당 1,771원으로 치솟은 환율을 기재하는 은행 직원(가운데). 노숙자로 가득 찬 서울역 지하도(오른쪽).

【1997년 12월】 날벼락. 국제통화기금(IMF)에 구제금융을 신청한다는 정부 발표(11월 21일)는 국민들에게 그렇게 다가왔다. 외채는 1,500억 달러가 넘는데 외환 보유액은 40억 달러에도 못 미쳐 나라가 파산 직전이라는 설명이 믿기지 않았다. 정부는 불과 1년 전에 '선진국 클럽'이라는 경제협력개발기구(OECD)에 가입했다며 축포를 터뜨렸고 얼마 전까지도 "경제의 펀더멘털(기초)이 좋아 위기가 아니다."라고 거듭 강조했다. 위기를 경고하는 언론이나 지식인도 별로 없었다.

그러나 이러한 충격과 별개로 상황은 급박하게 돌아가고 있다. 정부는 점령군처럼 내한한 IMF 관계자들과 협상해 580억 달러의 구제금융을 받기로 했다. IMF는 그 조건으로 긴축 재정과 고금리 정책, 기업 구조 조정 등 강도 높은 조치를 내걸었고 정부는 이를 수용했다. 협상은 타결됐지만, 경제는 빠르게 붕괴하고 있다. 주가는 400선이 무너져 지난해의 절반 수준이고, 금리는 25퍼센트 넘게 폭등했다. 환율도 달러당 1,700원대로 치솟았다(지난해 말의 2배). 문 닫는 기업이 속출하면서 거리에 나앉는 이들도 늘고 있다.

이번 사태는 재벌의 방만한 경영과 정부의 잘못된 정책 때문이라는 분석이 지배적이다. 위기의 징후는 올해 초부터 분명히 나타났다. 한보철강을 시작으로 올해에만 대기업 12곳이 무너졌다. 국내외를 가리지 않고 무분별하게 빚을 내어 사업을 늘린 재벌들이

'햇볕'이 금강산 길 열었다 정권 교체 후 남북 화해 결실

【1998년 11월 18일】 분단 이후 최초로 금강산 관광 길이 열렸다. 관광객 826명 등 1,418명을 태운 금강호가 오늘 금강산 관광을 위해 동해항에서 북한의 장전항을 향해 첫 출항을 한 것(사진). 국민들은 "남북 화해의 상징이 될 것"이라며 환영하는 분위기다.

이번 일은 김정일(56) 북한 국방위원장과 정주영 현대그룹 명예회장이 체결한 합의서에 따른 것이다. 6월과 10월, 소떼(각각 500마리와 501마리)를 이끌고 판문점을 거쳐 육로로

방북했던 정 명예회장은 대북 경제협력 사업에 적극적이다. 정 명예회장은 1980년대 말에도 북한을 방문해 경제협력 사업의 가능성을 타진한 바 있다

(관련 기사 15호 6면).

아울러 금강산 관광의 배경에는 '햇볕 정책'이 있다는 것이 중론이다. '햇볕 정책'은 정부 수립 이후 50년 만에 최초로 선거를 통한 정권 교체를 이룬 김대중(74) 대통령의 대북 화해 협력 정책이다. 지난 8월 북한에서 발사한 대포동 1호(광명성 1호)가 일본을 넘어 태평양에 떨어지면서 한반도 주변에 긴장감이 고조되기도 했지만, 김 대통령은 강경 정책으로 회귀하는 대신 '햇볕 정책'을 고수하고 있다.

북한, '고난의 행군' 끝

【1998년】 연이은 가뭄, 홍수 등으로 인한 극심한 식량난 극복을 위해 '고난의 행군'을 선포했던 북한이 다소 안정을 찾으면서 '고난의 행군'을 '강행군'으로 대체했다. 또한 9월에 헌법을 개정, 주석제를 폐지하고 김정일 국방위원장 체제를 공식 출범시켰다. 김 위원장은 북한이 여전히 어려운 점을 내세워 군대를 당보다 앞세우는 '선군 정치'를 펼치고 있다.

▶ 북한 잠수함 침투 사건(1996) ▶ 북한 노동당 국제 담당 비서 황장엽, 남측으로 망명(1997) ▶ '소통령' 김현철, 비리 혐의로 구속(1997) ▶ DJP 연합(1997)

위기!! 금융 위기, 전 세계 강타
동남아시아 · 브라질 · 러시아도 구제금융

1998년 8월, 금융 위기에 휘말린 러시아의 모스크바은행 앞에 사람들이 길게 줄을 서서 자기 차례를 기다리고 있다.

(30대 재벌의 평균 부채 비율은 자기 자본의 5배를 넘는다) 무너지면서 돈을 빌려준 금융기관들도 부실 덩어리가 됐다. 그런데 정부는 방만한 경영을 규제하기는커녕 OECD 가입을 위해 준비가 덜 된 상태에서 자본시장의 개방을 확대해 문제를 키웠다. 박정희 정부 이래 외형 성장에 치중해온 관행이 끝내 화를 부른 셈이다.

【1998년】 세계가 금융 위기로 몸살을 앓고 있다. 동남아시아발 금융 위기가 다른 대륙까지 급속히 퍼졌기 때문이다. 출발지는 타이이다. 지난해 7월 외국 자본의 대규모 이탈로 휘청한 타이는 한 달 후 201억 달러의 IMF 구제 금융을 받았다. 위기는 동아시아 전반으로 확산됐다. 결국 인도네시아가 11월에 400억 달러의 구제금융을 받았고, 한국도 휘말렸다. 불똥은 러시아와 라틴아메리카로 튀었다. 금리가 150퍼센트까지 치솟는 등 위기에 시달리던 러시아는 올해 7월 230억 달러의 구제금융을 받았지만, 결국 모라토리엄(채무 지불 유예)을 선언했다. 이어서 브라질도 구제금융(415억 달러) 대상국으로 전락했다. 대다수 전문가는 이번 위기가 금융 세계화에서 비롯됐다고 보고 있다. 핫머니(투기성 국제유동자금)의 압박으로 인한 환율 폭등이 적절한 규제 없는 금융시장 개방 및 자유화와 결합하면서 위기를 세계로 확산시켰다는 분석이다. 한편 구제금융 신청국들이 환율 및 자본 통제를 완화한 것과 달리, 말레이시아는 위기를 겪은 후 이에 대한 통제를 강화해 눈길을 끌고 있다.

프랑스, 주 35시간 노동제

【1998년, 파리】 프랑스에서 역사적인 실험이 시작됐다. 주 35시간 노동제를 도입하기로 한 것. 지난해 총선에서 실업률 감소를 최우선 공약으로 내걸고 승리한 좌파 연합 정부(총리 리오넬 조스팽)는 임금 삭감 없이 법정 노동시간을 주 39시간에서 35시간으로 줄이는 정책을 2000년부터 각 사업장에 단계적으로 적용하기로 결정했다. 1인당 노동시간을 줄이고 일자리를 나눠 실업 문제를 해소하겠다는 논리다. 생산성 향상에 따라 노동시간을 줄여 삶의 질을 높여온 인류사의 흐름에 부합하는 선택이라는 판단도 깔려 있다.

홍콩, 155년 만에 중국 품으로

【1997년 7월 1일】 '동양의 진주' 홍콩의 하늘에서 유니언잭(영국 국기)이 내려오고 오성홍기(중국 국기)가 나부끼기 시작했다. 이날 영국은 홍콩을 중국에 반환했다. 아편전쟁 패배 후 난징조약(1842년)을 통해 중국이 홍콩을 내준 지 155년 만이다. 중국 인민해방군은 국경을 넘어 홍콩을 접수했고, 영국의 찰스 왕세자와 마지막 총독 크리스 패튼은 요트를 타고 퀸즈피어(여왕의 부두)를 통해 홍콩을 떠났다.

중국에 반환됐지만 홍콩에서는 50년 동안 현 체제가 유지된다. 사회주의 중국 내에 존재하지만 고도의 자치권을 지닌 자본주의 특별행정구로서 표현, 집회, 결사의 자유 등 서구식 권리도 보장된다. 일국양제(한 나라, 두 체제) 실험은 반환 협상이 타결된 1984년 합의를 바탕으로 제정된 홍콩기본법에 따른 조치다.

중국인들은 환호하고 있다. 이번 일을 서구 제국주의에 당했던 과거의 치욕에서 벗어나 중국이 세계에 우뚝 서는 계기로 여기기 때문이다. 그러나 홍콩인들은 설렘과 불안이 교차하는 표정이다. 일부 서구 언론에서는 '금융 허브 홍콩의 사망'을 예견하는 섣부른 전망도 나오고 있다. 역사적인 일국양제 실험과 떠오르는 중국에 세계의 관심이 쏠리고 있다.

▶ 포괄적 핵실험금지조약 채택(1996) ▶ 몽골, 75년 만에 공산주의 통치 종결(1996) ▶ 미·일방위협력지침 합의(1997) ▶ 인도네시아 독재자 수하르토 사임(1998)

국민 여러분 안심하고 주무십시오

1997년 여름에 쿠바를 다녀왔다. 플로리다 만을 사이에 두고 마주보이는 미국의 번영을 생각하면 초라하기 그지없는 나라와 그 속에서도 미소를 잃지 않고 낙천적으로 살아가는 쿠바 사람들이 안돼 보였다. 그리고 그해 겨울, 텔레비전에서 임창열 부총리가 미국으로부터 IMF 위기에 대한 경제 지원을 받기로 했다면서 "국민 여러분, 안심하고 주무십시오."라고 말하는 것을 보고는 문득 쿠바 사람들의 미소가 떠올랐다. 미국이 돈을 꿔 주어야 안심하고 잠을 청할 수 있는 나라에 살면서 쿠바 사람들을 얕보았던 태도가 문득 부끄러워졌다.

경제 규모로 보아 한국의 상대가 안 되고, 주객관적인 조건이 매우 다른 쿠바를 예로 들어 위기의 한국 경제를 돌아보는 것은 물론 과잉 반응이다. 그러나 거침없이 선진국을 향해 직진하고 있는 줄 알았던 한국 경제가 사실 얼마나 취약하고 대외 의존적인 구조 위에 서 있었는지는 이번 기회에 냉엄하게 되돌아보아야 한다. 쿠바처럼 미국에 대들고 자립 경제를 추구하는 것만이 대안이라고는 생각하지 않는다. 그러나 이번 위기처럼 안으로는 부실을 쌓고 밖으로는 국제 금융자본의 움직임에 따라 휘청거리는 경제 구조는 심각한 문제를 안고 있다. 이처럼 취약한 구조를 안고 있었으면서도 외형적인 성장에 취해 선진국의 꿈에 젖어 있던 우리의 모습이 다시 한 번 부끄러워진다. 이런 어려움이 닥쳤을 때 외국에 손을 벌리지 않아도 자신의 회복 능력을 믿으며 잠들 수 있는 한국인이 되고 싶다.

신자유주의의 제3세계 길들이기

워싱턴 컨센서스의 본질

IMF는 한국 등 구제금융을 제공 받는 나라들에 고강도 구조 조정을 주문하고 있다. 이 프로그램은 미국 행정부와 IMF, 세계은행이 있는 워싱턴에서 이뤄진 합의라는 뜻에서 '워싱턴 컨센서스'로 불린다. 최근 이 프로그램에 대한 비판이 늘고 있다. 처방대로 했지만 성공한 사례가 별로 없다는 비판이다. 그 논란을 살펴본다.

【1998년】 외환 위기를 맞아 국제통화기금(IMF) 구제금융을 받아들이면서 한국 사회가 빠르게 재편되고 있다. IMF는 단지 돈을 빌려주는 것 뿐만 아니라 한국의 기존 경제 질서와는 다른 구조로 거듭날 것을 강도 높게 주문하고 있다. 한국을 비롯한 아시아 자본주의가 '끼리끼리' 문화에 물들어 있으니 '선진' 프로그램에 따라 경제의 체질을 바꿔야 한다는 논리다.

그림마당 | 이은홍

이 프로그램은 국제사회에서 '워싱턴 컨센서스(Consensus)'로 불린다. 1989년 미국 국제경제연구소의 존 윌리엄슨이 라틴아메리카 국가들에 필요한 '개혁' 처방을 가리키며 처음 사용한 이 말은 그 후 IMF와 세계은행이 제3세계나 새로 자본주의를 도입하는 나라들에 강제하거나 권고하는 구조 조정 처방을 가리키는 용어가 됐다. 당시 윌리엄슨은 긴축 재정, 공공 부문 지출 삭감, 외환·자본시장 개방, 변동환율제, 무역 자유화, 탈규제, 민영화 등 10가지를 제시했다.

이러한 워싱턴 컨센서스에 의한 구조 조정이 뚜렷한 성과를 내지 못하자 이에 대한 비판이 늘고 있다. IMF는 워싱턴 컨센서스라는 말로 정리되기 전에 이미 1982년 멕시코를 시작으로 같은 처방을 내려 왔다(관련 기사 13호 5면). 멕시코는 IMF의 강력한 주문에 따라 자본시장을 활짝 열었다가 1994년 커다란 금융 위기를 맞았다. 소련 붕괴 후 IMF에서 권고한 '충격 요법'을 받아들였던 러시아도 올해 위기에 휩쓸렸다(관련 기사 3면). 이 뿐 아니라 빈부 격차가 급격히 커지고 알짜 기업들이 헐값에 투기 자본의 손에 넘어가는 문제도 공통적으로 발생했다. 선진 프로그램이란 포장과 달리 사실상 미국을 위한 신자유주의 규범이 아니냐는 비판이 나오는 이유다.

박세리 맨발 투혼, IMF 시름 날렸다

【1998년】 골프가 화제다. 골프장 구경도 한 적이 없는 이들도 모이면 버디, 이글 등 낯선 골프 용어들을 자연스레 구사하고, 아이들에게 골프를 가르쳐야 할지 고민하는 부모도 늘었다. 데뷔 첫 해에 두 개의 메이저 대회에서 최연소 우승을 일구며 세계를 깜짝 놀라게 한 박세리(21) 선수 때문이다.

박세리 열풍은 단지 뛰어난 성적에서만 비롯된 것이 아니다. 미국 여자 골프 대회인 US오픈에서 거듭 찾아온 위기를 딛고 연장 접전 끝에 역전 우승을 이뤄낸 투지가 그 근원이다. 특히 공이 연못 바로 옆 풀숲에 걸려 빠지기 직전이던 절체절명의 상황에서도 포기하지 않고, 양말까지 벗고 물에 들어가 침착하게 공을 살려낸 모습은 외환 위기로 자신감을 잃었던 한국인들에게 힘을 불어넣었다. 그때 드러난, 훈련으로 시커멓게 탄 종아리와 하얀 발이 아름다웠다는 국민이 많다.

▶ 노동법 및 안기부법 개악 저지를 위한 총파업(1996~1997)　▶ 한국 경제, 18년 만에 마이너스 성장(1998, 마이너스 6.7퍼센트)

정리 해고 바람에 중산층 꿈 '폭삭'

무너진 평생 직장, 일상이 된 고용 불안… 20대 80 사회로

【1998년 12월】찬바람 부는 새벽 서울역 대합실. 의자에 꾸부정하게 앉아 졸고 있는 노숙자들이 여럿 눈에 띈다. 국제통화기금(IMF) 구제금융 위기 여파로 노숙자가 급증하면서 전국 곳곳에서 볼 수 있는 풍경이다. 상당수는 번듯한 직장에 다니다가 회사가 문을 닫아 실업자가 되거나, 구조 조정의 칼바람에 맞아 직장에서 쫓겨난 이들이다.

이처럼 IMF가 구조 조정을 강제하고 상당수 기업이 비용을 줄이기 위한 손쉬운 방법으로 인력 감축을 택하면서 해고 바람이 불고 있다. 특히 1996년 날치기로 법제화됐으나 총파업에 밀려 좌절됐던 정리 해고가 올해 2월 도입되면서 실업자는 급격히 늘고 있다. 회사에 청춘을 바친 직원을 명예퇴직의 이름으로 자르고, 부서별 할당량에 따라 퇴출당할 동료를 '찍어내는' 살풍경이 곳곳에서 벌어지고 있

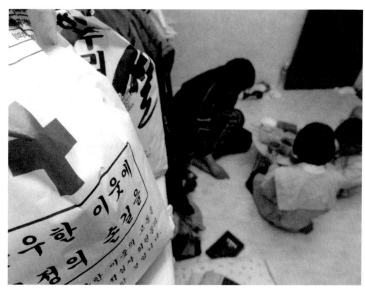

IMF 구제금융 위기로 정리 해고 등으로 인한 실직이 확산되면서 붕괴하는 가정이 늘고 있다. 사진 속 소녀도 부모가 집을 나간 탓에 두 동생을 직접 돌보며 지내고 있다.

다. 평생 직장 개념은 옛 이야기가 되고, 그 자리엔 일상이 된 고용 불안이 들어섰다. 정리 해고와 함께 노동자 파견제가 도입돼 비정규직이 늘면서 고용 불안은 더 확산되고 있다. 특히 여성 노동자의 문제는 심각하다. 이 때문에 '고통을 떠넘기고 있다.'라는 비판과 'IMF는 I aM Fired(나 해고됐어)

의 줄임말'이라는 자조 섞인 항변을 하는 노동자가 늘고 있다. 이런 분위기가 생산성 저하로 이어질 것이라는 우려도 있지만, 정리 해고 바람은 멈출 기미가 보이지 않는다.

이와 함께 실업으로 인해 붕괴한 가정도 늘어가고 있다. 결식 아동이 2년 전에 비해 10배 이상 늘어날 만큼 급증하고, 직장을 잃고 자녀를 아동보호소에 맡기는 부모가 늘면서 '열심히 일하면, 부자는 못 되더라도 단란한 중산층 가정은 이룰 수 있다.'던 믿음이 산산조각 나고 있다.

이와는 대조적으로 일부 부유층은 가격이 폭락한 알짜배기 주식과 부동산 등을 헐값에 매입하며, 큰돈을 벌 좋은 기회가 될 수 있는 IMF 위기를 은근히 반기는 분위기다. 한국 사회는 인구의 상위 20퍼센트가 부의 80퍼센트를 소유하는 20 대 80 사회로 빠르게 재편되고 있다.

어린이가 기관총을 난사하는 땅

시에라리온 군벌들이 내전에 어린이까지 동원

【1998년】아프리카 서부 시에라리온. '람보 키즈'로 불리는, 채 열 살도 안 된 어린이들이 기관총을 난사하는 땅이다. 1991년 내전 발발 후 다이아몬드 등 풍부한 천연자원을 놓고 싸우는 군벌들이 어린이를 병사로 동원하고 있는 것. 핏빛 다이아몬드(bloody diamond)를 팔아 구입한 무기로 다시 내전을 벌이는 악순환이다.

시에라리온만이 아니다. 10년 가까이 내전 중인 이웃나라 라이베리아, 아프리카 중부의 콩고민주공화국과 부룬디 등에서도 어린이는 전장으로 내몰리고 있다. 전 세계의 어린이 병사 중 3분의 1이 아프리카에 있으며 소녀

병사들을 상대로 성폭력도 횡행한다.

서구의 책임도 크다는 목소리가 높다. 다이아몬드 생산 과정을 뻔히 알면서도 모른 척 구매하고 있다는 지적이다. '개발 원조'가 위선에 가깝다는 비판도 있다. 1996년에 드러난 것처럼, 1년에 '개발 지원금'으로 아프리카에 들어온 돈이 약 200억 달러인데 빚을 갚기 위해 아프리카로부터 빠져나간 돈이 약 300억 달러로 훨씬 많다는 점에서다. 아프리카를 '부채의 덫'으로 몰아넣고 이자놀이를 하고 있다는 것. 환자들에게 절실한 의약품 가격을 높게 책정하는 것도 문제로 지적되고 있다.

'미친 소' 공포에 유럽 '벌벌'

영국에서 인간 광우병 환자 발생

【1996년】유럽이 '미친 소' 공포에 휩싸였다. 크로이츠펠트 야코브병(광우병, CJD)이 인간에게도 전염된다는 사실이 확인됐기 때문이다. 소에게 동물의 뼈와 고기로 만든 사료를 먹임으로써 생기는 광우병의 원인체는 프리온이라는 변형 단백질로 알려져 있다. 그런데 올해 영국에서 광우병에 감염된 소의 신경 조직이 포함된 제품을 섭취한 사람에게 변종 크로이츠펠트 야코브병(인간 광우병, vCJD)이 발생했다는 사실이 드러난 것. "인간에게 전염된다는 과학적 증거가 없다."라고 강변하던 영국 정부는 뒤늦게 30개월령 이상 소를 소각하

고 동물 사료 수출을 금지하겠다고 발표했지만, 유럽 전역이 벌벌 떨고 있다. 영국으로부터 수입한 소와 동물 사료의 양이 적지 않기 때문이다. 유럽 각국이 영국산 쇠고기와 동물 사료 수입 금지 조치를 긴급히 취했지만, 공포는 쉬이 가라앉지 않을 전망이다.

동물성 사료를 먹여 '미친 소'를 만들어낸 이들을 비판하며 시위하는 영국 시민들(1996년).

▶ 국민학교 명칭을 초등학교로 변경(1996) ▶ 독일 다임러-벤츠, 미국 크라이슬러사와 합병(1998) ▶ 정부, 기업 구조 조정 및 공기업 민영화 가속(1998)

세계 최초의 복제 동물 돌리 태어나다

인간 복제 우려 속 영장류 복제 연구도

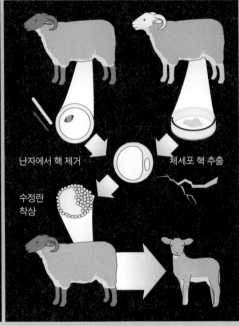

복제 양 돌리(왼쪽). 돌리는 핵을 제거한 난자에 체세포에서 추출한 핵을 이식해 수정란을 얻은 후 대리모의 자궁에 착상하는 방식으로 탄생했다(오른쪽).

난자에서 핵 제거　　체세포 핵 추출

수정란
착상

【1997년, 영국】세계 최초의 복제 동물이 탄생했다. 최근 영국 로슬린 연구소의 이언 윌머트 등은 복제 양이 지난해 7월 5일 태어나 7개월째 정상 성장해온 사실을 공개했다. 이들은 이런 내용을 『네이처』 2월 27일자에 정식으로 발표했다. 이 세계 최초 복제 동물의 이름은 '돌리'이다.

윌머트 등은 '원본' 양으로부터 얻은 체세포 핵을 안이 비어 있는 다른 양의 난자에 집어넣었다. 이렇게 해서 얻은 수정란을 제3의 양의 자궁에 착상해 돌리를 만들었다. 겉보기에는 세 마리의 양이 관여했지만, 이런 과정을 거쳐 탄생한 돌리는 체세포 핵을 제공한 원본과 마치 일란성 쌍둥이처럼 유전자가 똑같다. 돌리의 탄생으로 전 세계는 큰 충격을 받았다. 포유류인 양을 복제할 수 있다면 '복제 인간' 등장도 시간 문제이기 때문이다. 가톨릭 교황청은 곧바로 "동물 복제 연구 중단"을 촉구했다. 유럽연합과 미국 정부도 동물 복제가 인간 복제로 이어지지 않도록 뒤늦게 규제 방법을 마련하는 데 나섰다.

그러나 이런 움직임을 놓고 회의적인 반응도 만만치 않다. 이미 복제 동물이 세상에 선보인 상황에서 제2, 제3의 동물 복제나 거기서 더 나아가 인간 복제를 막는 것은 불가능하다는 것이다. 실제로 한국을 비롯한 세계 곳곳에서 많은 과학자들이 양뿐 아니라 소·고양이·개 심지어 인간과 유전자가 비슷한 영장류의 복제에 대한 연구에 박차를 가하는 상황이다.

인간 배아 줄기세포 최초 확립

【1998년, 미국】제임스 톰슨 등은 『사이언스』에 인간 배아에서 줄기세포를 추출해 배양하는 데 성공했다고 공개했다. 줄기세포는 인간의 뼈·근육·혈액 등이 될 수 있는 세포로 흔히 '만능 세포'로 불린다. 동물이 아닌 인간배아의 줄기세포가 배양되기는 처음이다.

일부 과학자는 인간 배아에서 추출한 줄기세포를 특정 신경·근육·장기 등으로 만들 수 있다면 난치병 치료에 큰 도움이 되리라고 전망한다. 그러나 생명 윤리 논란 등 넘어야 할 장애물이 한두 가지가 아니다. 줄기세포를 얻으려면 인간이 될 수 있는 배아를 파괴해야 하기 때문이다.

난치병 치료의 가능성을 회의하는 의견도 있다. 어디로 튈지 모르는 줄기세포를 통제해 원하는 특정 기관을 얻는 것이 쉽지 않고, 얻더라도 환자 치료 과정에서 심각한 면역 거부 반응을 유발할 가능성도 있다는 것이다.

『도둑 맞은 미래』, 화학 물질 피해 고발

【1996년, 미국】책 한 권이 미국 전역을 공포로 몰아넣었다. 제목부터 섬뜩한 『도둑 맞은 미래』(테오 콜본 등 저)가 바로 그것이다. 이 책의 저자들은 일상생활에 널리 쓰이는 온갖 화학물질이 인체 안에서 호르몬을 교란하는 역할을 하는 사실을 고발했다. 이들의 주장을 보면, 몸속으로 들어온 온갖 화학물질이 마치 호르몬처럼 곳곳에서 성장, 발육, 생식에 관여해 몸을 망친다.

특히 이런 화학물질은 생식 기능에 영향을 준다. 몸속으로 들어온 특정 화학물질이 여성 호르몬 행세를 하면서 남성의 생식력을 떨어뜨리고, 고환암·유방암 등의 부작용을 낳기 때문이다. 흔히 '환경 호르몬'이라 불리는 이런 화학물질의 폐해는 이미 어류·조류 등에서 나타나고 있다. 환경 호르몬과 같은 화학물질을 그대로 두면 인류의 미래는 없다. 『도둑 맞은 미래』의 결론이다.

▶ 미국항공우주국(NASA), '화성 운석을 조사한 결과 원시 생명체의 흔적을 발견했다.'라고 발표(1996) ▶ 한국, 세계 최초로 CDMA 기술 상용화(1996)

"문화는 경제 논리로 환원할 수 없다"

스크린쿼터 폐지 움직임에 영화인들 거센 반발

【1998년 12월 1일, 서울】 영화는 단순한 상품인가, 아니면 한 사회의 문화를 담는 그릇인가. 과도한 이분법에 불과할 이러한 물음이 근래 한국 사회의 뜨거운 화두가 되고 있다. 상영관마다 매년 146일 이상(조건에 따라 최소 106일 이상) 의무적으로 한국 영화를 상영하도록 규정하고 있는 스크린쿼터(screen quota) 제도를 둘러싼 논쟁 때문이다.

지난 7월 외교통상부는 한·미투자협정 체결을 위한 협의 과정에서 미국 쪽 요구에 따라 스크린쿼터 제도를 폐지하는 것이 바람직하다고 밝혔다. 이 제도가 '상품'의 자유로운 교역을 가로막고, 한국 관객의 영화 선택권을 부당하게 제한하며, 장기적으로 한국 영화의 국제 경쟁력을 저해할 것이라는 주장이다.

이에 대해 영화인들과 시민사회단체 그리고 주무 부서인 문화관광부까지 일제히 반발하고 있다. 특히 영화인들은 '스크린쿼터 사수 범영화인 비상대책위원회'를 결성하고 이날 광화문 앞에서 한국 영화 장례식까지 치렀다.

최민식, 송강호, 차인표, 신현준, 한석규, 진희경, 방은진 등 영화인 700여 명은 1998년 12월 자신들의 영정 사진을 들고 나와 한국 영화 장례식을 치렀다.

이들은 영화 제작을 전면 중단하겠다는 극단적인 대응책까지 내놓고 있다. 스크린쿼터가 단순히 경제 논리가 아니라 '문화 주권' 차원에서 반드시 유지돼야 한다고 보는 이들은 이 제도가 폐지될 경우 한국 영화가 막대한 자본력을 앞세운 미국 할리우드 영화에 밀려 고사할 것이라고 우려하고 있다. 문화는 통상 협정에서 예외라며 문화 다양성 운동을 벌이는 프랑스에서 배워야 한다는 주장이다.

이날 영화인 시위에는 안성기, 문성근 등 인기 배우와 유명 감독들도 대거 참여했다. 임권택 감독은 "영화는 우리 고유 정체성을 살려내는 데 가장 적절한 매체"라며 스크린쿼터 제도를 강하게 옹호했다. 여론도 이제 갓 걸음마를 뗀 한국 영화가 더 성숙할 때까지는 일정한 보호 조치가 필요하다는 쪽이 대부분이어서, 귀추가 주목되고 있다.

예술품 가위질하는 시대, 막 내린다

영화·음반 사전 심의 철폐… 주역은 정태춘

【1996년 10월 31일】 국가기관이 예술품을 제멋대로 가위질하는 악령이 사라질 전망이다. 헌법재판소는 오늘 '공연윤리위원회의 심의는 사전 검열'이라며 음반 사전 심의 제도가 위헌이라고 결정했다. 창작자들에게 자기 검열을 강제해 온 음반 사전 심의는 일제 때부터 내려온 악습. 철폐 주역은 주류 대중음악계가 아닌 정태춘이다. 인기 가수 출신이면서도 1987년 이후 낮은 곳의 삶과 함께한 정태춘은 홀로, 끈질기게 싸웠다. 그는 사전 심의를 거부하고 〈아, 대한민국〉(1990), 〈92년 장마, 종로에서〉(1993) 등 비합법 음반을 발매했다. 화재로 죽은 도시 빈민 어린이들, 민주화운동 중 의문사한 대학생 등 사회성 짙은 작품이지만 서정성도 탁월하다는 평을 들었다. 그러나 사전 심의 거부를 이유로 불구속 기소 처분을 받자 정태춘은 음반 및 비디오물에 관한 법률에 대해 위헌법률심판제청을 신청, 오늘 드디어 승리한

것. 이에 앞서 헌법재판소는 이달 4일, 영화 사전 심의 제도도 위헌이라고 결정했다. 영화법에 관한 위헌법률심판 제청은 전교조를 소재로 한 〈닫힌 교문을 열고〉와 광주민주화운동을 다룬 〈오 꿈의 나라〉를 상영했다가 기소된 이들이 신청한 것이다.

일본 영화 첫 개봉

【1998년】 일본 영화가 해방 후 53년 만에 한국에서 개봉됐다. 지난해 베네치아영화제 황금사자상 수상작인 〈하나비〉다. 일본 대중문화를 단계적으로 개방한다는 지난 10월 정부 발표에 따른 개봉이다. 마니아 층을 중심으로 은밀히 유통되던 일본 대중문화의 1차 개방 대상은 영화·비디오·만화다. 〈하나비〉가 동원한 서울 관객은 약 6만 명. 일본 대중문화가 곧바로 한국을 집어삼킬 것이라는 우려에 미치지 못하는 계면쩍은 성적이다.

▶ 제1회 부산국제영화제 개최(1996) ▶ 4·3을 다룬 다큐멘터리 〈레드헌트〉를 상영한 서준식 인권운동사랑방 대표, 국가보안법 위반 혐의로 구속(1997)

불가촉천민 대통령 탄생

【1997년】 인도에서 최초로 불가촉천민 대통령이 탄생했다. 7월 당선된 나라야난(76) 대통령이다. 불가촉천민은 카스트제도에서 가장 밑바닥 계층으로, 닿기만 해도 '오염'되는 부정(不淨)한 사람들로 낙인찍혀 극심한 차별을 당해왔다. 영국에서 독립한 후 법적으로는 카스트제가 폐지됐지만 사회적 차별은 남아 있다는 점에서도, 불가촉천민 대통령의 탄생은 주목할 만하다.

미국 경제 제재로 굶어 죽는 이라크 어린이가 매달 6천 명

【1998년】 1991년 '걸프전' 이후 계속되고 있는 이라크에 대한 미국의 경제 제재가 국제적 비난 대상이 되고 있다. 유엔의 이라크 구호 담당 조정관 데니스 핼리데이는 경제 제재 때문에 "매달 어린이 6,000명이 굶어 죽고, 평범한 사람들의 인권이 무시되고 있다."라고 항의하며 사임했다. 이러한 지적대로 경제 제재 때문에 생필품 공급이 극도로 제한돼 굶어 죽고 치료를 못 받아 죽는 사람이 부지기수이며, 전쟁으로 파괴된 상하수도 등 기반 시설 복구도 이뤄지지 않으면서 오염된 물로 인한 질병도 확산돼 사망자가 더욱 늘고 있다. 국제 인권 단체들은 경제 제재로 인한 사망자가 적어도 50만~100만 명에 이를 것으로 추산하고 있다. 걸프전 이전에만 해도 아랍에서 가장 높은 수준의 의료 시설을 갖추고 5세 이하 유아사망률도 세계 최저 수준이던 이라크의 비참한 오늘이다.

발칸 '인종 청소' 악몽 재연

【1998년】 동유럽에서 '인종 청소' 악몽이 재연됐다. 세르비아계(동방정교회)인 밀로셰비치 유고연방 대통령은 코소보 자치주에서 알바니아계(이슬람교) 게릴라의 저항이 심해지자, 알바니아계 주민 1만여 명을 학살하고 80만 명 이상을 추방했다. 코소보는 중세에 세르비아왕국의 중심지였으나, 1389년 오스만튀르크에 패하면서 10만이 넘는 세르비아인이 목숨을 잃은 곳으로, 세르비아인들이 성지처럼 여기는 곳이다.

피노체트, 영국에서 체포돼

【1998년】 칠레의 전 대통령 피노체트가 집권기에 에스파냐 국민을 살해한 혐의로 에스파냐 법원의 요청에 따라 영국에서 체포됐다. 칠레 정부는 석방을 요구하고 있지만, 칠레에선 체포 지지 시위와 반대 시위가 동시에 벌어지고 있다. 피노체트와 돈독한 관계인 대처 전 영국 총리는 '이번 체포는 내정간섭'이라며 석방을 위해 동분서주하고 있다.

새터민 김씨의 공화국 탈출기

【1998년】 '한 해가 10년 같다.' 김씨가 지난 몇 해를 돌아볼 때마다 드는 생각이다. 북한에서 태어나 평범하게 살아가던 김씨의 삶이 흔들린 건 4년 전이었다. 그때 절대적인 존재로 믿었던 김일성 주석이 사망하고, 큰물(홍수) 피해를 비롯한 재해가 겹치면서 농업이 크게 흔들렸다. 자고 일어나면 굶어 죽은 '인민'들을 볼 수 있던 때였다. 경제가 극도로 어려워지면서 '공화국'을 탈출하는 '인민'도 늘었다. 김씨도 가족과 함께 목숨을 걸고 국경을 넘어 중국으로 갔지만, 그것은 고생의 끝이 아니라 시작이었다. 인신매매로부터 가족을 보호하는 동시에 단속도 피해야 했다.

천신만고 끝에 대한민국으로 왔지만, 아직 마음을 놓을 수 있는 처지는 아니다. 한국에 오기 위해 어쩔 수 없이 도움을 받아야 했던 브로커를 떼어내는 일도 만만치 않고, 한 번도 겪어보지 않은 자본주의에 적응하는 일은 더욱 걱정스럽다. 희망과 불안이 교차하지만 이젠 돌이킬 수 없기에, 김씨는 "빨리 적응해서 공화국에 남겨둔 친척들을 데려와야 한다"는 결의를 다지고 있다.

백범 살해범 피살

【1996년】 백범 김구를 암살한 안두희가 10월 23일 김구를 흠모하는 버스 기사 박기서가 휘두른 정의봉(正義棒)이라는 몽둥이에 맞아 죽었다. 47년 전 김구를 암살한 후 복역 중 2계급 특진을 한 안두희는 훗날 장교로 복귀했고, 제대 후에는 군납 사업을 하며 많은 돈을 번 것으로 전해지고 있다. 그러나 암살 배후 등에 대해서는 제대로 밝히지 않았다. 이번 사건을 두고 "늦었지만 죗값을 치렀다."라는 의견과 "그래도 사형(私刑)은 부적절하다."라는 견해가 엇갈리고 있다.

살인 부른 '신문 전쟁'

【1996년】 7월 15일 경기도 고양시에서 『조선일보』 직원 1명이 숨졌다. 신문보급권 문제로 시비를 벌이다 『중앙일보』 지국 직원들이 휘두른 칼에 맞아 숨진 것. 한 달 신문 구독료보다 몇 배 비싼 각종 경품과 무가지를 대량 살포하는 등 과도하게 경쟁하며 신문 시장을 혼탁하게 한 '신문 전쟁'이 끝내 살인이라는 참극으로 이어진 것이다. 또한 『조선일보』와 『동아일보』는 『중앙일보』 및 그 모그룹인 삼성을 비판하는 기사를 쏟아내고, 『중앙일보』는 『조선일보』와 『동아일보』의 사주 비리를 집중 취재하고 있다. 혼탁해질 대로 혼탁해진 신문 시장을 사회적으로 규제하고 공정한 경쟁을 유도할 방안이 절실한 상황이다.

IMF 위기, 코끼리 패션도 바꿨다

【1998년 1월】 IMF 구제금융 위기로 코끼리가 옷을 입었다. 경제가 어려워졌는데 왜 코끼리한테까지 옷값을 낭비하느냐고? 용인 에버랜드 동물원은 경제 위기로 인한 연료 절감을 위해 사육장 온도를 2도 낮추기로 하고, 더운 나라 출신인 코끼리에게 내복(?)을 입혔다고 밝혔다(사진).

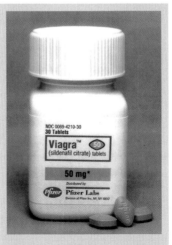

1998년 3월, 비아그라(사진) 시판이 허용됐다.

부 고

▶ 김광석 (1964~1996) 가수. 서정적이고 깊이 있는 선율로 대중을 감동시켰다. 〈서른 즈음에〉, 〈이등병의 편지〉 등 수많은 애창곡을 남겼다.
▶ 덩샤오핑 (1904~1997) 중국의 혁명가·정치가. 1960년대 문화대혁명으로 실각했으나 오뚝이처럼 복귀했다. 개혁 개방의 설계자. 1989년 톈안먼 시위를 무력으로 진압했다.
▶ 구로사와 아키라 (1910~1998) 영화감독. 일본 영화를 세계에 알렸다. 대표작은 〈라쇼몽〉, 〈7인의 사무라이〉.

▶ IMF 구제금융 위기를 맞아 금 모으기, '아나바다'(아껴 쓰고 나눠 쓰고 바꿔 쓰고 다시 쓰기) 운동, 점심 도시락 준비하기, 공공근로 나가기 등으로 풍속 변화

근현대사신문

주요 기사 2면 | 남북정상회담 개최 (2000) 3면 | 신자유주의 반대 시위 (1999) 4면 | 사설-우리도 제대로 된 나라에서 살아보려나 4면 | 쟁점-인간의 권리인가 자본의 권리인가 5면 | 유로 탄생 (1999) 6면 | GMO 규제 시작 (2000) 7면 | '제1회 안티미스코리아대회' 개최 (1999) 8면 | 올림픽 최초 남북 공동 입장 (2000)

6·15남북정상회담

남북정상회담은 1980년대부터 공식 추진되어 왔다. 1985년 김일성 주석이 실현 가능성을 내비치기도 했으나 안팎의 정치 상황 때문에 성사되지 못했다. 문민 정부를 표방한 김영삼 대통령은 1993년 2월 김일성 주석과 만날 용의를 밝혔고, 김일성 주석은 1994년 6월 카터 전 미국 대통령을 통해 이를 수락했다. 그러나 그해 7월 김일성 주석이 갑자기 죽으면서 정상회담이 무산됐을 뿐 아니라 김일성 조문을 둘러싼 파동으로 남북 관계는 한동안 얼어붙고 말았다.

그러는 동안 북한은 심각한 기근과 재해에 휩싸였고 한국도 경제 위기를 겪었다. 이러한 위기는 오히려 남북을 더욱 접근시키는 계기가 되었다. 경제 위기의 극복을 내걸고 정권 교체를 이룩한 김대중 대통령은 2000년 3월 독일을 방문한 자리에서 북한을 경제적으로 도울 준비가 되어 있다는 베를린 선언을 발표했고 북한은 이에 긍정적으로 화답했다. 한국 현대사의 숙원인 최초의 남북정상회담이 일정에 오른 것이다.

사진 | 북한이 청와대에 선물한 풍산개

서울에서 평양까지 55년
오랜 세월 먼 길 돌아 열린 남북정상회담… 세계의 톱뉴스

그동안 한반도에선 긴장을 고조시키는 사건이 숱하게 발생했다(왼쪽 위부터 1968년 울진·삼척 무장 게릴라 침투 사건, 1999년 서해교전, 1968년 청와대 습격 시도, 1976년 판문점 미군 살해 사건). 정상회담은 이런 대결의 역사를 넘어선 쾌거다.

【2000년 6월 15일】김대중 대통령과 김정일 국방위원장 간의 첫 남북정상회담이 성공리에 끝났다. 2박 3일의 평양 방문을 마친 김 대통령은 '6·15남북공동선언'(관련기사 4면)이라는 큰 선물을 안고 순안공항을 떠나 김포공항으로 돌아왔다. 북한의 취재 허락을 받지 못해 서울의 프레스센터에 진을 치고 방북한 한국 언론의 보도를 지켜보던 1,000여 명의 외국 기자들은 '지구상의 마지막 정치적 장벽'이 무너지는 순간을 잇따라 본국에 타전했다.

김 대통령이 정상회담을 위해 공군 1호기 편으로 평양 순안공항에 도착한 것은 지난 13일 오전 10시 27분. 비행기 앞문이 열리자 김 대통령은 트랩 아래 자리한 김 위원장과 눈인사를 나누며 함께 손뼉을 쳤고, 잠시 후 승강구를 내려가 두 손을 맞잡고

"반갑습니다."라고 인사를 나눴다. 약 20분에 걸친 공항 환영 행사를 마친 두 정상은 포드사의 링컨 컨티넨탈 리무진 승용차를 타고 백화원 영빈관으로 이동하는 도중 차 안에서 사실상 최초의 정상회담을 열었다. 길가에는 60만 명의 평양 시민이 몰려나와 꽃술을 흔들며 두 정상의 이름을 연호했다. 이날 만찬 때 김 위원장은 "망국과 분열로 이어진 20세기 민족사는 외세의 간섭과 그에 영합한 뿌리 깊은 사대주의의 후과"라며 자주 평화통일을 다짐했고, 김 대통령은 답사에서 "21세기는 무한 경쟁의 시대"라면서 "국제 경쟁에서 살아남으려면 우리 민족도 남북이 하나 되어 힘을 합쳐야 한다."라고 강조했다.

이번 남북정상회담은 기존의 적십자회담 등 남북 접촉과 달리 양측 최고 책임자가 통일 의지를 한목소리로

밝혔다는 데 역사적 의의가 있다. 불과 1년 전 서해교전으로 충돌했던 남북 관계가 화해의 길로 들어선 것이 무엇보다 큰 성과지만, 실질 협력의 분야에서는 특히 경제 협력에 거는 재계의 기대가 크다. 김 대통령 자신이 햇볕 정책(대북 화해 협력 정책)은 일방적 퍼주기가 아니라 장기적으로 이익이 되는 일이라고 밝혔듯이 기업인들은 이번 정상회담으로 한국 자본이 북한의 값싸고 질 좋은 노동력과 결합해 시장을 넓히는 계기가 마련되기를 바라고 있다. 방북에 동행한 김재철 무역협회장은 "큰 규모의 남북 경협을 위해서는 투자보장협정과 이중과세방지협정 등 제도적인 뒷받침이 필요하다는 점을 우리 측이 제기했고, 북측도 이에 공감했다."라고 밝혔고, 구본무 LG회장, 중소기업협동조합중앙회의 이원호 부회장, 정몽

헌 현대아산 이사는 조만간 대북 사업을 구체화해나갈 뜻을 밝혔다.

한반도 주변 4강의 주요 언론도 이번 회담을 대서특필해 남북 관계가 세계정세에 끼치는 영향이 만만치 않음을 보여줬다. 『워싱턴포스트』는 "남북 화해는 장기적으로 아시아 주둔 미군과 국가 미사일 방위 체제에 영향을 끼칠 수 있다."라고 분석했고, 중국의 『런민르바오』는 "평화와 발전이라는 세계적 주류에서 한민족의 자주와 평화통일을 위한 새로운 길을 열었다."라고 높이 평가했다. 또 일본의 『아사히신문』은 "일·북, 미·북 관계를 포함한 동북아시아의 정세에 큰 영향을 줄 것"으로 전망했으며, 러시아의 『이즈베스티야』는 "미국이 주한미군의 운명을 고민하게 됐다."라고 내다봤다. 2000년 6월, 세계의 톱뉴스는 '한반도'였다.

한국전쟁 때 미군의 민간인 학살 있었다 미국 에이피 통신 '노근리 학살' 보도

【1999년】미국 에이피(AP)통신은 9월 미군이 1950년 7월 말 상부 명령에 따라 충북 영동군 노근리에서 비무장 민간인들을 살육했다고 보도했다. AP통신이 공개한 당시 미군 통신문에는 "전투 지역에서 움직이는 모든 민간인은 적으로 간주돼야

하며, 발포해야 한다."라고 명시돼 있다. AP통신은 "우리는 그들을 전멸시켰다", "(희생자) 대부분이 여성, 어린이, 노인이었다", "일부 병사는 민간인에 대한 발포 명령을 거부했다" 등 학살에 가담했던 여러 미군의 증언도 보도했다. 사망자는 300~400명

에 이르는 것으로 관측되고 있다. 또한 AP통신은 10월, 경북 칠곡에서도 피난민 수백 명이 미군의 공격으로 사망했다고 추가 보도했다. 그러나 미국 정부는 "학살 사건이 일어났다는 증거를 갖고 있지 않다."라며 책임을 인정하지 않고 있다.

▶ 총선에서 낙천·낙선 운동 바람(2000) ▶ 비전향 장기수 63명 북송(2000) ▶ 북한, 서유럽 국가들과 외교관계 수립하기 시작(2000)

신자유주의 반대… 잠 못 이룬 시애틀

전 세계에서 모인 4만 명의 함성, 이윤 향한 무한 질주에 제동

【1999년】 세계화는 거스를 수 없는 대세인가? 초강대국 미국의 압도적인 패권, 교통과 통신의 급속한 발달 등에 힘입어, 세계화는 21세기를 코앞에 둔 세계인들에게 가장 보편적인 화두가 되고 있다. 지지자들에 따르면 세계화는 기존의 국경과 지역적 차이를 허물고 단일한 세계 경제와 세계 문화의 형성을 향해 나아가는, 돌이킬 수 없으며 누구도 피할 수 없는 도도한 흐름이다.

하지만 11월 30일 세계무역기구(WTO) 각료회의가 개최된 미국 시애틀시에 모여든 반대론자들의 생각은 다르다. 이들은 세계화, 특히 신자유주의와 결합된 세계화는 국가 경제에 대한 정부와 시민사회의 개입을 차단함으로써, 오직 소수의 다국적 기업과 금융자본에게만 막대한 이익을 가져다줄 뿐이라고 주장한다. 이는 수많은 노동자와 빈민들이 자본의 '자유롭고' 탐욕적인 이윤 추구에 무방비로 노출돼야 한다는 것을 의미하며, 국제적으로도 부유한 나라와 가난한 나라의 격차를 더욱 극심하게 만들고 있다는 것이다.

노동조합, 농민단체, 환경단체, 여성단체, 인권단체 등 전 세계 수백여 비정부기구(NGO) 회원들과 일부 아나키스트들까지 포함된 4만여 명의 시위대는 자신들이 세계화의 첨병으로 규정한 WTO의 각료회의를 무산시키기 위해 행사장으로 향하는 도로를 점거하고 격렬한 시위를 벌였다. 결국 궁지에 몰린 미국 정부는 회의를 성사시키기 위해 비상사태를 선포하고 최루탄과 고무탄을 발포하는 등 강경 진압책을 써야 했다.

물론 이번 시애틀 시위는 참가자들의 서로 다른 구성·이념·목표 때문에

거북이 복장을 한 시위대가 이윤을 향해 무한질주를 하는 신자유주의 세계화가 생태계를 급속히 파괴하고 있다며 세계무역기구에 반대하는 시위를 벌이고 있다.

당분간 통일적이고 조직적인 운동으로 발전하기가 쉽지 않을 전망이다. 그러나 신자유주의 세계화의 다양한 폐해를 폭로하고 그 무한 질주에 제동을 걸려는 시도가 본격화됐다는 사실은 현재의 세계화 논의에 상당한 수정이 불가피하다는 점을 명백히 보여주고 있다.

라틴아메리카에 좌파 바람 베네수엘라, 칠레 등에서 집권

【2000년, 카라카스】 빈민 우선 정책과 미국에 맞서는 외교로 주목받고 있는 우고 차베스(46) 베네수엘라 대통령이 재선됐다. 차베스는 1998년 대통령 당선 후 토지 개혁, 기초 교육과 의료 지원 등 인구의 80퍼센트에 이르는 빈곤층 우선 정책을 추진했다. 베네수엘라는 석유 수출액이 세계 4~5위권이지만, 그 혜택이 미국 등의 석유 메이저(대자본)와 인구의 5퍼센트인 국내 부유층에 집중됐기 때문. 부유층은 차베스를 독재자라고 비난하며 1998년 이후 약 80억 달러의 재산을 해외로 빼돌리고, 외국 기업들도 투자 계획을 보류하며 차베스를 압박했다. 그러나 차베스는 민영 기업 재국유화, 부정 축재자 재산 몰수 등을 담은 헌법 개정안을 통과시키는 등 더

강력한 정책을 펼 태세다.

차베스는 피델 카스트로 쿠바 국가평의회의장의 추종자를 자처하고 있다. 카스트로가 "나는 이미 지는 해이며 차베스는 떠오르는 태양"이라고

베네수엘라의 차베스 대통령(왼쪽)과 쿠바의 카스트로 국가평의회의장. 차베스는 1959년 쿠바혁명 이래 미국이 눈엣가시로 여겨온 카스트로와 함께 라틴아메리카에 반미 좌파 전선을 형성하고 있다.

말할 정도. 차베스는 석유를 싸게 파는 정책을 쿠바뿐 아니라 라틴아메리카의 다른 10개국에도 확대하겠다면서, 미국을 향해서는 '공정한 유가 회복'이라는 명분 아래 고유가를 위한 감산에 착수했다. 또 차베스는 미국과 껄끄러운 사이인 이라크에 손을 내밀기도 했다. 한편 칠레에서도 사회주의자 라고스가 지난 1월 대선에서 승리하는 등 좌파 바람은 라틴아메리카 전반으로 확산될 조짐이다. 라고스는 1973년 군부 쿠데타 때 살해된 아옌데 전 대통령의 지지자다.

교황, 교회 잘못 참회

【2000년 3월 12일】 교황 요한 바오로 2세가 역사상 최초로 가톨릭 교회의 잘못을 공식 인정하며 가톨릭 2000년 역사에 한 획을 그었다. 교황은 바티칸에서 미사를 열고 '십자군 원정', 종교재판, 아메리카 인디언 학살 방조 등 7가지 잘못을 참회했다. 세계는 대체로 '새 천년에 어울리는 용기 있는 결단'으로 받아들이는 분위기이지만, 피해자들이 아니라 신에게 용서를 구하고 유대인 학살을 구체적으로 언급하지 않은 점 등은 아쉬워하고 있다. 지난달 이집트를 방문해 수니파 이슬람 지도자의 손을 잡았던 교황은 곧 이스라엘과 팔레스타인을 최초로 공식 방문할 예정이다.

▶ 프랑스 농민운동가 조제 보베, 맥도날드 매장 공격(1999) ▶ 미군, 중국 대사관 오폭(1999) ▶ 팔레스타인, 이스라엘 상대로 2차 인티파다 재개(2000)

사 설

우리도 제대로 된 나라에서 살아보려나

현실적으로 대한민국의 영토는 휴전선 이남이다. 그런데 우리 헌법에는 한반도 전체와 그 부속 도서로 되어 있다. 서울·경기·강원은 현실적으로 대한민국의 북부인데 우리는 그곳을 '중부'라고 부른다. 그런 지리적 관념과 현실의 차이만이 아니다. 정치·사회·문화 각 분야가 분단으로 인해 심하게 일그러져 있다.

우리 헌법은 사상과 언론의 자유를 포함한 인간의 기본권을 보장하고 있다. 그러나 한국인은 태어나면서부터 이러한 기본권을 박탈당한 채 살아간다. 현대 세계의 다양한 사상들 가운데 조금이라도 좌경으로 여겨지는 것은 원천적으로 접근이 봉쇄된다. 접근한다 해도 그런 사상을 표현하는 순간 한국에서 살아가는 것이 여러 모로 피곤해진다. 한국뿐 아니라 서구 여러 나라에도 우익이 득세하고 동구권 국민은 사회주의에 등을 돌리지 않았느냐고 할지 모른다. 그러나 사상과 언론의 자유가 열려 있는 가운데 국민이 자발적으로 어떤 사회를 선택하는 것과 처음부터 특정 사상과 표현이 봉쇄되어 있는 것은 완전히 다르다. 열린 가능성 속에 자라다가 무엇인가를 선택하는 사람과 처음부터 선택의 여지가 없는 사람이 다른 것과 같다. 그래서 우리는 해방 직후부터 좌우가 지지고 볶더라도 반드시 한 나라에서 지지고 볶아야 한다고 그토록 강조했던 것이다.

남북한 정상이 만났다. 강대국에 의해 갈라져 양쪽 모두 반신불구가 된 아픈 상황을 우리 힘으로 해소하는 첫걸음이 되기를 바란다. 우리 국민도 온전한 나라에서 살 권리가 있다.

인간의 권리인가 자본의 권리인가

쟁 점 물의 상품화 논란으로 살펴본 신자유주의 세계화

세계 곳곳에서 '물 전쟁'이 벌어지고 있다. 물의 사유화를 둘러싼 이 전쟁을 살펴보면 사유화, 초국적 기업과 초과 이윤, 시민과 정부의 갈등, 초국적 기업과 개별 국가의 정부, 국제 금융 기구의 역할 등 신자유주의 세계화를 둘러싼 여러 가지 쟁점들이 얽혀 있다는 것을 알 수 있다.

【2000년】 월급의 3분의 1을 수돗물 값으로 내라고 하면 받아들이겠는가? 이 문제는 볼리비아의 코차밤바 시민들에겐 현실이다. 물 공급 서비스를 사유화한 결과다. 지난해 볼리비아 정부로부터 이 서비스를 인수한 미국의 초국적 기업 벡텔은 물 값을 200퍼센트나 올렸다. 견디다 못한 시민들은 총파업을 벌이며 사유화 철회를 요구했다. 그러나 정부는 시민 편이 아니었다. 정부의 폭력 진압으로 수백 명이 다치고 17세 소년이 사망하기까지

그림마당 | 이 은 홍

했다. 항의 시위는 더 확산됐고, 결국 정부는 올해 물 사유화를 철회했다.

상황은 여기서 끝나지 않았다. 폭리를 취하다 물 사업을 놓친 벡텔은 볼리비아 정부에 소송을 걸었다. 투자협정 위반으로 이익 손실이 발생했으니 2,500만 달러를 내놓으라는 것이다. 이러한 물을 둘러싼 '자본의 권리'와 '인간의 권리'의 충돌은 볼리비아만의 일이 아니다. 아르헨티나에서는 물 사유화 후 가격이 88퍼센트 올랐고, 남아프리카공화국에서도 사유화 후 가격이 급등해 가난한 이들은 정수 처리도 되지 않은 강물을 그대로 마셔야 하는 상황이다(이 때문에 콜레라 감염자가 급증했다).

이런 현상은 신자유주의가 확산되면서 급증했다. 그리고 물을 상품화하면 효율성이 높아져 가격도 낮아질 것이라는 주장은 궤변이라는 사실이 곳곳에서 드러나고 있다. 초국적 기업들에게 물은 공공재가 아니라, 엄청난 돈을 벌 수 있는 '청색 황금(Blue Gold)'일 뿐이기 때문이다.

위 세 사례에 모두 세계은행과 국제통화기금이 관련돼 있다는 점도 주목할 만하다. 두 기구는 융자나 채무 경감의 조건으로 물 사유화를 내걸었다. 이 때문에 물에 대한 권리를 지키자며 초국적 기업과 두 국제 금융 기구를 비판하는 움직임도 늘고 있다.

기/록/실/　　　　　　**6·15선언**

다음은 남과 북의 정상이 합의한 6·15남북공동선언이다.

1. 남과 북은 나라의 통일문제를 그 주인인 우리 민족끼리 서로 힘을 합쳐 자주적으로 해결해 나가기로 하였다.

2. 남과 북은 나라의 통일을 위한 남측의 연합제 안과 북측의 낮은 단계의 연방제 안이 서로 공통성이 있다고 인정하고 앞으로 이 방향에서 통일을 지향시켜 나가기로 하였다.

3. 남과 북은 올해 8·15에 즈음하여 흩어진 가족, 친척 방문단을 교환하며, 비전향 장기수 문제를 해결하는 등 인도적 문제를 조속히 풀어 나가기로 하였다.

4. 남과 북은 경제협력을 통하여 민족경제를 균형적으로 발전시키고, 사회, 문화, 체육, 보건, 환경 등 제반분야의 협력과 교류를 활성화하여 서로의 신뢰를 다져 나가기로 하였다.

5. 남과 북은 이상과 같은 합의사항을 조속히 실천에 옮기기 위하여 빠른 시일 안에 당국 사이의 대화를 개최하기로 하였다.

김대중 대통령은 김정일 국방위원장이 서울을 방문하도록 정중히 초청하였으며, 김정일 국방위원장은 앞으로 적절한 시기에 서울을 방문하기로 하였다.

▶ 탈세 혐의로 홍석현 『중앙일보』 사장 구속(1999) ▶ 세계은행, 하루 생활비가 1달러 이하인 극빈자가 13억 명이라고 발표(2000)

유로 도입을 알리는 프랑스 북부의 조형물.

인터넷 관련 산업의 상징인 @ 주위에 모인 사람들.

유럽은 유로로 통한다
유럽, 국경 넘어선 공동 통화 실험

【1999년】 유럽 공동의 통화, 유로가 탄생했다. 공동 통화 도입은 유럽연합 창설이 결정된 마스트리히트조약(1991년, 관련 기사 16호 2면)에서 결의된 사항이다. 유로는 유럽통화동맹에 가입한 12개국에서 올해 1월 1일부터 통용되고 있다. 과도기로 규정된 2001년까지는 각국 통화와 함께 사용되며, 2002년 6월부터는 유로만 통용될 예정이다.

이러한 유로 통용 지역(Eurozone)의 경제력은 미국에 버금간다. 새로운 거대 단일 경제권의 상징인 유로가 달러를 대체할 세계경제의 기축통화로 성장할지 세계인의 관심을 모으고 있다. 그러나 일부 전문가는 유로가 오래가지 못할 것이라는 비관적 전망을 내놓기도 했다. 각 회원국의 경제 상황이 너무나 다르기 때문에 재정과 통화 정책을 조율하기가 쉽지 않을 것이라는 판단이다. 유로의 안정성을 유지하기 위해 회원국들의 인플레이션율 등을 제한한 안정성장협약도 논란이다. 회원국들은 이 협약에 따라 인플레이션율을 연 2퍼센트 이내, 재정 적자를 국내총생산의 3퍼센트 이내로 맞춰야 한다. 이에 부담을 느껴 통화동맹에 가입하지 않은 나라들(대표적으로 영국)이 적지 않기도 하고, 통화동맹 가입국들은 이 때문에 복지 지출을 우선적으로 감축하는 사례가 많기 때문이다. '국경을 넘어선 공동 통화'라는 유럽의 역사적 실험이 성공할지 귀추가 주목된다.

경기순환 없는 신경제?
'대공황 직전 같은 금융 거품' 주장도

【1999년 12월 31일】 "경기순환은 시대착오적인 것이 됐다."

오늘자 『월스트리트저널』에 실린 기사의 내용이다. 디지털 기술혁명으로 지속적인 경제성장이 가능한 '신경제' 시대가 열렸다는 주장이다. 경제 구조가 근본적으로 달라졌다는 이런 주장은 1990년대 들어 미국 경제가 장기 호황을 누리고, 5년 만에 주가 총액이 세 배 이상이 되면서 곳곳에서 나오고 있다.

그러나 냉정한 관찰자들은 이를 착시 현상이라고 비판하고 있다. 인터넷 관련 기술이 경제 전반의 생산성을 획기적으로 높였다는 증거가 없다는 비판이다. 또한 이들은 경상수지 적자가 큰 폭으로 늘어난 데서도 드러나듯 실물 경제는 속병을 앓고 있는데도 주가가 고공 행진을 하고 있는 것은 금융 거품이라고 분석한다. 가계는 빚을 내서 주식 투자를 하고 기업은 생산적 투자에 써야 할 자본을 주가를 높이는 데 쓰면서 주가가 치솟고, 역으로 이를 통해 자산이 늘어난 것처럼 보이면서 소비 붐이 일고 있다는 것이다. 또한 실업률이 1960년대 이래 최저 수준인 것은 사실이지만, 임시직·비정규직 노동자가 유례없이 늘었다는 점이 더 중요하다고 강조한다. 이들은 지금은 '신경제'라기보다는 주식시장이 붕괴 직전 최고점에 이르렀던 대공황 때와 더 닮았으며, 금융 거품은 조만간 꺼질 수밖에 없을지도 모른다고 우려하고 있다.

세계는 넓고 도망칠 곳도 많다 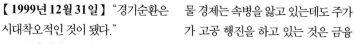 김우중 대우 회장 해외 도피

【1999년 11월 1일】 대우그룹이 사장단 회의를 열고 김우중(63) 회장과 사장단 14명 전원의 사표 제출을 결의했다. 독일 프랑크푸르트에 체류 중인 김 회장이 전화로 사퇴하겠다는 뜻을 전했다고 대우 측은 밝혔다. 지난해부터 부실 경영과 채무로 위기에 빠진 대우는 지난 7월 19일 김 회장이 사재 1조 3,000억 원 등을 내놓는 구조 조정 계획까지 발표했으나 결국 8월 26일 워크아웃(기업 개선 작업)에 들어갔다. 그리고 오늘 김 회장의 해외 도피설이 나도는 가운데 '대우호'는 완전히 공중 분해돼 채권단의 손에 넘어간 것.

『세계는 넓고 할 일은 많다』(1989)라는 저서까지 내며 공격적 경영을 펼치던 김 회장이 여기에 이른 것은 내실 없이 외형적 성장에만 치중한 결과로 풀이된다. 대우가 남긴 빚은 70조 원에 이르러 금융권 부실과 기업의 연쇄 도산을 초래하고 국민경제에 엄청난 부담을 안길 것이 확실시된다. 김 회장은 41조 원 상당을 분식 회계(기업이 부당하게 자산이나 이익을 부풀려 계산하는 회계)하고 이를 근거로 사기 대출을 받은 뒤 그 돈을 해외로 빼돌린 혐의를 받고 있어 도덕성마저 도마 위에 올라 있다.

▶ 씨랜드 화재 사건으로 유치원생 19명 등 23명 사망(1999) ▶ 미국 다우지수, 사상 첫 10,000 돌파(1999) ▶ 의약분업 앞두고 의사 파업으로 의료 대란(2000)

'슈퍼' 작물 기르다 '슈퍼' 재앙 키울라

바이오안전성의정서 채택으로 유전자 조작 작물 규제 시작

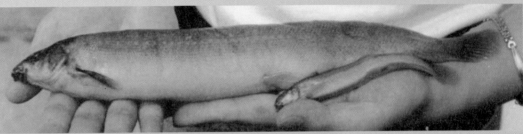

【2000년, 캐나다】 지난 1월 몬트리올에서 '바이오안전성의정서'가 채택되었다. 이것은 유전자 조작 작물(GMO)의 무역을 규제할 수 있는 권리를 각국에 부여해, 미국 등의 나라와 몬샌토 등 기업이 주도해온 GMO 무역에 급제동이 걸릴 전망이다.

GMO는 생명공학으로 만든 새로운 유전자를 포함한 옥수수·콩·토마토 등의 생물을 일컫는 말이다. 1996년 몬샌토가 제초제를 뿌려도 죽지않도록 유전자를 조작한 콩을 상업 재배하기 시작한 이래, 전 세계 곳곳에서 GMO 재배 면적이 늘어나고, 무역 물량도 증가했다. 이런 상황에서 GMO의 안전성 논란이 끊이지 않아 규제의 필요성이 제기되었다.

일부 과학자들은 GMO가 인체와 환경에 심각한 재앙이 되리라고 걱정한다. 실제로 GMO를 섭취한 실험 동물의 장기가 손상된 사실이 알려져 큰 충격을 줬을 뿐만 아니라, 제초제 저항성을 가진 GMO의 유전자가 다른 식물로 전이돼 제초제를 뿌려도 죽지 않는 '슈퍼 잡초'가 등장하는 게 아니냐는 우려도 계속되고 있다.

이번에 채택된 바이오안전성의정서는 그간의 우려를 염두에 두고 설사 GMO가 인체와 환경에 끼치는 위험이 당장 증명되지 않더라도 '안전성을 보장할 과학적 증거가 미흡하면' 해당 제품의 수입을 금지하도록 했다. GMO가 불러올 수 있는 파괴적 영향을 염두에 두고 '사전 예방 원칙'을 적용하도록 한 것이다.

한편, 한국에서는 1998년 11월 14~16일 GMO를 어떻게 규제할

(위쪽) 유전자 조작을 통해 만들어진 슈퍼미꾸라지. 찬성론자들은 유전자 조작 기술이 식량 문제 해결에 도움이 될 것이라고 주장하지만, GMO의 안전성은 아직 입증되지 않았다. (왼쪽) 옥수수도 유전자 조작에 자주 쓰이는 작물이다.

지를 놓고 일반 시민이 직접 정책 제안을 하는 '합의회의'가 열려 눈길을 끌었다. 유네스코한국위원회가 주최한 이 행사에 참여한 시민들은 수개월간 다양한 견해를 가진 전문가와 GMO를 둘러싼 여러 가지 문제를 토론한 뒤, 최종적으로 정책 제안을 했다. 이들은 GMO의 유용성 뿐만 아니라 그것의 문제점을 지적하면서 "정부가 시민의 건강과 우려를 생각해 규제 정책을 펼쳐야 한다."라고 주장했다.

인간 복제 여부, 시민들이 직접 결정

【1999년】 유네스코한국위원회 주최로 1998년에 이어 1999년에도 '인간 복제'를 주제로 합의회의가 열린다. 합의회의는 시민들이 정치·사회적으로 논쟁을 일으키는 과학 기술 주제를 놓고 전문가와 장시간에 걸쳐 토론한 후, 이 주제에 대한 내부의 의견을 통일해 최종적으로 기자회견을 통해 자신의 견해를 발표하는 시민 참여 제도이다.

1987년 덴마크에서 시작된 이래, 1990년대부터 네덜란드·노르웨이·미국·영국·오스트리아·스위스·캐나다·프랑스·캐나다·일본 등으로 확산돼 전 세계적으로 약 50건 이상의 합의회의가 열렸다. 한국에서는 GMO의 안전성을 놓고 개최된 1998년 합의회의가 최초다.

10^{-9}미터의 도전 희망이냐 재앙이냐, 찬반 논란 점화

【2000년, 미국】 물질을 구성하는 원자와 분자를 마음대로 조작해 우리가 원하는 것은 무엇이든 저렴하게 만들 수 있을까? 지난 2월 미국 정부는 이런 꿈을 실현할 목적으로 나노 기술을 육성하는 '국가 나노 기술 계획'을 수립했다. 나노 기술은 분자의 크기에 해당하는 나노미터(10^{-9}미터) 수준에서 대상을 관찰하거나 조작하는 것을 일컫는 말이다.

이런 미국 정부의 계획을 놓고 장밋빛 전망과 함께 우려도 제기되고 있어서 논란이 예상된다. 특히 미국의 컴퓨터 과학자 빌 조이는 지난 4월 『와이어드』에 기고한 글에서 생명공학, 로봇공학과 함께 나노 기술이 초래할 재앙을 경고해 큰 반향을 얻었다. 그는 "나노 기술이 인체와 환경에 심각한 영향을 초래해 자칫하면 인류를 멸종 위기의 상태로 몰아넣을 수 있다."라며 육성이 아닌 규제의 필요성을 강조했다. 나노 기술이 인류에게 희망을 전할지, 아니면 재앙을 가져다줄지 시험대에 오를 전망이다.

▶ 유조선 에리카호 침몰로 프랑스 서부 해안 오염(1999) ▶ 세계 최초 P2P 음악 파일 공유 프로그램 '냅스터' 탄생(1999) ▶ 다목적 위성 '아리랑 1호' 발사(1999)

미스코리아대회를 폭파하라!

안티미스코리아대회, 남성 중심 사회에 정면 도전

【1999년】 한국 사회의 남성 중심적 문화와 제도에 대한 여성들의 매우 도발적인 문제 제기가 연이어 터져 나오고 있다. 이들은 "참을 만큼 참았다."라며 오래도록 여성의 삶을 옥죄어온 편견과 부조리에 맞서 한판 싸움을 벌일 태세다.

올해 5월 열린 '제1회 안티미스코리아대회' 참석자들은 '34-24-34'와 같은 신체 치수가 여성의 아름다움에 대한 기준이 될 수는 없다고 선언했다. 이 대회에서 일본군 '위안부'였던 할머니는 자신이 그린 그림을 들고 나오고, 휠체어를 탄 장애인 여성은 딸에게 주는 편지를 읽었다. 12세 초등학생, 89세 할머니, 남자 대학생까지 무대에 올라 진정한 아름다움이란 무엇인지에 대해 자유롭게 떠들며 한바탕 신나는 난장을 벌였다.

이들은 현재의 미인대회가 여성의 신체를 남성을 위한 성적 대상으로만 취급하고 바비인형 같은 비정상적이고 서구적인 미인상을 아름다움의 전형인 양 인식시켜, 여성 스스로 자신의 몸에 가학적인 태도를 취하게 만든다고 비판한다. 뿌리 깊은 외모 지상주의와 광적으로 번지는 다이어트, 성형수술의 열풍도 미스코리아 대회 등이 퍼트린 그릇된 시선과 인식의 결과라는 것.

한편 올해 12월 '군 가산점 제도'가 폐지된 것은 여성의 사회 참여를 부당하게 가로막는 제도들을 상대로 한 싸움에서 거둔 첫 번째 승리로 기록될 만하다. 공무원 시험에서 군 복무를 마친 남자에게만 3~5퍼센트씩 가산점을

외모 지상주의를 비판한 책 『미스코리아 대회를 폭파하라』 및 안티미스코리아대회 장면.

부여함으로써 사실상 여성의 공무원 임용을 제한해 온 법률 조항이 사라지게 된 것이다.

하지만 여성의 제 목소리 내기에 대해 일부 남성은 극도의 혐오감을 드러내며 주요 여성단체와 여자대학 등에 노골적인 비난을 퍼붓고 있다. 여성이 얻는 것만큼 자신들은 잃게 되리라고 두려워하는 것일까? 하지만 여성이 정체성과 행복을 찾는 과정은 남성에게 도움이 될 것이다. 세상의 반은 여성이며, 우리는 동반자이기 때문이다.

남북, 예술도 만났다

【2000년】 전시장과 공연장에서도 남북은 만났다. 2월, 북측 당국의 공식 허가를 받고 기획된 최초의 남북 합동 전시회인 '세계평화미술제전 2000'이 예술의전당에서 열렸다. 이 전시회엔 인민 예술가, 공훈 예술가 등 북측 화가 20여 명의 작품이 선보였다. 5월엔 평양학생소년예술단이 분단 이후 최초로 예술의전당에서 공연했고, 8월엔 남측의 한국방송 교향악단과 북측의 조선국립교향악단이 합동 콘서트를 열었다.

미안해요 베트남   한국군 베트남 학살 사죄의 노래 나와

【2000년】 "아름답게 만날 수도 있었을 텐데 / 당신과 마주 선 곳은 서글픈 아시아의 전쟁터 / 우리는 가해자로 당신은 피해자로 / (……) / 미안해요 베트남." 30여 년 전 베트남에서 한국군이 저지른 민간인 학살을 사죄하는 〈미안해요 베트남〉이라는 노래가 나직하지만 깊이 있는 울림을 전하고 있다. 이 노래가 나온 계기는 그동안 '반공 성전', '국위 선양의 장'으로 기억되던 베트남전에서 한국군의 민간인 학살이 광범위하게 이뤄졌음을 전한 지난해 『한겨레21』 보도. 한국전쟁 등에서 민간인 학살 피해를 겪었던 한

국인들이 베트남에서는 '가해자'였다는 사실은 큰 충격이었다. 이를 계기로 범국민적으로 사과하자는 운동과 피해자들을 만나 용서를 구하는 활동이 이어지고 있다. 또한 일본의 침략전쟁 당시 '위안부'로 끌려갔던 문명금(83)·김옥주(77) 할머니가 "더 이상 우리 같은 전쟁 피해자가 없기를 바란다."라며 낸 성금을 종잣돈으로 평화박물관 건립도 추진되고 있다. '사과는 한국군의 명예를 더럽히는 행동'이라며 일각에서 거세게 반발하고 있지만, 진심 어린 사과가 필요하다는 여론이 점차 힘을 얻고 있다.

한국 아버지와 베트남 어머니 사이에서 태어난 '라이따이한'을 다룬 영화 〈라이따이한〉.

▶ 일본, 70만 년 전 구석기 유물 날조 탄로(2000) ▶ 문학 권력 논쟁 ▶ 김윤식 서울대 교수 표절 논란(2000) ▶ 안티 조선 및 언론 개혁 운동

동티모르에서 학살 재연

【1999년】 동티모르에서 다시 유혈 사태가 발생했다. 인도네시아의 지배에서 벗어나기 위한 주민투표에서 독립 찬성 의견이 4분의 3을 넘자, 인도네시아군 및 친인도네시아계 민병대가 주민들을 학살하고 있다. 인도네시아군은 24년 전 동티모르를 무력 점령할 때도 많은 주민을 살육한 바 있다. 국제사회가 다국적군을 조직·파견하면서 동티모르는 일단 평온을 찾아가고 있다.

페루 의회, 대통령 '파면'

【2000년】 일본계인 후지모리 페루 대통령이 국제적 망신을 당했다. 후지모리는 국민의 반대를 무릅쓰고 3선을 위해 개헌까지 한 끝에 4월 대선에서 당선됐다. 그러나 국가정보부장의 야당 의원 매수공작이 폭로되면서 후지모리는 위기에 몰렸다. 이에 더해 각종 부정부패 사실이 드러나자 후지모리는 일본에서 사임을 발표하고 눌러앉았다. 하지만 페루 의회는 후지모리의 사표를 받지 않고, 파면했다. 사임할 자격도 안 된다는 판단에 따른 조치다.

타이완·멕시코, 정권교체

【2000년】 타이완과 멕시코에서 반세기가 넘는 일당 지배 체제가 무너졌다. 타이완에서는 민진당의 천수이볜 후보가 총통에 당선되며 국민당의 51년 통치의 막을 내렸다. 천수이볜은 타이완 출신으로 타이완 독립을 추구하고 있다. 멕시코에서도 71년 만에 정권교체가 이뤄졌다. 국민행동당의 비센테 폭스 후보가 제도혁명당 후보를 누르고 대통령에 당선된 것. 코카콜라 멕시코 지사장 출신인 폭스는 신자유주의 원리를 국정에 전면 도입할 방침인데, 이것이 빈부 격차 확대로 이어질 것이라는 우려가 나오고 있다.

부고

▶ 스탠리 큐브릭 (1928~1999) 미국의 영화감독. 독창적인 상상력을 기술적 완성도가 높은 작품으로 풀어냈다. 대표작 〈닥터 스트레인지러브〉〈2001 스페이스 오디세이〉.

▶ 황순원 (1915~2000) 소설가. 서정적인 아름다움과 역사의식을 적절히 조화시켰다. 대표작 『소나기』,『카인의 후예』,『목넘이 마을의 개』.

▶ 서정주 (1915~2000) 시인. 빼어난 언어감각으로 토속적 정서 표현. 친일 작품과 군부 독재를 찬양하는 글을 남겨 비판을 받았다. 대표작 『귀촉도』,『국화 옆에서』.

올림픽 역사상 최초로 남북 공동 입장

【2000년】 올림픽 개막식에서 태극기와 인공기가 사라졌다. 분단 이후 최초로 남북이 한반도기를 들고 시드니 올림픽 개막식장에 공동 입장한 것. 각 경기장에서도 한반도기와 태극기, 인공기가 어우러져 남북을 함께 응원하는 모습이 연출됐다(사진). 대립의 역사를 넘어 남북이 손을 맞잡고 '평화의 제전'에 들어선 것에 대해 세계인들도 축하를 전하고 있다.

남북정상회담 증후군　'웨이터 김정일' 연행, 분단 소재 영화 인기 등

【2000년】 대구의 한 나이트클럽 웨이터가 국가보안법 위반 현행범으로 체포됐다. 6·15남북정상회담 직후 '부킹위원장 김정일'이라는 명함을 사람들에게 나눠준 것이 북한의 김정일 국방위원장을 '찬양·고무'하는 행동이라는 혐의다. 일각에서는 남북정상회담을 계기로 한국 사회에서 일고 있는 대북 적대감 이완 현상에 공안 당국이 제동을 걸고 나선 것으로 풀이하고 있다. 6·15남북정상회담 당시 김정일 위원장이 쓰고 있던 것과 같은 선글라스가 많이 팔리고, 남과 북이 대치하는 최일선인 판문점에서 근무하는 남북한 병사들이 우애를 나누는 내용을 다룬 영화 〈공동경비구역 JSA〉가 인기를 끄는 등 한국 사회에서 냉전 시대의 긴장감이 풀리고 있는 것은 사실. 그러나 이런 현상을 국가보안법의 잣대로 재단하려고 하는 것은 여유를 찾고 성숙한 모습을 보여 주고 있는 국민의 수준을 공안 당국이 따라가지 못하는 것 아니냐는 소리가 나오고 있다. 이와 함께 인권을 침해하고 시대착오적인 '냉전의 유물' 국가보안법 자체를 폐지하고 남북 화해 시대에 걸맞은 새로운 질서를 구축해야 한다는 지적도 나오고 있다.

〈공동경비구역 JSA〉 (감독 박찬욱, 2000)

반갑다 친구, 아이러브유

【2000년】 초·중·고동문 연인이 늘어나는 추세다. 최근 확산된 인터넷 카페를 비롯한 커뮤니티 사이트의 '사람 찾기' 서비스 덕분. 지난해 10월 정식 서비스를 시작한 사이트 '아이러브스쿨'은 최단 기간 500만 명 회원을 확보하는 기록을 세우기도 했다.

이러한 사람 찾기 사이트를 통해 초·중·고 동문·동창 모임이 더 활성화되면서, 동문끼리 연인 사이로 발전하는 경우도 자연스레 늘고 있다. 거꾸로 이러한 현상 덕분에 인터넷 공간이 일상생활에서 차지하는 비중도 높아지는 추세다.

〈매트릭스〉(감독 앤디 워쇼스키·래리 워쇼스키, 1999). 인공두뇌를 가진 컴퓨터가 인간을 가상현실 속에 가두고 지배하는 미래 사회를 그린 영화. 키아누 리브스 주연.

특별검사제 도입의 전설

【1999년】 서슬 퍼런 공안검사의 한 마디에 세간이 시끌시끌하다. 진형구 대검찰청 공안부장은 6월 7일 낮, 폭탄주를 마신 후 기자들에게 작년 조폐공사 파업은 사실상 검찰이 유도한 것이라고 자랑스럽게 이야기했다. 정부 투자 기업에 구조 조정이 필요하다고 생각하던 차에 조폐공사 노조에서 조짐이 있자 이를 일부러 촉발시켰다는 것이다. 이 놀라우면서도 어처구니없는 자백(?)은 일파만파 퍼졌고, 마침내 이 사건을 수사하기 위해 한국 최초로 특별검사제가 도입되는 역사가 쓰였다.

▶ 컴퓨터가 2000년 새해를 인식하지 못해 곳곳에서 끔찍한 참사가 벌어질 수 있다는 Y2K 문제가 1999년 세계를 뒤덮었으나, 우려했던 일은 벌어지지 않음

근현대사신문

현대 20호

주요 기사 **2면** | 여중생 추모 촛불 집회 (2002) **3면** | 9·11테러 (2001) **4면** | 해설-9·11테러의 의미 **4면** | 사설-역시 문제는 오프라인이다 **5면** | 세계 600여 도시에서 반전 시위 **6면** | 인간 유전체 지도 완성 (2003) **7면** | 중국·일본 역사 왜곡 (2001) **8면** | 한·일월드컵, 성공리 개최 (2002)

2002 한·일월드컵과 촛불 집회

냉전 종식 후 세계는 평화롭고 안전해지기는커녕 민족 갈등과 지역 분쟁, 테러로 얼룩졌다. 2001년 9월 유일 초강대국이라는 미국이 2차 대전 때도 없던 본토 공격을 당하자 세계의 기상도는 더욱 험악해지고 있다. 냉전의 최대 피해자인 한반도는 북핵 위기, 경제 위기 등을 겪으며 냉전의 유산조차 떨쳐내지 못하고 있다. 그런 가운데 냉전 시기의 어두운 기억과는 일정한 거리가 있는 세대가 성장하여 한국 사회의 새로운 세력으로 등장하기 시작했다.

2002년에 등장한 두 가지 집회는 그 세대의 데뷔 무대였다. 세계를 놀라게 한 월드컵 응원은 식민 지배와 독재에 시달리던 과거의 한국인과는 전혀 다른 민족적 자신감을 보여주었다. 미군 장갑차에 치여 죽은 여중생을 추모하는 촛불 집회는 인터넷에서 뛰쳐나와 어두운 현실을 질타하는 새로운 시위 문화를 형성하고 16대 대통령 선거에까지 영향을 끼쳤다. 이들의 가능성과 한계는 그대로 21세기 한국의 명암이 될 것이다.

사진 | 대구의 월드컵 응원 물결

촛불, 인터넷에서 광장으로 나와 전국을 덮다

미군 장갑차에 숨진 여중생 추모의 불빛, 곳곳에서 총총

【 2002년 12월 7일 】 "살인 미군 처벌하라!" "불평등한 한·미주둔군지위협정(SOFA) 개정하라!"

서울 광화문 일대가 촛불로 뒤덮였다. 1919년 3·1운동 때 흰옷 차림의 만세 물결이 넘실대고, 1960년 4월혁명 때 "이승만 독재 정권 물러가라!"는 외침으로 가득했으며, 반년 전엔 "오 필승 코리아" 함성이 울려 퍼졌던 이곳이 이번엔 촛불을 든 시민들(2만~5만으로 추산)로 가득 찼다. 촛불 시민들은 미국 대사관 앞까지 나아가 〈아리랑〉을 목청껏 부르며 부시 대통령

의 사과를 요구하고 있다. 아이 손을 잡고 나온 부부, 친구와 함께 나온 학생 등 평범하기 짝이 없는 이 촛불 시민들은 월드컵 열기가 한창이던 지난 6월 경기도 양주에서 미군 장갑차에 깔려 숨진 두 여중생(신효순·심미선)을 추모하고자 모였다. 지난달 말 미국이 SOFA(관련 기사 8호 4면)를 근거로 사고 책임자들에게 무죄 평결을 내린 데 분노한 시민들은 촛불을 들고 삼삼오오 모였고, 광화문 일대는 연일 촛불로 메워지고 있다(관련 기사 4면). 또한 촛불 시위는 전국으로 확산

돼 오늘도 전국 서른다섯 곳에서 시민들이 촛불을 들고 있다.

여중생 추모 열기가 "미국은 과연 우리에게 무엇인가."라는 한·미관계에 대한 근본적 성찰로 이어지자 보수 세력은 적잖이 당황하는 분위기다. 대등한 한·미관계를 요구하는 이러한 집단적인 움직임은 코앞으로 다가온 16대 대통령 선거에도 상당한 영향을 끼칠 전망이다. 아울러 촛불 시위가 이렇게 거대한 규모로 번진 데에는 인터넷을 통해 "촛불을 들고 모이자."라고 널리 알린 누리꾼의 힘이 컸다.

억울하게 숨진 두 여중생을 추모하기 위해 촛불을 들고 서울 광화문 앞에 모인 시민들(위 사진). 고 신효순·심미선 양(아래 사진).

이번 일은 누리꾼과 촛불 시위가 앞으로 한국 사회의 진로를 결정할 때 빼놓을 수 없는 존재로 자리 잡는 계기가 될 전망이다.

북한 NPT 탈퇴… 북핵 위기 재연

【 2003년 1월 】 1994년에 봉합됐던 북한 핵 위기가 다시 고조됐다(관련 기사 17호 3면). 북한은 핵확산금지조약(NPT)에서 다시 탈퇴하고 핵 시설 봉인을 제거했다. 부시 미국 행정부가 지난해 초 북한을 '악의 축'으로 규정하고 강경한 자세를 취한 데 이어, 그해 10월 "북한이 핵무기를 개발하고 있다."라고 밝힌 데 대한 대응이다.

지난 2000년 10월 조명록 북한 특사와 올브라이트 당시 미국 국무장관이 워싱턴과 평양을 각각 방문하고 지난해 9월 고이즈미 일본 총리가 평양을 방문하면서 한반도에서 긴장이 완화될 것이라는 기대감이 높아졌으나, 이번 사태로 그러한 기대는 물거품이 되고 한반도에는 다시 긴장감이 감돌고 있다.

개성공단 첫 삽… 남북 교류 진전

【 2003년 6월 30일, 개성 】 미국의 대북 강경 자세와 북한의 NPT 탈퇴로 불거진 2차 북핵 위기와 지난해 6월 발생한 2차 서해 교전에도 불구하고 남북 교류가 꾸준히 진전되고 있다. 오늘 북한 개성에서는 남과 북이 협력하는 대규모 공업 단지 착공식이 열렸다. 1단계 사업 예정지 면적이 330만 제곱미터에 이르는 이 개성공단엔 남

한의 중소기업 200여 곳이 입주할 예정이며, 성공적으로 진행될 경우 남북 경제협력의 모델로 자리 잡을 전망이다. 이밖에도 남북은 분단 후 최초로 이산가족 서신 교환(2001년 3월), 경의선·동해선 철도·도로 연결 착공(2002년 9월)에 이어 올해 2월 금강산 관광을 육로로 확대하는 등 교류를 확대하고 있다.

▶ 정부, 'IMF 구제금융 조기 졸업' 선언(2001) ▶ 북한, '7·1경제관리개선조치' 통해 시장경제 부분적 수용(2002) ▶ 대북송금 특검(2003)

9·11테러, 미국 비행기로 미국의 심장을 덮치다

세계 자본주의 구심점 무역센터 붕괴… 미국 정부, 철저한 보복 다짐

【2001년】텔레비전을 지켜보던 사람들은 경악하며 제 볼을 꼬집었지만 악몽이 아니었다. 9월 11일, 세계 자본주의의 구심점이자 미국의 상징이던 뉴욕 세계무역센터의 쌍둥이 건물이 와르르 무너져 내렸다. 사고가 아니라 국제적인 테러 조직에 의해 치밀하게 계획된 공격이었다. 그것은 누구도 예상치 못한 방식에 의한, 누구도 예상치 못한 파괴력을 지닌 공격이었다. 테러범들은 당일 아침 4대의 민간 여객기를 공중 납치한 뒤, 그중 2대를 직접 조종해 쌍둥이 건물에 각각 충돌시켰다. 전혀 예상치 못했던 '본토 공격'에 미국 정부는 속수무책이었다.

무려 110층에 달하는 세계무역센터 건물의 평상시 근무 인원은 4만 명이 넘었다. 여객기와 충돌한 직후 폭발과 화염을 피하지 못한 수백 명의 사람들은 건물 밖으로 몸을 던졌다. 또 다른 수백 명의 사람들은 휴대전화를 통해 "사랑한다"는 마지막 인사를 가족들에게 남겼다. 충돌 1시간여 뒤, 미처 빠져나오지 못한 많은 사람들을 남겨둔 채 건물은 거대한 먼지구름을 일으키며 허망하게 붕괴됐다. 사망자와 실종자의 수는 모두 2,800여 명으로 추산되고 있다.

조지 부시(55) 미국 대통령은 "테러의 배후를 반드시 색출해 응징할 것"이라며 철저한 보복을 다짐했다. 미국 정부는 아직까지 뚜렷한 증거를 확보하지는 못했지만, 사건 배후로 사우디아라비아 출신인 오사마 빈 라덴(44)이 이끄는 알카에다라는 이슬람 테러 조직을 지목하고 있다. 이들은 과거 케냐 주재 미국 대사관 폭파 사건을 주도하는 등 이슬람 세계에서 미국을 몰아내는 것을 목표로 삼아왔다.

빈 라덴은 아프가니스탄에 은신 중인 것으로 알려져 있으나 아프가니스탄 정부는 그를 미국 측에 인도하지 않겠다고 밝히고 있다. 이에 따라 조만간 미국이 아프가니스탄에 대한 무차별적인 보복 공격에 나설 것이라는 우려가 제기되고 있다.

결코 용서받을 수 없는 범죄인 테러의 대상이 된 뉴욕의 희생자들에게 깊은 애도를 표하면서도, 무차별적인 증오의 표출은 또 다른 무고한 희생자들만 만들어낼 뿐이라는 점에서 미국 정부의 신중한 판단을 요구하는 목소리도 적지 않게 나오고 있다.

자본주의의 구심점이자 미국의 상징이던 세계무역센터의 쌍둥이 건물이 테러 공격에 의해 무너지고 있다. 아무도 예상치 못했던 이번 테러에 세계인들은 경악하고 있다.

브라질 최초 노동자 대통령 탄생   국가 부도 위기 타개 위해 시장주의 정책 채택

【2002년 12월】브라질노동자당(PT) 대통령 후보 룰라 다 실바(57)가 네 번째 대권 도전 끝에 라틴아메리카의 '거함' 브라질의 새 '선장'으로 선출됐다. 룰라는 극적인 삶을 살았다. 가난한 농민의 여덟째 아들인 룰라는 선반공으로 일하던 소년 시절 손가락이 잘려나가는 비운을 겪었다. 아내가 출산 도중 의료 혜택을 받지 못해 아이와 함께 사망한 일을 계기로 노동운동에 뛰어들어 1975년 금속노조 위원장이 된 룰라는 어용 노조를 민주화했고, 1978년 위원장으로 재선됐다. 그리고 1980년 노조 지도자 및 지식인들과 함께 브라질노동자당을 결성하여 정계에 뛰어들었다.

노동자와 땅 없는 농민들의 절대적 지지를 받으며 브라질 최초의 좌파 성향 대통령이 됐지만, 룰라의 앞길은 안개 속이다. 농지개혁이 비교적 철저하게 진행됐던 한국과 달리 브라질에서는 여전히 막강한 영향력을 행사하고 있는 대토지 소유자들의 반발을 어떻게 진화할 것인가가 당장의 현안이다. 누적된 신자유주의 정책에서 비롯된 극심한 빈부 격차와 국가 부도 위기 상황도 룰라가 풀어야 할 과제다.

이런 문제들을 풀기 위해 룰라는 좌파 경력에서 예상되는 것과는 달리 강력한 통화 정책과 재정 정책을 실시하고 사회 비용을 줄이는 시장주의 정책을 펼칠 방침이어서 벌써부터 지지층의 반발이 우려되고 있다. "희망은 두려움을 이긴다."라며 새로운 브라질 건설을 주창한 룰라의 행보를 국제 사회는 주시하고 있다.

▶ 사파티스타민족해방군, 멕시코시티까지 평화 대행진(2001) ▶ 이스라엘, 요르단강 서안에 거대한 분리 장벽 쌓으며 팔레스타인 압박(2002)

사 설

역시 문제는 오프라인이다

영화 〈매트릭스〉에는 인간을 가상현실 속에 집어넣고 지배하는 인공지능 컴퓨터가 등장한다. 온라인이 오프라인을 압도하는 어두운 미래를 형상화한 작품이다. 컴퓨터와 인터넷의 보급이 빠르게 이루어지고 있는 한국에서 그러한 어두운 미래에 대한 우려는 더욱 컸다. 청소년들이 인터넷을 통해 소집단끼리 소통하고 자기만의 온라인 세계로 탐닉하는 현상에 기성세대의 우려가 새어나오곤 했다.

그런 청소년들이 오프라인으로 쏟아져 나왔다. 그 계기는 또래 여중생이 미군 장갑차에 치여 죽은 사건이었으며, 매개는 인터넷이었다. 먼저 인터넷에 등장한 촛불은 순식간에 바깥세상으로 퍼져 나가 전통적 오프라인 집회 공간인 광화문 앞의 밤을 환히 밝혔다. 온라인에서 약속을 하고 모인 청소년들과 국민은 오프라인의 오랜 숙제였던 한·미관계의 불평등 문제를 한목소리로 제기했다. 기성세대가 온라인 게임과 성인 동영상과 저속한 인터넷 언어를 걱정할 때, 청소년 누리꾼은 기성세대가 풀지 못한 오프라인의 과제를 온라인 속에서 끌어내어 들고 나온 것이다.

누리꾼은 단순한 인터넷 사용자가 아니라 인터넷 공간을 자유로운 정보 교환과 토론의 공동체로 활용하는 사람들을 가리킨다. 옛날에 어느 스님이 승려가 산 속에 들어가는 것은 언젠가 산 밖 속세의 문제를 풀기 위해서라고 했다. 누리꾼이 온라인 세계로 들어가는 것도 궁극적으로는 오프라인 속세의 문제를 풀기 위함이어야 한다. 누리꾼을 위하여 자유롭고 개방된 온라인 공동체가 보장되고 활성화될 때 〈매트릭스〉는 영화적 상상력의 발로에 머물게 될 것이다.

그림마당 | 이은홍

테러 근절인가, 석유 확보인가

해 설　미국은 왜 이라크 공격을 서두르나

9·11테러가 미국에 가져다준 것은 먼저 끔찍한 공포였고, 다음으로 극단적인 증오였다. 한 여론 조사에 따르면 대부분의 미국인들은 9·11과 같은 테러가 다시 일어날 것이라는 공포에 시달리고 있으며, 아랍계 시민들을 대상으로 한 증오 범죄 또한 끊임없이 벌어지고 있다.

공포와 증오의 과잉은 개개인만이 아니라 국가적 차원에서도 나타나고 있는 현상이다. 9·11 직후인 2001년 10월, 미국은 빈 라덴을 보호하고 있다는 이유로 아프가니스탄에 대한 대대적인 침공에 나섰다. 세상에서 가장 부유한 나라가 가장 가난한 나라를 상대로 벌인 전쟁이었다. 그 결과는 뻔했다. 최신예 미사일의 무차별 폭격에 무참히 죽고 다친 것은 아무 죄도 짓지 않은 평범한 사람들이었다. 그럼에도 미군은 빈 라덴의 흔적조차 찾아내지 못했다.

그것으로 끝이 아니었다. 미국은 이라크·이란·북한을 '악의 축', 즉 국제 테러를 지원하는 나라들로 규정했고, 2003년 3월에는 결국 이라크에 최후통첩을 보냈다. 이라크가 생화학무기 등 이른바 '대량 살상 무기'를 보유하고 있기 때문에, 세계 평화를 위해 선제 공격을 통해서라도 이를 제거해야 한다는 논리였다.

하지만 정작 미국은 이라크가 대량 살상 무기를 보유하고 있다는 주장을 입증할 수 있는 적절한 증거를 제시하지 못하고 있다. 그렇기 때문에 몇몇 동맹국을 제외한 대부분의 나라들은 미국이 이라크에 대한 전쟁을 결정하자 이를 맹비난하고 있으며, 유엔에서도 이라크 관련 결의안은 통과되지 못했다.

많은 전문가들은 미국이 이 같은 비난에도 불구하고 이라크에 대한 전쟁을 밀어붙이는 데는 다른 속셈이 있다고 분석한다. 석유 매장량이 세계 2위인 산유국 이라크에서 값비싼 자원인 석유를 확보하는 동시에 아랍 지역 전반의 석유 수송망을 확고하게 장악해 여타의 석유 수입국들에 대한 정치적 우위를 유지하기 위해 이라크가 대량 살상 무기를 가지고 있다는 식으로 미국이 증거를 조작하고 있다고 전문가들은 입을 모으고 있다.

전쟁은 그 명분이 아무리 정당하더라도 최대한 피해야 할 일이다. 그런데 미국은 이라크와 전쟁을 벌이기로 결정하면서 납득할 만한 명분을 제시하지 못하고 있다. 그래서 많은 세계인은 부시 미국 대통령이야말로 '세계 제일의 테러범'이라며 냉소를 보내고 있다. 그 냉소가 경악으로 바뀌지 않도록 평화를 위한 국제사회의 노력이 절실한 상황이다.

여중생 사망부터 촛불 시위까지

▲ 2002년 6월 13일, 경기도 양주에서 두 여중생이 훈련 이동 중인 미군 장갑차에 깔려 숨졌다. 이 사건은 한·일월드컵 열기에 가려 국민적인 관심을 받지 못했고, 일부 인터넷 언론 등만 취재를 계속했다.

▲ 미국은 여중생 사망 사건에 대한 재판권을 포기하라는 한국의 요청을 거부했다. 근거는 '주한미군의 공무 수행 중 발생한 사건은 미군 측이 1차적인 형사재판 관할권을 가진다.'라는 한·미주둔군지위협정 규정.

▲ 11월 20일 미 군사법정에서 장갑차 관제병에게 무죄 평결이 내려졌다. "여중생을 볼 수 없는 위치였다."라고 진술한 운전병도 그 직후 무죄 평결을 받았다. 배심원단은 (미군 잘못이 아니라) '통신 장애'가 주요 사고 원인이라고 규정했다. 일방적 무죄 평결에 비판 여론이 들끓었다.

▲ 11월 26일, 서울 종로에서 100여 명이 여중생 추모 촛불 시위를 시작했다. 이것이 인터넷 등을 통해 알려지며 수만 개로 늘어난 촛불이 12월 내내 광화문 일대를 밝히고 전국으로 확산됐다.

▲ 2003년 2월, 촛불 시위에 놀란 한·미 당국이 한·미주둔군지위협정 개선안을 마련했으나, 한국의 형사재판권 제약 등 불평등 조항은 여전히 남았다.

▲ 촛불 시위는 2003년 말까지 이어져 연인원 500만 명이 참여한 것으로 추산된다.

▶ 23개 중앙언론사 및 계열사에 대한 세무조사 결과 탈루소득액 1조 3,594억 원, 탈루 법인액 5,056억 원 드러나 일부 언론사주 구속(2001)

1,200만 명! 베트남전 이후 최대 반전 시위

국제 반전 행동의 날… 세계 600여 도시에서 "이라크 침공 반대"

【2003년 2월 15일】미국이 이라크에 대한 전쟁을 강행할 뜻을 거듭 밝히고 있는 가운데, 세계 각국의 시민들이 직접 전쟁을 막아내기 위한 행동에 나서고 있다. 특히 '국제 반전 행동의 날'로 규정된 오늘 하루 동안 전세계 600여 개 도시에서 무려 1,000만~1,200만 명이 거리와 광장으로 뛰쳐나왔다. 베트남전 이후 최대 규모의 반전 시위다. 이탈리아와 에스파냐에서, 브라질과 남아프리카공화국에서, 바레인과 터키에서, 일본과 한국에서, 그리고 전쟁을 주도하고 있는 미국과 영국에서, 평화를 외치는 세계인의 목소리가 함께 울려 퍼졌다.

거리의 시민들은 하나같이 미국의 이라크 침략 계획을 비난하며, 이를 즉각 중단하라고 요구했다. 베를린의 한 시민은 "전쟁은 결코 일어나서는

안 된다. 죄 없는 시민들만 희생될 뿐이다."라고 주장했고, 서울의 대학생은 "대량 살상 무기를 없애기 위해 대량 살상을 벌이려는 미국은 제정신인가?"라며 따져 물었다. 심지어 뉴욕의 집회 현장에는 9·11테러 희생자의 유가족들까지 참여해 "전쟁으로는 아무것도 회복되지 않는다."라며 반대 의사를 분명히 했다.

날로 불안이 고조되고 있는 이라크 현지에서도 전쟁을 막기 위한 값진 노력이 계속되고 있다. '이라크 평화 팀'의 일원으로 세계 각국에서 모여든 사람들이 목숨을 걸고 '인간 방패'를 자원하고 나선 것이다. 프랑스에서 온 한 청년은 "생명은 누구에게나 소중한 것이기에, 실낱같은 희망이라도 버릴 수 없다."라고 참여 동기를 밝혔다. 이들 '인간 방패'들은 발전소·정부 청

이라크전 반대 촛불 시위를 벌이는 미국 뉴욕 시민들.

사·병원 등 미군의 주요 폭격 예상 지점에 분산 배치될 예정인 것으로 전해졌다. 전쟁에 반대하는 평범한 시민들의 이러한 국제 연대는, 설령 이번 전

쟁을 막아내지 못하더라도 위정자들의 탐욕에 수많은 사람이 희생돼온 역사의 반복을 막기 위한 소중한 밑거름이 될 전망이다.

중국, 세계무역기구 가입

【2001년 11월 10일, 베이징】자본주의 세계무역 질서로 온전히 편입되기 위한 중국의 노력이 15년 만에 결실을 맺었다. 카타르 도하에서 열리고 있는 세계무역기구(WTO) 제4차 각료회의는 오늘 타이완과 중국의 WTO 가입을 승인했다. 중국은 1949년 WTO의 전신인 '관세 및 무역에 관한 일반 협정(GATT)'에서 탈퇴했다가 1986년 재가입을 신청했다.

WTO 가입은 중국의 개방 정책이 새로운 단계로 도약하는 것을 의미한다. 지난 7월 국제올림픽위원회(IOC) 총회에서 베이징이 2008년 올림픽 개최지로 선정됐을 때, 국기를 들고 거리로 나와 환호했던 중국인들은 이번에도 대체로 환영하는 분위기다.

경계하는 목소리도 간간이 나오고 있다. 장쩌민 국가주석은 "(WTO 가입이) 수많은 기회를 가져오겠지만 상당한 도전에 직면할 수도 있다."라고 말했다. 중국 언론들도 "1970년대 말 개혁 개방 정책을 표방한 후 최대 사건"이라면서도 "세계화는 양날의 칼과 같다."라며 주의를 당부했다.

신자유주의와 다른 세계는 가능하다

대안 세계화 운동 세력, 세계사회포럼 개최

【2001년 1월 말】진보적 참여 예산제로 유명한 브라질 도시 포르투알레그레. 대안 세계화를 지향하는 각국의 활동가 2만여 명이 이곳에 모였다. 제1회 세계사회포럼에 참가하기 위해서다. 세계사회포럼은 전 세계를 뒤덮으며 빈부 격차를 늘리고 생태계를 훼손하고 있는 신자유주의를 극복하자는 취지의 행사이다.

이 행사는 스위스 다보스에서 세계 각국의 정계·관계·재계의 수뇌들이 모여 각종 정보를 교환하는 다보스포럼과 동시에 열려 다보스포럼에 대항한다는 의미도 담고 있다. 세계사회포럼 참가자들은 유력 인사들이 모이는 다보스포럼이 부자만을 위한 세계화를 더 강화하고 있다고 비판했다.

피부색도 성별도 제각각이고 의견 차이도 있지만, 이들이 한자리에 모인 것은 "대안은 없다."라며 신자유주의를 강제하거나 그것에 체념하

는 현실을 넘어서기 위해서이다. "대안은 없다(There Is No Alternative, TINA)."라는 말은, '신자유주의 전도사' 대처 전 영국 총리가 한 말로 신자유주의를 상징하는 것으로 유명하다. 세계사회포럼의 주제가 "다른 세계는 가능하다!"인 것에도 바로 대처의 말을 비판하려는 의도가 담겨 있다. 금융 투기를 규제하는 문제, 외채를 해결하는 문제 등 450여 개의 주제를 놓고 곳곳에서 치열한 토론이 벌어졌지만, 딱딱하기보다는 흥겨운 축제 분위기 속에서 진행됐다.

세계사회포럼에 참가한 이들은 "인간들 간의 유익한 관계, 그리고 인간과 지구 간의 유익한 관계를 지향하는 전 지구적 사회"를 건설하는 것이 그들의 목표라고 밝혔다. 그리고 이를 위해 신자유주의에 맞서 싸울 것이며, 자본이나 그 어떤 형태의 제국주의에 의해 지배되는 세상에 맞서 싸울 것이라고 목소리를 높였다.

▶ 인권 단체 구성원들의 노숙 농성 끝에 국가인권위원회가 독립 기구로 발족(2001) ▶ 엔론, 대규모 분식 회계 사태(2001~2002)

인간 유전체 지도 완성됐다! 그러나…

유전자 정보만으로는 인간의 복잡성 비밀 못 밝혀

【 2003년, 영국 】 제임스 왓슨과 프랜시스 크릭이 생물의 유전 물질 DNA의 구조를 밝힌 지 50년 만에 인간의 유전 정보 전체가 담긴 지도가 등장했다.

4월 14일 영국의 웰컴트러스트생어 연구소는 1990년에 시작한 인간 유전체 프로젝트(Human Genome Project·HGP)의 완료를 선언했다. 미국·영국·일본·프랑스 등 15개국이 공동으로 추진한 이 사업의 결과물인 인간 유전체 지도는 어느 특정 기업이 상업적으로 이용할 수 없는 인류 공동의 재산으로 남는다.

애초 많은 과학자는 이 사업의 완료로 지금까지 베일에 싸였던 인간의 질병, 성격 등을 둘러싼 여러 가지 비밀을 파악할 수 있으리라고 여겼다. 그러나 이 사업이 끝난 지금 이런 기대를 고수하는 이는 아무도 없다. 인간 유전체 지도는 인간의 어떤 면도 단순하게 알 수 없다는 사실을 말해 주기 때문이다. 특히 유전자의 수는 많은 과학자를 놀라게 했다. 애초 과학자들은 인간이 적어도 10만 개

나 그 이상의 유전자를 가지고 있으리라고 여겼다. 그러나 인간의 유전자 수는 3만 2,000개 이하로 파리와 비슷한 수준이다. 더구나 그중 대부분은 현재로서는 그 기능을 알 수 없는, 즉 아무런 역할도 맡지 않는 유전자이다.

이런 결과는 인간이 가진 복잡성이 많은 유전자의 상호작용 덕분이라는 생각을 뒷받침한다. 더구나 이런 유전자가 상호작용한 결과는 어떤 환경이냐에 따라서 전혀 다른 모습으로 나타난다. 결국 공들여서 유전체 지도를 만든 인류는 이제 각 유전자가 서로 간에, 그리고 환경과 상호작용을 해서 어떤 결과를 낳는지를 파악하는 훨씬 더 복잡하고 어려운 과제에 직면했다.

이번 사업이 여러 가지 사회 문제를 낳을 것이라는 지적도 있다. 많은 전문가는 개인의 유전 정보를 활용하려는 정부와 기업의 횡포 때문에 새로운 인권 침해를 낳을 가능성을 제기한다. 더 나아가 인간이 안고 있는 많은 문제를 유전자의 탓으로 환

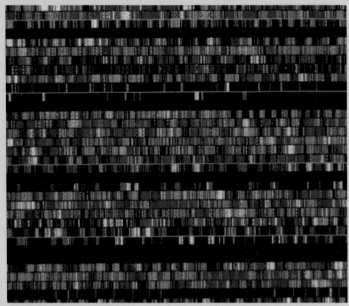

원해서 해석하려는 경향이 득세하면서 발생할 부작용을 우려하는 목소리도 높다.

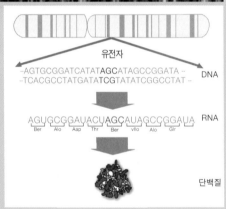

(오른쪽)유전자의 염기 배열에 따른 단백질 합성 과정. (위쪽) 인간의 DNA서열. 색깔은 각각의 염기(아데닌, 구아닌, 시토신, 티민)를 나타낸다.

미국 우주 왕복선 콜럼비아호 공중 폭발

챌린저호 이은 참사… "유인 우주선 왜 하나" 비판 봇물

【 2003년, 미국 】 2월 1일 오전 9시, 16일 간의 임무를 마치고 지구로 귀환하던 미국 우주왕복선 콜럼비아호가 텍사스 주 상공 60킬로미터 지점에서 공중폭발했다. 이 사고로 탑승했던 승무원 7명 전원이 목숨을 잃었고, 1만 2,000개에 달하는 기체 파편이 3개 주에 걸친 7만 제곱킬로미터 지역에 비처럼 쏟아졌다. 1986년 1월 챌린저호가 발사 후 73초 만에 공중폭발한 데 이어 두 번째로 빚어진 참사다.

이 사고를 계기로 인간을 우주로 내보내는 유인 우주선을 향한 비판이 거세다. 비판자들은 "현재 우주왕복선에서 진행하는 과학 실험 대부분은 지상에서도 수행할 수 있는 것"이라며 "우주왕복선이 과학 연구에 이바지한다는 주장은 유인 우주선 프로그램을 정당화하는 수단"이라고 지적했다.

이런 상황에서 미국항공우주국(NASA)은 2008년까지 이 기관의 연간 예산을 2003년의 150억 달러에서

178억 달러까지 끌어올리는 계획을 제출해 비판을 자초하고 있다. 인간의 우주 진출에 이런 엄청난 돈을 쏟아부을 필요가 있느냐는 비판 여론에 불을 지폈기 때문이다. 1969년 아폴로 11호가 달에 착륙할 때에도 이 같은 비판이 나온 적이 있다.

이러한 상황을 감안하면, 현재로서는 1969년 달 착륙으로 절정에 달했던 유인 우주선에 대한 열광이 재현되기는 어려울 듯하다.

전남 고흥에 한국 최초 우주센터

【 2003년, 한국 】 한국이 뒤늦게 우주개발 경쟁에 뛰어들었다.

한국항공우주연구원은 8월 8일 전라남도 고흥군 외나로도에서 우주센터 기공식을 열고 조만간 착공에 들어간다. 앞으로 5년 후 이곳에는 인공위성을 실은 로켓을 발사할 수 있는 발사대를 비롯한 각종 기반 시설이 설치될 예정이다.

2008년에 예정대로 이곳에 발사대가 들어서면 한국은 전 세계에서 13번째로 우주센터를 보유한 나라가 된다.

▶ 한국 인터넷 활용 인구, 2년 만에 2배로 증가하며 2,000만 명 돌파(2001) ▶ 시간당 수천 개의 별똥별이 떨어지는 유성우(流星雨) 현상 관측(2001)

21세기 동아시아, 역사에 발목 잡히나

중국 동북공정, 일본 우익 역사 교과서… 잇따라 한국사 깎아내려

【 2001년 】 일본의 우익 연구 단체 '새로운 역사 교과서를 만드는 모임'이 쓰고 대표적 우익 언론 『산케이신문』 계열의 출판사인 후쇼사가 펴낸 중학교용 『새로운 역사 교과서』가 지난 4월 문부성의 검정을 통과했다. 고대 한국에 대한 일본의 영향력을 과장하고 근대 한국에 대한 식민 침략을 정당화한 것으로 악명이 높다.

그런가 하면 중국 사회과학원과 동북3성위원회는 지난 6월 중국의 국경 안에서 전개된 모든 역사를 중국의 역사로 편입하려는 연구 프로젝트(동북공정)를 추진하기로 하고 준비에 들어갔다. 그에 따르면 고조선, 고구려, 발해 등이 중국의 역사가 된다.

두 나라의 역사 왜곡은 따로따로 이뤄지고 있지만, 합쳐놓으면 미묘하게 상호작용하면서 한국을 작고 초라한 나라로 만들어버린다. 그들의 주장을 재구성하면 이렇다.

"한국사는 만주(오늘날의 중국 동북 3성)와는 아무런 인연이 없고 한반도 남쪽에서 일어난 마한·변한·진한의 삼한에서 출발한다. 삼한으로부터

일본의 우익 단체 '새로운 역사 교과서를 만드는 모임'에서 펴낸 후쇼사 교과서의 역사 왜곡 부분. 이들은 '새로운 역사 교과서'를 표방했지만, 실제로 선보인 것은 '역사 왜곡 교과서'였다.

백제·가야·신라가 일어났고, 이 고대 국가들은 고구려와 일본 간에 벌어진 세력 다툼의 틈바구니에서 어렵게 성장한다. 이 가운데 가야에는 일본이 '임나일본부'를 두어 다스렸고, 백제 역시 일본의 영향을 받으며 서로 긴밀한 관계를 유지했다. 반면 신라는 이들과 사이가 좋지 않았으며, 백제와 일본의 공격을 받자 고구려에 지원을 요청

하기도 했다. 후진국이었던 신라는 뒤늦게 성장하여 가야를 정복한 뒤, 당나라를 끌어들여 백제를 멸망시키고 일본을 한반도에서 쫓아낸다. 그리고 당나라가 소수민족 지방정권인 고구려를 정벌하는 것을 돕는다.

신라 이래 고려, 조선 등 한반도의 역대 왕조는 중국의 속국으로 근근이 살아오다가 근대 들어 다시 일본의 지배

를 받게 되었다. 한국은 일본의 지도 아래 산업화의 기반을 닦았으며, 오늘날 한국의 번영은 당시 일본의 식민 정책에 힘입은 바 크다."

일제의 식민사관과 싸우며 잔뼈가 굵은 한국 역사학은 이러한 역사 왜곡에 대응할 논리와 역량을 갖추고 있다는 평가를 받고 있다. 만주와 한반도에서 여러 갈래로 형성돼온 한민족의 연원도 밝혀냈고, 고구려·백제·신라 등이 고대 일본 문화에 어떤 영향을 끼쳤는지도 규명했으며, 고려와 조선 등 역대 왕조가 중국이라는 강대국 옆에 있으면서도 독자성을 인식하고 주체적인 문화를 창조해온 과정도 천착해왔다. 무엇보다도 패권주의적·제국주의적 역사관에 맞서 저항적·민중적 역사관을 발전시켜 왔다는 것이 한국 역사학의 강점으로 꼽힌다.

이러한 장점을 발전시켜 해외의 양심적 역사 연구자 및 단체와 연대를 강화하고, 국제 무대에서 동북공정의 역사인식과 일본 우익 사관의 문제점을 설득해 나갈 때라는 데 많은 이들이 공감하고 있다.

전쟁과 독선에 희생되는 인류의 오랜 보물들

이라크는 유물 사냥꾼 천국, 아프간에서는 바미얀 석불 파괴

탈레반에 의해 파괴된 바미얀 석불.

【 2003년 】 인류 공동의 자산인 역사 유적과 문화재가 전쟁과 독선에 희생되고 있다. 특히 심각한 곳은 세계 4대 문명에 속하는 메소포타미아 문명의 발상지, 이라크. 올해 3월 미군 주도 연합군의 침공 후 이라크 문화재는 최악의 수난 상태다. 유물 사냥꾼의 천국이 된 이라크에서는 중장비까지 동원한 도굴과 문화재 약탈이 횡행하면서 5,000년 넘게 이어져온 유적들이 파괴되고 있다.

연합군도 사태 악화에 한몫했다. 특히 미군은 바그다드를 장악한 4월 10일부터 이틀 동안 국립박물관을 방치해 1만 5,000여 점의 국보급 유물이 약탈당하는 데 일조했다. 이 때문에 "미군은 석유에만 눈독을 들일 뿐 유적과 문화재를 보존하는 데는 관심이 없다."는 비난이 거세다. 1991년 걸프전 때 공습으로 고대 유적들을 파괴했던 연합군이 이번에는 유적 위에 군 기지를 세우는 등의 행태를 보이며 유적

을 파괴하는 데 직접 개입한 점도 질타를 받고 있다.

세계인들은 이미 2001년 3월, 아프가니스탄 이슬람 원리주의 세력인 탈레반이 '우상 숭배'의 대상을 제거한다면서 약 1,500년 전에 조성된 바미얀 석불을 로켓포로 파괴하는 모습에 충격을 받은 바 있다. 문명의 보고에서 유적 파괴의 전시장으로 전락한 이라크의 현실은 세계를 다시 한 번 충격의 늪에 깊이 빠뜨리고 있다.

▶ 유네스코, 세계문화다양성선언 채택(2001) ▶ 연예계 노예계약 논란(2001) ▶ 도서정가제 시행(2002, 온라인 서점의 할인을 10퍼센트까지 허용)

'냄비 시위'에 신자유주의 흔들

【2001년】 아르헨티나 시민 수십만 명이 거리로 쏟아져 나와 냄비와 프라이팬을 두들겼다. 생존권을 보장하라는 뜻이다. 최근 아르헨티나는 급격한 신자유주의 정책과 정부의 무능이 겹쳐 혹독한 경제 위기를 겪었다. 결국 분노의 '냄비 시위'에 밀려 대통령이 전격 하야를 발표했다. 시위는 '스스로 모인 이웃사람들의 집회'라는 새로운 운동으로 발전하고 있다. '냄비·프라이팬 부대'는 탐욕에 빠진 이들에게 나라를 맡겨둘 수 없다며 저소득층을 우선시하는 대안 정책을 모색하기 위한 토론을 주도하고 있다.

쿠바, 유기농 '녹색 혁명'

【2002년】 쿠바가 녹색 혁명에 성공했다. 쿠바는 1990년대 초 미국의 봉쇄 강화와 소련 붕괴로 극심한 식량 위기에 빠졌다. 식량을 대부분 '사회주의 형제국'에 의지한 채 사탕수수·커피 등 수출용 작물 재배에 집중한 데다, 외국산 화학비료를 구하기 어려워진 탓이었다. 이에 쿠바는 비상사태를 선포하고 지렁이 등을 활용한 유기비료 개발 및 토질 개선에 총력을 기울였다. 그 결과 10년 만에 유기농 강국으로 탈바꿈했고, 올해 식량 자급률도 95퍼센트에 이른다(1990년엔 43퍼센트). 또한 수도 아바나는 농지가 도시의 40퍼센트인 생태도시로 탈바꿈했다. 이로 인해 유기농 혁명을 배우고자 쿠바를 찾는 이들이 늘고 있다. 쿠바의 경험은 식량 위기를 겪고 있는 북한에 귀감이 될 만한 사례로 보인다.

세 번 걷고 한 번 절하는 불가의 수행법, 3보 1배. 2003년, 불교·천주교·원불교 성직자가 새만금 간척사업 강행이 불러올 생명 파괴를 막기 위해 65일 동안 이를 함께했다.

"오 필승 코리아~"

【2002년】 한·일공동월드컵이 끝났다. 그러나 그 열기는 쉬 식지 않고 있다. '4강 신화'를 이룬 히딩크 감독의 인기는 하늘 높은 줄 모른다. 팬들은 히딩크에게 희동구(喜東丘, 동쪽 나라에 기쁨을 준다)라는 애칭을 선사하며 귀화를 촉구하고 있다. 히딩크의 리더십은 축구를 넘어 다른 분야에서도 학습 대상이 되고 있다. 또한 '오 필승 코리아 민박'처럼 응원 구호를 딴 가게는 물론 선수 이름을 붙인 가게도 여럿 생겼다. 대부분의 국민이 "오 필승 코리아~"를 외치고 있는 가운데, '붉은 악마' 현상을 비롯한 월드컵 응원과 집단주의에 묻힌 인권 문제를 돌아봐야 한다는 지적도 나오고 있다.

월드컵 응원 구호를 이름으로 삼은 민박집.

여성 전투기 조종사 탄생

【2002년】 한국 공군에 처음으로 여성 전투기 조종사가 탄생했다. 5년 전 공군사관학교에 입학한 49기 생도 중 5명의 여성 장교가 조종사가 됐는데 (사진), 이 중 3명이 최초의 전투기 조종사다(2명은 수송기 조종사). 세계 최초의 여성 전투기 조종사는 1989년 캐나다에서 배출됐다.

'선진국' 미국 캘리포니아에 대규모 정전 사태

【2001년】 미국 캘리포니아주에서 전력 산업의 규제를 급격히 완화하고 전력 시장을 사유화한 탓에 전력이 부족해지고 전기료가 급등해 대규모 정전 사태가 발생했다. 가정집들이 대거 암흑에 갇히고 실리콘밸리 등의 공장과 사무실까지 멈춰버렸다. 주 정부는 송전망 사유화를 철회하고, 인근 주들도 이 사태에 충격을 받아 전력 시장 경쟁 체제 도입을 연기하고 있다.

양심에 따른 병역 거부 공론화

【2001년】 평화주의 신념을 지키기 위해 군 입대를 거부하는 '양심에 따른 병역 거부' 문제가 공론화됐다. 그동안 '여호와의 증인' 신자들이 집총을 거부하며 인권 탄압을 받았지만, 특정 종교의 문제로만 바라보는 시각 때문에 제대로 조명되지 못한 문제였다. 그러다가 이번에 '여호와의 증인' 신자가 아닌 오태양씨가 병역 거부를 선언하면서 이 문제가 공론화된 것. 그러나 양심에 따른 병역 거부가 인정되지 않기 때문에, 군 입대가 아닌 다른 방식으로 사회에 봉사하고자 하는 오씨의 바람은 실현되지 않을 전망이다.

살색이 아니라 연주황

【2002년】 독일·미국·가나·스리랑카 출신 외국인 4명이 낸, 인종과 피부색에 대한 편견을 부추기는 '살색'이라는 말을 없애 달라는 진정이 받아들여졌다. 이젠 살색이 아니라 '연주황'이다. 사진은 '피부색이 다른 외국인 노동자도 우리와 똑같은 사람'이라는 국가인권위원회 공익 광고.

모두
살색입니다

외국인 근로자도 피부색만 다른 소중한 사람입니다
들어가서 우리나라를 세계로 알릴 귀한 손님입니다

kobaco 한국방송광고공사
공익광고협의회

▶ 〈와이키키 브라더스〉 등 상업주의에 묻힐 뻔한 영화들을 살려낸(2001, '와라나고 운동') 데서도 드러나듯 누리꾼 역할 증대　▶ 한국 축구, 월드컵 4강 진출(2002)

부록

『근현대사신문』 현대편 따라잡기 183

『근현대사신문』 현대편 연표 192

『근현대사신문』 현대편 참고 문헌 198

『근현대사신문』 현대편 찾아보기 200

『근현대사신문』 현대편 도움 받은 곳 206

『근현대사신문』 현대편 따라잡기

1호

2면 ㅣ 자주독립호, '신탁통치' 암초를 넘어라

이 사안은 오랫동안 '찬탁(신탁통치 찬성) 세력'과 '반탁(신탁통치 반대) 세력'의 대립으로 알려져 왔다. 그렇지만 1980년대 이후 한국현대사 연구가 본격적으로 진행되면서 '찬탁 대 반탁'은 부적절한 규정이라는 것이 드러났다. 역사학계의 연구 성과를 종합하면, 한마디로 '반탁'은 있었지만 '찬탁'은 없었다. '찬탁'은 반탁 세력이 3상회의 결정을 지지한 세력을 비난하기 위해 만들어 퍼뜨린 용어였다. 3상회의 결정을 지지한 세력은 '찬탁'을 공개적으로 표명한 적이 없었다. 물론 3상회의 결정에 '최고 5년을 기한으로 하는 신탁통치의 실시'라는 내용이 포함돼 있기에 '3상회의 결정 지지'가 '찬탁'으로 해석될 여지가 있긴 했다. 하지만 당시 '3상회의 결정 지지'의 핵심은 3상회의 결정에 담긴 '조선임시정부' 조항을 적극 활용해서 한반도의 미래를 결정하는 데 한국인들이 참여할 수 있는 길을 열자는 것이었다. 이들이 우려한 것은 한반도 문제가 이미 다수의 열강이 개입된 국제 문제가 돼버린 상황에서 '신탁통치'라는 문구에 격분해 감정적으로 대응할 경우 한국 문제 결정에서 한국인이 완전히 배제될 수도 있다는 것이었다. 아울러 '반탁'에 앞장선 이들 중 적지 않은 수가 친일파였거나 친일파 청산에 소극적인 이들이었던 것을 보면 '반탁=민주주의=애국'이라는 구도가 꼭 맞는 것은 아니다. 근래 역사학계에서는 '찬탁 대 반탁' 대신 '모스크바 3상회의 결정 논란' 혹은 '모스크바 3상회의 결정을 둘러싼 정치적 갈등'으로 표현해야 한다는 이야기가 나오고 있다.

6면 ㅣ '리틀 보이', 인류 절멸의 문을 열다

2009년 현재 국제사회에서 공인한 원자폭탄 보유 국가는 미국, 러시아, 중국, 프랑스, 영국, 인도, 파키스탄 등으로 늘었다. 그러나 이스라엘도 원자폭탄을 가지고 있다는 것이 공공연한 비밀이다. 북한도 곧 이 대열에 들어설 가능성이 있다.

최초의 컴퓨터, 첫 과제는 "수소폭탄 가능한가"

1949년 폰 노이만이 제안한 프로그램이 내장된 컴퓨터 '에드삭'이 등장했다.

7면 ㅣ 일제 탄압도 '말의 해방' 못 막았다

『조선말큰사전』은 1957년 총 6권으로 완성됐다. 그리고 남과 북의 국어학자들은 2005년 2월 20일 "6·15공동선언을 실천"한다는 취지로 공동편찬위원회를 결성하고, 2013년 발간을 목표로 『겨레말큰사전』 편찬 작업을 진행하고 있다. 『겨레말큰사전』은 분단 이후 남북의 국어학자들이 함께 편찬하는 첫 번째 사전이다.

8면 ㅣ 중국 국민당군, 타이완 시민 대량 학살

2·28학살로 불리는 이 사건은 한국의 4·3 등과 함께 1945년 이후 동아시아 국가 폭력의 대표적인 사례로 꼽힌다. 타이완 정부 차원의 사과가 이뤄진 건 사건 발생 후 48년이 지나서다. 1995년 리덩후이 당시 타이완 총통은 국가수반으로는 처음으로 희생자 가족에게 사죄의 뜻을 표했다. 그 후 타이완 정부에서는 피해자 2,000여 명에게 금전 보상을 했지만, 학살 과정의 전모는 아직 완전히 밝혀지지 않았다. 최근 타이완에서는 이 문제와 관련해 사건 당시 최고 통치자이던 장제스가 유혈 진압 사실을 완전히 파악하고 있었음은 물론 사태에 깊숙이 개입했다는 주장을 두고 갑론을박이 벌어지기도 했다. 한편 1989년 베네치아영화제에서 황금사자상(최우수작품상)을 받은 〈비정성시(悲情城市)〉는 이 사건을 배경으로 한 영화 중 가장 널리 알려진 작품이다.

우왕좌왕 통행 규칙, 헷갈리네

2009년 정부는 1921년 이래 88년 동안 유지돼 온 '보행자좌측통행' 원칙을 버리고, '보행자 우측통행' 원칙으로 복귀하기로 결정했다.

2호

2면 ㅣ 잠들지 않는 남도… 제주 4·3항쟁 진압

정부는 50년 넘게 4·3의 진실을 외면했다. 그러나 4·3 당시 민간인 학살 진상 규명 운동이 시민사회에서 꾸준히 진행된 결과, 2000년 '제주 4·3사건 진상규명 및 희생자 명예회복을 위한 특별법'이 제정됐다. 그 결과 만들어진 '제주 4·3사건 진상규명 및 희생자 명예회복 위원회'에 신고된 희생자는 1만 5,000여 명(이 중 사망자는 1만여 명)이지만, 이는 피해의 일부일 뿐이다. 신고할 유족이 없을 정도로 심각한 피해를 본 사람도 많고, 출생신고도 이뤄지지 않은 상태에서 희생된 어린아이도 많기 때문이다. 학계에서는 이러한 상황을 감안해 당시 희생자가 적어도 3만 명에 이를 것이라는 견해가 다수다. 또한 직접적인 인명 피해 외에도 마을 자체가 초토화되고 집이 불타버리는 등 재산 피해도 엄청났으며, 사건 종결 후에도 제주 사람들은 오랫동안 연좌제의 족쇄에 걸려 신음하는 동시에 학살에서 비롯된 각종 후유증에 시달려야 했다. 이에 대한 국가 차원의 사과는 노무현 정부 때 이뤄졌다. 정부 공식보고서인 '제주 4·3사건 진상보고서'가 채택된 2003년 노무현 대통령은 국가를 대표해 제주도민과 희생자 유족에게 공식 사과했다. 노 대통령은 2006년 4·3 위령제에 직접 참석하기도 했다.

4면 ㅣ 쥐 대신 씨암탉 잡는 괴물 국가보안법

법 제정 당시에 제기됐던 우려대로, 국가보안법은 그 후 60여 년 동안 민주주의를 질식시키고 죄 없는 사람들을 수없이 희생시킨 대표적인 악법으로 기능했다. 2004년 무렵 '국가보안법을 이제 그만 역사의 박물관으로 보내자.'라는 사회적 움직임이 활발했지만, 보수 세력의 실력 저지에 막혀 국가보안법 폐기 시도는 좌절됐다. 그후로도 국가보안법이 한국 사회의 인권 신장을 위해 시급히 사라져야 할 대상이라는 주장은 계속 나오고 있다.

5면 ㅣ 농지개혁법 제정

정부는 이듬해인 1950년 초 개정안을 제출했고, 그 결과 상환액과 보상액을 똑같이 150퍼센트로 하는 개정안이 한국전쟁 발발 전에 통과됐다.

6면 ㅣ 태초에 '대폭발'이 있었다

조지 가모프의 이론은 1950년대 들어서 '대폭발(Big Bang)' 이론으로 불렸다. 애초 이 명칭은 정상 상태 이론을 지지했던 과학자들이 이 주장을 비웃고자 만든 것이었다.

측정대에 오른 유골의 나이

윌러드 프랭크 리비는 1960년 노벨화학상을 수상했다.

8면 ㅣ 60초의 전율, 짜릿해요! 폴라로이드

즉석카메라로 한 시대를 풍미했던 폴라로이드는 디지털카메라가 보급되면서 된서리를 맞았다. 2001년 파산보호신청을 한 폴라로이드는 결국 2008년 12월 필름을 끝으로 즉석카메라를 비롯한 모든 제품의 생산을 중단했다.

3호

2면 ㅣ 전쟁만 나면 작전권 내주는 이상한 나라

작전지휘권은 1954년 한·미상호방위조약 등에서 '작전통제권'이라는 용어로 대체됐다. 유엔군사령관이 보유하고 있던 작전통제권은 1978년 한·미연합사 창설을 계기로 한미연합사령관(주한미군사령관과 유엔군사령관 겸임)에게 이관됐다. 한국은 1994년 작전통제권 중 '평시' 작전통제권을 환수했다. 또한 한국과 미국은 작전통제권의 핵심인 '전시' 작전통제권을 2012년 4월 17일 한국군으로 이관하기로 2007년 합의했다.

3면 | 민간인이라고 봐줄 수 있는 전쟁이 아니다?

한국전쟁 전후 학살된 민간인은 100만 명 정도로 추정된다. 반세기 넘게 어둠 속에 묻혀 있던 이 문제에 대한 조사는 2005년 '진실·화해를 위한 과거사정리위원회(진실화해위)'가 출범하면서 본격적으로 시작됐다. 2009년 현재 땅만 파면 유해가 나올 것으로 추정되는 집단 매장지는 전국에서 160곳 정도로 추정된다. 진실화해위는 이 중 2007~2008년에 9곳에서 1,000구가 넘는 유해를 발굴했다. 발굴 작업은 2009년에도 계속되고 있지만, 전망은 매우 불투명하다. 전문가들 사이에선 국군 전사자 유해 발굴 사업처럼 민간인 학살 사건에 대해서도 특별법을 제정해 발굴 작업을 계속해야 한다는 지적이 많다. 한편 민간인 학살의 비극은 훗날 베트남전쟁에 파견됐던 한국군과, 1980년 5월 광주에 투입된 군에 의해 재연됐다.

7면 | 다리 폭파돼 못 갔는데 빨갱이라니

본문에 나오는 "박완서"는 훗날 필명을 떨치는 바로 그 박완서 작가다. 작가 박완서는 이 시기의 경험을 『그 많던 싱아는 누가 다 먹었을까』(웅진출판, 1992)에서 형상화했다.

시작 직후 중단됐던 농지개혁, 다시 발동

한국현대사의 핵심 주제 중 하나인 농지개혁 연구는 1980년대까지는 '한국전쟁 이전 법적 준비 완료, 전쟁 중 본격 실시'가 통설이었다. 그런데 1990년대 이후 경제학·정치학을 중심으로 '한국전쟁 이전 시행 완료'를 주장하는 흐름이 나타났다. '전쟁 이전 시행 완료'를 주장하면서 "이승만 대통령의 강력한 농지개혁 의지가 이를 가능케 했다."라고 강조하는 학자들도 있다. 그렇지만 본문에서도 거론했듯이 이 대통령 스스로 서울 수복 후 "농지개혁 우선 실시"를 지시했다. 농지개혁이 완료됐다면 이런 발언을 할 이유가 없다. 당시 언론 보도에도 이런 정황이 나와 있다. "기자가 본 바에 의하면 (중략) 예정과 같이 (1950년) 4월 10일까지 분배예정통지서가 각 소작인에게 교부되었다는 중앙당국의 말과는 어긋나 예정보다 한 달이 넘은 5월 중순에도 충북 같은 도에서는 아직껏 이것이 5할밖에 교부되지 못하고 있었고 다른 도 역시 이 교부를

전부 완료하였다는 도는 한 곳도 없었다." (『동아일보』 1950년 5월 23일자)

또한 이 대통령의 강력한 의지가 농지개혁의 원동력이었다는 주장도 무리가 있어 보인다. 본문에서 언급했듯이, 곧 철회하긴 했지만 이 대통령이 '1년 연기' 결정을 내렸다는 자료가 남아 있다. 전시 혼란을 이유로 1년 연기됐다면 농지개혁의 성패는 장담하기 어려웠을 것이라는 평가도 있다. 전쟁 전 행적을 볼 때 이 대통령이 농지개혁 자체를 반대했다고 보기는 어렵지만, 그와 반대로 농민에게 유리한 형태의 농지개혁을 적극적으로 밀어붙였다고 보는 건 지나치다는 의견도 적지 않다.

8면 | 미국·소련 앞다퉈 '죽음의 신' 영접 경쟁

그후 미국은 2년도 채 안 돼 수송 가능한 수소폭탄을 제조하는 데 성공했다. 미국은 1954년 3월 1일 남태평양 비키니섬에 실험용 수소폭탄을 폭발시켰다. 이 폭탄의 폭발력 역시 엄청났다. 폭발할 때의 섬광은 4,100킬로미터 떨어진 일본 오키나와에서도 보였고, 1만 8,000제곱킬로미터가 넘는 지역에 방사능 낙진이 떨어졌다.

소련도 1953년 8월 수소폭탄 실험에 성공했다. 소련은 수소폭탄을 보유한 지 10년도 채 안 돼 히로시마에 투하된 원자폭탄보다 3,000배나 강력한 수소폭탄을 보유했고, 실제로 이를 북극에서 터뜨렸다. 한편, '지구 종말 시계'의 분침은 1953년 미국과 소련의 수소폭탄 실험 이후 '자정' 2분 전을 가리켰다.

핵 개발이 가장 '합리적' 결정이라고?

'죄수의 딜레마'로 널리 알려진 게임 이론은 여러 가지 형식으로 변주돼 경제학, 생물학, 정치학 등 다양한 분야에서 응용 중이다.

4호

4면 | 기록실—정전협정

'한국 문제의 평화적 해결을 위해 정치 회의를 열 것'을 권고한 정전협정 60항에 따라 1954년 스위스 제네바에서 남한과 유엔군 참전 15개국(남아프리카공화국은 불참), 북한, 중국, 소련 등 모두 19개국이 참여한 정치 회의가 열렸다. '협정 조인 후 3개월 내'라고 돼 있던 정전협정 60항의 소집 기한을 준수하지 못했던 이 회의에서 양측은 예상됐던 대로 자신들의 주장만 반복했고, 회의는 결국 합의가 이뤄지지 않은 채 종료됐다.

5면 | 전쟁이 모든 것을 바꿨다

전쟁을 거치며 지주층이 몰락한 점이 1960년대 이후 한국 사회의 급속한 공업화에 도움이 됐다는 평가가 많다. 농지개혁이 제대로 이뤄지지 않아 대지주들의 사회적 힘이 여전히 막강한 라틴아메리카 국가들 등과 비교할 때 특히 그러하다는 평가이다.

6면 | 인류, 생명의 비밀을 파헤칠 열쇠를 얻다

제임스 왓슨과 프랜시스 크릭은 1962년 모리스 윌킨스와 함께 노벨생리의학상을 수상했다. 왓슨은 DNA의 구조를 밝혀내는 과정을 흥미진진하지만 지극히 주관적으로 정리한 『이중 나선』을 1968년에 펴냈다.

5호

3면 | 국민 위로 떠오른 평화통일론에 자유당 '뜨끔'

"강원도에서 유권자의 대부분인 군인의 70퍼센트 이상이 조봉암에게 투표했지만 이 대통령 표가 90퍼센트 이상 나온 것으로 발표됐으며, 전국적으로 대동소이했을 것"이라는 충격적인 증언을 한 정부 고위 관료는 1960년 3·15부정선거 당시 주무 장관이던 최인규다. 최인규는 5·16쿠데타 후에 설치된 군사혁명재판소에서 사형선고를 받은 후 쓴 자서전에서 이같이 증언했다. 최인규는 자서전에서 "(1956년) 5·15선거를 충분히 알지 못하고는 (4월 혁명의 계기가 된 1960년) 3·15선거를 이해할 수 없다."라고 주장했다. 1956년 대선에서 경찰이 조봉암의 당선을 막기 위해 갖가지 선거방해를 하고 개표 및 발표에서도 엄청난 조작을 했는데도 조봉암이 216만 표를 얻은 것은 반공 국가로서 대한민국의 체면을 추락시킨 것이었으며, 1960년 3·15선거에서 광범위한 부정선거를 한 까닭은 1956년의 전철을 밟지 않기 위해서였다는 것이 최인규의 주장이다. 또한 이 자서전에서 최인규는 "(1956년) 선거 당시 내무부 장관이 전국적인 투표결과에서 압도적으로 조봉암 후보가 우세할 경우 당선을 선포하도록 묵인할 수 있었겠느냐."라고 반문하며 부정선거가 정권 차원에서 조직적으로 진행됐음을 시사했다.

핵무기 한국에 들어오다

미국은 한국전쟁 정전 이후 핵우산을 지속적으로 제공했다. 그에 따라 1958년 남한에 최초로 배치된 미국 핵무기는 1970년대 후반엔 그 수가 무려 1,000개 가까이까지 늘었던 것으로 전해진다. 미국은 1991년 한반도에서 핵무기를 모두 철수한 것으로 알려져 있다.

5면 | 제2차 중동전쟁 "수에즈 내놔―못 줘"

영국과 프랑스, 이스라엘 동맹군은 이집트군을 크게 격파했지만 국제 여론에 밀려 철수했다. 그리고 영국과 프랑스는 결국 수에즈운하를 이집트에 넘겨줘야 했다. 이 전쟁을 통해 이집트는 수에즈운하 국유화에 성공했지만, 군사적으로는 큰 손실을 입었다.

6면 | 천지창조는 45억여 년 전에 있었다

클레어 패터슨이 주장한 약 45억 5,000만 년은 오늘날에도 지구의 나이로 통용된다.

전쟁 위한 원자력 사용은 안 돼!

1957년 퍼그워시에서 열렸던 이 회의는 매년 한두 차례 여러 나라를 순회하며 계속해서 열리고 있다. 어디서 열리든 첫 번째 회의 장소의 이름을 따서 모두 '퍼그워시 회의'라고 부른다. 이 퍼그워시 회의는 핵전쟁 반대를 줄곧 요구한 공으로 1995년 노벨평화상을 수상했다.

7면 | 사람이 어떻게 저 작은 상자 속에 들어갔을까

1956년 개국한 이 최초의 텔레비전 방송국은 그 영향력이 제한적이었고, 본격적인 텔레비전 시대는 1961년 12월 KBS TV가 개국하면서 열렸다. KBS TV 개국 과정엔 방송을 통해 군사정권을 홍보하고 합리화하려는 5·16쿠데타 세력의 정치적 목적도 작용했다.

6호

2면 | 4·19혁명 "자유의 비밀은 용기일 뿐이다"

"자유의 비밀은 용기일 뿐이다"는 서울대 문리대생들의 '4·19혁명 선언문'에 담긴 말이다.

4면 | 아프리카합중국이 대안이다

1963년 아프리카통합기구가 결성됐지만, '공동의 의회'라는 은크루마의 핵심 이념이 거부되며 아프리카합중국이라는 꿈은 이뤄지지 않았다. 그 무렵 은크루마는 독재자로 변해갔고, 결국 1966년 군사 쿠데타로 실각했다.

5면 | 4·19가 아니었으면 어쩔 뻔했을까

1961년 들어 학생과 혁신계를 중심으로 민족자주통일협의회(민자통)가 결성됐다. 이어 중립화통일론 대신 남북협상론이 대세가 되면서 통일운동은 남북학생회담을 제안하는 단계까지 나아갔다. "가자 북으로 오라 남으로", "이 땅이 뉘 땅인데 오도 가도 못 하느냐", "남북 학생 판

문점에서 만나자" 등 오늘날까지 회자되는 구호들도 이때 널리 퍼졌다. 장면 정부는 냉전 질서를 유지하기 위해 반공법과 데모규제법을 제정하고자 했지만, 이 기세를 꺾지는 못했다. 그러나 5·16쿠데타로 통일운동은 좌절됐다. 쿠데타 세력은 통일운동의 핵심 인물들을 용공 세력으로 몰아 대대적으로 탄압했다. 또한 교원 노조와 피학살유족회 관계자들에게도 철퇴를 휘둘렀다. 쿠데타 직후 체포된 혁신계, 통일운동가, 교원 노조와 피학살유족회 관계자 등이 2,014명에 이를 정도다. 이와 함께 쿠데타 세력은 각지의 유족들이 만든 피학살자 묘역을 파괴하고 위령비석을 땅속에 묻는 '제2의 학살'도 저질렀다. 한편 "교원 노조는 교사의 품위를 떨어뜨린다."라는 정부의 주장은 1989년 전국교직원노동조합 결성 때에도 되풀이됐다.

재일교포들 "가자 고향산천으로"

북송선 사진은 1971년에 촬영된 것이다.

경제개발 계획 착착

장면 정부의 경제개발 계획안은 5·16쿠데타 직전인 1961년 4월 말 무렵 완성됐다. 5·16쿠데타 세력은 이것을 그대로 베껴 1961년 7월 5개년종합경제계획안을 발표했다.

6면 | 26세 풋내기 동물학자 제인 구달, 인간의 정의를 바꾸다

루이스 리키는 제인 구달 외에도 두 명의 여성 제자를 뒀다. 한 사람은 고릴라를 연구한 다이앤 포시이고, 다른 한 사람은 오랑우탄을 연구한 비루테 갈디카스다. 이 세 사람은 20세기 후반 영장류 연구의 혁신을 일궈냈을 뿐만 아니라, 여성성이 과학 연구에 어떤 기여를 할 수 있는지를 실천으로 보여줬다.

7호

2면 | 혁신 꿈꾼 정론, '강철 군화'에 짓밟히다

'진실·화해를 위한 과거사정리위원회'는 2006년 이른바 '민족일보' 사건에 대해 진실 규명 결정을 내리면서 법원에 재심을 권고했다. 이에 따라 열린 재심에서 서울중앙지법은 2008년 1월 16일 『민족일보』 조용수 사장에게 무죄를 선고했다. 1961년 북한에 동조했다는 혐의를 뒤집어쓰고 사형당한 조용수 사장이 47년 만에 누명을 벗는 순간이었다.

3면 | 알제리 독립 "제2프랑스 거부"

본래 독립전쟁 당시 프랑스 편에 가담했던 알제리 출신 군인을 가리키던 '아르키(Harki)'는 이후 프랑스 편에서 일한 사람 전부와 그 가족을 가리키는 의미로 확장된다. 1962년 알제리 독립 직전 아르키는 26만 명이 넘었으며(이 중 군인은 6만여 명) 그 가족까지 포함하면 약 100만 명에 달했다. 그러나 이들은 알제리 독립 후 배신자로 간주돼 고문과 학살을 당했다. 학살된 인원은 15만여 명으로 추정된다. 독립 당시 알제리에 주재하던 프랑스인들이 보호받은 것과 달리, 이들은 프랑스로부터도 버림받았다. 그 후 42년이 지난 2004년 6월 11일, 프랑스 의회에서는 '아르키의 노고와 고통을 인정한다.'라는 내용의 법이 통과됐다. 그러나 프랑스 국가가 이 희생자들에게 저지른 잘못에 대한 반성이 부족하다는 비판도 나왔다. 이처럼 아르키 문제는 알제리와 프랑스의 현대사에서 여전히 뜨거운 감자로 남아있다.

6면 | 봄이 와도 새 소리가 들리지 않는 까닭을 아시나요

『침묵의 봄』은 현대 환경운동을 태동시킨 기폭제 역할을 했다. 미국 정부는 1972년 DDT 사용 금지 조치를 내렸다. 그러나 최근 들어서 DDT 사용 금지 조치를 놓고 논란이 진행 중이다. 스리랑카와 같은 나라에서 DDT 사용 금지 조치가 말라리아의 창궐을 초래한 탓이다.

8면 | 군사정권 맞아 간소복 바람

남한에서 간소복 바람이 불던 1960년대 초기 북한에서도 의생활에 큰 변화가 일어났다. 1961년 완공된 공장에서 대량으로 생산된 비날론이 무명, 삼베 등의 천연섬유를 밀어낸 것이다. 비날론은 섬유공학자 리승기가 1930년대에 발명한 화학섬유이다.

8호

5면 | 한국은 수출에 목숨 걸었다

사카린 밀수 사건은 큰 파문을 불러일으켰다. 이 사건은 초기에 세관이 적발한 것이 아니라, 밀수품이 시중에서 한참 유통돼 소문이 퍼진 후 신문들이 뒤늦게 보도하면서 수면 위로 떠올랐다. 시중에는 경제기획원, 재무부, 상공부, 경찰, 검찰이 삼성 밀수의 공범이라는 분노의 목소리가 넘쳐났다. 이병철 삼성 회장이 한국비료를 정부에 헌납하겠다고 발표하고 잠시 경영 일선에서 물러나면서 사건은 일단락됐지만, 이 사건에 얽힌 검은 연결 고리의 전모가 당시에는 드러나지 않았다.

이와 관련, 이병철 회장의 맏아들 이맹희씨는 1993년 출간된 『회상록─묻어둔 이야기』라는 회고록에서 자신이 사카린 밀수를 현장에서 지휘했다며 '사카린 밀수사건은 박정희 대통령과 부친인 이병철 회장의 공모 아래 정부 기관들이 적극 감싼 조직적인 밀수였다.'라고 주장했다. 이씨는 사카린 밀수 사건 여파로 경영 일선에서 물러나 '비운의 황태자'로 불린 인물이다.

한편, 1966년 사카린 밀수 사건이 드러났을 때 김두한 의원은 국회 본회의장에서 정일권 국무총리 등 각료들을 향해 "국민들이 주는 사카린"이라며 똥물을 투척했다가 제명됐다. 또한 이 사건이 터지기 1년 전인 1965년 창간된 삼성 계열의 『중앙일보』는 사건을 축소 보도하고 삼성을 옹호하는 논조를 펴, '삼성의 사보'라는 비난을 받았다.

6면 | 사라진 '세상의 반'을 찾습니다

근래 들어 많은 수의 여학생이 대학의 이공계로 진학하고 있음에도 여전히 여성 과학 기술자의 사회적 지위는 낮다. 1999년 미국의 MIT에서 발표한 연구는 단적인 증거다. 이 연구를 보면, 여성 과학 기술자는 남성 과학 기술자와 비교했을 때 더 적은 봉급을 받았고, 연구비 지원을 받는 데 많은 어려움을 겪었으며, 대학·연구소 내에서 더 낮은 지위를 점했다.

과학 기술로 경제 성장을

KIST는 1981년 한국과학원과 함께 한국과학기술원(KAIST)으로 통합되었다가 1989년 다시 독립해 과학 연구, 기술 개발을 위한 연구소로 현재에 이르고 있다.

죽을 날만 기다리던 심장병 환자에게 복음

한국에서는 1969년 이용각 등이 처음으로 심장 이식 수술에 성공했다. 그러나 생존율은 여전히 낮은 편이다.

8면 | 서울 학부모들 '솥뚜껑 시위', 왜?

'무즙 파동'이 일어난 지 3년 후, 중학교 입시 과열로 인한 사회적 문제점을 극단적으로 보여준 사건이 다시 발생했다. 1967년 12월 1일 치러진 1968학년도 중학교 입학시험 미술 문제('목판화를 새길 때 창칼을 바르게 쓴 그림은?')에서 복수 정답 논란이 발생했다. 낙방한 학생의 부모들은 경기중학교가 복수 정답을 인정한 것은 잘못된 일이라며 시위를 벌이고, 교장과 교감을 연금하기까지 했다('창칼 파동'). 경기와 서울 지역 중학교 낙방생 학부모 549명이 소송을 제기해 대법원까지 상고했으나 패소했고, 해당 학생들은 불합격 처리됐다. 무즙 파동과 창칼 파동을 겪은 후 정부는 '무시험 전형'이라는 중학교 입시 개혁안을 발표하기에 이른다.

6면 | 지상 최대의 쇼… 인류 최초로 달 착륙

결국 달 착륙은 쇼로 끝났다. 1969년부터 1972년 사이에 아폴로 11호부터 아폴로 17호까지 여섯 대가 달에 착륙했다. 아폴로 13호는 사고로 달에 착륙하지 못하고 돌아왔다. 1972년 아폴로 17호를 타고 달에 갔던 진 서넌, 잭 슈미트 이후 40년 가까이 달을 밟은 사람은 없다.

이타이이타이병 환자, 공해 기업 고소

1972년 8월 일본 법원은 이타이이타이병이 미스이 그룹의 공장에서 배출한 카드뮴 때문에 발생한 사실을 공식 인정했다.

8면 | 재일교포 차별 고발

1968년 인질극 후 김희로씨는 31년 동안 감옥에 갇혀 있었다. 1999년 석방된 권희로씨(김희로씨는 의붓아버지의 성인 '김'을 버리고 친아버지의 성인 '권'을 다시 썼다.)는 외국인 장기수를 국외로 추방하도록 한 일본 법규에 따라 한국으로 영구 귀국했다. 그러나 2000년 다시 부산에서 형사사건에 연루돼 감옥에 갇히고, 동거하던 여성이 국내 생활 정착금을 가지고 달아나는 등 권씨의 삶은 고국에서도 파란만장했다. 한편 '1968년 김희로 사건'은 1992년 국내에서 〈김의 전쟁〉이라는 제목의 영화로도 만들어졌다.

3면 | 미국·중국 화해의 악수

미국과 중국은 1979년 1월 국교를 맺었다.

4면 | 화제─1972년 서울, 환희에서 냉소로

'단독 출마─반대표 0'라는 체육관 대통령 선거의 공식은 박정희(1978년), 최규하, 전두환 대통령 당선 때에도 반복됐다. 1987년 6월항쟁의 영향으로 그해 말 대통령 직선제가 16년 만에 부활하기 전까지 체육관 선거는 계속됐다. 한편 체육관 선거 이전에 유신헌법 개정안을 놓고 벌어진 국민투표(찬성 91.5퍼센트) 때 부정선거가 비일비재했다는 증언도 여럿 있다. "참관인에게 투표한 부분이 보이도록 투표용지를 접어 투표함에 넣었다. 찬성으로 기표했노라 하고 고지하는 투표였다."라는 내용, "반대표를 찍으려 했더니 중대장이 붓뚜껑을 빼앗아 찬성표를 찍었다."라는 어느 전방 근무 사병의 증언 등이다.

6면 | 우체통 없는 세상, 눈앞에 등장하는가

현재 인터넷은 일상생활 깊숙이 들어와 있다. 현대인은 이메일 전송은 물론이고 정보 검색, 문서·동영상 등의 정보 교환, 상거래 등 공사를 막론한 여러 가지 일을 인터넷을 통해서 수행한다.

무궁화꽃은 필 수 있을까?

한국은 1975년 4월 23일 NPT를 정식 비준했다. 그러나 박정희는 1979년 사망할 때까지 원자폭탄 개발의 꿈을 버리지 않았다. 한편 일부 공무원, 정치인, 과학자 등은 계속해서 원자력 발전소에서 발생하는 핵폐기물에서 플루토늄을 추출하는 재처리 시설을 갖추자고 주장한다.

3면 | 유신 독재, 끝내 '사법 살인'

사형 집행 27년 후인 2002년 의문사진상규명위원회는 이른바 '인혁당 재건위' 사건이 고문에 의해 조작된 것이라고 발표했다. 이에 따라 유족들은 그해 12월 서울중앙지법에 재심을 청구했다. 재심 청구가 받아들여지는 데도 3년이나 걸려, 재심은 2005년에야 시작됐다. 결국 2007년 1월 23일 서울중앙지법에서 열린 선고 공판에서 이 사건에 연루돼 사형이 집행된 8명 전원에게 무죄가 선고됐다. 재판부는 당시 수사 기록이 장기간 구금된 상태에서 중앙정보부의 고문과 구타 등을 통해 작성돼 증거 능력이 인정되지 않는다고 밝혔다. 이처럼 '사법 살인'을 당한 이들의 명예가 법정에서 회복되는 데 무려 32년이나 걸렸다. 2008년엔 당시 무기징역을 선고받은 이들 등에게도 무죄가 선고됐다.

북한 김일성 후계자에 '젊은 피' 김정일

1974년 후계자로 공식 추대된 김정일은 그 후 언론매체에 이름을 내세우는 대신 '당중앙'으로 불리며 각 부문에서 강력한 권한을 행사했다. 북한 권력의 후계자로서 김정일의 지위가 안팎에 공식 천명된 때는 1980년이다.

5면 | 동아여 휘지 마라, 우리가 있다

이른바 '동아 사태'는 박정희 정권 차원의 조직적 언론 탄압이었음이 분명하게 드러났다. 2008년 10월 29일, '진실·화해를 위한 과거사정리위원회'(진실화해위)는 "『동아일보』 광고 탄압 사건은 국가 공권력에 의한 중대한 인권 침해 사건이었다."라며 "특히 중앙정보부는 직무 범위를 벗어나 언론 탄압의 모든 역할을 주도했다."라고 발표했다. 또한 진실화해위는 『동아일보』가 "『동아일보』의 명예와 언론 자유를 수호하기 위해 헌신해 왔던 자사 언론인들을 보호하기는커녕 정권의 요구대로 해임함으로써 유신정권의 부당한 요구에 굴복"했으며, "『동아일보』 경영진은 (……) 결과적으로 유신정권의 언론 탄압에 동조했다."라고 밝혔다. 이에 따라 진실화해위는 국가에게는 "동아일보사와 해임된 언론인들에게 사과하고, 피해자들의 언론 자유 수호 노력에 대해 정당한 평가와 피해 회복을 통해 화해를 이루는 적절한 조치를 취하라."라고, 『동아일보』에게는 "민주화의 진전으로 언론 자유가 신장돼 권력 간섭이 사라진 이후까지 해임 언론인들에 대한 아무런 구제 조치도 취하지 않았으므로 그들에게 사과하고 피해자들의 피해와 명예를 회복시키는 등 적절한 화해 조치를 취하라."라고 권고했다. 그러나 정부와 『동아일보』는 진실화해위 결정 이후에도 여전히 잘못을 인정하지 않고 모르쇠로 일관하고 있다.

6면 | 생명체 조작 기술, 복음인가 재앙인가

아실로마에 모인 과학자들의 DNA 재조합 연구 중단 선언은 지켜지지 못했다. 그 결과 1980년대부터 유전자 조작 생명체가 봇물처럼 등장했다. 다만 이 선언을 계기로 DNA 재조합 실험 규제 방안이 마련된 것은 큰 성과였다.

12호

6면 | 전쟁 아닌 인류에 봉사하는 과학을 위하여

루카스 계획을 통해 고안된 몇몇 상품은 실제로 생산되었으나 사측의 방해 등의 이유로 시장에서 성공하지 못했다. 1979년 보수적인 대처 정부가 등장한 데 이어, 1981년 사측이 마이크 쿨리를 해고하면서 이 계획은 실패로 끝났다. 그러나 루카스항공 노동자들이 꿈꿨던 '사람의 얼굴을 한 과학 기술'은 세계 곳곳에서 여전히 실험 중이다.

개인용 컴퓨터 혁명 시작… 애플Ⅱ 폭발적 인기

애플Ⅱ의 성공을 눈여겨본 IBM이 1981년 다른 업체와 부품 호환이 되는 개인용 컴퓨터를 내놓았다. 애플은 IBM을 의식한 신제품(애플Ⅲ)을 내놓았으나 성공하지 못했다. 이때부터 개인용 컴퓨터 시장은 오늘날처럼 IBM

을 비롯한 다양한 컴퓨터 제조업체들이 경쟁하는 모습을 띠게 되었다.

7면 | 사상 첫 시험관 아기 탄생

첫 시험관 아기였던 루이스 브라운은 2004년 결혼해 2007년 1월 자연 출산으로 아들을 얻었다. 한국의 첫 시험관 아기는 1985년 서울대 장윤석·문신용·이진용 교수 팀에 의해 탄생했다. 전 세계에서 지난 30여 년 동안 체외 수정을 비롯한 보조 생식 기술의 도움을 받아 태어난 아기는 300만 명이 넘는다.

8면 | 고상돈, 한국인 최초 에베레스트 등정

고상돈은 1979년 북아메리카 최고봉인 알래스카산맥의 매킨리산 등정대에 참가했다가, 안타깝게도 추락해 세상을 떠났다.

호외(광주민주화운동)

1980년 이후 '광주'는 한국 민주화운동의 상징이자 추동력으로 작용했다. 5·18민주화운동의 진상을 규명하고 책임자를 처벌해야 한다는 시민들의 양심은 1987년 6월 항쟁을 통한 민주화의 길을 열었다. 이를 바탕으로 노태우 정부 들어 5공·광주청문회가 열렸지만, 학살의 최고 책임자였던 전두환 전 대통령 등은 참회와 반성 대신 버티기로 일관했다. 김영삼 정부 때인 1995년 검찰이 "성공한 쿠데타는 처벌할 수 없다."라며 '공소권 없음' 처분을 통해 전두환 전 대통령 등의 손을 들어주자, 시민들의 분노는 폭발했다. 결국 여론에 밀린 김영삼 정부는 전두환·노태우 두 전직 대통령을 구속했고, 국회는 1995년 12월 '5·18민주화운동 등에 관한 특별법안'을 의결했다. 1997년 국가기념일로 공포되는 등 5·18은 그 의의가 국가적으로 공인된 분위기였으나, 이명박 정부 출범 후 이와 다른 기류가 감지되며 우려를 낳고 있다. 취임 2년째인 2009년 이명박 대통령은 5·18기념식에 불참했고, 여당인 한나라당 의원들은 그날 특전사를 격려 방문하며 구설에 올랐다.

13호

2면 | 신군부 "이 나라의 주인은 정치 군인이야"

독재에 비판적이던 대학생을 대상으로 한 강제징집 및 녹화사업은 전두환 대통령의 직접 지시와 승인에 의해 진행된 일이었음이 훗날 드러났다. 국방부 과거사진상규명위원회는 2006년 7월 13일 이 두 사안에 대한 진상조사

결과 발표에서 이같이 밝혔다. 이에 따르면 강제징집의 시발점은 "소요 관련 학생들을 전방 부대에 입영 조치하라."는 전 대통령의 구두 지시(1981년 4월 2일)였으며, 녹화사업 역시 보안사 간부가 전 대통령의 질책을 받고 구상한 것이다. 또한 국방부, 내무부, 문교부, 병무청, 치안본부뿐만 아니라 각 대학에 이르기까지 5공 정권 및 관계 기관이 강제징집을 위해 총동원됐다는 점도 드러났다.

1980년 9월부터 1984년 11월까지 강제징집 대상자는 1,152명, 녹화사업 대상자는 1,192명(이 중 921명은 강제징집자)이었다. 그리고 비인간적인 프락치 활동까지 강요한 녹화사업 과정에서 아까운 젊은이 6명이 목숨을 잃었다. 이와 관련, 국방부 과거사진상규명위원회는 1988년 국정감사 당시 국방부와 보안사가 비판 여론을 우려해 축소 보고(강제징집 447명, 녹화사업 265명)한 것으로 판단된다고 밝혔다.

3면 | 이라크, 미국 대신해 이란과 전면전

이란·이라크 전쟁은 이후 8년 넘게 지속됐다. 이 전쟁은 1988년 8월에야 마무리됐다.

5면 | 1980 사북은 절규한다

1980년대 노동운동의 물꼬를 튼 '사북 노동 항쟁'은 열악한 노동환경 및 회사와 어용노조의 야합으로 고통을 받던 탄광노동자들이 1980년 4월 21일부터 4일 동안 강원도 정선군 사북읍 일대를 장악하고 파업을 벌이며 경찰과 대치한 사건이다. 대치 과정에서 경찰관 1명이 사망하고 민간인과 경찰 80여 명이 다쳤다. 사태가 진정된 후 신군부는 문제의 근원은 덮어둔 채 광부들만 잡아들여 고문과 폭력을 가했다. 그 후 오랫동안 이 사건은 '무식한 광부들의 난동 사건'으로 여겨졌고 노동자들은 단지 '폭도'로만 인식됐다. 그러나 사건 발생 25년 후인 2005년 '민주화운동 관련자 명예회복 및 보상심의위원회'는 파업을 이끈 이원갑씨 등을 민주화운동자로 인정했다. 이어 '진실·화해를 위한 과거사정리위원회'는 2008년 '사북 사건'(이 사건에 대한 진실화해위의 공식 명칭) 피해자에 대한 명예 회복 추진을 국가에 권고했다. 당시 광부들의 노동환경이 열악했고, 계엄 당국이 광부와 그 가족들을 조사하는 과정에서 심각한 가혹행위를 했다는 것을 근거로 한 결정이었다. 아울러 진실화해위는 사건 당시 광부들에게 집단폭행을 당했던 어용노조 위원장의 부인 김아무개씨를 위로할 수 있는 조치를 취하라고 국가에 권고했다.

6면 | 새로운 단백질 '프리온' 발견… 학계 논란

187

1980년대 '광우병'이라 불리는 소해면상뇌증이 확인되고, 1990년대 영국에서 광우병에 걸린 소를 먹은 탓에 발병한 것으로 추정되는 변종 크로이츠펠트-야코브병 환자가 나타나면서 프리온은 학계는 물론 대중의 관심사로 떠오른다. 특히 1997년 프루지너가 노벨생리의학상을 수상하면서 '프리온 가설'은 기정사실로 간주된다.

그러나 학계에서는 여전히 '프리온 가설'을 의심하는 목소리가 작지 않다. 프루지너의 반대자들은 종을 넘어서 발병하는 해면상뇌증이 변형된 프리온이 아닌 다른 원인에 의한 것일 수 있다는 가능성을 배제하지 않고 있다. 예를 들면 아직 그 존재를 확인하지 못한 바이러스 같은 것이 진짜 원인이라는 것이다.

7면 | 북한, 『이조실록』한글 번역
『조선왕조실록』은 1993년 남한에서도 한글로 완역됐다.

14호

6면 | 죽음의 에너지, 그 실상을 드러내다
체르노빌 원자력발전소 폭발 사고가 초래한 인명 피해는 지금까지 정확히 밝혀지지 않았다. 아주 보수적인 연구자도 이 사고가 적어도 1만 명 이상의 사람에게 암을 유발했을 것으로 보고 있다. 이 사고 이후 수십 년이 지났지만 세계 곳곳의 원자력발전소는 여전히 사고 위험을 안은 채 가동되고 있다.

AIDS 공포 전 세계로 확산
2006년 세계보건기구(WHO) 추정 에이즈 환자는 약 4,030만 명이다. 에이즈 환자 숫자는 아시아, 아프리카 등을 중심으로 계속해서 늘고 있다.

"인류의 기원은 아프리카의 이브!"
현생인류의 '아프리카 기원설'과 '다지역 기원설'의 논란은 수십 년이 지난 지금까지 여전히 논쟁 중이다.

DNA 지문 발견
DNA 지문은 1990년대 후반부터 급물살을 탄 복제 연구의 확인을 위해서도 사용된다. 2005년 황우석 박사의 줄기세포 연구가 거짓임을 밝히는 데도 이 DNA 지문이 핵심 역할을 했다.

7면 | 소프트웨어는 공유돼야 한다
인터넷과 소프트웨어 부문에서 이뤄진 혁신의 근간에는 개방과 공유의 정신이 놓여 있다. 대표적으로 오늘날 우리에게 익숙한 웹(World Wide Web)이 그러하다. 팀 버너스-리(Tim Berners-Lee)는 인터넷과 동일한 개방 원칙에 따라 웹을 설계했고, 1990년에는 "나를 부유하게 만들지 말고 세상을 부유하게 만들자."라며 웹의 지적 재산권을 포기했다.

8면 | 스리랑카 내전 발발
스리랑카 내전은 26년 만인 2009년 타밀족의 패배로 막을 내렸다. 그러나 다수파 싱할라족이 이끄는 스리랑카 정부가 내전 승리 후 타밀족을 대상으로 전쟁 참여자 색출 작업을 벌이는 등 탄압을 계속하고 있다는 의혹이 제기되고 있다. 2009년 현재 스리랑카에서 평화는 아직 멀어 보인다.

인도, 최악의 독가스 누출 사고
보팔 참사가 일어난 지 25년이 지난 2009년까지도 유니언카바이드사의 공장 내 창고 등에는 425톤이 넘는 유독성 폐기물이 처리되지 않은 채 방치돼 있으며, 토양과 지하수가 오염돼 주민들은 유독물질 오염 가능성에 계속 노출돼 있다. 피해 주민의 자녀들 가운데 질병을 호소하는 사람도 여전히 많다. 그렇지만 어느 누구도 이에 대해 책임지지 않고 있다. 사고 후 공장 문을 닫고 철수한 미국 기업 유니언카바이드는 책임을 회피하며 오히려 "노동자들의 태업 때문에 사고가 발생했다."라고 주장했다. 여전히 유독성 폐기물이 방치돼 있는 것도 이들이 생태계를 복원하기는커녕 사고 현장 정화 작업조차 제대로 하지 않았기 때문이다. 나중에 유니언카바이드를 인수한 다우케미컬도 자신들은 사고와 무관하다는 주장만을 폈다. 이러한 다국적 기업들의 사고 책임 인정과 배상을 촉구하는 운동은 지금도 계속되고 있다.

15호

4면 | 베를린장벽 붕괴… 냉전이 무너지고 있다
베를린장벽이 무너진 이듬해인 1990년 독일은 통일됐다. 그러나 서독 주도로 이뤄진 흡수통일에서 비롯된 문제들 때문에 독일은 그 후 상당한 후유증을 앓아야 했다. 서독의 제도와 체제는 바뀌지 않은 채 동독의 모든 것이 하루아침에 무너지면서 "제도적인 통일은 완수됐지만 동서독 주민들 간의 머릿속 장벽은 여전하다."는 지적이 곳곳에서 나왔다. 40년 넘게 유지돼온 서로 다른 체제를 한쪽 방향으로만, 그것도 지나치게 빨리 통합하려 했기 때문이다. 아울러 두 지역의 격차도 쉽게 해소되지 않았다. 이와 함께 통일 후 양쪽의 특성을 고루 반영한 신헌법을 제정하자는 논의가 무위로 돌아가고, 동독의 문화와 언론 분야가 서독의 힘에 완전히 눌리면서 옛 동독인들 사이에선 식민지 의식 또는 '2류 시민' 의식이 적잖이 퍼졌다.

5면 | 선생님들의 노동조합 서다
이때 해직된 전교조 교사 중 1,294명은 1994년 신규 채용 형식으로 복직됐다. 전교조는 1999년에야 합법 노동조합으로 인정받았다.

6면 | 어느 버마 민주화 운동가가 한국 시민들에게
민주주의를 외친 1988년 8·8항쟁 후 21년이 지난 2009년에도 버마에서는 군부의 철권통치가 계속되고 있다. 그러나 2007년 다시 민주주의를 요구하는 '사프란(버마 승려복의 색깔인 선황색) 항쟁'이 터져 나온 데서도 드러나듯, 버마인들의 민주화 열정은 잠들지 않고 있다.

8면 | 최악의 기름 유출 사고… 알래스카에 유조선 침몰
미국 법원은 사고가 난 지 20년이 지난 2009년 6월 15일 엑손발데즈호 기름 유출 사고와 관련해, 유조선을 소유한 엑손모빌에 5억 750만 달러의 손해 배상금을 지불할 것을 명령했다.

10면 | 비전향 장기수 최초 출소
서준식은 그 후 인권운동사랑방을 창립하고, 인권운동에 헌신했다.

16호

3면 | 드레퓌스 사건 연상시키는 유서 대필 논란
강기훈은 이 사건으로 징역 3년형(자살 방조와 국가보안법 위반 혐의)을 선고받고 꼬박 형을 살아야 했다. 그러나 2007년 11월 '진실·화해를 위한 과거사정리위원회'는 유서 대필 사건이 조작됐음을 밝히고 국가의 사과와 재심을 권고했다. 16년 만에 강씨의 무죄가 밝혀졌지만, 당시 '짜맞추기' 수사를 했던 검사들에 대한 조사는 이뤄지지 않았다. 강씨 등을 "어둠의 세력"으로 몰아갔던 박홍 총장 등 당시 사회 지도층도 사과하지 않았으며, 강씨 사건을 대대적으로 보도하며 사회운동 세력의 부도덕성을 부각시켰던 『조선일보』 등은 강씨의 무죄 입증 사실을 짤막하게 보도했다.

5면 | 여성 잔혹사, 현대 한국에서까지 계속돼야 하나

'위안부' 피해 여성들은 이 문제를 해결하기 위해 1992년부터 매주 수요일 일본 대사관 앞에서 시위('수요시위')를 벌이고 있지만, 일본은 아직까지도 정부의 책임을 인정하지 않고 있다. 그러는 사이 안타깝게도 고령의 '위안부' 피해 여성들은 일본의 사죄를 받지 못한 채 하나둘씩 세상을 떠나고 있다. 한편 2000년 12월 도쿄에서는 각국의 일본군 '위안부' 피해자 78명을 비롯한 관계자 1,000여 명이 참여한 여성전범국제법정이 열렸다. 2차 세계대전 직후 미국이 주도한 도쿄전범재판이 '위안부' 피해 문제를 제대로 다루지도 않고, 일본 천황에게 면죄부만 주고 끝난 것을 비판하는 의미였다(관련 기사 2호 4면). 여성전범국제법정은 피고로 기소된 히로히토 당시 일본 천황이 '인도(人道)에 대한 죄'를 범했다며 유죄 판결을 내리고, 일본 정부의 책임을 인정했다. 민간법정이기 때문에 법적 구속력은 없지만, 일본의 전쟁범죄에 관한 국제 여론을 환기시킨 판결이었다.

6면 | 하늘에 우리별이 떴다

1993년 9월 23일 '우리별 2호'가, 1999년 5월 26일 '우리별 3호'가 발사되었다. 2009년 11월까지 한국은 총 11개의 인공위성을 발사했다.

미국은 허블 우주망원경 발사 성공

2009년 5월 미국 우주왕복선 아틀란티스호는 허블 우주망원경을 전면 개량했다. 이들은 16년 된 카메라를 비롯한 노후·고장 부품을 교체했다. 이 수리로 허블 우주망원경의 수명은 5~10년 연장되었다. NASA는 오는 2014년 허블 우주망원경을 대체할 제임스웹 우주망원경을 우주로 쏠 계획이다.

경악! 낙동강 페놀 오염

서울공해추방운동연합, 부산공해추방시민운동협의회, 진주남강을지키는시민의모임, 광주환경운동시민연합, 대구공해추방운동협의회, 울산공해추방운동연합, 마산·창원공해추방시민운동협의회, 목포녹색연구회 등 전국 8개 환경 단체가 1993년 4월 2일 통합해 환경운동연합이 탄생했다.

17호

3면 | 성공한 쿠데타도 처벌할 수 있다

전두환·노태우 두 전직 대통령에게는 내란 수괴 혐의

외에도 재임 중 수천억 원의 뇌물을 받은 혐의도 적용됐다. 1997년 4월 대법원은 전두환 전 대통령에게는 무기징역 및 추징금 2,205억 원을, 노태우 전 대통령에게는 징역 17년과 추징금 2,628억 원을 확정 판결했다. 두 사람은 15대 대선 직후인 1997년 12월 22일 김영삼 당시 대통령에 의해 특별 사면돼 구속 2년여 만에 석방됐다. 추징금 징수와 관련, 두 사람의 행보는 엇갈리고 있다. 노태우 전 대통령은 2,286억 원(약 87퍼센트)의 추징금을 납부한 반면, 전두환 전 대통령의 경우 환수액은 532억 원(약 24퍼센트)에 불과하다(2008년 4월 기준). 전두환 전 대통령은 "내 전 재산은 29만원뿐"이라는 주장을 하며 버티고 있다.

4면 | 그림마당

『한겨레신문』 1995년 11월 7일자에 게재된 박재동 화백의 만평이다. 박 화백은 이 만평에서 약 5,000억 원이라는 천문학적인 비자금을 착복한 노태우 전 대통령과 이른바 '잡범'들의 범죄 규모를 대비하며 '전직 대통령은 큰 도둑'이라는 데 분노한 시민들의 마음을 대변했다.

6면 | 뜨거워지는 지구, 바로 당신 탓이야!

IPCC의 1995년 보고서는 1997년 기후변화협약 교토의정서 채택에 결정적인 역할을 했다. 교토의정서는 미국, 유럽연합(EU), 일본, 캐나다 등의 선진국이 2008~2012년 사이에 온실가스 총 배출량을 1990년 수준과 비교했을 때 평균 5.2퍼센트 감축할 것을 규정했다. 그러나 교토의정서는 미국 등의 반발로 온실가스를 감축하는 데 효과가 없었다. 세계 각국은 2009년 덴마크 코펜하겐에서 2012년 이후 온실가스를 감축할 방법을 논의했으나 구체적인 협약을 도출하는 데는 실패했다. 한편, IPCC는 2001년과 2007년 각각 지구 온난화의 심각성을 경고하는 세 번째, 네 번째 보고서를 발표했다. IPCC는 2007년 노벨평화상을 수상했다.

7면 | 국민 10분의 1을 '간첩'으로 만든 조정래 소설 『태백산맥』

2005년 검찰은 『태백산맥』과 관련해 1994년 국가보안법 위반 혐의로 불구속 기소됐던 조정래 작가에 대해 "『태백산맥』을 이적표현물로 볼 수 없다."라며 무혐의 처분을 내렸다. 이 상식적인 결정이 내려지기까지 무려 11년이라는 시간이 걸렸다. 『태백산맥』은 2009년 '200쇄 돌파'라는 대기록을 세웠다.

18호

2면 | '햇볕'이 금강산 길 열었다

금강산 관광은 2005년 6월 누적 인원 100만 명을 돌파하며 남북 화해의 상징으로 떠올랐다. 그러나 금강관 관광은 2008년 7월 관광객 박왕자씨가 북한군에 의해 피격 사망하면서 잠정 중단됐다. 그 후 남북 관계 경색이 지속되면서 2009년 11월 현재까지도 금강산 관광은 재개되지 않고 있다.

3면 | 프랑스, 주 35시간 노동제

주 35시간 노동제는 애초 기대했던 효과를 거두지 못했다. 노동시간을 단축하면 그만큼 일자리가 늘어날 것이라고 예상했지만, 실업률은 낮아지지 않았다. 도입할 때부터 거세게 반발했던 프랑스 우파는 '일하지 않는 프랑스병의 근원'이라고 주 35시간 노동제를 비난했고, 좌파 내에서도 이 제도가 선한 취지와 달리 오히려 미숙련 노동자들의 작업 여건을 악화시킨 측면이 있다는 비판이 제기됐다. 우파인 프랑스의 사르코지 대통령은 취임 후 주 35시간 노동제를 유명무실하게 만들었다.

이처럼 동네북 신세로 전락하긴 했지만, 이 역사적 실험의 문제의식까지 버려서는 안 된다는 반론도 만만치 않다. 특히 극단적인 친기업·친자본 노선인 미국식 신자유주의가 심각한 세계경제 위기를 불러온 주범임이 분명해진 최근 상황을 감안할 때, 이 실험은 여러모로 되짚어볼 지점이 많다는 지적이다. 기득권층의 노골적인 반발을 넘어서는 문제, 노동시간 단축의 혜택에서 소외되는 서민이 없도록 하는 문제 등은 여전히 과제로 남아 있다. 과도한 노동시간을 줄여 삶의 질을 높이는 것이 인류사의 방향과도 부합한다는 점에서 주 35시간 노동제는 무조건 버려야 하는 대상이 아니라 미래를 위해 비판적으로 연구할 필요가 있는 주제이다. 세계에서 손꼽힐 정도로 노동시간이 길고 산업재해 발생률도 높은 한국 사회는 이 문제를 진지하게 검토할 필요가 있다.

5면 | '미친 소' 공포에 유럽 '벌벌'

2008년, 광우병 위험이 있는 미국산 쇠고기의 수입 재개 및 정부의 허술한 협상 자세에 분개한 시민들이 촛불을 들고 항의하면서 한국 사회도 이 문제로 뜨겁게 달아올랐다.

6면 | 세계 최초의 복제 동물 돌리 태어나다

2009년 현재 한국을 비롯한 세계 각국에서 소, 개, 고양이 등의 동물이 복제되고 있다. 아직까지 인간을 복제하려는 시도는 공식적으로는 없다. 그러나 많은 과학자들은 자본, 시간, 의지의 3박자가 맞아떨어진다면 인간 복제도 충분히 가능하리라고 여긴다. 한편 복제 양 돌리는 노화가 빨리 진행돼 2003년 2월 죽었다.

인간 배아 줄기세포 최초 확립

국내에서는 황우석 박사가 체세포 복제 배아에서 인간 배아 줄기세포를 확립해 2004년, 2005년 두 차례에 걸쳐 『사이언스』에 해당 연구 논문을 발표했다. 그러나 2005년 이 논문에 실린 내용은 모두 거짓으로 확인되었다. 이 과정에서 황 박사의 연구 결과에 열광했던 한국 국민은 큰 충격을 받았다.

7면 | "문화는 경제 논리로 환원할 수 없다"

2006년 1월, 노무현 정부는 1년에 146일이던 스크린쿼터(한국영화 의무상영일 수)를 그 절반인 73일로 줄이겠다고 발표했다. 이를 두고 "정부가 한·미자유무역협정(FTA) 협상 개시를 위해 스크린쿼터 축소를 비롯한 미국의 4대 선결 조건을 수용했다."라는 비판이 각계에서 제기됐다. 영화인들도 "한국 영화를 한·미FTA의 제물로 삼지 말라."라며 릴레이 1인 시위, 천막 농성, 궐기대회 등을 통해 거세게 반발했지만, 스크린쿼터 축소를 막지는 못했다. 정부는 같은 해 3월 스크린쿼터를 73일로 축소하는 내용을 담은 영화진흥법시행령 개정안을 통과시키고, 그해 7월부터 시행했다.

8면 | 피노체트, 영국에서 체포돼

2000년 3월, 영국 정부는 가택연금 상태에서 재판을 받고 있던 피노체트를 석방했다. 건강 문제가 심각하다는 것이 그 이유였다. 그러나 피노체트는 칠레로 돌아온 직후 건강한 모습을 보였다. 그 후 집권 기간 동안 수많은 인권 유린 행위를 저지른 것뿐만 아니라 해외에 나랏돈을 빼돌렸다는 사실까지 드러나면서 피노체트를 단죄할 수 있는 길이 열리는 듯했지만, 피노체트가 2006년 갑자기 사망하면서 사법 처벌은 이뤄지지 못했다.

19호

2면 | 서울에서 평양까지 55년

2007년 10월, 군사분계선을 걸어서 넘은 노무현 당시 대통령은 평양에서 김정일 북한 국방위원장을 만나 두 번째 남북정상회담을 열었다. 김대중 대통령과 김정일 국방위원장의 첫 번째 남북정상회담이 열린 지 7년 만이다.

한국전쟁 때 미군의 민간인 학살 있었다

노근리 학살 피해 유족들은 1960년 4월혁명 직후 미군 측에 소청을 제기했으나, 미군은 이를 기각했다. 그 후 오랜 세월 동안 주목을 받지 못하면서 잊혀가던 이 사건은 1994년 학살의 진실과 유족의 비원을 담은 책이 나오면서 진실 규명의 길이 열리는 듯했다. 그러나 월간 『말』과 일간 『한겨레신문』만이 유족의 목소리에 귀를 기울였을 뿐, 대부분의 언론은 노근리 학살 문제를 보도하지 않았다. 그로부터 5년 후인 1999년 에이피(AP)통신이 학살을 지시한 미군 명령서를 발굴해 보도한 것을 계기로 상황은 달라졌다. AP통신 보도 이후 한국의 대다수 언론은 노근리 문제를 연일 대서특필했다. 이와 관련, 애초 피해자 증언이 나왔을 때 한국 언론이 더 귀를 기울였어야 하는 것 아니냐는 쓴소리가 곳곳에서 나왔다. 피해자 증언을 기초로 끈기 있게 사건을 추적해 미군 명령서라는 증거를 찾아낸 AP통신과 달리, 대다수의 한국 언론은 피해자 증언을 무조건 믿을 수는 없는 것 아니냐는 식으로 일관하다가 AP통신 보도가 나온 후 뒤늦게 따라가는 모습을 보였기 때문에 나온 따끔한 비판이었다.

4면 | 인간의 권리인가 자본의 권리인가

인도에서는 물을 둘러싼 '자본의 권리'와 '인간의 권리'의 충돌이 다른 양상으로 진행됐다. 코카콜라 공장이 지하수를 남용해 주민들이 마실 물이 부족해진 것이다. 코카콜라 공장에서 오폐수를 방출하기까지 해, 결국 주민들은 먼 곳에서 물을 가져다 써야 했다.

또한 초국적 기업들의 탐욕은 물뿐만 아니라 유전자·동식물·종자를 독점하는 것에까지 미치고 있다. 이 과정에서 전가의 보도처럼 쓰이는 것이 특허권과 지적 재산권이다. 예를 들면 초국적 기업은 제3세계 농민들이 수천 년 동안 꾸준히 개량해온 종자를 살짝 변형시켜 특허권을 획득한 후 농민들에게 강매하는 동시에 종자를 비축하지 못하게 한다(이를 어기는 농민이 있는지 감시도 한다). 농민 스스로 종자를 비축하고 이웃과 이를 나누는 전통적인 방식은 범죄이며, 독점권이 있는 자신들에게 종자를 사야 한다는 논리다. 또한 인도에서 오래 전부터 치료용으로 널리 쓰이던 식물들에 대한 특허를 미국에서 낸 후, 이를 구매하도록 강제하기도 한다. 이에 대해 '생물 약탈'이라고 비판하는 목소리도 높다.

5면 | 유럽은 유로로 통한다

유로는 2009년 탄생 10주년을 맞았다. 2006년에는 유로 표시 채권 발행량이 달러 표시 채권 발행량을 넘어섰

고, 전 세계 중앙은행들의 외환 보유액에서 30퍼센트 가까운 비중을 차지하며 달러에 이어 2위를 기록하고 있다. 탄생 초기 전문가들이 예측했던 것과 달리 세계적으로 입지를 굳힌 셈이다. 그렇지만 현재까지는 가능성을 보여준 수준으로 이해해야 하며, 세계적인 금융 위기를 온전히 견뎌낼 수 있을지 끝까지 지켜봐야 한다는 반론도 있다.

경기순환 없는 신경제?

하늘 높은 줄 모르고 치솟던 인터넷 및 정보 통신 관련 주식은 2000년 하반기 폭락했다. 기술주 중심인 나스닥에서 가치의 절반 이상이 사라져버릴 정도였다. 이런 현상은 닷컴 열풍이 불었던 한국에서도 나타났다. 그리고 빚으로 유지되는 금융 거품 및 이를 통한 자산 가치의 착시 현상으로 대표되는 이러한 '전염성 탐욕'은 최근 서브프라임 모기지 사태로 상징되는 금융 위기에서 재연됐다.

세계는 넓고 도망칠 곳도 많다

1999년 해외로 도피한 김우중 회장은 2005년 귀국해 검찰 조사를 받았다. 김씨는 2006년 분식 회계 및 사기 대출, 횡령 및 국외 재산 도피 혐의로 징역 8년 6개월, 벌금 1,000만 원, 추징금 17조 9,253억 원의 형이 확정됐다. 이후 김씨는 노무현 정부 말기인 2007년 12월 31일 특별 사면됐다. 이미 김영삼 정부 시절 두 번의 특별 사면을 받은 적이 있는 김씨는 이로써 '사면 3관왕' 기록도 세웠다.

6면 | '슈퍼' 작물 기르고 '슈퍼' 재앙 키울라

GMO의 안전성을 둘러싼 논란은 여전히 진행 중이다. 미국, 몬샌토 등은 "GMO가 위험하다는 증거가 없는 만큼 규제를 할 필요가 없다."라고 주장한다. 그러나 유럽연합(EU), 환경 단체 등은 "GMO의 안전이 확인되지 않았기 때문에 사전 예방 원칙에 따른 규제가 필요하다"고 반박한다.

8면 | 동티모르에서 학살 재현

동티모르는 국제사회의 지원에 힘입어 2002년 독립했다.

20호

2면 | 촛불, 인터넷에서 광장으로 나와 전국을 덮다

2002년 12월, 노무현 후보는 이 촛불 시위의 열기에 힘입어 극적으로 대통령에 당선됐다. 노 대통령이 재임 기간에 펼친 정책 중 권위주의를 허물기 위해 노력한 부분 등

은 긍정적인 평가를 받았으나 이라크 파병과 한·미자유무역협정 추진, 양극화를 더 심하게 한 신자유주의 정책 등은 지지층 중 상당수에게도 비판을 받았다. 2008년 퇴임한 후 고향으로 내려간 노 전 대통령은 친근한 동네 할아버지 같은 소탈한 모습으로 국민들에게 다시 다가갔다. 그러나 가족 및 친인척 비리 의혹이 불거지고 검찰이 이를 강도 높게 수사하면서, 노 전 대통령은 다시 격랑에 휘말렸다. 최대의 정치적 자산이던 도덕성에 대한 공격이 거세지자, 노 전 대통령은 2009년 5월 23일 결국 고향에서 스스로 목숨을 끊었다. 뜻밖에 일어난 이 비극적인 사건에 많은 국민들은 눈물을 흘렸고, 500만 명이 넘는 국민들이 노 전 대통령의 빈소를 찾아 조문했다. 이와 관련, 전직 대통령의 자살이라는 충격적인 사건은 반대 세력의 정치 보복에서 비롯된 비극이라는 주장이 여기저기서 제기됐다. 한편 노 전 대통령이 서거한 지 석 달도 안 된 8월 18일 김대중 전 대통령도 서거했다. 군사정권 시절 납치, 사형선고 등 숱한 고난을 겪었던 김 전 대통령은 재임 기간 동안 최초의 남북정상회담(관련 기사 19호 2면)을 여는 데 성공하며, 분단으로 인한 긴장을 완화하는 데 크게 기여했다.

2면 l 개성공단 첫 삽… 남북 교류 진전

착공 후 꾸준히 성장하며 남북 경제 협력의 상징으로 자리 잡았던 개성공단은 2008년 이명박 정부 출범 이후 남북 관계가 급속도로 악화되면서 2009년 7월 현재 존폐의 기로에 서 있다.

4면 l 여중생 사망부터 촛불 시위까지

"장갑차 운전병의 오른쪽 시야에 사각지대가 있어 두 여중생을 볼 수 없었고, 관제병은 통신 장애로 전방에 두 여중생이 걸어가고 있다는 사실을 운전병에게 알리지 못해 사고가 발생했다."라는 2002년 주한미군과 한국 검찰의 수사 결과 발표에 대한 의문은 그 후에도 계속 제기됐다. 2005년, 시민단체 '평화와 통일을 여는 사람들'은 수사를 맡았던 의정부 지방검찰청의 자료를 정보공개청구 소송을 통해 확보·공개했다. 이 단체는 "의정부 지방검찰청이 2002년 9월 3일 미 2사단에 통보한 '수사 결과에 따른 법률적 검토 의견'에 따르면 '피해 여중생들을 충분히 볼 수 있었음에도 불구하고 운전병이 오른쪽 주의 의무를 전혀 하지 않은 상태에서 오른쪽 갓길을 교행 중이던 피해 여중생들을 미처 발견하지 못하여 사고가 났다'고 기록하고 있다."라고 밝히며 '운전병이 여중생을 볼 수 없었다.'라는 발표는 사실이 아니라고 주장했다. 또한 '통신 장애' 발표에 대해서도 "검찰은 출발 직전 통신이 정상적으로 작동했고, 사고 직전까지 운전병과 관제병이 통신을 했다는 진술을 받아 장비에 이상이 없었다는 결론을 내리고도 사실과 다르게 발표했다."라며 의혹을 제기했다. 한편 여중생 사망 1주년을 맞아 서울 교보빌딩 옆에 세워졌던 기념비는 불법 건축물로 규정돼 종로구청에 의해 철거되는 수난을 겪었다.

5면 l 1,200만 명! 베트남전 이후 최대 반전 시위

미국의 부시 행정부는 이라크가 생화학 무기를 비롯한 대량 살상 무기(WMD)를 보유·제조하고 있다며 이라크 침공을 정당화했다. 국제사회가 강도 높게 반대했지만, '악'인 이라크를 응징하겠다는 도덕적 사명감과 제국주의적 야욕, 석유에 대한 욕심이 결합하면서 부시 행정부는 이라크 침공을 감행했다. 그러나 부시 행정부가 공격 명분으로 제시한 대량 살상 무기 관련 정보가 조작된 허구였음이 드러나는 데는 그리 오랜 시간이 걸리지 않았다. 이라크를 점령한 후 샅샅이 뒤졌지만 부시 행정부는 대량 살상 무기의 흔적조차 발견하지 못했다. 또한 이라크 침공으로 죄 없는 민간인들이 엄청나게 희생되고, 아부그라이브 수용소의 이라크인 포로를 미군이 학대한 사실이 공개되면서 미국의 지도력은 다시 한 번 땅에 떨어졌다. 그럼에도 부시는 이라크에 민주주의를 이식했다고 강변하는 동시에, "이라크의 대량 살상 무기에 관해 정확한 정보를 얻지 못한 것이 대통령직을 수행한 8년 동안 가장 후회스럽다."라며 중앙정보국(CIA)을 비롯한 미국의 정보기관들에 책임을 떠넘겼을 뿐 잘못을 분명하게 인정하지도, 사과하지도 않았다.

6면 l 전남 고흥에 한국 최초 우주센터

2009년 6월 11일 나로우주센터가 완공되었다. 이곳 발사대에서는 국내 최초로 인공위성을 실은 로켓인 나로호가 발사될 예정이었다. 그러나 8월 25일, 나로호는 7전 8기 끝에 이륙에는 성공했지만 예정했던 궤도에 위성을 진입시키는 데는 실패했다.

8면 l 살색이 아니라 연주황

"연주황은 어려운 한자어로 어린이에 대한 차별"이라는 진정에 따라 '연주황'은 2005년 '살구색'으로 바뀌었다.

『근현대사신문』 현대편 연표

한국사		세계사
해방	**1945**	미국, 세계 최초로 원자폭탄 개발 및 투하
여운형, 건국준비위원회 발족		브라질, 군부 쿠데타로 바르가스 대통령 사임
38선 경계로 미군과 소련군 각기 진주		
모스크바 3상회의 결정 논란	**1946**	중국, 국공내전 발발
북한, 토지개혁 실시		일본, '평화헌법' 공포
1차 미소공동위원회, 성과 없이 종결		필리핀, 미국으로부터 독립
이승만, 단독정부 시사하는 '정읍 발언'		비키니 수영복 첫선
9월총파업과 10월항쟁 폭발		제1회 칸영화제 개최
2차 미소공동위원회도 성과 없이 막 내림	**1947**	트루먼 독트린 발표
여운형 피살		인도·파키스탄, 분리 독립
『조선말큰사전』 1권 간행		중국 국민당 정권, 타이완에서 2·28학살
『백범일지』 발간		GATT 체결
서윤복, 보스턴마라톤 우승		트랜지스터 발명
		최초의 사진 전문 통신사 매그넘 창립
한국 최초 오페라 〈춘희〉 초연	**1948**	소련, 베를린 봉쇄
미군정, 공창폐지법 발효		영국, 무상 의료 서비스(NHS) 도입
제주 4·3항쟁		시온주의 무장 세력, 데어 야신 학살 자행
38선 이남과 이북에 각기 단독정부 성립		극동국제군사재판, 일본 천황에 면죄부 주고 종료
국가보안법 제정		조지 가모프, 대폭발 가설 주창
		『킨제이보고서』 출간
		네오레알리스모 영화 〈자전거 도둑〉 상영
		세계 최초 LP, 미국에서 출시
김구 피살	**1949**	중화인민공화국 탄생
경찰, 반민특위 습격		보부아르, 『제2의 성』 출간
소장파 의원들을 겨냥한 '국회 프락치 사건' 발생		소련, 원자폭탄 개발
국회에서 농지개혁법 제정		
한국전쟁 발발	**1950**	미국, 매카시즘 광풍
이승만 대통령, 미국에 작전지휘권 이양		'죄수의 딜레마' 게임 이론 등장
국민보도연맹원 등 민간인 다수 학살됨		
정부, 서울 수복 후 '부역자' 색출 통해 '빨갱이 사냥'		
정부, 전쟁으로 중단된 농지개혁 다시 추진		
맥아더 유엔군사령관 해임	**1951**	일본 영화 〈라쇼몽〉, 베네치아영화제 등에서 수상
국민방위군 사건		유럽석탄철강공동체(ECSC) 창설 합의
부산정치파동 및 '발췌개헌'	**1952**	일본, 샌프란시스코 강화조약으로 주권 회복
		미국, 수소폭탄 개발
		프란츠 파농, 『검은 피부, 흰 가면』 출간
		케냐, 마우마우단 운동 발발
		이집트, 청년 장교 쿠데타
		조나스 소크, 소아마비 백신 개발
이승만 대통령, 반공 포로 석방	**1953**	왓슨·크릭, DNA 이중나선 구조 규명
정전협정 체결		영국 '필트다운인', 과학 사기로 판명
김일성 수상, 남로당계 숙청		이란, 석유 국유화 추진한 모사데크 총리 실각
『사상계』 창간		동독 정부, 동베를린 노동자 봉기 무력 진압

한국사			세계사
			힐러리-텐진, 에베레스트 최초 등정
			서독, 노사 공동 결정 제도 도입
한미상호방위조약 비준		1954	프랑스, 베트남 디엔비엔푸전투에서 참패
자유당, 사사오입 개헌			알제리 독립전쟁 시작
소설 『자유부인』 논란		1955	아시아 아프리카 29개국, 반둥회의 개최
			영화 〈이유 없는 반항〉 개봉
			아르헨티나, 페론 정부 붕괴
			핵무기 폐기 촉구하는 러셀·아인슈타인 성명 발표
조봉암, 제3대 대통령 선거에서 돌풍		1956	흐루쇼프 소련 서기장, 스탈린 비판
북한, 8월 사건으로 연안파 숙청			수에즈전쟁 발발
한국 최초 텔레비전 방송 탄생			패터슨, 운석 연대 조사해 지구 나이 측정
PL 480호에 따른 미국 잉여농산물 원조 시작			영국 콜더홀 원자력발전소, 세계 최초로 상업 발전
반도호텔에서 한국 최초 패션쇼			
우의마의(牛意馬意) 소동			
가짜 이강석 사건		1957	소련, 세계 최초 인공위성 스푸트니크 1호 발사 성공
			핵실험 중지 촉구하는 퍼그워시 회의 열림
			가나 독립
함석헌 필화 사건		1958	미국항공우주국(NASA) 설립
			중국, 대약진운동
재일교포 '귀국사업'(북송) 개시		1959	쿠바 혁명
『경향신문』 폐간			티베트, 반중국 봉기 실패
태풍 사라, 한반도 강타			소련 인공위성, 최초로 달 뒷면 촬영
3·15부정선거		1960	아프리카 17개국 독립('아프리카의 해')
4월혁명으로 이승만 대통령 하야			일본, 안보투쟁 발발
『경향신문』 복간			베트남민족해방전선 결성
내각책임제 개헌 및 민주당 집권			세계 최초 경구 피임약 에노비드 시판
해방 후 최초로 교원 노조 결성			제인 구달, 침팬지 연구 시작
한국전쟁 전후 민간인 학살 진상 규명 목소리 봇물			미국 대선에 최초로 텔레비전 토론 도입
최인훈, 소설 『광장』 발표			고다르 영화 〈네 멋대로 해라〉 상영
			맨발의 아베베, 로마올림픽 마라톤 우승
5·16군사쿠데타		1961	유리 가가린, 인류 최초 우주 비행
『민족일보』 조용수 사장, 형장의 이슬로 사라짐			베를린장벽 건설
제1차 경제개발 5개년 계획 시작		1962	쿠바 미사일 위기
박정희, 과학자 우대 정책 발표			알제리, 프랑스로부터 독립
한국 최초 무인 공중전화 설치			레이첼 카슨, 『침묵의 봄』 출간
			중국-인도, 국경 분쟁
박정희, 5대 대통령 당선		1963	미국 흑인, 워싱턴 대행진
백남준, 독일에서 첫 개인전			일본 최초 TV 애니메이션 〈철완 아톰〉 방영
서독에 광부 최초 파견			남베트남 응오 딘 지엠 총리 피살
3분(粉) 폭리 사건		1964	미국, 통킹만 사건 계기로 베트남전 본격 개입
			맥루언, 『미디어의 이해』 출간
한일협정 조인		1965	'비틀마니아'에 놀란 이스라엘, 비틀즈 노래 금지
박정희 대통령, 베트남전에 전투병 파병			수하르토, 쿠데타로 인도네시아 실권 장악

한국사		세계사
무즙 파동		
무구정광대다라니경 발견	1966	중국, 문화대혁명 시작
		미국 연방대법원, 미란다 판결
김일성 수상, 북한 권력 독점 장악	1967	남아공에서 세계 최초 심장 이식 수술 성공
한·미주둔군지위협정 발효		이스라엘, 6일전쟁 완승
한국 최초 총천연색 장편 만화영화 〈홍길동〉 상영		
1·21사건	1968	프랑스 파리를 시작으로 68혁명 물결
북한, 미국의 푸에블로호 나포		체코 '프라하의 봄', 소련 등이 무력 진압
울진 삼척 지구에 북한 무장 게릴라 침투		미군, 베트남에서 미라이 학살
전차, 서울에서 마지막 운행		일본 이타이이타이병 환자, 공해 기업 상대 소송 제기
국민교육헌장 선포		판구조론 제시됨
영화 〈미워도 다시 한 번〉 개봉		육상 100미터 경기에서 10초 벽 무너짐
		킹 목사 피살 여파로 미국 60개 도시에서 폭동 발생
3선개헌안 날치기 통과	1969	닉슨 독트린 발표
서울시 중학교 첫 무시험 추첨 실시		중국·소련, 국경에서 무력 충돌
가정의례준칙 발표		우드스탁 축제 개최
		아폴로 11호, 달 착륙
		엘살바도르·온두라스, '축구전쟁'
		가다피, 리비아에서 반서방 쿠데타
		미 국방부, 아르파넷 개발
전태일 분신	1970	스티븐 호킹, '특이점' 증명
경부고속도로 개통		미시마 유키오, 할복자살
와우아파트 붕괴		브란트 서독 총리, 유대인 학살 사죄
김지하, 담시 「오적」 발표		아옌데, 칠레에서 세계 최초로 선거를 통해 사회주의 정부 수립
새마을운동 시작		
사법부 파동	1971	닉슨 미국 대통령, 달러·금 태환 중단 선언
박정희 정부, 청년 문화 겨냥한 '퇴폐 풍조 엄단' 계획 발표		타이완, 중국에 밀려 국제연합에서 쫓겨남
무령왕릉 발굴		아르파넷에 이메일 기능 도입
7·4남북공동성명	1972	닉슨 미국 대통령, 중국 방문
박정희 정부, 사채 동결 긴급명령 발표		중국·일본, 국교 수립
10월유신 단행, 북한은 유일 체제 선포		미국, 일본에 오키나와 '반환'
연속극 〈여로〉 열풍		검은 9월단, 이스라엘 선수들 상대로 인질극
직지심체요절, 파리에서 공개됨		
평양지하철 개통	1973	제1차 석유파동
		칠레, 피노체트 쿠데타
		칠레 민중 가수 빅토르 하라 피살
		보이어·코언, DNA 재조합 성공
자유언론실천선언 발표	1974	포르투갈, '카네이션 혁명'
리영희, 『전환시대의 논리』 출간		'프레온이 오존층 파괴' 연구 결과 발표
서울지하철 개통		
동아자유언론수호투쟁위원회 결성	1975	베트남전쟁 종료
박정희 정부, 인혁당 관계자 8명 처형('사법사상 암흑의 날')		인도네시아, 동티모르에서 살육 자행
박정희 정부, 가요 223곡을 금지곡으로 지정		앙골라, 독립 직후 내전

한국사		세계사
긴급조치 9호 선포		과학자들, 아실로마에서 DNA 재조합 규제 논의
		'인간과 침팬지, DNA 98퍼센트 이상 동일' 연구 결과 발표
만화영화 〈로보트 태권브이〉 첫선	1976	남아공 정부, 인종차별 반대 시위대에 발포(35명 사망)
		루카스 계획
		코마네치, 올림픽 체조 사상 첫 10점 만점
고상돈, 한국인 최초 에베레스트 등정	1977	애플II 컴퓨터 출시
함평 고구마 사건 종결	1978	덩샤오핑, 개혁 개방 노선 천명
동일방직 똥물 사건		세계 최초 시험관 아기 탄생
		2차 석유파동 시작
YH사건	1979	이란에서 반미 이슬람 혁명
10·26사건		니카라과, 소모사 독재 정권 붕괴
12·12쿠데타		'킬링필드' 폴 포트 정권 붕괴
『해방 전후사의 인식』 1권 출간		이집트·이스라엘 평화협정 체결
		우간다, 이디 아민 독재 정권 붕괴
		대처, 영국 총리로 취임
		소련, 아프가니스탄 침공
		스리마일 원자력발전소 방사능 유출 사고
		일본, 만화영화 〈은하철도999〉 개봉
광주민주화운동	1980	이란-이라크전쟁 발발
국보위, 삼청교육대 설치		미국 대법원, '생명체도 특허 대상' 판결
국보위, 졸업정원제 도입		
신군부, 언론통폐합		
한국전쟁 이후 최초로 마이너스 성장		
북한, 『이조실록』 한글 완역	1981	MTV 개국
야간 통행금지 해제	1982	일본 역사 교과서 왜곡 논란
프로야구 출범		핵무기 폐기 운동, 유럽에서 전 세계로 확산
부산 미국문화원 방화 사건		멕시코, 모라토리엄 선언
		영국 여성들, '그린햄코먼 인간 사슬'
		프루지너, 프리온 발견
		SF영화 〈블레이드 러너〉 개봉
		사브라-샤틸라 학살
		영국·아르헨티나, '포클랜드 전쟁'('말비나스 전쟁')
아웅산 테러 사건	1983	독일 녹색당, 연방의회 최초 진출
KBS, 이산가족 찾기 생방송		스리랑카 내전 발발
전태일 생애 다룬 『어느 청년노동자의 삶과 죽음』 출간		
교복 자율화 조치		
님 웨일즈, 『아리랑』 출간	1984	에티오피아 대기근
박노해, 『노동의 새벽』 출간		인도 보팔에서 독가스 누출 사고
		알렉스 제프리스, DNA 지문 발견
남북, 고향방문단 및 공연예술단 오가다	1985	플라자협정
서울 미국문화원 점거 농성 사건		고르바초프, 소련공산당 서기장 취임
구로 동맹파업		리처드 스톨먼, GNU 선언문 발표
광주민주화운동 다룬 『죽음을 넘어 시대의 어둠을 넘어』 출간		브라질, 21년 만에 군정 종식

한국사		세계사
KBS 시청료 납부 거부 운동		
부천서 성고문 사건	1986	필리핀, 마르코스 독재 정권 붕괴
보도지침 사건		베트남, '도이모이' 정책 채택
금강산댐 소동		체르노빌 원자력발전소 폭발 사고
한국, 무역수지 최초 흑자		우루과이라운드 협상 시작
서울대생 박종철 고문 치사 사건	1987	주식 대폭락('검은 월요일')
연세대생 이한열, 경찰의 직격 최루탄에 맞아 사망		몬트리올의정서 체결
6월민주항쟁		타이완, 38년 만에 계엄 해제
노동자 대투쟁		팔레스타인, 반이스라엘 봉기(인티파다)
문화공보부, 금지 가요 186곡 해금		
노태우, 13대 대통령 당선		
국민주 언론 『한겨레신문』 창간	1988	남극 세종기지 완성
서준식, 비전향 장기수로서 최초 출소		
서울올림픽 개최		
전국교직원노동조합 설립	1989	베를린장벽 붕괴
사상 최초로 종합주가지수 1,000포인트 돌파		중국, 톈안먼 사건
		엑손발데즈호 기름 유출 사고
		소련, 아프가니스탄에서 철군
		『악마의 시』 파문
3당 합당	1990	이라크, 쿠웨이트 침공
윤석양 이병, 보안사의 민간인 사찰 폭로		미국, 허블 우주망원경 발사 성공
		칠레 독재자 피노체트 사임
		예멘 통일
명지대생 강경대, 백골단 폭력에 의해 타살	1991	미국 중심의 연합군, 이라크 공격
'강기훈 유서 대필' 조작 사건 발생		소련 해체
김학순 할머니, 일본군 '위안부' 피해 최초 증언		유럽연합 창설 합의
남북기본합의서 체결		
낙동강 페놀 오염 사건		
분단 이후 최초로 남북단일팀 구성(탁구, 축구)		
윤금이 피살 사건	1992	리우환경회의 개최
이지문 중위, 군 부재자 투표 부정 실태 폭로		보스니아 내전 발발
한국의 첫 인공위성 '우리별1호' 발사		엘살바도르 내전 종식
서태지 신드롬		미국, 로스앤젤레스 흑인 폭동
김영삼, 14대 대통령 당선		
북한, 핵확산금지조약 탈퇴	1993	이스라엘·팔레스타인, 오슬로 평화협정 체결
한국 최초 웹사이트 개설		
가톨릭 교단, 84년 만에 안중근 복권		
한반도 전쟁 위기(1차 북핵 위기) 및 김일성 주석 사망	1994	만델라, 남아공 최초 흑인 대통령으로 취임
성수대교 붕괴		르완다 학살
		멕시코, 사파티스타민족해방군 반란
		다시 갈라진 예멘, 내전 거쳐 재통일
전두환·노태우, 내란 수괴 혐의로 구속 수감	1995	나이지리아 군사정부, 환경운동가 9명 처형
민주노총 출범		프랑스 육군, 101년 만에 드레퓌스 무죄 인정

한국사			세계사
삼풍백화점 붕괴			
옛 조선총독부 건물 철거			
OECD 가입	1996		세계 최초 복제 동물 '돌리' 탄생
헌법재판소, '영화·음반 사전 심의제는 위헌' 결정			유럽, 광우병 공포 확산
날치기 노동법–안기부법 저지 총파업			『도둑 맞은 미래』 출간
김구 살해범 안두희 피살			
정부, IMF 구제금융 신청	1997		타이·인도네시아, IMF 구제금융 신청
김대중, 야당 후보로서 최초로 대통령 당선(15대)			영국, 중국에 홍콩 반환
			인도 최초 불가촉천민 출신 대통령 탄생
정리해고제 도입	1998		러시아와 브라질도 구제금융 대상국으로 전락
금강산 관광 개시			프랑스, 주 35시간 노동제 도입 결정
북한, '고난의 행군' 종결 선언			코소보에서 '인종 청소' 악몽 재연
스크린쿼터 문제로 '한국 영화 장례식' 치러짐			차베스, 베네수엘라 대통령 당선
해방 후 최초로 한국에서 일본 영화 개봉			인간 배아 줄기세포 최초 확립
에이피통신, 미군의 '노근리 학살' 보도	1999		시애틀에서 신자유주의 세계화 반대 시위
김우중 대우 회장, 해외 도피			유로 탄생
제1회 안티미스코리아대회			동티모르 다시 유혈 사태
1차 서해교전			
분단 이후 최초로 남북정상회담 개최	2000		바이오안전성의정서 채택
베트남전 당시 학살을 사죄하는 노래 〈미안해요 베트남〉 탄생			미국, '국가 나노 기술 계획' 수립
남북, 올림픽에서 최초로 공동 입장			교황, 가톨릭교회 잘못 공식 인정
			페루 의회, 후지모리 대통령 파면
			타이완, 51년 만에 정권 교체
			멕시코, 71년 만에 정권 교체
남북, 분단 후 최초로 이산가족 서신 교환	2001		탈레반, 바미얀석불 파괴
'양심에 따른 병역 거부' 문제 공론화			9·11테러
			미국, 아프가니스탄 침공
			제1회 세계사회포럼
			중국, 세계무역기구 가입
			일본 후쇼사 교과서, 역사 왜곡 논란
			아르헨티나 '냄비 시위'
			미국 캘리포니아 대규모 정전 사태
미군 장갑차에 의한 여중생 사망 사건으로 촛불 시위 확산	2002		고이즈미 일본 총리, 평양 방문
한국·일본, 월드컵 공동 개최			노동자 출신 룰라, 브라질 대통령 당선
경의선·동해선 철도·도로 연결 착공			
2차 서해교전			
2차 북핵 위기			
노무현, 16대 대통령 당선			
개성공단 착공	2003		'이라크 침공 반대' 베트남전 이후 최대 반전 시위
			미국, 이라크 침공
			인간 유전체 지도 완성
			미국 우주왕복선 콜럼비아호, 공중폭발

『근현대사신문』 현대편 참고 문헌

참고자료

교과서
- 김한종 외, 『한국근현대사』, 금성출판사.
- 김흥수 외, 『한국근현대사』, 천재교육.
- 김광남 외, 『한국근현대사』, (주)두산.

사진집
- 이경모, 『격동기의 현장』, 눈빛, 1989.
- 박용수, 『민중의 길』, 분도출판사, 1989.
- 구와바라 시세이, 『촬영 금지』, 눈빛, 1990.
- 전쟁기념관, 『전쟁기념관 도록』, 1996.
- 김한용 외, 『한국사진과 리얼리즘』, 눈빛, 2002.
- 신복진, 『광주를 말한다』, 눈빛, 2006.
- 에릭 고두 글, 매그넘 사진, 『현장에서 만난 20세기』, 마티, 2007.
- 서울특별시사편찬위원회, 『사진으로 보는 서울』 1~5, 2002~2008.

그밖
- 계간 『역사비평』 1~87, 역사비평사, 1988~2009.

한국사

- 한중일3국공동역사편찬위원회, 『미래를 여는 역사』, 한겨레신문사, 2005.
- 한국생활사박물관편찬위원회, 『한국생활사박물관』 12, 사계절, 2004.
- 김성보 외, 『사진과 그림으로 보는 북한현대사』, 웅진지식하우스, 2004.
- 서중석, 『사진과 그림으로 보는 한국현대사』, 웅진지식하우스, 2005.
- 한홍구, 『대한민국史』 1~4, 한겨레출판, 2003~2006.
- 한홍구, 『한홍구의 현대사 다시 읽기』, 노마드북스, 2006.
- 박노자, 『당신들의 대한민국』, 한겨레출판, 2006.
- 박노자 외, 『우리 역사 최전선』, 푸른역사, 2003.
- 임영태, 『대한민국史』, 들녘, 2008.
- 돈 오버도퍼, 『두 개의 한국』, 길산, 2002.
- 김성보, 『남북한 경제구조의 기원과 전개』, 역사비평사, 2000.
- 서중석, 『한국현대민족운동연구』 1·2, 역사비평사, 1991/1996.
- 서중석, 『이승만과 제1공화국』, 역사비평사, 2007.
- 이기형, 『여운형 평전』, 실천문학사, 2004.
- 정병준, 『우남 이승만 연구』, 역사비평사, 2005.

- 정병준, 『한국전쟁』, 돌베개, 2006.
- 김동춘, 『전쟁과 사회』, 돌베개, 2000.
- 김귀옥, 『월남민의 생활 경험과 정체성』, 서울대학교출판부, 1999.
- 서중석, 『조봉암과 1950년대』 상·하, 역사비평사, 1999.
- 정태영 외 엮음, 『죽산 조봉암 전집 6-한국 현대사와 조봉암 노선』, 세명서관, 1999.
- 조희연, 『박정희와 개발독재시대』, 역사비평사, 2007.
- 강준만, 『한국현대사 산책-1970년대편』 1~3, 인물과사상사, 2002.
- 강준만, 『한국현대사 산책-1980년대편』 1~4, 인물과사상사, 2003.
- 김보현, 『박정희 정권기 경제개발』, 갈무리, 2006.
- 김현아, 『전쟁의 기억 기억의 전쟁』, 책갈피, 2002.
- 동아자유언론수호투쟁위원회, 『자유언론』, 해담솔, 2005.
- 최정운, 『오월의 사회과학』, 풀빛, 1999.
- 찰스 프리처드, 『실패한 외교』, 사계절, 2008.
- 박원순, 『국가보안법 연구』 1~3, 역사비평사, 1995~1997.
- 최장집, 『민주주의의 민주화』, 후마니타스, 2006.
- 박수정, 『숨겨진 한국여성의 역사』, 아름다운사람들, 2004.
- 길밖세상, 『20세기 여성 사건사』, 여성신문사, 2001.
- 캐서린 문, 『동맹 속의 섹스』, 삼인, 2002.
- 한일여성공동역사교재 편찬위원회, 『여성의 눈으로 본 한일 근현대사』, 한울아카데미, 2005.
- 조영래, 『전태일 평전』, 돌베개, 1990.
- 유경순 엮음, 『같은 시대, 다른 이야기』, 메이데이, 2007.
- 구로동맹파업 동지회 외, 『아름다운 연대』, 메이데이, 2007.
- 안재성, 『청계, 내 청춘』, 돌베개, 2007.
- 김동춘, 『한국 사회 노동자 연구』, 역사비평사, 1995.
- 구해근, 『한국 노동계급의 형성』, 창작과비평사, 2002.
- 방현석, 『아름다운 저항』, 일하는사람들의작은책, 1999.
- 하종강, 『그래도 희망은 노동운동』, 후마니타스, 2006.
- 김원, 『여공 1970, 그녀들의 反역사』, 이매진, 2005.
- 전순옥, 『끝나지 않은 시다의 노래』, 한겨레신문사, 2004.

세계사

- YMS 세계역사연구회 엮음, 『세계사 연대기』, 역민사, 2004.
- 전국역사교사모임, 『살아있는 세계사 교과서』, 휴머니스트, 2005.
- 지오프리 파커 엮음, 『아틀라스 세계사』, 사계절, 2004.
- 조르주 뒤비, 『지도로 보는 세계사』, 생각의나무, 2006.
- 아시아네트워크, 『우리가 몰랐던 아시아』, 한겨레신문사, 2003.
- 이유경, 『아시아의 낯선 희망들』, 인물과사상사, 2007.
- 노암 촘스키, 『숙명의 트라이앵글』 1·2, 이후, 2001.
- 키스 휘틀럼, 『고대 이스라엘의 발명』, 이산, 2003.
- 조너선 닐, 『미국의 베트남 전쟁』, 책갈피, 2004.
- 윌리엄 쇼크로스, 『숨겨진 전쟁-미국의 캄보디아 침공』, 선인, 2003.
- 유재현, 『메콩의 슬픈 그림자, 인도차이나』, 창비, 2003.
- 찰스 펜, 『호치민 평전』, 자인, 2001.
- 오수연, 『아부 알리, 죽지 마』, 향연, 2004.
- 노엄 촘스키 외, 『미국의 이라크 전쟁』, 북막스, 2002.
- 우에하라 카즈요시 외, 『동아시아 근현대사』, 옛오늘, 2000.
- 마크 블레처, 『반조류의 중국』, 돌베개, 2001.
- 모리스 마이스너, 『마오의 중국과 그 이후』 1·2, 이산, 2004.
- 조너선 스펜스, 『현대 중국을 찾아서』 1·2, 이산, 1998.
- 패트리샤 버클리 에브리, 『사진과 그림으로 보는 케임브리지 중국사』, 시공사, 2001.
- 박한제 외, 『아틀라스 중국사』, 사계절, 2007.
- 백승욱, 『문화대혁명-중국 현대사의 트라우마』, 살림, 2007.
- 백승욱, 『세계화의 경계에 선 중국』, 창비, 2008.
- 백승욱, 『중국의 노동자와 노동 정책』, 문학과지성사, 2001.
- 오쿠무라 사토시, 『새롭게 쓴 중국 현대사』, 소나무, 2001.
- 리쩌허우, 『중국현대사상사의 굴절』, 지식산업사, 1992.
- 아사오 나오히로 외 엮음, 『새로 쓴 일본사』, 창작과비평사, 2003.

- 아미노 요시히꼬, 『일본이란 무엇인가』, 창작과비평사, 2003.
- 피터 두으스, 『일본근대사』, 지식산업사, 1983.
- 타나카 히로시 외, 『기억과 망각』, 삼인, 2000.
- 루트 판 다이크, 『처음 읽는 아프리카의 역사』, 웅진지식하우스, 2005.
- 마이크 데이비스, 『미국의 꿈에 갇힌 사람들』, 창작과비평사, 1994.
- 김동춘, 『미국의 엔진, 전쟁과 시장』, 창비, 2004.
- 하워드 진, 『미국민중사』 1·2, 시울, 2006.
- 하워드 진 외, 『하워드 진의 만화 미국사』, 다른, 2008.
- 장호순, 『미국 헌법과 인권의 역사』, 개마고원, 2007.
- 스터즈 터클, 『희망은 사라지지 않는다』, 이매진, 2008.
- 브레진스키, 『거대한 체스판』, 삼인, 2000.
- 알렉 노브, 『소련경제사』, 창작과비평사, 1998.
- 알렉 노브, 『실현가능한 사회주의의 미래』, 백의, 2001.
- 고세훈, 『영국노동당사』, 나남출판, 1999.
- 이성형, 『라틴아메리카 영원한 위기의 정치경제』, 역사비평사, 2002.
- 로널드 문크, 『라틴아메리카 정치경제학』, 한울아카데미, 1991.
- 켄 실버스타인 외, 『다른 세계는 가능하다-브라질 노동자당에서 배운다』, 책갈피, 2002.
- 베르트랑 데 라 그랑쥬 외, 『21세기 게릴라의 전설, 마르코스』, 휴머니스트, 2003.
- 타리크 알리 외, 『1968 희망의 시절, 분노의 나날』, 삼인, 2001.
- 타리크 알리 외, 『전쟁이 끝난 후』, 이후, 2000.
- 지오반니 아리기, 『장기 20세기』, 그린비, 2008.
- 쉴라 로우보섬, 『노동의 세기-실패한 프로젝트?』, 삼인, 2000.
- 장석준 외, 『세계를 바꾸는 파업』, 이후, 2001.
- 장석준, 『혁명을 꿈꾼 시대』, 살림, 2007.
- 에릭 홉스봄, 『극단의 시대』 상·하, 까치글방, 1997.
- 에릭 홉스봄, 『미완의 시대』, 민음사, 2007.
- 서경식, 『사라지지 않는 사람들』, 돌베개, 2007.
- 인도네시아 외무부, *Asia Africa towards the first century*, 2005.
- Esmond Wright 외 엮음, *History of the world*, Bonanza, 1986.

주제사

- 박찬호, 『한국가요사』 1·2, 미지북스, 2009.
- 이영미, 『한국대중가요사』, 민속원, 1998.
- 정종화 엮음, 『한국의 영화포스터 1932~1969』, 범우사, 1993.
- 정종화 엮음, 『한국의 영화포스터 1970~1989』, 범우사, 1999.
- 조준형 외, 『한형모 : 통속/장르의 연금술사』, 한국영상자료원, 2008.
- 신인섭 외, 『한국 근대 광고 걸작선 100』, 커뮤니케이션북스, 2007.
- 김수영, 『김수영 전집』 1·2, 민음사, 2004.
- 김명인, 『김수영, 근대를 향한 모험』, 소명출판, 2002.
- 염무웅 엮음, 『꽃 속에 피가 흐른다-김남주 시선집』, 창비, 2004.
- 리영희, 『대화』, 한길사, 2005.
- 서준식, 『서준식의 생각』, 야간비행, 2003.
- 고상만, 『니가 뭔데…』, 청어, 2003.
- 손문상 외, 『사이시옷』, 창비, 2006.
- 조안 하라, 『빅토르 하라』, 삼천리, 2008.
- 쥬세뻬 피오리, 『안또니오 그람쉬』, 이매진, 2004.
- 안토니오 그람시, 『옥중수고』 I·II, 거름, 1986.
- 리처드 벨라미 엮음, 『안토니오 그람시·옥중수고 이전』, 갈무리, 2001.
- 도널드 우즈, 『반투 스티브 비코』, 그린비, 2003.
- 김두식, 『칼을 쳐서 보습을』, 뉴스앤조이, 2002.
- 안경환 외 편, 『양심적 병역거부』, 사람생각, 2002.
- 오만규, 『집총거부와 안식일 준수의 신앙양심』, 삼육대학교 부설 선교와 사회문제연구소, 2002.
- 홍준의 외, 『살아있는 과학 교과서』, 휴머니스트, 2006.
- 리처드 도킨스 외, 『사이언스북』, 사이언스북스, 2002.
- 외르크 마이덴바우어 엮음, 『발견과 발명으로 보는 과학의 역사』, 생각의나무, 2003.
- 테오 콜본 외, 『도둑맞은 미래』, 사이언스북스, 1997.
- 이영희 외 엮음, 『반핵』, 창작과비평사, 1988.
- 김명진, 『야누스의 과학』, 사계절, 2008.
- 마틴 티틀 외, 『먹지 마세요 GMO』, 미지북스, 2008.
- 조셉 스타이거, 『현대 환경사상의 기원』, 성균관대학교출판부, 2008.
- 전방욱, 『수상한 과학』, 풀빛, 2004.
- 강양구, 『세 바퀴로 가는 과학자전거』, 뿌리와이파리, 2006.
- 강양구, 『아톰의 시대에서 코난의 시대로』, 프레시안북, 2007.
- 한재각 외, 『침묵과 열광-황우석 사태 7년의 기록』, 후마니타스, 2006.
- 앤드루 웹스터, 『과학기술과 사회』, 한울, 2009.
- 송성수 엮음, 『우리에게 기술이란 무엇인가』, 녹두, 1995.
- 김근배 외, 『인문학으로 과학 읽기』, 실천문학사, 2004.
- 손화철 외, 『욕망하는 테크놀로지』, 동아시아, 2009.
- 홍성욱, 『인간의 얼굴을 한 과학』, 서울대학교출판부, 2008.
- 홍성욱, 『홍성욱의 과학 에세이』, 동아시아, 2008.
- 이완 리스 모러스 외, 『현대 과학의 풍경』 1·2, 궁리, 2008.
- 앤드류 글린, 『고삐 풀린 자본주의』, 필맥, 2008.
- 찰스 모리스, 『미국은 왜 신용불량 국가가 되었을까?』, 예지, 2008.
- 세계화 국제포럼, 『더 나은 세계는 가능하다』, 필맥, 2005.
- 배리 아이켄그린, 『글로벌 불균형』, 미지북스, 2008.
- 김수행, 『자본주의 경제의 위기와 공황』, 서울대학교출판부, 2006.
- 프랭크 파트노이, 『전염성 탐욕』, 필맥, 2004.
- 더그 헨우드, 『월스트리트, 누구를 위해 어떻게 움직이나』, 사계절, 1999.
- 더그 헨우드 외, 『신경제의 신화와 현실』, 이후, 2001.
- 반다나 시바, 『자연과 지식의 약탈자들』, 당대, 2000.
- 폴 킹스노스, 『세계화와 싸운다』, 창비, 2004.
- 마이크 데이비스, 『슬럼, 지구를 뒤덮다』, 돌베개, 2007.
- 존 벨라미 포스터, 『환경과 경제의 작은 역사』, 현실문화연구, 2001.
- 김수행 외 편, 『자본주의 이후의 새로운 사회』, 서울대학교출판부, 2007.
- 리오 휴버먼, 『자본주의 역사 바로 알기』, 책벌레, 2000.
- 백승욱, 『자본주의 역사 강의』, 그린비, 2006.
- 조제 보베 외, 『미래를 살리는 씨앗』, 울력, 2006.
- 한스 큉, 『가톨릭 교회』, 을유문화사, 2003.
- 이언 도슨 외, 『처음 읽는 의학사 이야기』, 아이세움, 2008.
- 에두아르도 갈레아노, 『축구, 그 빛과 그림자』, 예림기획, 2002.

『근현대사신문』 현대편 찾아보기

ㄱ

가가린 63, 68, 86
가다피 86
가모프 21, 26, 92
가정의례준칙 86
가족계획 67
간디 28
갈루치 151
갈릴레이 148
갑산파 73, 97
강경대 143
강기훈 143
강석주 151
개성공단 174
거창학살 31, 59
걸프전 141, 142, 164, 176, 179
검은 월요일 137
〈게르니카〉 101
게바라 57, 78, 80
경구 피임약 55, 60
경부고속도로 90, 91, 99
고난의 행군 158
고다르 61
고르바초프 124, 126, 128, 134, 141, 142
고상돈 110
고은 136
<공동경비구역 JSA> 172
공창폐지법 28
관세 및 무역에 관한 일반 협정(GATT) 17, 127, 153, 177
광우병(크로이츠펠트-야코브병) 120, 161
광주민주화운동(5·18) 111, 112, 113, 114, 115, 116, 118, 125, 129, 135, 151, 163
교복 자율화 122, 130
교원 노조(교직원노동조합, 전교조) 59, 135
구달 60
구로동맹파업 127
9월총파업 13, 17
9·11테러 173, 175, 176, 177
구제금융 157, 158, 159, 161
국가보안법 21, 24, 41, 49, 53, 93, 139, 155, 172
국가인권위원회 177, 180
국공내전 12, 15, 23

국대안 파동 19
국민교육헌장 86
국민방위군 33
국민보도연맹 24, 31, 34
국제통화기금(IMF) 119, 157, 158, 159, 160, 161, 164, 168, 174
국회 프락치 사건 22, 24
군산복합체 65, 83
권영길 153
권인숙 125
그누(GNU)프로젝트 129
그람시 93
그린햄코먼 115, 120
극동국제군사재판(도쿄 재판) 24
근로기준법 88
글라스노스트 124
금강산댐 파동 125
기형도 140
기후 변화 보고서 154
기후변화협약 146
긴급조치 97, 106
김경숙 106, 109
김계원 104
김구 11, 12, 14, 19, 21, 22, 30, 164
김기설 143
김남주 156
김대중 88, 90, 97, 114, 116, 123, 136, 143, 151, 158, 165, 166, 168
김두한 17
김민기 102
김산 129
김상진 106
김성수 11
김수영 61, 79, 85
김신조 81
김영삼 81, 141, 143, 151, 153
김우중 169, 189
김일 102
김일성 11, 12, 14, 22, 31, 34, 41, 49, 73, 89, 90, 97, 127, 151, 164, 165
김재규 104
김정일 97, 151, 158, 166, 168, 172
김종필 64, 81, 90
김주열 56

김지하 93
김창룡 54
김학순 145
김현희 133
김희로 86

ㄴ

나라야난 164
나세르 38, 51, 65
나프타(NAFTA) 150
나혜석 28
남극조약 138
남로당 16, 41, 49, 73
남북기본합의서 144
남북 단일팀 148
남북정상회담 151, 165, 166, 172
냄비 시위 180
냉전 13, 15, 47
네루 43, 65, 78
네루다 101
네오레알리스모 21, 27
노근리 166
『노동의 새벽』 129
노동자 대투쟁 131, 133, 137, 153
노무현 135
노사 공동 결정 제도 88
노이만 18
노태우 104, 132, 143, 151
녹색당 126
녹화사업 116
농지개혁 22, 25, 35, 175
누벨바그 61
누에바 칸시온 101
닉슨 61, 81, 82, 89, 91, 94, 96, 156
닉슨독트린 79, 81, 82, 89, 90, 95, 97

ㄷ

다보스포럼 177
달라이 라마 62
달리 140
대륙 이동설 84
대약진운동 54, 72

대처 115, 117, 122, 164, 177
대포동 1호(광명성 1호) 158
대폭발 26, 92
대한노총 17, 59, 87, 153
덩샤오핑 72, 103, 105, 106, 134, 164
데어 야신 학살 25
도강파 35
도이모이 124
독도의용수비대 43
독립동맹(연안독립동맹, 연안계) 10, 41, 49, 73
독립촉성중앙협의회(독촉) 11
돌리 162
동백림 사건 73
동북공정 179
동아일보 백지광고 95, 99
동아자유언론수호투쟁위원회(동아투위) 99, 139
동일방직 '똥물 사건' 109
드골 65, 80, 82
드레퓌스 143, 156
디엔비엔푸 40, 71
DNA 이중 나선 39, 44
DNA 재조합 95, 100
DNA 지문 128
디오르 20
땡전뉴스 122

ㄹ

라쇼몽 37
라이카 48, 50
람사르 협약 92
러셀 52, 94
레논 77, 122
레드스타킹스 82, 99
레이건 115, 117, 118, 122, 123, 124
로스앤젤레스 흑인 폭동 148
로젠버그 32, 46
롤랜다 100
루뭄바 62
루시디 140
루이스 브라운 109
루카스 계획 103, 108
루카치 94
룰라 175

르완다 학살 150, 152
리비 26
리영희 101, 139
리우 유엔환경회의 146
리틀 보이 18
리프먼 15

ㅁ

마르코스 123, 124
마셜플랜 15
마스트리히트조약 142, 169
마오쩌둥 12, 15, 23, 31, 54, 72, 80, 89, 103, 105
마우마우단 38
마티스 46
마틴 루터 킹 67, 86
만경대혁명학원 97
만델라 107, 148, 149, 150
말로 110
말리 122
말콤 엑스 67
매그넘 19, 46, 127
매카시(즘) 29, 32, 53, 54
〈매트릭스〉 172, 176
맥루언 77
맥아더 12, 24, 30, 31, 73, 78
모라토리엄 119, 159
모부투 62
모사데크 46
모스크바 3상회의 11, 13, 14, 16, 21
몬트리올의정서 131, 138
몰리나 100
무구정광대다라니경 78
무령왕릉 94
무솔리니 93
무즙파동 78
문귀동 125
문규현 136
문익환 107, 136, 156
문화대혁명 72, 82, 89, 103, 105
미군정 11, 16, 17, 22
〈미녀와 야수〉 147
미니스커트 78, 86
미라이 학살 80

미란다 판결 78
미·소공동위원회(미·소공위) 14, 16
미시마 유키오 93
민족일보 64, 66
민족통일연맹(민통련) 59
민주노총 153

ㅂ

바르가스 20
바미얀 석불 179
바비인형 62
바이오안전성의정서 170
바티스타 57
박계동 151
박노해 129
박성철 89
박세리 160
박수근 77
박정희 64, 66, 68, 73, 75, 76, 81, 85, 86, 88, 89, 90, 91, 92, 93, 94, 97, 98, 103, 106, 109, 123, 159
박종철 132, 143
박철언 143
박태준 97, 143
박헌영 11, 12, 22, 31, 34, 41, 49
박홍 143
박흥식 99
반둥회의(아시아·아프리카 회의) 39, 40, 43, 57, 63
반투홈랜드 107
발췌개헌 33
방사성 탄소 연대 측정 26
백기완 106
백남준 63, 69
『백범일지』 19
범아프리카주의 57, 58
베게너 84
베를린 봉쇄 23
베를린 장벽 65, 131, 134, 141
베트남독립동맹(베트민) 15, 40
베트남민족해방전선 57, 71, 72
베트남전쟁(인도차이나 전쟁) 40, 42, 71, 72, 73, 74, 76, 80, 81, 82, 83, 85, 89, 91, 93, 94, 95, 96, 101, 171
베트남 특수 83
벡텔 168

벤세레모스 101
병역 거부 180
보도지침 116, 125, 126
보베 167
보부아르 27
보스니아 내전 144
보스턴마라톤 20, 38
보이어 100
보팔 독가스 누출 사고 130
보호감호제도 116
볼리바르 58
부마항쟁 104, 106
부산 미국문화원 방화 116
부시 141, 173, 174, 175, 176
부역자('부역파') 29, 35, 37, 43
부천경찰서 성고문 사건 125
북·미 제네바 기본합의 150, 152
브라질노동자당 130, 175
브란트 94, 148
브레송 19
브레턴우즈 체제 83, 87, 91
브레히트 46, 53
블러디 다이아몬드 161
블레이드 러너 121
비날론 70
비동맹 40, 57, 78
비코 107
비키니 20, 36
비트 세대 39, 45
비틀즈 71, 77, 122
빈 라덴 175, 176

ㅅ

사라 55, 62
사막의 폭풍 142
사법 살인 97
사북 119
사사오입 개헌 41
4·3항쟁 22
사상계 45, 53, 66, 93, 102
사브라─샤틸라 학살 122
4·13호헌조치 132
4·19혁명(4월혁명) 55, 56, 58, 59, 61, 63, 64, 66, 78,

85, 114, 118, 123, 131
사채 동결 긴급 명령(8·3조치) 91
사카린 밀수 사건 75
사파티스타민족해방군 150, 175
산디니스타민족해방전선 105
살가도 127
3당 합당 143, 151
3백(산업) 51
3보 1배 180
3분 폭리 사건 75
3선 개헌 81, 94
3·1운동 17, 114, 174
3저 호황 137, 145
삼청교육대 116, 118, 135
삼풍백화점 153
샤갈 130
서경원 107, 136
서북청년단 17, 22
서승 140
서울의 봄 103, 111
서윤복 20, 38
서재필 38
서정주 172
서준식 140
서태지와 아이들 141, 147
석유수출국기구 59
석유 위기 95, 96, 119
선군 정치 158
성수대교 153
새마을운동 87, 93, 94
샌드위치 투표 58
샌프란시스코 강화조약 32
생물다양성보존협약 146
생어 60
세계무역기구 153, 167, 177
세계사회포럼 177
세종기지 138
소모사 105
소웨토 봉기 107, 149
소크 44
손기정 20, 38, 140, 148
송건호 109, 139
송길윤 38
송진우 11

쇼 38
수소폭탄 18, 29, 36, 40, 47
수카르노 40, 78
수하르토 78, 102
슘페터 38
스리마일 발전소 108
스크린쿼터 157, 163
스탈린 12, 31, 34, 48, 72, 82, 126
스태그플레이션 95, 96, 98
스톨먼 129
스티브 잡스 108
스푸트니크 47, 48, 50, 92
시민군 112, 113, 114
시애틀 시위 167
시온주의 25
10월유신 87, 89, 90, 97, 123
10월항쟁 13, 17
10·26사건 103, 104, 106
12·12쿠데타 103, 104, 135
시장만능주의 98
시험관 아기 109
신군부 104, 111, 114, 115, 117, 119
신동엽 79, 85
신익희 49, 55
신자유주의 115, 117, 119, 126, 160, 167, 168, 175, 177, 180
신중현 102, 139
신효순 174
실미도 사건 89
심미선 174
심장 이식 수술 76

ㅇ

아렌트 70
아르키 65
아르파넷 87, 92
아리랑 129
아민 110
아베 노부유키 11
아베베 62
아실로마 모임 100
아옌데 96, 98, 167
아웅산 20

아웅산 테러 125
아이히만 70
아키노 123, 124
아톰 69
아파르트헤이트 107, 148, 150
아프리카의 이브 128
『악마의 시』 140
악의 축 174, 176
안두희 22, 164
안보투쟁 57
안재홍 11
안중근 156
안티미스코리아대회 165, 171
알리 72
알제리 민족해방전선 40
암스트롱 84, 121
애치슨 선언 29
애플II 108
『어느 청년노동자의 삶과 죽음』 129
언론기본법 116
언론 통폐합 116, 139
에노비드 60
에니악 18
에스파냐 내전 101, 102
에이젠슈타인 28
에이즈 128
엑손 발데즈 138
엘살바도르 내전 148
〈여로〉 94
여성해방(운동) 27, 60, 82, 85, 99
여순사건 24
여운형 10, 11, 12, 13, 16, 22
염상섭 70
옐친 142, 150
〈오 꿈의 나라〉 139, 163
『오래된 미래』
오웰 38
오윤 130
5·16쿠데타 63, 66, 67, 70, 118
오태양 180
『옥중수고』 93
온실가스 154
와라나고 운동 180
와우아파트 87

YH사건 106, 109
왓슨 44, 178
외채 위기 119
우드스탁 85
우루과이라운드 127, 153
우리별 1호 141, 146
우먼 리브 99
우의마의 54
우장춘 62
우주배경복사 26, 92
워싱턴 대행진 67
워싱턴 컨센서스 157, 160
워터게이트 사건 96
워홀 69
원자폭탄 13, 18, 30, 31, 32, 36, 40, 47, 92
윌머트 162
유럽연합 142, 169
유럽통합 35
유로 169
유일 체제 89, 90
유전자 조작 작물(GMO) 165, 170
6월항쟁 131, 132, 139
유창혁 148
6·29선언 132
6·15남북공동선언 166, 168
68혁명 79, 80, 82
윤금이 145
윤보선 56, 66, 73
윤석양 143
위르 78
은크루마 54, 55, 58
응오 딘 지엠 70, 71
이강석 54
이경해 180
이기붕 49, 56
이병철 75
이산가족 찾기 125
이석규 133
이소선 88
이승만 11, 12, 14, 22, 24, 30, 33, 34, 35, 37, 41, 49, 50, 53, 54, 55, 58, 61, 70, 73, 78, 87, 92, 109, 174
2·28사건 20, 140
20 대 80 사회 161
이재오 136

이중섭 54
이지문 143
이창호 148
이타이이타이병 84
이한열 132, 143
이희승 85
인간 배아 줄기세포 162
인간 유전체 지도 173, 178
인종차별 43, 67, 93, 103, 107, 148, 149, 150
인종청소 141, 144, 164
인티파다 140
인혁당 97
일국양제 159
일본 역사교과서 왜곡 116, 179
임수경 136
임종석 136
임창열 158, 160

ㅈ

자오쯔양 134
자유부인 39, 46
자유언론실천선언 99
작전(지휘/통제)권 30, 34
장면 49, 56, 59, 64, 66
장제스 12, 15, 20, 23, 102
장준하 45, 53, 66, 73, 102, 106
장쩌민 134, 177
재일본조선인총연합회(총련) 59
재일본대한민국민단(민단) 59
저우언라이 32, 89, 105
전두환 104, 116, 118, 119, 122, 125, 131, 132, 135, 151
전세 폭등 137
전태일 87, 88, 90, 129, 153
전평 17
『전환 시대의 논리』 101
정리 해고 161
정상 상태 이론 26, 92
정승화 104
정읍 발언 14, 22
정주영 136, 143, 158, 180
정지용 37, 139
정태춘 163

제프리스 128
조용수 64, 66
조봉암 25, 47, 49, 50, 62, 64
조선건국동맹 10
조선건국준비위원회(건준) 10, 11
조선공산당 11, 14, 50
『조선말큰사전』 13, 19
조선어학회 18
『조선왕조실록』(『이조실록』) 121
조선의용군 10
조선인민공화국(인공) 11
조선특수 32
조스팽 159
조정래 155
조헌영 24, 34
존슨 82, 83
졸업정원제 119
'종군위안부' 24, 74, 145, 171
죄수의 딜레마 36
주체사상 73, 89, 97
『죽음을 넘어 시대의 어둠을 넘어』 129
중동특수 107
중립화통일론 59
지강헌 140
지구 종말 시계 36
지드 38
직지심체요절 94
진보당 사건 49
진실과 화해 위원회 150

ㅊ

차베스 167
차지철 104
창칼파동 75
처칠 15, 78
천리마운동 51
천수이볜 172
천주교정의구현전국사제단 99, 132
청색 황금 168
체르노빌 128
촛불집회(촛불시위) 173, 174, 176, 177
축구 전쟁 86
〈춘희〉 27

충정 작전 114
최규하 103, 104
최승희 37, 86
최윤칠 38
최인훈 61
친일(파) 11, 14, 17, 22, 109, 172
7·4남북공동성명 89, 90, 144
『침묵의 봄』 68

ㅋ

카뮈 37, 62
카스트로 57, 96, 167
카슨 68
카잘스 101
카터 104, 122, 151
카파 19, 46
카피레프트 129
칼라스 110
컴퓨터 해방 운동 108
케네디 61, 65, 84
케인스 20, 98
켈리 126
코르뷔지에 78
코마네치 110
코언 100
쿠레주 78
쿠바혁명 55, 57, 78
쿠바위기 63, 65
쿨리 108
퀀트 78
큐브릭 172
크릭 44, 178
크메르루주 94
클린턴 151
킨제이 26
킬링필드 110

ㅌ

탈레반 179
『태백산맥』 155
톈안먼 23, 72, 103, 105, 134
토지개혁 17, 35

톰슨 115, 118
통금(야간통행금지) 122
통일주체국민회의 89, 90
통일혁명당 사건 81
트랜지스터 18
트루먼 12, 15, 30
트루먼독트린 15, 81
티토 65, 144
팀 버너스-리 154

ㅍ

파농 37
파라 101
판 구조론 84
팔레비 105, 122
팔레스타인 25, 28, 72, 94, 122, 140, 156, 167
8월사건 49
8·8민주화운동 136
팝아트 69
퍼그워시 회의 52
펑더화이 31, 34
패터슨 52
페놀 오염 146
페레스트로이카 124, 141
페론 46
페리 151
펜로즈 92
평준화 83, 99
평화헌법 23, 32, 93
포드 20
포르투알레그레 177
포츠담 선언 11,
폴라로이드 28
폴 포트 94, 96, 110
푸에블로호 81
프레슬리 110
프레온 100, 138
프루지너 120
프리드먼 98
프리시네마 61
프리온 120
플라자합의 127
피노체트 96, 101, 148, 164

피아프 70
피카소 101
필트다운인 44

히딩크 180
히치콕 122
히피 85, 93

ㅎ

하라 95, 101
하이에크 98, 148
한국노총 87, 153
한국방송 시청료 납부 거부 운동 130
한국전쟁 29, 30, 31, 32, 34, 35, 36, 39, 49, 51, 58, 59,
61, 63, 74, 94, 97, 121
한대수 93
한·미상호방위조약 41, 74
한·미주둔군지위협정 74, 145, 174, 176
한·일협정 71, 73, 74, 91, 145
함기용 38
함석헌 53
함평 고구마 사건 107
『해방 전후사의 인식』 109
햇볕 정책 158
허블 26
허블 우주망원경 146, 154
헤게모니 93
헤밍웨이 70
헥터 피터슨 107
헨드릭스 85
헬레나 노르베리 호지 147
혁신계 56, 64
호메이니 105, 117, 140
호치민 15, 82, 86, 96
호킹 92
홀리데이 62
홍기문 121
홍명희 37, 121
화려한 휴가 112
황석영 129, 136, 155
황순원 172
후세인 117, 142
후야오방 134
후지모리 172
후쿠야마 144
흐루쇼프 47, 48, 72, 82
흑인민권운동 67, 80, 85, 86

『근현대사신문』 현대편 도움 받은 곳

호외-해방
2면 조선건국동맹 본부_성낙인
3면 서울역 앞 군중_최희연

1호
1면 엘베강의 미군과 소련군_『20세기』(集英社)
3면 냉전_ASSOCIATED PRESS
5면 죽창을 든 소녀들_이경모, 『격동기의 현장』(눈빛출판사)
7면 『조선말큰사전』_국립중앙박물관·한글학회,
로버트 카파_Magnum Photos/Gerda Taro
8면 서윤복 보스턴마라톤 우승_중앙포토

2호
1면 경교장_백범김구선생기념사업협회
2면 대한민국 정부 수립 선포식_정남용
3면 마오쩌둥_Bettmann/CORBIS
5면 팔레스타인_Robert Capa/Magnum Photos/FO-CUS
8면 폴라로이드 카메라_Flickr Creative Commons diser55

3호
1면 비행기에서 내려다본 노량진 수원지 일대_성두경
2면 부서진 대동강 철교_조선일보사
3면 안전보장이사회_ASSOCIATED PRESS,
대전형무소 정치범 처형_『지울 수 없는 이미지』(눈빛출판사)
4면 로젠버그 부부 옹호 시위_Dennis Stock /Magnum Photos
5면 국회의원 통근버스 연행_조선일보사,
거제도 포로수용소_Werner Bischof/Magnum Photos
7면 부역자_이경모, 『격동기의 현장』(눈빛출판사)
8면 비키니 섬 주민 이주_ASSOCIATED PRESS
9면 최승희_연합포토, 정지용_조선일보사,
문예봉_중앙포토, 이쾌대_중앙포토
10면 피난민_조선일보사

4호
2면 반둥회의_Museum of The Asian African Conference, Bandung, 반둥회의 포스터_Museum of The Asian African Conference, Bandung,
알제리 독립전쟁_『20세기』(集英社)
3면 사사오입 개헌_조선일보사,

모스크바를 방문한 김일성과 박헌영_『나를 울린 한국전쟁 100장면』(눈빛출판사)
5면 네루_Museum of The Asian African Conference, Bandung
7면 〈이유 없는 반항〉_Dennis Stock/Magnum Photos
8면 에베레스트 등정_『20세기』(集英社)

5호
1면 미국 첫 번째 로켓 발사 장면_NASA
2면 라이카_Science Photo Library/UK,
스푸트니크_NASA,
브뤼셀 만국박람회장 소련관_Henri Cartier-Bresson/Magnum Photos
5면 800만석 양곡 포스터_서울시립대학교박물관,
천리마운동 포스터_『사진과 그림으로 보는 북한 현대사』(웅진지식하우스)
6면 운석_Jonathan Blair/CORBIS, 십핑포트 원자력 발전소_United States Department of Energy
8면 원조 물자_최웅규·지중근,
가나 독립_『20세기』(集英社), 한국 첫 패션쇼_김석배

6호
1면 경무대 앞 발포 경찰_4·19혁명기념도서관,
이승만 하야 발표에 환호하는 시민들_동아일보사
2면 이승만 하야 발표에 환호하는 계엄군_4·19혁명기념도서관
3면 쿠바 혁명_Burt Glinn/Magnum Photos
4면 은크루마_NARA
5면 거창학살 진상 규명 요구 시위_조선일보사,
북송 반대 궐기 대회_조선일보사,
북송선_조선일보사
6면 제인 구달_National Geographic/Getty Images/멀티비츠
7면 장 뤽 고다르_Raymond Depardon/Magnum Photos
8면 태풍 사라_조선일보사, 아베베_중앙일보사

7호
1면 깡패들의 시가행진_조선일보사
3면 쿠바 미사일 위기_Rene Burri/Magnum Photos,
베를린 장벽_Henri Cartier-Bresson/Magnum Photos
5면 워싱턴 대행진_Bob Adelman/Magnum Photos
6면 유리 가가린_『20세기』(集英社),
보스토크 1호_Bettmann/CORBIS

7면 부서진 피아노_백남준(KBS 80년 특별 기획 '청춘광시곡' 화면 갈무리),
아톰_〈昭和こども新聞〉(日本文芸社),
〈캠벨 수프〉_Andy Warhol Foundation for the visual Arts/SACK, Seoul, 2008
8면 공중전화기_한국통신

8호
1면 베트남 민중_『A people's history of the vietnam war』(The new press)
2면 베트남 전쟁_Bettmann/CORBIS,
톈안먼 집회_Camera Press, London
3면 시궁창물로 더럽혀진 태극기_구와바라 시세이, 『촬영금지: 구와바라 시세이 사진집』(눈빛출판사)
5면 백색 가전_William Gottlieb/CORBIS,
경제 개발 홍보 책자_서울시립대학교박물관
6면 라우라 바시_Londa Schiebinger, The Mind Has No Sex?, 에밀리 뒤 샤틀레_Mordechai Feingold, The Newtonian Moment., 마리아 메리안_Londa Schiebinger, The Mind Has No Sex?
7면 비틀즈_『20세기』(集英社)
7면 〈빨래터〉_박수근
8면 미니스커트_2006 TopFoto

9호
1면 68혁명_Marc Riboud/Magnum Photos
2면 68혁명_Bettmann/CORBIS
6면 달 착륙_조선일보사
7면 김수영 육필 원고_김현경,
우드스탁_Elliot Landy/Magnum Photos

10호
2면 전태일 영정을 안고 있는 어머니_조선일보사
3면 박정희-북한특사 회담_연합포토,
닉슨 중국 방문_CORBIS
5면 달러 발행_JP Laffont/Sygma/CORBIS,
경부고속도로 개통식_조선일보사
7면 한대수_한대수씨 본인 제공
8면 새마을 깃발_새마을운동중앙회,
새마을 모자_국립민속박물관, 석수_국립공주박물관

11호
1면 유정_ASSOCIATED PRESS
2면 연탄가게 앞에서 기다리는 사람들_동아일보사,

아옌데_Dmitri Baltermants/The Dmitri Baltermants Collection/CORBIS

3면 포항제철 착공식_중앙일보사, 김일성과 김정일_연합포토

5면 『동아일보』 자유언론실천선언_동아일보사, 여성 권리 신장을 위한 시위_Henri Cartier-Bresson/Magnum Photos

6면 버려진 냉장고_연합포토

7면 빅토르 하라_빅토르 하라 재단

12호

1면 박정희 빈소에 참배하는 최규하_연합포토

2면 김재규_연합포토

3면 마오쩌둥 동상_Bruno Barbey/Magnum Photos, 호메이니 지지 시위_Abbas/Magnum Photos

5면 100억불 수출 기념 우표_동아일보사

6면 Case Study_『The Lucas Plan』(Allison&Busby)

7면 여성 노동자들_『여공 1970』(이매진)

8면 고상돈 에베레스트 등정_연합포토

호외-광주민주화운동

1면 신군부 폭력_신복진, 『광주는 말한다』(눈빛출판사)

2-3면 민족민주화대성회_신복진, 『광주는 말한다』(눈빛출판사)

13호

1면 광주민주화운동 당시 대자보_신복진, 『광주는 말한다』(눈빛출판사)

2면 삼청교육대_연합포토

3면 레이건_Rene Burri/Magnum Photos, 이란·이라크 전쟁_Henri Bureau/Sygma/CORBIS

4면 핵미사일 배치 반대 시위_Jean Gaumy/Magnum Photos

5면 사북지서 앞 군중_조선일보사

6면 프리온 단백질_EM Unit, VLA

7면 『조선왕조실록』_규장각한국학연구원

14호

1면 마르코스와 레이건_Bettmann/CORBIS

3면 대학생 시위_고명진, 이산가족 찾기_연합포토

4면 보도지침_경향신문

5면 진안 소싸움_가톨릭농민회

6면 체르노빌 원전 사고 피해자_『20세기』(集英社)

7면 인문사회과학서적 압수_조선일보사

8면 학생복 패션쇼_연합포토

15호

1면 명동성당으로 향하는 시민들_고명진

2면 이한열 장례 행렬_신복진 『광주는 말한다』(눈빛출판사)

3면 울산 현대중공업 노동자들_조선일보사

4면 베를린 장벽_『20세기』(集英社), 톈안먼 사건_Stuart Franklin/Magnum Photos

5면 5공 청문회_중앙일보사, 전교조_동아일보사

6면 임수경_중앙일보사

7면 검은 월요일_Gilles Peress/Magnum Photos, 전세 폭등_세계일보사

8면 오존층_NASA, 엑손 발데즈호 기름 유출 사고_Paul Fusco/Magnum Photos

9면 이미자_중앙포토, 김추자_중앙포토, 신중현_중앙포토, 『한겨레신문』 창간_한겨레신문사

10면 마이카_동아일보사, 지강헌_동아일보사, 88올림픽_동아일보사

16호

1면 걸프전 참전 군인 환영 퍼레이드_ASSOCIATED PRESS

2면 걸프전_Bruno Barbey/Magnum Photos

3면 3당 합당_조선일보사, 강경대 치사 사건 항의 집회_세계일보사

4면 인종 청소_Patrick Robert/Sygma/CORBIS

5면 '종군위안부'_세계일보사, 윤금이씨 살해범_조선일보사

6면 우리별1호_KAIST 인공위성연구센터, 허블망원경_NASA

7면 서태지 팬_연합포토

8면 남북 탁구 단일팀_조선일보사, PC통신_조선일보사

17호

1면 만델라_Gallo Images/CORBIS

2면 만델라 선거 운동_Peter Turnley/CORBIS

3면 압송 차량 안 전두환_세계일보사

4면 만평_박재동

5면 쌀 개방 반대 시위_조선일보사, 성수대교 붕괴_세계일보사

6면 녹아내리는 빙하_Minden Pictures/USA

7면 총독부 건물 철거_조선일보사

8면 이마트 창동점_신세계한국상업사박물관, 전시 용품 판매_동아일보사

18호

1면 서울은행 노동조합_조선일보사, IMF 쉼터_조선일보사, 낙담한 주식투자자_조선일보사, IMF 파마_조선일보사

2면 임창열 기자회견_조선일보사 환율 급등_조선일보사, 노숙자_동아일보사, 금강산 관광_조선일보사

3면 세계 금융 위기_M.JAPARIDZE/R.P.G./CORBIS SYGMA

5면 구제금융 여파로 붕괴한 가정_동아일보사, 광우병 공포_Matthew Polak/Sygma/CORBIS

6면 복제 양 돌리_Najlah Feanny/CORBIS SABA

7면 스크린쿼터_중앙포토

8면 IMF 코끼리_조선일보사, 비아그라_연합포토

19호

1면 청와대 풍산개_REUTERS/HO Old

2면 두 정상_연합포토, 서해교전_연합포토, 판문점 도끼 사건_연합포토, 무장게릴라 침투 사건_조선일보사, 김신조_동아일보사

2면 신자유주의 반대 시위_Patrick Hagerty/Sygma/CORBIS

5면 유로_Harry Gruyaert/Magnum Photos, 인터넷 산업의 상징 @_Herb Watson/CORBIS

6면 슈퍼 미꾸라지_부경대학 김동수 교수팀

7면 안티미스코리아_문화미래 이프

20호

1면 월드컵 응원_연합포토

2면 촛불 집회_오마이뉴스 남소연

3면 9·11테러_Steve McCurry/Magnum Photos

5면 반전 시위_Paul Fusco/Magnum Photos

6면 인간유전체 지도_James King-Holmes

7면 바미얀 석불_Paul Almasy/CORBIS

8면 월드컵 민박_연합포토, 새만금 3보 1배_연합포토, 여성 공군 조종사_연합포토, 살색 공익광고_한국방송광고공사

근현대사신문 현대편

2010년 1월 29일 1판 1쇄
2010년 6월 15일 1판 2쇄

출력 | (주) 한국커뮤니케이션
인쇄 | 삼성인쇄
제책 | 경문제책
편집 관리 | 정보배·조건형·엄정원
마케팅 관리 | 이병규·최영미·양현범

펴낸이 | 강맑실
펴낸곳 | (주)사계절출판사
주소 | (413-756)경기도 파주시 교하읍 문발리 파주출판도시 513-3

등록 | 제406-2003-034호
전화 | 031)955-8588, 8558
전송 | 마케팅부 031)955-8595, 편집부 031)955-8596

홈페이지 | www.sakyejul.co.kr (사계절출판사)
              www.문사철.kr (문사철)
전자우편 | skj@sakyejul.co.kr (사계절출판사)
              eungchun@hanmail.net (문사철)
독자카페 | 사계절 책 향기가 나는 집 http://cafe.naver.com/sakyejul

ISBN 978-89-5828-438-3 04900
ISBN 978-89-5828-436-9 (전2권)

이 도서의 국립중앙도서관 출판시도서목록(CIP)은
e-CIP 홈페이지(http://www.nl.go.kr/cip.php)에서 이용하실 수 있습니다.
(CIP제어번호 : CIP2009004240)